스피노자의 형이상학
역량과 합리성

스피노자의 형이상학

역량과 합리성

potentia et ratio

김은주 지음

서문

1

근대 철학 연구자로서 나의 관심은 칸트 이전, 푸코가 고전 시대라 부른 17세기 특유의 철학적 문제 설정이다. 칸트로 대표되는 철학적 근대는 인간의 유한성을 인정할 뿐만 아니라 그럼으로써 역설적으로 인간이 철학의 토대로 놓인 시기이다. 이 시기 철학의 중심 문제는 인간 인식의 가능성과 한계였으며, 철학이 다루는 실재도 이런 인식을 통해 접근 가능한 한에서의 실재였다. 반대로 고전 시대는 무한의 시대로 17세기 합리론의 체계 어디서나 무한자인 신이 토대에 놓이며, 유한은 단지 무한의 부정으로, 혹은 무한의 일부로 생각될 뿐이다. 그러나 흔히 이 두 시기의 사유는 '근대 합리성'이라는 이름 아래 하나로 묶이곤 한다. 무한자인 신을 앎의 토대에 놓는 고전 시대 합리성은 근대의 인간주의적 합리성에 미치지 못한 것으로 이내 그 안으로 정돈되어 갈 과도기적 운명이었던 것으로 평가되는 것이다. 나의 관심사는 합리성 가운데서도 비판에 의해 정당한 한계가 지어지기 이전의 합리성, 인간주의의 울타리 안으로 들어가기 이전의 합리성이 어떤 모습일지에 있다.

스피노자 연구자로서의 나의 관심 역시 스피노자가 이런 합리성의 모습을 가장 일관되게 그리고 개성적으로 구현한 철학자라는 생각에 기초한다. 스피노자 형이상학에 대해 지금까지 나온 가장 영향력 있는 연구서의 저자 마르시알 게루는 스피노자의 철학을 '절대적 합리주의'라 불렀다. 어떤 의미에서 절대적일까? 보통 합리주의란 경험주의와 대비하여 인간 인식의 믿을 만한 원천이 경험이 아닌 이성에 있다고 보는 입장을 가리킨다. 그런데 17세기 합리주의에는 이보다 좀 더 강한 의미가 있다. 이 합리주의자들에게는 인간 지성이 수행하는 인식이 신의 지성에 의한 인식과 원리상 다르지 않으며, 특히 스피노자의 경우 사실상 동일하다. 스피노자는 인간 인식 능력의 원리적 한계를 인정하는 대신, 실재적인 모든 것이 지성적으로 파악될 수 있다고 본다. 그리고 인식 능력의 한계에 따른 실재의 초월론적 구획을 따르는 대신, 모든 것이 '하나의 동일한 법칙'에 따라 파악될 수 있다고 본다. 이렇게 보면 스피노자는 비판 이전의 이성이 어디까지 가 볼 수 있는지를 보여 준 철학자로, 칸트의 가장 정확한 대척점에 있다고 하겠다. 이처럼 모든 것이 가지(可知)적이라는 절대적 합리주의는 '역량(*potentia*)의 존재론'과 결합되어 있다. 자연의 역량은 무한하기에 무한히 많고 다양한 것들을 산출하며, 또한 외적 강제 없이 오직 자기 본성에 따르므로 어디에서나 동일한 법칙을 따라 산출한다. 특히나 스피노자에게서 역량이란 신의 역량이든 유한 사물의 역량이든, 실행되거나 실행되지 않을 수 있는 임의성의 여지 없이 남김없이 발휘되는 것이다. 바로 이러한 역량 개념 덕분에 신 혹은 자연은 원리상 총체적으로 가지적이 된다. 역량은 모호한 심연이 아니라 가지성의 토대가 되는 것이다.

스피노자에게서 역량과 합리성의 관계가 갖는 윤곽을 그려 보기 위해 그가 별도로 집필한 적은 없지만 자연학에서 그가 차지하는 철학사적 위치를 생각해 보는 것이 유용하다. 17세기 합리론자들 가운데서도 스피노자는 시기상으로나 학설상으로 데카르트와 라이프니츠 사이에 위치한다. 스피노자의 위치는 데카르트의 기계론을 넘어 라이프니츠의 동역학으로 넘어가는 과도기로 보는 것이 가장 선명한 도식일 것이다. 들뢰즈 식으로 말하자면 데카르트가 명석판명한 관념과 기계론만으로 충분하다고 여겼다면, 스피노자와 라이프니츠는 데카르트가 '너무 빨리 간다'고 생각했다. 그리고 데카르트가 충분하다고 여긴 것들의 충분 근거로 데카르트가 자연에서 배제한 역량을 다시 도입했다. 이렇게 해서 스피노자와 라이프니츠는 함께 포스트-데카르트주의의 문제 설정 속에 위치 지어진다. 그러나 두 철학자가 공히 개체의 역량을 복권하려 했다고 해도, 스피노자는 어쨌든 양태의 철학자이고 라이프니츠는 실체의 철학자이다. 라이프니츠가 원인들의 연쇄 아래에 다시 '원인들의 근거'(ratio causae)로 실체를 설정한다면, 스피노자에게는 원인들의 연쇄 자체 외에 다른 근거는 없다. 이런 의미에서 스피노자는 '원인 또는 근거'(causa sive ratio)를 주창한 데카르트의 입장에 가까우며, 다만 '또는'의 양의성을 보존하는 데카르트와 달리 '또는'의 등가성을 엄밀히 유지한 기계론자로 보아야 한다. 다시 말해 스피노자의 철학은 데카르트 자연학의 기계론적 기획을 형이상학과 심리철학까지 일관되게 밀고 나간 철학으로 해석될 필요가 있다.

이 책에서 나는 역량이라는 이름으로 스피노자의 철학을 준-실체로서의 개체 철학으로 해석하는 '라이프니츠적 함정'에 빠질 위험을 경계하고 대안적 해석을 제안한다. 스피노자 철학에서 역량 개념이 형이상학만이 아니라 인식론, 자연학, 윤리학, 정치 철학 등 모든 분야에 걸쳐 있는 만큼 역량과 합리성의 관계도 여러 측면에서 접근 가능하다. 특히 이성과 역량의 일치 관계는 스피노자의 실천 철학의 독창성을 이루는 핵심 측면이다. 그러나 이 책에서는 역량과 합리성의 형이상학적 측면만을 다루고자 하며, 윤리적 측면은 차후 별도의 작업을 통해 다룰 것이다. 다만 동일한 형이상학적 원리가 자연학에서 윤리학까지 관철되는 스피노자 철학의 자연주의적 특성상 내용의 기조는 동일할 것이다.

2

나는 스피노자 철학에서 합리성과 역량 개념이 서로를 끌어올리고 지지하는 역할을 한다고 했지만, 두 측면이 늘 함께 연구되어 온 것은 아니다. 대체로 영미권의 해석이 인식적 측면을 중심으로 한 합리주의의 경향을 띤다면, 프랑스어권 해석은 산출적 측면을 중심으로 한 역량 개념을 바탕 삼아 이루어졌다.

우선 합리론이 강조되는 해석으로는 충분 이유율을 스피노자 체계 해석의 주도 원리로 삼는 델라 로카의 초합리론적 해석을 들 수 있다. 1960년대에 컬리는 헤겔의 영향을 받은 관념론적 전통의 독해나 (요아킴, 폴록) 중세 유대주의와의 관련을 중심으로 한 연구(울프슨)와 단절하고 논리주의적 독해를 개시하면서 스피노자 철학을 영미권의 분석철학적 연구 공동체에 포함시켰다. 그 이후 영미권 스피노자의 연구

방향을 이끌어 온 이로는 베넷과 델라 로카를 꼽을 수 있다. 베넷은 스피노자의 합리주의를 날것의 사실은 없고 모든 것이 설명될 수 있다는 '설명적 합리주의'로 보고, 이 때문에 스피노자의 인과적 합리주의가 논리적 합리주의만큼 강한 의미를 갖는다고 본다. 만일 인과적 필연성이 논리적 필연성보다 약하다면 인과적 설명은 항상 무언가를 설명되지 않은 채 놔두게 되고, 이것이 설명적 합리주의에 위배되기 때문이다.(Jonathan Bennett(1984), 29~32) 델라 로카는 라이프니츠의 것으로 알려진 충분 이유율을 스피노자에게 적용하여 스피노자를 충분 이유율을 가장 멀리까지 추구한 가장 '대담한' 합리주의 철학자로 간주한다.(M. Della Rocca(2008)) 그는 설명 불가능한 날것의 사실(혹은 원초적 사실)은 없고 모든 것에 원인이나 근거가 있다는 충분 이유율을 이용하여, 실체의 속성 공유 불가 테제, 실체 일원론, 내속('~안에 있음')의 문제, 평행론, 정신의 영원성 등 스피노자 철학의 고전적인 문제들을 명쾌하게 해명해 간다. 그의 해석에서 가장 의미심장한 발견은 내속, 인과, 인식 가능성이라는 초속성적 특징들에 주목하고, 이 가운데 인식 가능성(conceivability)을 가장 중심에 놓은 점이다. 내속이나 인과와 같은 존재론적 관계는 이 인식 가능성으로부터 파생되는 원리이다. 델라 로카의 해석에 전적으로 동의하지 않더라도, 이츠하크 멜라메드, 마틴 린, 사무엘 뉴랜즈 같은 최근 영미권의 주요 연구가들에게 충분 이유율은 스피노자 해석의 빼놓을 수 없는 도구가 되었다. 특히 뉴랜즈는 인식 가능성을 사유 속성과는 독립적인 초속성적 특성으로 보면서, 실재의 통일성과 다양성, 즉 일(一)과 다(多)라는 오랜 철학적 문제를 해결할 수단으로 제시한다.

스피노자 형이상학에 대한 분석적 연구가 오늘날까지도, 정확히 말해 오늘날 더 활발하게 이루어지는 것은 영미권의 전통적인 분석적 연구 경향과 『윤리학』의 기하학적 연역 체계 때문이기도 하지만, 이와 같은 충분 이유율에 대한 신념에 힘입고 있다고 생각된다. 그러나 적어도 델라 로카의 경우 그의 극단적 입장은 선명함이 갖는 미덕만큼 달갑지 않은 결과를 초래한다. 하나는 관념론이다. 스피노자 철학에서 인과성은 인식 가능성에 종속되고, '있음'은 '인식됨'으로, 실존은 가지성으로 환원된다. 다른 하나는 초합리주의에 따른 현실 부정이다. 부적합한 관념이나 정념은 우리 본성만으로 이해되지 않기 때문에 실재하지 않는 셈이 되며, 어떤 의미에서는 상상 속에 살아가는 개체들의 실재성 역시 부정된다. 그뿐 아니라 신의 속성들의 무한한 다수성이나 인간이 사유와 연장의 두 속성의 양태로만 구성되어 있다는 사실 등 스피노자 형이상학의 근본 테제들이 델라 로카적 의미의 충분 이유율로는 해명되지 않는다는 점은 그의 독해에 반대할 근거가 된다. 특히 실체 일원론에 대한 명쾌한 해명 외에는 충분 이유율을 통한 그의 논증이 종종 이미 알고 있는 사실을 다소 기계적으로 정당화하는 데 그치고 이 정당화 과정을 통해 우리 깨달음을 심화하거나 확장하지는 못한다는 아쉬움을 남기기도 한다.

스피노자의 합리주의를 중심에 두는 최근의 이런 영미권 해석은 이보다 앞선 시기 프랑스를 중심으로 전개된 역량 중심의 해석과 대조를 이룬다. 앞서 언급했듯『윤리학』에 대한 마르시알 게루의 기념비적 주석(Gueroult(1968, 1974))이 각각 존재론과 정신 및 관념을 다룬 1부와 2부로 마감되면서, 게루 이후 프랑스에서 스피노자 연구의 주된 관심은 형이상학으로부터 게루가 다루지 않은 정치 철학과 감정론 등의 인간학으로 넘어간다. 대표적으로 알렉상드르 마트롱(A.

Matheron(1968)2008)은 코나투스로부터 시작하여 개체가 전체에 대한 무지에서 비롯되는 가상이라는 관념론적 해석에 맞서 스피노자 철학의 핵심에 역량을 지닌 개체가 있음을 보여 준다. 따라서 그에게 중요한 것은 산출하는 자연(*natura naturans*)과 산출되는 자연(*natura naturata*)의 관계이지 속성들 간의 관계나 무한 양태의 지위, 그것과 유한 사물의 관계가 아니다. 이런 측면을 잘 보여 주는 것이 그가 『지성교정론』에서 빌려온 원이나 구에 대한 발생적 정의의 사례를 이용하는 방식이다. 마트롱은 발생적 정의에서 연장 실체의 능산적 힘을 포착하고 이를 각 개체의 역량으로 간주한다. 인간 공동체란 바로 이런 개체적 역량의 능동적 혹은 수동적 표현인 정념의 산물이고 이 정념의 역학에 따라 번영하거나 해체된다. 이와 같은 마트롱의 역량의 형이상학 위에서 모로(Pierre-François Moreau)(1994)는 합리론자인 스피노자에게서 정념, 미신 등 경험 영역의 철학적 의미를 탐구하고 특히 스피노자 자연권 이론의 특징적 측면을 부각한다. 모로의 역량 이론은 자연권이 다름 아닌 정념의 권리라는 명제를 통해 역량의 긍정성보다는 실정성을, 그리고 이 때문에 개인과 정치체가 겪게 되는 질곡을 다채롭게 보여 준다는 의의가 있다.

스피노자 역량 개념의 형이상학적 측면과 실천적 측면 모두를 가장 크게 감응을 불러일으키는 방식으로 제시한 것은 들뢰즈일 것이다(G. Deleuze, (1968)2018). 들뢰즈는 초월성의 거부와 내재성의 긍정, 미신적이고 예속적인 삶에 대한 고발, 감정의 적극성 인정과 기쁨을 조직하는 마주침의 윤리를 통해 스피노자에 대한 현대인의 관심을 학계 안팎으로 크게 촉발했다. 『스피노자와 표현 문제』에서 그는 '표현'이라는 초속성적 특성을 탐구하되, 역량을 표현 개념의 중심에 놓음으로써 실체-속성 관계와 실체-양태 관계에서 제기되는 전통적인 일과 다의 문제를 해결한다. 일자로부터 다자의 유출이나 다자에 의한 일자의 분유와는 달리 표현되는 일자와 표현하는 다자 사이의 동등성이 어떻게 유지되는지를 보여 줌으로써 말이다. 나아가『표현 문제』이후 들뢰즈는 곧바로 스피노자의 실천 철학으로 넘어간다. 그는 이론 철학과 대비되는 실천 철학을 다룬다기보다 본질, 공통 개념 등의 이론적 개념을 역량의 관점에서 재해석한다. 이후 코나투스를 실존의 '전략'이라는 관점에서 고찰하는 로랑 보브의 연구나, 능동보다 수동의 우위 아래 태어나기 마련인 인간에게 '능동적 되기'가 어떻게 가능한지를 고찰하는 파스칼 세베락의 연구는 이런 역량의 존재론이 곧바로 윤리학적 탐구로 이어지는 사례라 할 수 있다.

영미권에서는 최근 들뢰즈의 해석으로부터 영감을 받은 마누엘 데란다, 로지 브라이도티, 제인 베넷 등에 의해 스피노자가 신유물론의 철학사적 원천으로 새롭게 조명받고 있다. 그 바탕에는 물질을 신의 피조물이 아니라 신의 속성 중 하나라고 본 스피노자의 물질 이론, 개체의 '형상'을 정신이 아니라 물질의 부분들 사이에 형성되는 상대적으로 안정적인 관계로 보고 모든 사물들에게 배치에 따른 행위자성을 인정하는 스피노자의 개체 이론, 그리고 감정을 심리 현상이 아니라 활동 역량과 관련시키는 존재론적 감정 이론이 있다. 이들은 스피노자 철학 체계의 정합적 구축보다는 신체나 물질의 능동성, 더 정확하게 말하자면 물질 안에서 형상의 자생적 생성이라는 요소에 주목하면서 오늘날 인간중심주의를 벗어나 물질과 사물, 환경을 행위자 범주에 넣을 방도를 모색한다.

이와 같은 탈인간중심주의에도 불구하고 역량 중심의 접근은 스피노자 철학의 고유한 문맥 안으로 들어오면 개체의 본질이 갖는 역할을 지나치게 강조하는 본질주의로 나아가는 경향이 있다. 마트롱이나 모로는 개체의 중요성을 강조했을 뿐 본질이 양태의 행태에 근본적이라는 본질주의로까지 나아가지는 않았다. 반면 들뢰즈는 본질을 외연량과 구별되는 내포량(강도)으로 실존한다고 말하면서, 전자가 실존에서 이합집산하는 반면 전자는 영원하게 주어졌다는 관점을 제시했다. 최근에는 핀란드 연구가 발테리 빌야넨(W. Viljanen, 2008; 2011)이나 미국의 캐롤리나 휘브너(K. Hübner, 2015)가 이런 프랑스의 역량 중심적 해석을 이어받되, 그것을 스콜라 철학의 기하학적 전통이나 데카르트의 자기 원인 개념과 관련지어 스피노자에게서 본질의 형상적 인과성이 작용적 인과성의 근거가 된다는 입장을 제시했다. 본질의 활동성을 강조함으로써 각 사물의 원초적 능동성을 부각하는 것이나, 개체의 역량으로부터 따라 나오는 감정들의 무구성을 강조하는 것은 의의가 있다. 그러나 이미 들뢰즈에게서 나타나듯 이렇게 해석된 개념들은 라이프니츠의 본질 개념이 갖는 위상에 더 가깝다. 실로 스피노자에게서 본질이란 주어지는 것이라기보다는 구성되는 것이며, 스피노자가 말하는 대부분의 감정은 수동적 감정이고 이성에서 따라 나오는 능동적 감정과 다른데 이 점이 간과되는 경향이 있다. 이런 맥락에서 발리바르(발리바르, (2005)2014)가 시몽동으로부터 영감을 받아 제안한 전개체성(轉個體性) 개념은 본질주의의 맹점을 극복할 유력한 대안일 것이다. 그러나 이 개념이 역량론에 반대하여 관계론적 해석을 내세우는 진태원 (2010a)이나 최원(2017)에 의해 국내에 소개된 점에서 알 수 있듯, 내가 보기에 이 모델에는 역량 개념의 효력은 찾아보기 힘들다는 약점이 있다.

이 책에서 나는 관념론적 경향의 합리론과 본질주의 경향의 역량론에서 공통적으로 간과되는 양태의 한 부류에 주목한다. 인간 개체와 같은 양태가 아니라 양태의 양태(개체가 갖는 변용 혹은 감정)가 갖는 역량에 주목해 스피노자의 양태 개념을 문자 그대로 이해할 것을 제안한다. 나는 변용의 변용이 갖는 역량을 첫째, 델라 로카가 주장하는 초합리주의의 중추, '인식 가능한 것의 실재성'에서 찾고, 이를 관념론적 방향보다는 기체(substrat) 없는 존재론이라는 방향으로 해석한다. 기체란 인식되는 것들의 존재론적 지지대로 가정된, 그러나 그 자체로는 인식되지 않는 것이다. 그런데 인식 가능한 것들이 인식 가능하다는 사실만으로 어떤 실재성을 갖는다면, 이 비가지적 기체는 불필요해질 것이다. 둘째, 역량론에서 강조하듯 스피노자에게서 실재성은 결과를 산출하는 역량으로 환원되며 결과의 산출은 아리스토텔레스적 제1실체와 같은 개체가 아니고서도 가능하다. 감정과 같은 개체의 변용 역시 인식 가능한 것으로서 그런 힘을 발휘하며, 여기에는 개체 자신만이 아니라 주변의 다른 개체들의 영향력도 포함되므로, 변용이 일어나는 바로 그 개체에 대해 상대적 독립성을 갖는다.

이 점에서 양태 혹은 변용이라는 용어에 대한 스피노자적 용법은 시사점이 크다. 그는 개별 사물들을 신적 실체의 양태 혹은 변용이라고 부르고 이 개별 사물들에 일어나는 변용들 역시 똑같은 이름으로 부르면서 존재론적 문턱을 설정하지 않았다. 스피노자의 유일 실체론이 결국 자연 안에 오직 양태들만이 있다는 양태적 존재론이라면, 이 양태적 존재자들 안에는 개체의 이런 변용들 역시 포함되어야 한다. 이처럼 실체의 변용(개체)의 변용이 개체 자신과 얼마간 독립적으로 갖는 역량에 주목함으로써 개체의 역량을 강조하면서도 이 입장이 빠지게 되는 본질주의의 함정에서 벗어날 수 있을 것이다. 가령 본질을 주어진 것으로 생각한다거나 코나투스를 개체의 '능동적' 역량과 혼동하고 수동에 불과한 기쁨의 윤리적 가치를 과대평가하는 것이 바로 그런 함정이다. 요컨대 인식 가능한 모든 것, 특히 각 개체에 상대적으로 독립적인 변용에 의해 행사되는 역량은 그 변용이 일어나는 개체의 역량에 적어도 온전히 귀속될 수는 없다. 또 바로 이 때문에 스피노자에게서 윤리학은 정치학과 분리 불가능하다. 이 책은 이런 윤리-정치 철학의 방향성을 염두에 두고 그 형이상학적 바탕을 다룬다고 보아도 좋다.

3

애초에 나는 프랑스의 역량 중심적 해석과 영미권의 합리성 중심의 해석을 비판적으로 대질하고 종합하려는 야심을 품고 있었다. 그러나 충분히 그럴 수는 없었는데, 일차적인 이유는 게루 이래로 프랑스어권의 형이상학 논의가 영미권에 비해 일단 양적으로 빈약했기 때문이다. 이는 형이상학에서 『윤리학』 1, 2권에 대한 게루의 해석이 압도적인 정전의 역할을 한 탓이 아닌가 싶다. 들뢰즈가 『표현 문제』 이후 곧바로 실천 철학으로 넘어갔듯, 그리고 마트롱이 자기 해석의 출발점으로 곧바로 코나투스를 취하듯, 또한 모로가 역사와 경험의 문제만으로 500여 쪽에 달하는 방대한 연구서를 썼듯 프랑스권 연구자들은 형이상학에 대해서는 게루의 해석을 전제로 삼아 실천 철학으로 넘어가고 감정론과 정치 철학을 중심으로 하는 해석을 펼친다.

형이상학으로 범위를 한정한 이 책에서 내가 참조한 2차 문헌들의 비중은 이런 이유로 영미권 연구가 압도적으로 높다. 영미권 연구자들은 상호 참조의 전통 덕분이기도 하겠지만, 형이상학적 주제들에 대한 오랜 천착의 결과 연구에 필수적인 자료가 될 풍부한 논의들을 축적해 놓았다. 이 책에서 다룬 속성, 내속, 본질, 결정론, 개체, 코나투스 등만이 아니라 본격적으로 다루지 않은 스피노자의 평행론, '무세계론', 목적론의 문제, 그 외 형이상학의 여러 세부적인 주제들에서 이들 연구를 경유하지 않기는 불가능하다. 그러나 또한 역사적 맥락을 고려하지 않고 논리적 분석에 치우쳐 때로는 텍스트 이해에 별로 도움이 되지 않고 오히려 개념의 힘을 거세하며 화석화하는 논의도 없지 않다. 이 모든 논의를 고찰할 때 나에게 한결같이 균형추 역할을 한 것은 게루의 해석이었다. 게루의 해석은 스피노자 철학에 대해 영미권 연구자들이 어떤 점을 어느 만큼 자의적으로 재구성했는지를 비춰 보는 척도의 역할을 했다. 나아가 속성 이론을 비롯한 몇몇 주제에서 개진된 나의 주장은 게루의 주장을 이후 제기된 반박에 맞서 옹호하고 보완하는 것이다. 그의 해석은 아직도 빛이 전혀 바래지 않은 정전의 역할을 할 수 있으며, 프랑스어권만이 아니라 영미권 연구자들에게서도 실제로 그러하다고 생각한다.

국내 연구물 가운데서는 영미권의 분석적 전통에 더 가까운 연구들을 일부 참조했지만, 스피노자의 합리론과 역량론을 통합하여 합리론을 더 역동화하고 역량론을 더 합리화하려는 프랑스어권 배경의 연구들을 더 많이 참조했다. 관계 속에서 개체의 구성(2006a, 2010a, b) 외에도 특히 '자기 원인'을 주체 없는 활동으로 본 진태원의 해석(2006b), 스피노자의 역량 개념에 대한 박기순의 작업(2006, 2013, 2015)을 주로 참고했다. 특히 스피노자에게서 역량이 하나의 성질이 아니라 존재 혹은 본성과 같으며, 이 본성 혹은 본질은 실존에 선행하는 영원한 것이 아니라 실존과 더불어 구성되는 것이고, 이 구성에 외적 사물들과의 관계가 포함된다는 해석들이다. 따라서 인과론과 개체론, 역량 개념, 양태의 본질과 실존의 관계, 코나투스 등 적어도 이들이 다루었던 주제에 관한 논의는 이들의 주장을 저서라는 형식이 허용하는 좀 더 여유로운 호흡 속에서 내 방식으로 최대한 전개해 본 것으로도 볼 수 있다. 특히 수년 전 읽었던 이 글들을 이번에 다시 읽으면서 내가 줄곧 그들과 유사한 지향을 가지고, 무엇보다 그들이 다져 놓은 터 안에서 같은 문헌을 읽고 추론하고 작업했음을 확인할 수 있었다. 그들 덕분에 한국 스피노자 연구에서 스피노자적 의미의 특수한 공통 개념 같은 것이 형성되어 있었던 것이다.

이 책은 스피노자 형이상학의 골자를 이루는 주요 테제들을 『윤리학』의 순서를 따라 10개의 장으로 나누어 고찰한다. 이는 크게 실체와 속성(1부), 실체와 양태(2부), 인과론(3부), 개체론(4부)으로 묶인다. 아리스토텔레스-스콜라주의 철학은 물론이고 데카르트, 라이프니츠와 같은 동시대 합리론자와 구별되는 스피노자 형이상학의 변별점이자, 또한 스피노자 연구가들 사이에서 가장 많은 논쟁을 불러일으킨 지점들을 주제로 다룬다. 나는 철학 일반에서도 그렇지만, 특히 스피노자 『윤리학』의 개념들은 정의 자체보다는 사용을 통해 그 의미와 정당성을 획득해 간다고 생각한다. 그러므로 『윤리학』의 개념을 둘러싼 논쟁을 살펴보는 것은 해당 개념을 풍부하고도 정확하게 이해하는 데 왕도의 역할을 하리라 생각한다.

1부에서는 실체와 속성의 관계를 다룬다. 스피노자 형이상학 전체에서도 타당성에 가장 많은 문제가 제기되었고 그만큼 철학적으로 가장 흥미로운 대목이다. 여기에서는 스피노자가 실체를 속성과 동일시하면서 두 가지 데카르트적 상식을 어떻게 물리치는지를 다룬다. 첫째는 하나의 속성 아래 여러 실체가 있을 수 있다는 데카르트의 실체 다원론으로, 스피노자가 이에 맞서 동일한 속성을 공유하는 다수의 실체는 없다는 속성 공유 불가 테제를 어떻게 옹호하며 이것이 정당화되는지를 고찰한다.(1장) 둘째는 속성들의 차이를 대립으로 보고 하나의 실체에는 하나의 속성만이 속해야 한다는 이론으로, 스피노자가 이와 달리 왜 무한하게 많은 속성들이 실재적으로 구별되면서도 통일되어야 한다고 보는지, 그리고 이것이 속성 공유 불가 테제와 어떻게 양립 가능한지를 고찰한다.(2장) 그런 다음 실체 일원론이 실질적으로 완성되는 단계인 신 존재 증명을 다룬다.(3장) 여기서는 신 존재 증명의 타당성 여부보다도 지금까지 살펴본 스피노자적 신의 특징상 오히려 신 존재 증명이 필요 없지 않은가라는 문제를 제기하고 증명에서 드러나는 스피노자의 존재관을 고찰하는 데 중점을 둔다.

2부에서는 실체와 양태의 관계를 다룬다. 스피노자는 전통적으로 '실체'로 취급되어 온 개별자들을 전통적으로 '우연류'에 대해 사용되던 '양태'라는 용어로 부르고, 이것들 모두를 신이라는 유일 실체의 양태로 간주한다. 여기에서 나는 각 개체의 존재론적 의존성을 왜 굳이 실체와 양태라는 용어로 표현했는지, 용어들의 축자적 의미가 어떻게 보존되는지에 관심을 두었다. 그래서 다뤄지는 첫 번째 문제가 내속(inherence)의 의미 문제이다.(4장) 여기서는 우연류가 술어로서 주어에 내속하듯이, 어떤 사물이 다른 사물의 술어로 그것에 내속한다는 것 혹은 그것의 양태가 된다는 것은 무엇을 뜻하는지를 해명한다. 이를 위해 한편으로는 데카르트의 양태 개념과의 연속성과 차이를 밝히고, 다른 한편으로는 스피노자가 양태에 부여하는 본질과 실존의 의미와 문제를 고찰한다. 다음으로 무한 양태를 다룬다.(5장) 양태는 가변적이므로 무한 실체에 속할 수 없다고 본 데카르트와 달리 스피노자는 양태가 신 안에 내속할 뿐만 아니라 무한한 양태들이 있다고 보았다. 그러나 무한 양태들이 각각 무엇을 가리키는지 정확히 명시하지 않았으므로 무한 양태 학설은 아직도 수수께끼로 남아 있다. 다른 한편 스피노자는 무한한 것으로부터 유한한 것이 나올 수 없다고 보았는데, 그렇다면 흔히 유한 양태라 불리는 개별 사물의 존재는 어떻게 설명할 수 있는가라는 고전적인 문제 역시 남아 있다. 이 물음들을 통해 나는 스콜라 철학의 실재적 성질 개념을 부정하면서 데카르트로부터 시작된 양태 개념의 혁신(실체의 변양에 불과한 것)과 이런 양태 개념이 지닌 이중성(의존성과 실재성)을 최대한 명료하게 드러내고자 했다.

3부에서는 인과성을 다룬다. 스피노자는 인과 관계가 무엇인가를 밝히기보다 그것이 필연적이라는 양상적 주장을 더 강하게 내세운 만큼 우선 인과 양상의 문제부터 다룬다.(6장) 스피노자가 모든 것이 인과적으로 결정된다는 인과적 결정론(causal determinism)을 주장했다는 것은 모두 인정한다. 그러나 그가 과연 신이 다른 방식으로 세계를 산출할 수 없었으므로 가능세계란 생각할 수 없다는 형이상학적 필연주의(necessitarianism) 역시 주장했는지에 대해서는 연구자들 사이에 이견이 있다. 나는 역량 개념을 근거로 스피노자가 필연론을 지지했다고 보면서도 그가 암시한 두 가지 필연(곧 신의 절대적 본성으로부터 따라 나오는 것과 작용인의 무한 연쇄로부터 따라 나오는 것)의 구분을 어떻게 이해할지 고찰한다. 그다음으로는 스피노자의 인과성을 이해하는 암묵적 틀이 되어 온 이중 인과의 문제를 다룬다.(7장) 스피노자의 인과성은 수직적 인과성(신과 양태의 관계)과 수평적 인과성(양태들 간의 관계)의 도식으로 생각되었고, 이것은 내재적(immanent) 인과성과 이행적(transitive) 인과성, 본질과 실존, 영원과 지속이라는 이원적 구도의 바탕이 된다. 이 이중 인과의 모델은 스피노자적 인과성을 모든 것을 신적 인과로 환원하는 기회원인론과 멀어지게 하지만, 또 다른 함정에 빠지게 만든다. 곧 개별 사물의 자연학적 실존의 토대에 어떤 형이상학적 본질을 가정하는 함정이다. 나는 이중 인과를 흔히 이해하듯 서로 결합되어 하나의 인과를 이룬다기보다 상이한 두 관점으로 해석하고 따라서 각각이 존재론적으로 완결적인 것임을 주장한다. 하나는 원인을 '사물'로 보는 관점이고 다른 하나는 '사건'으로 보는 관점이다. 후자에서 원인은 결과에 앞서 있지 않으며 결과와 동시에 생성된다. 즉 다른 것들과 함께 결과를 산출하는 작용 속에서 형성된다. 마지막으로는 이와 같은 생성적 인과 관계의 구체적 모델을 다룬다.(8장) 작용인, 내재적 원인 혹은 이행적 원인과 같이 스피노자의 인과론은 스콜라적 용어들에 대한 선언으로 제시되어 있고 실제로 사물들이 어떤 식으로 상호 작용 하는지, 인과란 무엇인지는 별로 제시된 바가 없다. 이 장에서 나는 기계론의 대표적 모델로 간주되는 데카르트의 충돌 규칙을 스피노자가 변용이라는 메커니즘으로 어떻게 변형시키는지를 보여 주면서 스피노자에게서 인과 작용이 구체적으로 어떻게 이루어지는지, 특히 이를 통해 개체가 어떻게 (재)구성되는지를 밝힌다.

4부에서는 실체에서 개체로 넘어간다. 스피노자에게서 개체는 실체가 아니라는 바로 그 이유 때문에, 즉 끊임없이 동일성을 상실하고 다른 것과 결합하여 새롭게 개체화되는 이행적 개체이기 때문에 한 개인만이 아니라 개인들 간의 관계, 나아가 개인과 환경과의 관계를 역동적으로 이해할 수단을 제공한다. 여기에서 다룰 문제는 첫째, 스피노자가 각 개체의 '현실적 본질'이라고 말한 코나투스 개념이다.(9장) 여기에서는 코나투스에 요구되는 통일성과 각 개체의 부분들이 갖는 상대적 자율성을 어떻게 일관되게 이해할 수 있을지를 고찰한다. 스피노자적 개체의 실체성을 강조함으로써 데카르트의 기계론에 맞세우고 라이프니츠적 역동론에 접근시키는 해석에 반대하여, 나는 스피노자가 데카르트적 기계론을 어떤 식으로 고수하는 가운데 역동론과 결합시키는지를 보여 주는 데 역점을 둔다. 둘째, 심신 관계이다.(10장) 스피노자는 심신 합일을 증명하면서 "우리는 어떤 신체가 많은 방식으로 변용됨을 느낀다."라는 기이한 공리를 전제로 삼는다. 이것이 어떤 식으로 정당화될 수 있는지를 고찰하면서, 스피노자에게서 '내' 신체란 결국 '어떤' 신체, 무한히 많은 다른 신체들과 연관된 신체일 수밖에 없음을 보여 준다. 3부 인과성 논의에서 스피노자의 자연학적 인과성이 형이상학적 인과성과 다르지 않음을 보인다면, 여기에서는 스피노자에게서 신체들(물체들) 간의 관계와 인간론이 데카르트에게서처럼 불연속성을 띠지 않으며, 인간론이 자연학의 일부로 머물러 있음을 보인다.

이렇게 해서 이 책은 실체 일원론에 대한 분석적인 고찰을 중심으로 이루어져 온 영미권의 형이상학적 논의에 대한 비판적 개입에서 시작하여, 오늘날 신유물론의 관심사가 되고 있는 코나투스와 신체를 중심으로 한 역량 논의로 마무리된다. 후자에 대한 보다 구체적인 논의는 감정과 윤리, 정치체를 주제로 한 별도의 작업을 통해 다뤄야 할 것이다.

스피노자의 형이상학으로부터 관념, 감정, 정치를 망라하여 '상상적 인과성'이라는 제목으로 연구했던 박사 논문 시기 이래 나는 주로 관념과 감정, 정치철학을 연구했다. 그러다 10여 년 만에 스피노자의 형이상학 전체를 다시 보았다. 해묵은 용어들을 마치 처음 보는 양 다시 따져보았고, 특히 실체 일원론의 의미를 내가 할 수 있는 한 집요하게 분석했다. 그런 다음 나는 이전에 비꼬기 위함이거나 아니면 멋 부리기 위한 수사 정도로 생각했던 "Hen kai Pan"(하나이자 전체)이라는 레싱의 유언, 그리고 합리론자라면 일원론자일 수밖에 없다는 말에 비로소 수긍하게 되었다. 단 무세계론이라는 비난을 받은 이 일원론이 또한 최대한의 다양성을 개방한다는 사실을 깨닫지 않았다면 그럴 수 없었을 것이다. 실체가 하나밖에 없는 곳에서 모든 개별자들은 사라지는 것이 아니라 무한정 많아진다. 실체 일원론에서 모든 것은 방식의 차이, 관점의 차이, 정도 차이의 문제가 되기 때문이다. 또 그런 만큼 실체 일원론은 우리에게 섬세한 사고를 요구한다. 모든 것이 '~하는 한에서의 신'(*Deus quatenus*)인 이 합리주의 체계에서 그 합리성의 질은 '신'보다 '~하는 한에서'를 얼마나 잘 분절하느냐에 달려 있다. 내가 다룬 형이상학은 『윤리학』의 총 5부 가운데 1부와 2부의 전반부에 불과하다. 그러나 이 작업을 통해 나는 스피노자 철학의 꽃은 결국 형이상학이라는 것 역시 다시 확인하게 되었다. 어떤 현실적 유용성을 떠나 사유의 기쁨을 느끼고자 하는 자들에게 이 책이 흥미롭게 읽히거나 적어도 인내를 갖고 읽힐 만한 책이었으면 한다.

차례

서문   4

1부 실체와 속성

1장 동일 속성의 여러 실체는 없다   27
실체 일원론의 첫 단계

2장 무한하게 많은 속성들과 유일 실체   63
실체 일원론의 둘째 단계

3장 신 존재 증명   99
실체 일원론의 셋째 단계

2부 실체와 양태

4장 내속의 문제와 양태의 실재성   125

5장 무한 양태   169

3부 인과성

6장 인과적 결정론 혹은 필연론   209

7장 '원인 또는 근거'   247

8장 감응적 인과성과 개체의 구성   291
충돌에서 변용으로

4부 개체론

9장 개체의 복합성과 코나투스   327

10장 "우리는 어떤 물체가 많은 방식으로
변용됨을 느낀다"   357

참고 문헌   384
찾아보기   398

일러두기

1. 본문 10개 장 가운데 1장부터 7장까지는 새로 집필했고, 8장부터 10장까지 세 장은 이전에 발표한 논문을 책 전체의 맥락에 맞추어 수정 보완한 것이다. 8장은 「외적 충격으로부터 어떻게 내면이 구축되는가?: 데카르트의 물체 충돌 규칙과 스피노자의 변용(affectio) 개념」(2013), 9장은 「스피노자 철학에서 개체의 복합성과 코나투스」(2016), 10장은 「"우리는 어떤 신체가 많은 방식으로 변용됨을 느낀다": 데카르트의 심신 합일 논증에 대한 스피노자의 대안」(2015)으로 발표되었다.

2. 스피노자 저작 라틴어 원문은 Spinoza(1925)를 참조하여 번역했으며, 이를 축약해 'G'로 표기한다. 『윤리학』의 경우 포트라의 불역본(Spinoza(1998))과 컬리의 영역본(Spinoza(1985))을 참조했다. 『지성교정론』은 김은주(2020)의 국역본을, 『스피노자 서간집』은 이근세(2018)의 국역본을 이용했으며, 해당 페이지 수는 국역본 출판 연도와 병기한다.

3. 『윤리학』 1부의 정리들은 부 표시 없이 '정리 1'과 같이 표기하며, 2부 이하의 경우에는 각 부의 표기를 덧붙인다.

4. 데카르트 저작들의 페이지 수는 관례대로 Adam & Tannery(1996) 판본을 따르며 'AT'로 표시하고 그 뒤에 국역본 페이지 수를 표시한다. 『성찰』과 『방법 서설』은 이현복(2021, 2022)의 국역본을, 『철학의 원리』는 원석영(2002), 『성찰에 대한 학자들의 반론과 데카르트의 답변』(이하 『반박과 답변』)은 원석영(2013)을 이용했다.

1

실체와 속성

1장

동일 속성의 여러 실체는 없다
── 실체 일원론의 첫 단계

1 실체와 속성은 얼마나 같아질 수 있는가

실체, 속성, 양태는 스피노자 존재론을 구축하는 기초 개념이다. 이 용어들은 아리스토텔레스 이래 사용되어 온 기본적인 존재론적 범주이기도 하다. 실체는 주어 자리에 오는 독립된 존재를 가리키며, 속성과 양태는 주어의 술어로 주어에 의존하는 존재를 가리킨다. 알렉산더 대왕이나 그의 말 부케팔로스가 실체이며, 하양이나 까망, 날쌤이나 빠름은 실체가 있어야만 존재할 수 있는 속성이거나 양태이다. 스피노자는 서양 존재론의 역사는 물론이고 일상 언어 구조상으로도 가장 기본적인 용어들의 논리적 관계만을 이용하여 파르메니데스를 연상시키는 충격적 테제, 즉 자연 안에 단 하나의 실체만이 존재한다는 실체 일원론을 구축한다. 용어들을 이런 식으로 이용하는 것은 숱한 오해를 낳을 소지가 있지만 사람들의 생각이 터를 잡은 바로 그 자리로 들어가 통념으로부터 새로운 개념을 창조하는 모든 위대한 철학의 매력이다.

실체 일원론을 구축하면서 스피노자가 던지는 가장 큰 승부수는 속성에 대한 새로운 이해에 있다고 해도 과언이 아니다.[1] 더욱이 속성 개념은 단지 용어의 의미만이 바뀌는 것이 아니라 아직까지도 풀리지 않는 스피노자 존재론의 커다란 수수께끼를 품고 있다. 흔히 실체는 독립적으로 존재하지만 그 자체로는 인식되지 않고 속성을 통해 인식된다고 생각되어 왔다. 스피노자가 속성 개념에 가하는 가장 큰 변형은 그것을 실체와 거의 동일한 것으로 만들고, 그럼으로써 실체의 비가지성(unintelligibility)을 제거하는 데 있다. 그렇다고 해서 그가 실체와 속성을 완전히 동일시하는 것도 아니다. 단적으로 실체는 유일하지만 이 실체의 속성들은 무한하게 많다. 논리적 일관성을 위해서는 상이한 속성들의 실재성을 강조하면서 실체의 통일성을 포기하거나, 속성들을 부차화하여 실체의 통일성을 구제하거나 둘 중 하나를 선택해야 한다. 그러나 앞으로 보겠지만 어느 쪽도 합리론에 유리한 선택지는 아니다. 그러므로 이 문제에는 궁극에는 실재의 통일성과 다양성, 일(一)과 다(多)라는 철학의 전통 물음이 얽혀 있는 셈이다. 스피노자 연구자들이 속성 개념의 모호성을 이유로 밀쳐 두기는커녕 그것을 둘러싸고 가장 치열한 논쟁을 벌여 온 것은 당연한 일이다.

이 문제를 풀기 위해 1부 전체에 걸쳐 나는 스피노자의 속성 개념에 대해 다음 세 물음을 다룰 것이다. 첫째, 실체와 속성 사이의 구별이

---

1   "속성에 대한 오류는 몰이해의 피라미드의 정점이다."(Gueroult(1968), p. 428) "〔속성은〕 스피노자의 용어 선택 중에서도 가장 해로운 방식으로 오도할 여지가 있는 선택 중 하나".(Mason(1997), p. 41) 그 외 2장의 논의를 참조하라.

다. 실체와 속성은 정확히 동일한가? 아니면 수적으로는 동일하되, 적어도 개념적으로는 구별되는가? 만일 그렇다면 이 개념적 구별은 어떤 실재성을 갖는가? 둘째, 속성들의 무한한 다양성의 문제이다. 우리에게 알려진 연장과 사유의 두 속성 외에, 우리가 사실상으로만이 아니라 권리상으로도 알 수 없는, 무한하게 많은 속성들이 있다는 것은 어떻게 아는가? 그리고 이 주장은 모든 것이 가지적이라는 스피노자 합리주의의 기본 원리와 어떻게 양립 가능한가? 셋째, 속성들 사이의 실재적 구별과 통일이다. 속성들은 존재의 상이한 유처럼 서로 간에 실재적으로 구별되는데, 실체가 존재의 상이한 유를 초월하는 제3의 기체 역할을 하지 않고서 어떻게 하나일 수 있는가? 세 물음은 서로 얽혀 있지만, 이 장에서는 특히 첫 번째 문제, 즉 실체와 속성 사이의 간극을 없애는 것에 어떤 철학적 의의와 문제가 있는지에 중점을 둔다.

먼저 실체와 속성 사이의 간극을 좁히면서 실체의 가지성을 확보해 가는 데카르트의 기획을 검토하고(2절) 스피노자가 이를 어떻게 계승하고 완수하는지를 살펴본다.(3절) 그다음 이로부터 스피노자가 실체 일원론의 첫 단계인 '동일 속성을 갖는 여러 실체는 없다'는 테제를 구축하면서 데카르트와 어떻게 다른 방향으로 나아가며 여기에서 제기되는 문제가 무엇인지를 고찰하고(4절) 이것이 스피노자 합리주의의 어떤 특징을 드러내는지를 생각해 본다.(5절)

2 데카르트와 실체-속성의 '사고상의 구별'

무엇이 실체인가? 이것은 "무엇이 있는가?"라는 철학의 가장 오랜 물음이기도 하다. 우리는 있는 것들에 둘러싸여 있으니, 무엇이 있는지를 물을 때 우리가 묻는 것은 무엇이 '진짜로' 있는지를 묻는 것이다. 파르메니데스의 일자, 데모크리토스의 원자, 플라톤의 이데아 같은 것이 그렇다.

그러나 실체가 곧 존재는 아니며, 존재론의 문제를 실체론으로 바꾼 것은 아리스토텔레스의 공이다. 더구나 그는 우리가 일상적으로 마주치는 이런저런 개별자를 실체로 간주한 만큼, 적어도 『범주론』에 한해서 볼 때, 소멸 가능한 것들을 실체로 꼽았다는 점에서도 실체론에 한 획을 그었다고 할 수 있다. 개별자는 생성 소멸하기 마련인데도 아리스토텔레스가 그것을 실체로 본 이유는 무엇인가? 개별자는 분리 가능하고 독립적으로 지시 가능한 것으로 양, 질 같은 다른 속성들이 존재하기 위한 조건이 되기 때문이다. 그러나 이때의 존재론적 일차성은 말의 질서에서의 일차성에 가깝다. 아리스토텔레스는 실체를 오직 주어 자리에만 오고 술어 자리에는 올 수 없는 것으로 규정하고 주어 자리에 오는 실사(實辭) 가운데서도 개별자를 류와 종 같은 제2실체와 구별하여 제1실체라 불렀다. 물론 제1실체는 상태나 행위를 나타내는 다른 범주들과 달리 독립적으로 지시될 수 있고 상반되는 속성을 받아들여 변화를 겪으면서도 동일성을 유지한다는 점에서 진짜로 존재하는 것의 기준을 어느 정도는 만족시킨다. 그러나 불변성이나 항구성을 절대적으로 충족시키지는 못한다는 점에서 유사 실체에 불과하다.

데카르트가 『철학의 원리』에서 실체를 "존재하기 위해 다른 어떤 것도 필요로 하지 않는 것"(1부 51항)으로 정의하고 이런 의미의 실체는 오직 신뿐이라고 한정할 때, 그는 이런 아리스토텔레스적 전통에 반하여 실체 본연의 의미를 복원하는 셈이다. 다만 바로 이어지는 항에서 그는 물체나 정신과 같은 피조물 역시 실체라고 부른다. 유한자 역시 실체인데 이는 무한 실체와는 다른 의미에서, "존재하기 위해 필요로 하는 것은 단지 신의 조력뿐"[2]이라는 의미에서이다. 이는 데카르트의 실체론 역시 얼마간 아리스토텔레스 실체론의 패러다임 안에 있었다는 것을 잘 보여 준다. 아리스토텔레스적 개별 실체 개념이 주술 구조를 기본으로 하는 우리 사고 구조에 부합하는 한에서, 그것을 완전히 떠나기는 실상 오늘날까지도 어려운 일이다.

그렇다면 데카르트가 아리스토텔레스의 실체론과 더 분명히 결별하는 지점은 어디일까? 이는 삼위일체나 신의 본질과 속성들 간의 관계와 같은 신학적 문제에서 출발하여 중세 형이상학의 주요 도구가 되었던 중세 구별 이론을 계승하고 변형한 그의 구별 이론에서 잘 드러난다. 데카르트는 비신학적 맥락으로 자리를 옮겨 구별 이론을 자신의 존재론을 조직하는 바탕으로 삼는다. 그는 존재자들을 나누는 기준을 '실재적 구별'과 '양태적 구별', 그리고 '사고상의 구별'의 세 구별로 환원하며,[3] 이로부터 이후 스피노자 존재론으로까지 이어질 실체, 속성, 양태 개념이 벼려진다. 이 중 가장 중요한 것은 단연 실재적 구별이다. 이것은 아리스토텔레스가 실체의 기준으로 든 '분리 가능성'과 같은 기능을 하지만 내용이 완전히 다르다. 분리 가능성의 실질적 기준 역할

---

2   『철학의 원리』, 1부, 52항: 데카르트(2002), 43쪽.
3   「첫 번째 반박」의 카테루스의 지적처럼, 중세 구별 이론의 중요한 항목 중 둔스 스코투스의 '형상적 구별'은 빠진 것처럼 보이는데, 데카르트 자신은 모든 구별이 위의 세 구별로 환원될 수 있다고 보았다. '형상적 구별'의 경우 그것을 '양태적 구별'에 포함시켰다가(「첫 번째 답변」: AT VII, 120~121) 이후 『철학의 원리』에서는 이를 정정하고 '사고상의 구별'에 포함시킨다.(1부 62항: AT VIIIA, 30)

을 하는 것은 실체라기보다는 속성이기 때문이다. 구별의 원리와 함께 실체와 속성 개념이 최종적으로 다듬어지는『철학의 원리』1부의 60항 이하에서 데카르트는 실체들 사이의 '실재적 구별'의 기준을 다음과 같이 제시한다. "두 실체가 하나가 다른 하나 없이 명석판명하게 인식될 수 있다는 것만으로(ex hoc solo) 그 실체들이 서로 간에 실제로 구분되어 있다는 것을 지각한다."[4] 이 정식에 따르면 실체들 간의 존재론적 구별은 인식적 구별로 충분하다.("인식될 수 있다는 것만으로") 가령 정신은 신체 없이, 그러니까 연장이나 연장의 양태 같은 물리적 특성을 참조하지 않고 사유 속성만으로 명석판명하게 인식될 수 있다. 마찬가지로 신체도 정신 없이, 즉 사유나 사유 양태 같은 특성을 참조하지 않고 연장 속성만으로 명석판명하게 인식될 수 있다. 그리고 단지 이것만으로도 우리는 둘이 실재적으로 구별된다고 확신할 수 있다. 요컨대 실체들 사이의 실재적 구별의 기준은 인식적 독립성이며, 이는 결국 속성을 통한 구별이다.

물론 순전히 인식적인 구별이 실재적인 구별이려면 몇 가지 요건을 만족시켜야 한다. 한편으로는 "하나가 다른 하나 없이 인식됨"의 '없이'가 단순한 누락보다 더 강한 부정이나 배제여야 한다. 가령 나는 단지 추상에 의해 내 정신을 신체에 의존하지 않는다고 생각할 수도 있지만 이를 근거로 둘이 실재적으로 구별된다고 확신할 수는 없다. 반면 나를 "내 정신으로부터 신체에 속하는 모든 것이 배제되더라도 실존할 수 있는 실체"[5]라고 생각할 경우, 그런 경우에야 둘은 실재적으로

---

4   『철학의 원리』, 1부, 60항: 데카르트(2002), 49쪽.(강조는 인용자)
5   데카르트가 메르센에게 보내는 편지 1644년 5월 2일: AT IV, 120. 혹은 "정신의 본성에 속

구별된다고 할 수 있다.[6] 다른 한편 "하나가 다른 하나 없이"의 인식적 독립성은 쌍방적인 것이어야 한다.("서로 간에 실제로 구분") A가 B 없이 인식될 수 있더라도 B는 A 없이 인식될 수 없는 경우, 둘은 실재적으로 구별되지 않는다. 가령 연장은 운동이라는 양태 없이 인식될 수 있지만, 운동은 연장 없이 인식될 수 없다. 데카르트는 이처럼 두 항이 일방적으로만 독립적일 때 이를 실재적 구별과 구분하여 '양태적 구별'이라고 부른다. 마지막으로 이처럼 실체들 간의 실재적 구별이 인식적 요소만으로 이루어질 수 있는 것은 실체와 속성이 거의 동일시된 덕분인데, 둘 사이에 있는 구별을 '사고상의 구별'[7]이라 부른다. 사고상의 구별은 실재적 구별이나 양태적 구별과 달리, '사물 안에'(in re) 있는 것이 아니라 우리 정신 안에만 있다.[8] 이처럼 데카르트의 실체 개념은 인식

하는 모든 것을 물체에게서 부정하면서 나는 물체를 완전하게(완결적으로) 인식한다. 거꾸로 물체의 관념 속에 있는 것이라면 그것이 무엇이든 그것이 정신 속에 있다는 것을 부정함에도 불구하고 나는 정신을 …… 완전한(완결적인) 것(res completa)으로 인식한다."(「첫 번째 답변」 AT VII, 121: 데카르트(2012), 57쪽) cf. 「네 번째 답변」 AT VII, 220~227: 데카르트(2012), 186~195쪽 역시 참조하라.

6   물론 이것만으로 데카르트가 인식적 독립성을 존재론적 독립성의 충분 근거로 제시하는 데 성공했다고 보기는 어렵다. 이에 대해서는 특히 「네 번째 반론」에서 아르노가 반례로 든 기하학적 사례를 참조하라.(「네 번째 반박」 AT VII, 202: 데카르트(2012), 162쪽)

7   이는 '개념적 구별'이라고도 불리고, 원어대로 하면 '이성적 구별'(distinctio rationis)이라 불러야 하지만, 합리론자들에게 이성에 의한 구별은 실재적 구별이기도 하므로 정반대 의미가 된다. 『철학의 원리』, 프랑스어 판본에서는 "사유에 의해 이루어지는 구별"로 명명되므로,(1부, 62항: AT IX, 53) 이 용어를 따르되 '사유 속성'에서의 '사유'와는 변별이 되도록 '사고상의 구별'로 옮기겠다.

8   라포르트는 실재적 구별 외에 나머지 구별을 "절대적으로 별개가 아닌 것을 별개로 고찰하는 것"이라고 하면서, 양태적 구별과 사고상의 구별, 나아가 데카르트가 「첫 번째 답변」에서 언급한 스코투스의 형상적 구별을 모두 "지성의 추상화"에 의해 이루어지는 것으로 간주한

상의 세 가지 구별을 바탕으로 수립된다. 정신이라는 사유 실체를 예로 들면, 그것은 다른 사유 실체나 연장 실체와 실재적으로 구별되고, 욕망이나 감정 같은 사유 양태와는 양태적으로 구별되며, 사유 속성과는 단지 사고상으로 혹은 개념적으로만 구별된다. 특히 실체와 속성이 이처럼 가까워지는 덕분에 실체는 로크가 지구를 떠받치는 거북이에 빗대어 말한 '알 수 없는 어떤 것'이 아니라 가지적인 것이 된다.

남는 문제는 실체와 속성 사이에 도입된 '사고상의 구별'의 지위이다. 이 구별에는 실로 아무 실재성이 없는가? 그 결과 실체와 속성은 완벽히 호환 가능한가? 데카르트가 속성이라는 용어를 상이한 부류에 사용하는 만큼, 어떤 종류의 속성을 염두에 두느냐에 따라 답변이 다를 것이다. 첫째, 지속, 수, 실존 등과 같은 속성은 실체와 동일하다. 이런 부류의 속성은 실체로 환원된다. 단지 우리 지성의 유한성으로 말미암아 "선택적 주의"[9]를 통해 실체를 인식하기 위한 사고상의 존재에 불과하다. 그리고 이렇게 실체만이 실재할 뿐 실체와 분리되거나 분리 가능한 속성들은 존재하지 않는다고 보는 점에서 데카르트의 입장은 유명론적이다.[10] 둘째, 데카르트는 속성이라는 말을 전통 용법에 따라 질

다.(Laporte(1945), pp. 92~93) 그러나 4장에서 더 자세히 살펴보겠지만, 『철학의 원리』에서 데카르트 스스로 인정하듯이(1부, 62항) 이는 「첫 번째 답변」에서 데카르트 스스로가 양태적 구별을 형상적 구별과 동일시하면서 범한 혼동에 기반한다. 『철학의 원리』에 제시된 더 명료한 표현에 따르면, 사고상의 구별이나 형상적 구별은 실재에 기초하지 않고 단지 '사고의 방식'(*modi cogitandi*)에 불과한 구별인 반면, 양태적 구별은 실재에 기초한 구별로 보아야 한다. 이에 대해서는 Wells(1966)를 참조하라.

9   이는 '추상'에 대한 데카르트의 설명(Gibieuf에게 보내는 편지, 1642년 1월 19일, AT III, 475)를 바탕으로 한 놀런의 표현(Nolan(1997), p. 133; (1998), p. 167)이며, 놀런은 이런 종류의 속성을 데카르트에게서 속성과 실체 관계 일반을 고찰하는 대표적인 사례로 다룬다.

적 의미로 사용하기도 한다. 전능성, 전지성, 궁휼함과 같은 신의 완전성이 그것이다. 이 부류의 속성은 신이라는 실체와도, 속성들 상호 간에도 실제로 구별되지 않으며, 우리에 대해서만 구별된다. 마지막으로, 데카르트가 '주요 속성'이라 부른 사유와 연장이 있는데, 이 경우 사정은 완전히 다르다. 이 속성들은 앞서 언급한 것 같은 지성의 추상물이 아니다. 이 속성들은 우선 우리에게 실체에 대해 알게 해 주는 필수 불가결한 매개이다. 우리는 이 속성들을 지각함으로써만 실체를 지각하며, 만일 실체에서 이 속성들을 제거할 경우, "우리는 그것〔실체〕에 대한 우리의 모든 앎을 포기하는 것이 될 것이다."[11] 나아가 이 속성들을 통해 우리는 심지어 실체에 대해 우리가 알아야 할 모든 것을 전부 알 수 있다. 데카르트는 주요 속성을 통해 확보되는 이런 인식적 자족성을 토대로 실체를 '완결적인 것'(res completa)이라 부른다. 그리고 그것에 대해 우리는 신이 갖는 적합한 인식에까지 이르지는 않지만 '완결된 인식'을 가질 수 있다고 말한다.[12] 그러나 실체는 속성과 호환 가능할 정도로 동일해지지는 않는다. 실로 속성의 인식적 중요성을 이렇게 강조하는 데에는 실체가 그 자체로 알려지는 것은 아니라는 존재론적 유보

---

10 이에 대해서는 특히 데카르트가 1645년 또는 1646년 성명 불상자에게 보내는 편지(AT IV, 348~350)를 참조하라. 이 점을 바탕으로 한 데카르트의 유명론적 입장에 대해서는 Nolan (1997b), (1998)을 참조하라.

11 「네 번째 답변」, AT VII, 222: 데카르트(2012), 190쪽. 이런 의미에서, 이 속성들에 대해서는 놀런이 말한 것처럼 "우리 사유 바깥의 실체로 환원"(Nolan(1997b), p. 130)했다고 보기는 어렵다.

12 「네 번째 답변」, AT VII, 219~225: 데카르트(2012), 186~194쪽. 국역본에서는 adaequata 를 '완벽한'으로, completa를 '완전한'으로 옮겼는데, 한국어에서 이 두 용어가 거의 구별이 되지 않기 때문에, 전자를 대상과 완벽히 합치한다는 의미에서 스피노자 철학 연구에서 통용되는 '적합한'으로, 후자를 필요한 만큼 채워져 있다는 의미에서 '완결된'으로 옮긴다.

가 함축되어 있다.[13] 우리는 속성을 통해 실체에 대해 알아야 할 모든 것을 알 수 있지만 실체 자체는 그 인식적 상관자인 속성으로 전부 환원되지는 않는다. 『뷔르망과의 대화』에 나오는 데카르트의 다음 진술에서 알 수 있듯, 데카르트는 실체를 속성 초월적인 것으로 보는 관점을 버리지 않았으며, 이 점에서 데카르트의 실체 개념은 아리스토텔레스는 물론이고 로크의 그것과도 완전히 다르지는 않다.

> 실체를 명시해 주는(specificat) 속성 외에, 저 속성 밑에 놓여 있는 실체 자체가 인식될 수밖에 없네. 정신이 사유하는 것이기 때문에, 사유 외에도 (praeter)〔베사드: plus/ 컬리: beyond〕 사유하는 실체 등이 있는 것처럼.[14]

요컨대 데카르트는 실체와 속성이 단지 사고상으로만 구별된다고 하면서, 속성의 인식적 가치를 높이면서 실체의 비가지성을 제거하는 방향으로 나아간다. 그러나 이 합리주의 기획을 일관되게 밀고 나가지는 않는다. 아리스토텔레스적 개별 실체 개념과 거기에 포함된 기체 관념, 즉 속성의 담지자로서의 실체라는 전통적이고도 일상적인 통념을 보존한다. 그렇다면 그는 왜 그 이상으로 나아가지 않았을까? 데카르

---

13 "존재하는 것이라는 사실 그 자체가 우리를 자극하는 것은 아니기 때문에," "단순히 존재한다는 사실 때문에 실체가 가장 먼저〔즉 그 자체로〕 알려질 수 있는 것은 아니다."(『철학의 원리』, 1부, 52항: 데카르트(2002), 43쪽) 마찬가지로 다음 역시 참조하라. "생각은 생각하는 것 없이 존재할 수 없다는 것과 어떤 행위나 어떤 우연적 성질도 그것이 내재하는(insit) 실체 없이 결코 존재할 수 없다는 것은 확실하다. 그런데 **우리는 실체 그 자체를 직접적으로 인식하는 것이 아니라**, 단지 그것이 어떤 행위들의 주체라는 것을 통해 인식할 따름이다."(「세 번째 답변」, AT VII, 176: 데카르트(2012), 129쪽. 강조는 인용자)

14 『뷔르망과의 대화』, AT V, 156: Descartes(1981), pp. 56~57.(강조는 인용자)

트의 기획은 어디까지 나아갈 수 있을까? 이 두 물음에 대한 답은 아래 두 절에서 스피노자가 실체와 속성을 어떻게 다루는지를 통해 밝혀질 것이다.

3 스피노자에게서 실체와 속성의 동일성과 지성의 역할

　스피노자는 실체와 속성의 구별이 단지 '사고상의 구별'에 불과하다는 데카르트의 입장을 이어받으면서 바로 이 기체라는 통념까지 해체하고 데카르트적 환원을 일관되게 완수하는 방향으로 나아간다. 그 끝은 개별 실체의 관념을 완전히 포기하고 실체 일원론에 이르는 것이다. 이를 위한 스피노자의 첫 번째 행보는 실체와 속성을 동일시하는 단계이다. 이는 "자기 안에 존재하고 자기에 의해 인식됨"이라는 실체에 대한 정의(정의 3)에서부터 명시적으로 드러난다. 실체는 단지 독립적으로 존재할('자기 안에 있음'*in se esse*) 뿐 아니라, 인식적으로도 자족적이다.('자신을 통해 인식됨'*per se concipi*) 다시 말해 실체는 다른 범주를 통해 인식되는, 그 자체로는 비가지적인 기체가 아니다.[15]

　문제는 실체의 정의 바로 다음에 이어지는 '속성'의 정의(정의 4)

15　캐리어로는 아리스토텔레스에게서도 실체는 존재론적으로만이 아니라 정의상으로도, 즉 인식론적으로도 속성이나 양태에 앞선다고 지적하고, 아리스토텔레스와 데카르트-스피노자의 대립을 게루나 컬리 같은 학자들이 과장한다고 생각한다.(Carriero(1995), pp. 249~250, n.5) 그러나 그가 그 근거로 든 것, 즉 양태의 정의에 실체의 정의가 포함되어야 한다는 것과, 그 자체로는 비가지적인 기체로서의 실체 개념이 제거되느냐의 여부는 다른 문제이며, 스피노자(그리고 부분적으로는 데카르트)는 후자의 입장에서 분명히 아리스토텔레스 및 스콜라 철학자들과는 변별적 입장을 갖는다.

이다. 스피노자는 속성을 "지성이 실체에 대해 실체의 본질을 구성하는 것으로 지각하는 것"이라고 정의한다. 여기에서 그는 지성이 실체를 지각할 때 속성을 통해 지각한다고 하면서 실체가 자기를 통해 인식된다는 앞의 정의를 번복하는 듯 보인다. 그래서 라이프니츠는 실체가 자신을 통해 인식되지 않지만 자기 안에(즉 독립적으로) 존재하는 경우가 오히려 일반적이라고 지적한 다음, 만일 속성 역시 '사물'이라면 스피노자의 실체가 자기 안에 있으면서 다른 것(즉 속성)을 통해 인식되는 셈이라고 하면서 스피노자가 상호 모순적인 정의들을 제시한다고 비판한다.[16] 라이프니츠의 반론을 진지하게 받아들일 경우, 만일 두 정의가 일관되다면, 실체와 속성은 단지 사고상으로만 구별될 뿐만 아니라 실질적으로 동일해야 할 것이다. 이럴 경우 문제는 속성의 정의에 왜 굳이 지성을 언급해야 하느냐이다. 만일 실체와 속성이 동일하다면, 속성을 "실체의 본질을 구성하는 것으로 지성이 지각하는 것"이라고 정의하는 대신 더 단순하게 "실체의 본질을 구성하는 것"이라고, 혹은 "실체의 본질 자체"라고 정의하는 게 낫지 않은가? 나아가 실체와 속성이 동일하다면, '속성'에 대해 '실체'와 별도의 정의를 제시해야 할 이유가 없지 않은가? 시몬 더 프리스에게 보내는 스피노자의 「편지 9」의 다음 대목은 스피노자가 말하려는 바를 조금은 더 명확히 알려 준다. "속성이라는 용어가 실체에 특정한 본성을 귀속시키는 지성과 관련하여 사용된다는 점만 정확히 한다면, 나는 속성을 〔실체와〕 동일한 것으로 이해한다."[17] 그러나 이 해명은 실체와 속성의 실질적 동일성은 확정하게 해 주지만, 지성을 언급하는 이유에 대해서는 알려 주는 바가

16   Leibniz(1989), p. 196.

없다. 이 문제에 대해 내가 내릴 수 있는 최종적인 해명은 속성들의 다양성과 통일성에 대한 다음 장의 논의에서 제시될 것이다. 여기에서는 일차적으로 속성이라는 용어에 대한 스피노자의 용법에서 얻을 수 있는 결론만 제시하고자 한다.

방금 언급한 「편지 9」에서 스피노자는 실재하는 사물의 본질을 제시하는 정의와 단지 고찰을 위해 정립된 정의를 구별한다.[18] 이를 각각 실재적 정의와 명목적 정의라 부를 수도 있을 것이다. 스피노자에 따르면, 전자의 경우 규정된 대상에 대한 참된 기술을 제시해야 하지만, 후자는 단지 인식 가능하다는 사실만으로도 정의의 요건을 충족한다. 인식 가능하다는 것 외에 다른 증명이나 정당화가 필요하지 않은 것이다. 가령 "각각의 실체가 하나의 속성을 갖는다."라고 말할 경우, 여기에는 증명이 필요하다. 그러나 "나는 각 실체를 단 하나의 속성으로 이루어진 것으로 이해한다."라고 말할 경우, 이는 여러 속성으로 이루어진 존재를 실체와는 다른 이름으로 부르기만 한다면, 올바른 정의이다. 이렇게 보면 『윤리학』의 정의들 대부분은 "나는 ○○을 ~로 이해한다." 혹은 "○○은 ~로 말해진다."라는 형태를 띤 명목적 정의에 가깝다. 그런데 이것들은 흔히 말하는 명목적 정의보다는 더 실재적이다. '생각될 수 있음'은 단지 허구에 그치는 것이 아니라 지성에 의해 인식된 만큼의 실재성이 있다. 더구나 『윤리학』의 정의들 대부분에서 스피노자는 해당 용어의 물질성[19]을 존중하되, 자신의 체계에 맞도록 합리화의

---

17   스피노자(2017), 64쪽.
18   「편지 9」(1663년 2월 24일 자에 쓰인 더 프리스의 「편지 8」에 대한 답장), G IV, 42: 스피노자(2018), 59쪽.

작업을 가한다. 그래서 처음에 명목적 정의처럼 제시된 정의가 명제들의 전개 과정에서 스피노자 철학 체계에 온전히 부합하는 의미를 획득해 간다. 이 특징들은『지성교정론』에서 스피노자가 참된 인식에 제기되는 무한 퇴행의 문제를 반박하면서 묘사한 지적 작업의 과정을 통해 시사하는 내용이기도 하다.[20] 혹자는 참된 관념을 인식하려면 참된 방법이 필요하고 참된 방법을 갖추려면 이미 참된 관념이 있어야 한다고 말하겠지만, 실제로 인간은 최초의 "본유적 도구"(예를 들어 손)로부터 다른 도구를 산출하고 이 산물이 다시 다른 도구가 되어 더 정교한 산물을 만들어 가듯, 최초의 주어진 참된 관념으로부터 다른 지적 산물을 산출하고 이를 다시 지적 도구로 삼아 새로운 참된 관념을 다듬어 나가 점점 더 정교한 인식에 이를 수 있다.

속성에 대한『윤리학』의 정의는 이런 특징들을 고려하여 이해되어야 한다. 스피노자는『소론』에서부터 이미 속성을 실체와 동일시하는 경향을 띠지만,[21] 전통 용법과 스피노자 자신의 용법 간의 차이가『윤리학』에 비해 훨씬 더 부각되는 방식으로 다룬다. 흔히 말하는 신의 속성에는 두 부류가 있다. 하나는 자기 자신에 의한 실존, 만물의 원인,

---

19   『신학-정치론』, 7장을 참조하라. "어떤 낱말의 의미를 바꾸는 일은 매우 어렵다. 낱말의 의미를 변경하려고 노력하는 자는 동시에, 해당 언어로 글을 쓰고 그 낱말을 통상적 의미로 사용하는 작가들 모두를, 그들 각자의 기질이나 생각〔의도〕에 따라 설명해야 하거나 아니면 아주 조심스럽게 그들을 왜곡해야 한다. (……) 더불어, 만약 누군가가 자신이 낱말에 습관적으로 부여했던 의미를 변경하길 원한다면, 그는 변경 이후에는 그의 글이나 말에서 이 의미를 지키기 힘들 것이다."(G III, 105~106)

20   §30~31(G II, 13~14): 스피노자(2020), 41~42쪽.

21   "신을 형성하는 속성들로 말하자면, 각각이 그 자체 무한하게 완전할 수밖에 없는, 무한하게 많은 실체들 외에 다른 것이 아니다."(1부 7장, note 1, Spinoza (1985), p. 88)

최고 선함, 영원, 불변성 등인데, 이것은 속성이 아니라 고유성(*propria*)에 불과하다. 고유성은 신에 속하지만 신이 무엇인지 설명하지 않는다. 다른 부류는 전지성, 긍휼함, 지혜 등인데, 이것 역시 속성이 아니라 사유 실체의 양태에 불과하며 "그것을 양태로 갖는 실체 없이는 실존하지 않는다."[22] 그러나 올바른 의미의 속성은 실체 자체와 동일시되는 것이다. "속성들(또는 다른 이들이 실체라고 부르는 것)은 자기 자신에 의해 실존하는 사물들, 혹은 더 정확히 그리고 더 적절하게 말해서, 자기 자신에 의해 실존하는 존재이며, 따라서 자기 자신을 통해 스스로를 알려지게 한다."[23]이다. 반면 『윤리학』에서는 오히려 속성이라는 용어에 스며든 통념을 비판하지도 않고, 스피노자 자신의 변별적 입장을 별도로 명시하지도 않는다. 오히려 통념에서, 그러나 그의 최종적 생각에 비추어 보아도 거짓은 아닐 만큼은 정비된 통념에서 출발하고, 그런 다음 사용을 통해 자기 체계에 합치하는 내용을 담는다.[24] 이처럼 스피노자 자신의 것과 정확히 일치하지는 않지만 보존 가능한 통념의 내용으로 두 가지를 들 수 있다.

하나는 실체가 속성을 통해 인식되며 특히 본질적 속성은 감각보다는 지성을 통해 인식된다는 통념이다. 스피노자의 속성 정의(정의 4)에 명시된 지성에 대한 참조는 이 점을 반영한다. 여기까지는 일단 실체

---

22 『소론』, 1부, 7장, §7, Spinoza(1985), p. 89.

23 『소론』, 1부, 7장, §10, Spinoza(1985), p. 90.(강조는 인용자)

24 이런 의미에서 아래에 제시될 나의 해석은 Silverman(2016)의 속성에 대한 선언적 해석, 즉 속성이 지성에 의해 지각된 것이거나 지성 바깥의 실재적인 것이라는 해석과 외연상 일치한다. 다만 나는 선언의 두 항이 동등하지 않으며, 텍스트의 전개에 따라 후자가 더 우세해진다고 보는 점에서 알렉스 실버맨의 해석과 내포를 달리한다.

와 속성 사이의 개념적 구별이 유지된다. 그러나 동시에 둘의 동일성이 지켜지려면, 지성의 지각에 아무런 왜곡이 없어야 한다. 이 점은 데카르트에게서 이미 나타난다. 데카르트가 실체를 "하나가 다른 것의 도움 없이 생각될 수 있는 것"이라고 할 때 여기에서 생각하는 주체는 명석판명하게, 즉 있는 그대로를 인식하는 지성이다. 스피노자의 경우 이 점은 더욱 명확하다. 우선 그가 말하는 지성에는 무한 지성도 포함된다. 무한 지성에 의해 지각된 무한하게 많은 속성들은 지성 바깥에 실제로 존재한다. 다음으로 유한 지성에 의한 인식도 그것이 지성적 인식인 한에서 적합할 수밖에 없다. 유한 지성의 한계가 있다면, 단지 무한하게 많은 속성들 가운데 사유와 연장이라는 두 속성밖에 인식하지 못한다는 점뿐이다. 그런데 하나의 속성만으로도 신적 실체에 대한 온전한 인식이 가능하기만 하다면, 이 차이는 무시해도 무방하다.[25] 이런 의미에서 스피노자가 정의 4에서 '지성'의 종류를 명시하지 않은 것은 정합적이다.

스피노자가 참조하는 속성에 대한 첫 번째 통념이 지성과의 관련, 곧 속성이 지성의 대상이라는 점이라면 두 번째 통념은 '신의 속성'과 관련된다. 하나는 신의 완전성이라는 통념이다. 이것은 그 자체로는 가상이 아니지만, 신인 동형론적 가상이 투사되기 쉬운 통념이기는 하다. 데카르트는 무한 실체인 신의 속성을 "파악할 수는 없지만 모종의 방식으로 사유로 닿을 수 있는 모든 완전성"(AT VII, 52)이라고 하면서

---

25 다음 장에서 살펴볼 속성에 대한 객관주의 해석자들은 속성 정의에 포함된 지성을 '무한 지성'으로 간주하지만, 내가 보기에 이런 의미에서 유한 지성이나 무한 지성 어느 쪽으로 보아도 차이는 없다.

이런 가상을 차단하는 한편, 완전성을 실재성과 동일시하는 경향을 보이기도 한다. 그러나 결국에는 그 역시 신의 속성을 전능성과 선성(AT VII, 87) 같은 질적 의미의 완전성에 의거하여 주요 증명들을 완수하며, 이와 달리 자연 자체는 사유와 연장이라는 두 가지 속성으로 이루어진다고 본다. 스피노자는 신의 완전성이라는 용어는 보존하면서도 그것을 실재성 외의 다른 의미로는 사용하지 않으며, 사유와 연장 자체를 '신의' 속성으로 간주한다. 사유와 연장은 질적인 것도 양적인 것도 아니며, 신이 사물들을 산출하는 활동 자체, 혹은 이와 불가분한 다양한 활동 방식이다. 들뢰즈가 잘 표현했듯이 속성은 "귀속되는 것이 아니라 이를테면 '귀속시키는 것'," "표현적 가치를 갖는 참된 동사들"이다.[26] 다른 하나는 신의 속성들(혹은 완전성들)이 신 안에 통일되어 있다는 통념이다. 이 통일성은 흔히 단순성으로 이해되어 왔으나, 스피노자는 신의 통일성이라는 통념을 취하되 이로부터 단순성을 떼어 놓는다. 그는 신의 속성들이 무한하게 많을 뿐 아니라 서로 간에 실제로 동일하지 않고 오히려 실재적으로 구별된다고 보며, 그러면서도 이런 속성들과 신을 동일시한다. 이 경우 신의 통일성과 속성들의 다양성, 즉 신자신의 다양성이 어떻게 양립 가능한가라는 논리적 문제가 제기되는데, 이 문제는 다음 장에서 다뤄질 것이다.

---

26   들뢰즈(2019), 45쪽. 속성의 동사적 성격은 그것을 실체의 본질'이다'라고 하지 않고, 실체의 본질을 '구성하는' 것으로 지성이 '지각하다'(정의 4)라거나, 실체의 본질을 '표현하다'(정의 6, 정리 19의 증명), 실체의 본질을 '설명하다'(정리 20의 증명)라고 제시한 데서 시사된다. 이는 스피노자가 말하는 본질 자체의 활동성, 즉 '활동적 본질'(2부 정리 3의 주석)과 무관하지 않을 것이다. 이런 시각에서 볼 때 스피노자가 속성을 본질과 단순 등치시키기보다 본질을 목적어로 하는 타동사를 통해 표현한 것은 지성의 주관주의적 측면을 나타내기 위해서라기보다 속성과 본질 둘 다의 역동적 성격을 나타내기 위한 것으로 볼 수도 있다.

이처럼 정화된 통념을 출발점으로 해서 스피노자가 이제 정리들에서 어떻게 속성이라는 통념에 변형을 가하는지를 살펴보자. 우선 정리 4의 증명이다. "〔a〕(정의 3과 5에 의해) 지성 바깥에는 오직 실체들과 그 변용들만이 있다. 〔b〕따라서 지성 바깥에는 여러 사물들이 서로 간에 구별될 수 있는 것으로서 실체들, 혹은 같은 말이지만 (정의 4에 의해) 그 속성들과 그 변용들만이 있다." 실체(정의 3), 속성(정의 4), 양태(정의 5)의 정의 가운데 지성과의 관련이 도입된 것은 정의 4뿐이므로, 〔a〕에서 우리는 '지성 바깥에' 실제로 존재하는 것은 오직 실체와 양태들뿐이고, 속성은 '지성 안에' 있는 것일 뿐이라고 기대하게 된다. 그러나 동일한 증명 안의 바로 다음 문장 〔b〕에서 스피노자는 속성을 실체와 '같은 말(idem est)'이라는 자격으로 도입하면서,[27] 속성 역시 지성 바깥에 있는 것임을 추가적으로 알려 준다. 그다음 정리 16에서는 지성에 의한 매개의 표시 없이 "신적 본성은 무한하게 많은 속성들을 갖는다."라고 표현한다. 여기에서 '갖는다'(habere)는 정의 6에서 무한하게 많은 속성으로 "이루어진"(constans)과 같은 의미이다. 즉 속성들은 단지 지성이 실체에 대해 지각하는 다양성이 아니라 실체가 실제로 지닌 다양성이다. 그다음 정리 19의 "신 또는(sive) 신의 모든 속성들은 영원하다."라

---

27   그래서 게루는 바로 이 구절을 들어, "이 증명이 이 정의〔정의 4〕 안에서 속성들에 대한 형식주의적 주관주의적 해석의 부인할 수 없는 토대가 발견된다고 생각하는 자들의 주장을 비가역적으로, 선제적으로 무너뜨리고 있다."라고 말한다.(Gueroult(1968), p. 117) 그 외 정리 10의 "한 실체의 각 속성은 자기를 통해 인식되어야 한다."를 증명하기 위해 스피노자는 "속성이 (……) (정의 3에 의해) 자기를 통해 인식되어야 한다."라고 진술하는데, 여기에서 실체의 정의에 해당하는 정의 3을 참조한 것은 여기에서도 실체와 속성을 동일한 것으로 간주한다는 것을 시사한다. 그 외에도 정리 12의 증명에서 정의 4와 정리 10을 둘 다 참조한 것 역시 같은 노선에서 해석할 수 있다. 이에 대해서는 Jarrett(1977b)을 참조하라.

는 표현에서 처음으로 신과 속성들이 단적으로 등가적인 것으로 언명된다. 그러나 증명을 보면 개념적 구별은 유지된다. 먼저 신의 영원성이 증명되고 신의 속성들의 영원성은 그다음에 증명된다. 즉 속성들이 "신적 실체의 본질을 표현하는 것(정의 4에 의해), 즉 실체에 속하는 것"이라는 정의가 환기된 다음, 실체의 본성에 영원성이 속한다는 것을 근거로 각 속성에도 영원성이 속함이 증명된다. 이처럼 실체와 속성 사이의 개념적 구별은 유지되지만, 정의 4의 '지성에 의한 지각'이라는 요소는 생략된다. 속성들은 단적으로 "신적 실체의 본질을 표현하는 것", "실체에 속하는 것"으로 규정된다. 마지막으로 정리 29의 주석에 제시되는 '산출하는 자연'에 대한 정의이다. 그것은 "자기 안에 있고 자기를 통해 인식되는 것, 혹은 영원하고 무한한 본질을 표현하는 실체의 그런 속성들, 다시 말해 자유로운 원인으로 고려된 신"이다. 신이 '산출하는 자연'과 '산출되는 자연'을 모두 포함한다면, 속성들은 이 가운데 '산출하는 자연'을 가리키며, 그 안에 있는 양태들은 '산출되는 자연'을 가리킨다. 이로써 전통적으로 창조주의 지위에 있던 신적 지성과 피조물의 지위에 있던 사유 실체 간의 위계가 역전된다. 사유 실체는 원인의 지위로 올라가고, 지성, 심지어 신의 무한 지성조차 결과인 양태의 지위로 강등된다. 이런 역전 역시 속성의 지위 변화 덕분이다. 속성은 질적인 형용사가 아니라 실체가 사물들을 산출하는 활동 자체 혹은 이 활동의 무한하게 많은 방식들 가운데 하나이다. 그리고 결과에 대한 인식은 원인에 대한 인식에 의존하므로, 결과인 지성보다는 속성 자체가 모든 것에 대한 가지성의 원리가 된다.

이렇게 볼 때 스피노자는 실체와 속성 사이에 오직 사고상의 구별만이 있다는 데카르트의 테제를 계승하면서도 여기에서 더 나아가 실체와 속성을 완전히 동일시하는 방향으로 나아가며, 이 방향은 속성을 실체로 환원하는 쪽보다는 실체를 속성으로 환원하는 쪽이다. "실체에서 물리적으로 실재적인 것은 속성이며, 이성의〔사고상의〕 존재는 오히려 실체성이다."[28]라는 게루의 표현은 이 방향성을 잘 알려 준다.

3 "동일 속성의 여러 실체는 없다"

(1) 실체 다원론 부정의 반직관적 성격과 증명의 난점

그러나 실체와 속성의 동일시가 그렇게 쉽게 받아들일 수 있는 것은 아니다. 데카르트가 실체와 속성을 이렇게 동일시하는 대신 절충적인 선에서 멈춘 이유를 생각해 보자. 가령 사유 실체가 사유 속성에 다름 아니라고 해 보자. 사유 속성은 하나인 만큼, 사유에는 여러 실체가 아니라 단 하나의 실체만이 있게 될 것이다. 그러니까 상이한 여러 정신이 있는 대신, 단 하나의 무한 사유만이 있을 것이다. 마찬가지로 연장 속성 역시 여럿이 아닌 이상, 실체가 속성으로 환원된다면, 단 하나의 물질적 실체만이 있을 것이다. 이 두 속성 중 연장에 대해서는 데카르트도 오직 하나의 물질만이 있고 다양한 물체들은 이 물질의 부분에 불과함을 인정할 수 있다. 그러나 사유에 대해서는 그럴 수 없다. 그는 사유 실체의 다수성을 자명한 진리로 간주한다.[29] 이 다수성이 개별적인 '나'에 대한 직접적 직관을 바탕으로 하는 이상, 설령 나 이외에 타

---

28   Gueroult(1968), p. 49.

인의 정신이 있는지 증명할 수 없다고 하더라도 자명성은 훼손되지 않는다. 라이프니츠 역시 동일한 직관에 기반하여 데카르트의 연장론이 지닌 실체 일원론적 방향 대신 실체 다원론을 택할 만큼 이 경험적 직관의 호소력은 강력하다. 실체를 속성과 동일시하는 스피노자의 행보는 이들과 반대로 나아간다. 그는 정의 3을 이용하여 동일 속성을 갖는 둘 이상의 실체가 없음(이를 영미권 연구자들의 명명을 따라 '속성 공유 불가 테제'라고 부르겠다.)을 주장하고 이를 상식이나 경험적 직관을 떠나 순전히 논리적인 증명으로 보여 줄 것이다. 그러나 이 증명도 그렇게 순조롭지는 않다.

『윤리학』의 초고를 읽은 스피노자 서신 교환자들의 질문 대다수가 그렇지만, 동일 속성을 가진 다수 실체의 존재 여부 문제 역시 그들에게 데카르트의 학설이 논의의 공통 지반이었음을 보여 준다. 1661년 올덴부르크는 『윤리학』의 초고에도 포함되었을 속성 공유 불가 테제에 대해 다음과 같은 반론을 제기한다. "두 명의 사람은 두 개의 실체이고 동일한 속성을 가지며, 둘 다에 이성이 해당되므로 각각 이성에 의해 특징지어지고", 이로부터 동일 속성을 지닌 두 실체가 존재한다는 결론이 도출된다.[30] 이 반론에 스피노자는 연장 실체의 분할 불가능성으로 답한다. 즉 "물질의 단 한 부분이 완전히 소멸된다면 연장 전체가 사라질 것"이라고 말이다. 여기서 물질의 한 부분이 '완전히' 소멸된

---

29   "누구나 스스로 사유 실체임을 통각하기 때문에, 그리고 사유하면서 **다른 모든 사유 실체**와 연장 실체들을 자신에게서 배제할 수 있기 때문에, 우리들 각자는 다른 모든 사유 실체들이나 물체들과 실제로 구분된다고 확신한다."(『철학의 원리』, 1부, 60항, AT VIII, 29: 데카르트(2002), 50쪽. 번역은 수정, 강조는 인용자)

30   올덴부르크가 스피노자에게 보내는 「편지 3」: 스피노자(2018), 21쪽.

다는 것은 그 속성인 연장 개념까지 소멸되어야 한다는 뜻으로 이해되고 있다. 즉 연장적인 한에서의 물질 부분은 연장 개념 자체가 사라지지 않고서는 사라질 수 없다. 이 진술은 이후 『윤리학』에서 연장 실체의 분할 불가능성을 포함하여 모든 실체의 분할 불가능성을 주장할 때 주된 근거에 포함될 것이다. 그러나 만일 이들이 스피노자와 같은 속성 개념을 이미 가지고 있지 않다면 (그들이 '이성'을 속성의 사례로 든 것은 이점을 입증한다) 그들은 이 답변에 만족할 수 없을 것이다. 데카르트에게 연장 실체와 사유 실체는 동일하지 않을 뿐 아니라 대칭적이지도 동등하지도 않다. 따라서 연장 실체가 분할 불가능하고 따라서 하나밖에 없다고 해서, 사유 실체 역시 하나여야 할 이유는 없다. 올덴부르크가 물은 것도 연장 실체가 아닌 사유 실체의 복수성에 대한 것이다. 심지어 스피노자 자신도 『윤리학』에서 실체 일원론을 수립할 때(정리 14) 실체의 분할 불가능성(정리 12, 13)에 의거하기는 한다. 그러나 이는 속성 공유 불가능성(정리 5)을 이미 증명하고 난 다음이다. 그리고 속성 공유 불가능성 자체는 실체들 간 구별 원리를 통해 증명되는데, 이것은 실체의 분할 불가능성과는 다르다. 정리 5의 증명 전체를 인용해 본다.

구별되는 여러 사물들이 있다면, 그것들은 속성들이 다르기 때문에 구별되거나 아니면 변용들이 다르기 때문에 구별되어야 할 것이다.(정리 4에 의해 [구별되는 사물들은 속성들이 다르거나 변용들이 다르거나이다.]) [a] 오직 속성들의 상이함 때문에 구별된다면, 동일 속성을 가진 하나의 사물만 있다는 것이 인정될 것이다. [b] 변용들의 상이함 때문에 구별된다면, 실체는 본성상 그 변용들에 앞서므로,(정리 1에 의해) 변용들을 제쳐 두고 실체 그 자체로 고찰되면, 즉 (정의 3, 1a6에 의해) 참되게(vere) 고찰되면, 다른 실체와 구별되는 것으로 인식될 수 없을 것이다. 즉 (이 정리에 의해) 여러 실체가 있을 수 없고 오직 하나만이 있을 것이다.

사물은 속성에 의해 구별되거나 변용에 의해 구별되는데, [b] 실체는 변용에 앞서므로 변용에 의해서는 구별될 수 없고, [a] 오직 속성에 의해서만 구별되며, 그런 이상 동일 속성을 공유하는 구별되는 실체는 있을 수 없다는 것이다. [b]에 대해서는 데카르트가 전제했듯, 사유 실체가 상이한 사유 양태, 가령 관념이나 욕망에 의해 구별될 수 있지 않느냐는 반론이 가능하다. [a]에 대해서는 라이프니츠의 유명한 문제 제기, 곧 각 실체에 하나의 속성만이 아니라 여러 속성이 있어 이 중 일부가 다른 실체와 겹쳐도 실체들이 구별될 수 있지 않느냐는 문제 제기가 가능하다. 더욱이 설령 각 실체에 여러 속성이 있을 가능성이 제거된다고 하더라도, 이 경우 무한하게 많은 속성들로 이루어진 유일 실체라는 뒤의 정리가 미리 차단된다는 문제가 제기될 것이다. [a]에 보다 복잡한 문제가 걸려 있는 만큼 [b]부터 살펴보고 [a]를 다뤄 보자.

1) 실체들은 변용을 통해 구별될 수 없는가?(b의 경우)
위 인용문에서 스피노자는 실체에서 "변용을 제쳐 두고" 실체를 고찰함을 실체를 "참되게(vere)" 고찰함으로 간주한다. 그러므로 속성이 아니라 양태 혹은 변용을 가지고 사유 실체들을 구별하는 데카르트는 실체를 '참되게' 고찰하는 것이 아니다. '변용을 제쳐 두고 고찰하기'와 '참되게 고찰하기'를 연결하는 논리적 매개는 실체는 "자기 안에 있고 자기를 통해 인식"되며,(정의 3) 양태는 "다른 것 안에 있고 다른 것을 통해 인식"된다는(정의5) 것, 즉 실체가 양태나 변용에 존재론적으로나 개념적으로 우선한다는 것이다. 만일 우리가 양태 t와 e를 인식하고 양태 t로부터 실체 T를, 양태 e로부터, 실체 T와 구별되는 실체 E를 도출한다면, 이는 실체가 양태를 통해 인식되는 셈이고, 이는 양태에 대한 실체의 우선성에 위배된다.

이에 대해 혹자는 스피노자가 여기에서 실체가 변용 없이 존재하고 인식될 수 있다는 말의 애매성을 이용하고 있지 않냐고 아래와 같이 반론할 수 있다. 이 말은 (i) 실체가 변용에 논리적으로 우선한다거나 실체가 특정 변용에 대해 독립적이라는 뜻이지, (ii) 변용 없는 실체가 있을 수 있다는 뜻이 아니다. 실체의 본질은 자기 안에 무언가를 산출하는 무한한 역량(정리 34)이다. 그런데 변용 없는 실체란 역량 없는 실체와 같은 뜻이 될 것이고 역량 없는 실체는 실체가 아니다. 그러므로 변용 없는 실체란 있을 수 없다. 그렇다면 실체는 변용에 의해 구별될 여지가 있지 않은가? 그러나 스피노자는 변용에 대한 실체의 독립성을 (ii)의 뜻으로 사용함으로써 실체가 변용에 의해 구별될 가능성을 부당하게 차단하는 것 아닌가?

이 반론에 대해서는 변용이 가변적이라는 바로 그 이유, 즉 특정 변용 없이도 실체는 동일하게 존재할 수 있다는 바로 그 이유를 들어 재반박할 수 있다. 데카르트의 밀랍 분석을 예로 들어 보자.[31] 밀랍 조각이 있고 그것은 향기, 색, 촉감 같은 질의 변화나 크기, 형태 같은 양태의 변화에도 불구하고 우리는 그것을 여전히 동일한 밀랍으로 인지한다. 1시간 전의 밀랍과 현재의 밀랍은 양태가 바뀌었지만, 변화된 양태를 가지고 우리는 이 둘을 두 개의 상이한 밀랍이라고 하지는 않는

---

31   Curley(1988), p. 18의 대략적인 설명을 따르되, 세부 사항은 보완했다.

다. 다시 말해 양태의 차이로부터 상이한 두 개의 실체를 구별할 수는 없다. 마찬가지 논리를 이번에는 밀랍 조각과 돌멩이라는 두 물체에 적용해 보자. 현재 내 앞에 있는 밀랍 조각 입자들의 특정한 배치와 돌멩이를 이루는 입자들의 특정한 배치는 동일하지는 않다. 그러나 이 배치의 차이로부터 두 개의 상이한 실체가 있다고 말할 수는 없다. 앞의 밀랍 조각의 예에서 입자들의 배치가 달라진다고 해서 우리가 구별되는 두 개의 밀랍 조각을 대하는 것이 아니듯이, 마찬가지 논리로 밀랍 조각의 상태가 돌멩이의 상태와 다르다고 해서 우리가 두 개의 구별되는 사물을 대하는 것은 아니다. 두 경우 모두 입자들의 배치의 양태 차이에도 불구하고 이 배치는 동일하게 연장으로 환원 가능하므로 둘은 엄밀히 말해 상이한 실체가 아니라 동일한 연장(의 부분)이라고 보아야 한다. 이에 대해 혹자는 다시 1시간 전의 밀랍과 지금의 밀랍과 달리, 밀랍과 돌멩이는 상이한 공간을 점유한다는 점에 의해 구별되지 않느냐고 반박할 수 있다. 이에 대해서는 컬리처럼 데카르트에게서는 물체의 본성을 이루는 연장과 물체가 점유하는 공간은 구별되지 않는다고 재반박할 수 있다.[32] 결론적으로 연장 속성을 공유하는 두 개의 실체를 생각할 수 없으며 사유 속성의 경우도 마찬가지이다.

이에 대해 또다시 가능한 반박이 있다. 만일 변용들 가운데 불변적이며 항구적인 변용이 있다면, 실체는 이런 변용에 의해 구별될 수도 있지 않은가? 실제로 스피노자에게서는 가변적인 유한 양태 외에 무한 양태들이 있으며 무한 양태는 실체처럼 영원하다.[33] 그렇다면 실체는 무한 양태에 의해 구별될 수 있지 않은가? 가령 연장과 사유라는 두

---

32   위의 책, 같은 곳 참조.

실체를 각각 '운동과 정지', 그리고 '무한 지성'이라는 직접 무한 양태를 통해 구별할 수도 있지 않은가? 이 반론에 대해서도 마찬가지로 실체의 선행성으로 답변할 수 있다. 만일 우리가 '운동과 정지,' 그리고 '무한지성'이라는 이 두 양태가 동일 실체의 상이한 두 양태가 아니라 상이한 실체에 속하는 상이한 두 양태라고 판단한다면, 이 판단은 실상 실체 차원의 차이를 먼저 이미 가정한 가운데서 이루어진다. 각각에 대해 연장과 사유의 개념을 전제하기 때문에 상이한 실체의 양태라고 판단할 수 있으며,[34] 그렇지 않을 경우 이 두 양태를 동일 실체의 상이한 양태들이라고 판단하는 것도 얼마든지 가능하다. 정의 5(양태는 실체의 변용들, 다시 말해 다른 것 안에 있고 또한 이 다른 것에 의해 인식도 되는 것)와 공리 4(결과에 대한 인식은 원인에 대한 인식에 의존하고 그것을 함축한다.)에 따라, 변용의 어떤 차이도 결국 실체의 차이로 설명되어야 한다.[35]

2) 구별되는 실체들은 같은 속성을 공유할 수 없는가?(a의 경우)

이제 변용을 제쳐 두면 실체는 속성에 의해서만 구별되므로, 같은

---

33   이는 개럿이 제기해 본 가상의 반박이다. Garrett(2018b).

34   이는 앨리슨이 라이프니츠에 대한 러셀의 논의(Bertrand Russell, *A Critical Exposition of the Philosophy of Leibniz*, p. 59: Allison(1987), p. 230에서 재인용)에서 가져온 논거이다. cf. Allison(1987), pp. 53~54.

35   아울러 개럿도 지적하듯(Garrett(2018b)), 혹자는 여기에서 동일 실체의 변용들의 차이는 속성만으로 설명되지 않는다고 반박할 수도 있겠다. 가령 동일 연장 실체의 양태들 간의 차이는 연장 속성만으로 설명되지 않는다고 말이다. 동일 속성의 양태들 간의 차이가 어디에서 성립하는지는 더 생각해 볼 문제이지만, 이 문제는 변용들의 차이를 통해 실체를 구별할 수 있느냐는 현재 문제와는 무관하다. 요컨대, 동일 실체의 상이한 변용들인 경우는 실체를 구별하는 것과 무관하며, 상이한 두 실체의 상이한 두 변용인 경우에는 변용의 차이는 실체의 차이를 통해 설명된다.

속성을 공유하는 여러 실체는 없다고 해도 될 것 같다. 더욱이 특정 속성을 가진 실체는 하나밖에 없다는 테제는 이어지는 주요 명제들을 증명하는 관건이 된다. 첫째, 실체들 상호 간의 산출 불가능성이다.(정리 6) 동일 속성을 공유하는 둘 이상의 실체가 없고, 따라서 실체들 간에는 공통성이 없으며, 공통성이 없으면 인과 작용을 할 수 없으므로, 한 실체가 다른 실체를 산출할 수도 영향을 미칠 수도 없다. 둘째, 각 실체의 자기 원인성이다.(정리 7) 동일 속성을 공유하지 않는 한, 한 실체는 다른 실체를 산출할 수 없으므로, (만일 어떤 실체가 실존한다면)[36] 그것은 자기 원인일 것이다.(정리 7) 『윤리학』 제일 처음에 나온 자기 원인에 대한 정의(정의 1)와 실체에 대한 정의(정의 3)는 속성 공유 불가 테제를 바탕으로 한 실체들 상호 간의 산출 불가능성을 통해 서로 연결된다. 셋째, 실체의 무한성이다.(정리 8) 실체의 무한성은 자기 원인성보다는 실체의 유일성에 의해 증명된다.[37] 즉 실체가 유한하다는 것은 동일한 속성을 가진 다른 것에 의해 제한될 수 있다는 뜻이고,(정의 2) 이 다른 것 역시 자기 원인(정리 7)이고 따라서 실존할 것이며,(정리 7) 그 결과 동일한 속성을 가진 두 실체가 존재할 것인데, 이는 다름 아닌 속성 공유 불가 테제(정리 5)에 위배되므로, 실체는 유한할 수 없고 무한하다.

　　그러나 이처럼 실체가 속성에 의해서만 구별되므로 서로 다른 실체들이 같은 속성을 공유할 수 없다는 테제 역시 적어도 두 가지 심각한 문제에 부딪힌다. 첫째, 정리 5의 논증은 속성이 하나인 경우만을

36　이 첨언에 대해서는 3장, 106쪽과 108쪽을 참조하라.

37　이 점은 뒤의 7장에서 보겠지만, 현존하는 인과 계열이 가능한 유일한 세계라는 스피노자의 필연주의를 이해하는 데 중요한 단서가 될 것이다.

상정하며 이 경우에는 타당하다. 그러나 속성이 여럿인 경우를 배제할 근거가 없고 그럴 경우 타당하지 않을 수 있다. 속성이 여럿인 경우는 세 가지로 나눠 볼 수 있다. (i) 실체들이 서로 간에 모든 속성을 공유하는 경우, (ii) 하나도 공유하지 않는 경우, (iii) 일부를 공유하는 경우. (i)의 경우 실체들은 서로 간에 구별되지 않을 테니 제외하고,[38] (ii)가 속성 공유 불가 테제에 가정된 전제이다. 그런데 라이프니츠의 반박으로 유명한 (iii)의 경우가 남는다. 이 경우 실체들은 서로 구별되면서도 동일 속성을 공유할 수 있다. 가령 실체 A가 속성 c와 d를, 실체 B가 속성 d와 f를 갖는다면, A와 B는 d라는 속성을 공유하고서도 속성 c와 f에 의해 구별될 수 있을 것이다.[39] 혹자는 이 반박을 "상이한 속성을 가진 실체들은 공통된 것이 없다."(정리 2)라는 선행 정리에 의거하여 물리칠 수 있다고 생각할 것이다. 그러나 라이프니츠의 반박 자체가 정리 2에 대한 것이고, 만일 정리 2가 정당화되지 않는다면, 그것을 근거로 한 정리 5도 정당화될 수 없다. 이에 대한 해법은 (이 역시 라이프니츠가 제안한 것이지만) 정의 4에 따라 "속성이 실체의 본질을 표현한다."[40]라는 점에 입각하여 다음과 같이 구성될 수 있다. c와 d가 A의 동일한 본질을 표현하고(c, d 모두 A의 속성), d, f가 B의 동일한 본질을 표현하며,(d, f 모두 B의 속성) d는 A와 B에 동일하게 있으므로, A와 B가 결국 동일한 실

---

38   스피노자가 라이프니츠처럼 식별 불가능자 동일성의 원리를 내세운 것은 아니지만, 델라 로카처럼 나도 그렇게 볼 수 있다고 본다. 그 근거로는 본성이나 정의는 수를 포함하지 않으므로 구별을 위해서는 다시 외적 원인이 필요하다는 정리 8의 주석을 들 수 있다.

39   Leibniz(1989), p. 198을 참조하라.

40   정확히 말하자면, 속성은 본질을 표현하는 것으로 지성에 의해 지각되는 것이다. 그러나 현재의 맥락에서는 지각이라는 요소는 무시해도 무방하다.

체라는 결론이 도출되며, 이로써 A와 B가 구별된다는 명제는 반박된다. 즉 동일 속성을 하나라도 공유하는 두 실체는 구별되지 않는다. 그러므로 동일 속성을 공유하는 여러 실체는 없다.

이로부터 각 실체는 하나의 속성만을 갖는다고 결론 내려야 할까?[41] 그렇지 않다. 이로부터 두 번째 문제가 제기된다. 한 속성 아래 여러 실체가 있어서도 안 되지만, 한 실체가 여러 속성을 가질 가능성이 차단되어서도 안 된다는 것이다. 그럴 경우 무한하게 많은 속성들로 이루어진 단 하나의 실체만이 있다는 뒤에 나올 실체 일원론(정리 14)과 상충할 것이고, 따라서 신적 실체는 불가능해질 것이다. 이런 반론을 고려할 때, 정리 5는 단지 동일 속성을 갖는 여러 실체들이 없다는 것일 뿐, 여러 속성이 동일 실체에 속할 가능성을 열어 두는 것이어야 한다.[42] 이것이 데카르트에 대한 스피노자의 또 다른 대립 사항이기도 하다. 앞에서는 같은 속성을 가진 여러 실체가 있다는 입장에 대한 반대라면, 여기에서는 각 실체가 연장 속성이나 사유 속성 같은 단 하나의 주요 속성을 갖는다는 입장에 대한 반대이다. 그러나 이 문제를 풀기는 쉽지 않다. 이번에는 실체가 다른 실체와 어떤 속성도 공유하지 않으면서 다수의 속성을 갖는 경우, 가령 실체 A가 속성 c와 d를 가질 경우를 생각해 보자. A의 '본질'이 c와 d 각각이 표현하는 Ac와 Ad의 합성이라면(A=Ac+Ad), c나 d는 그 홀로는 A의 본질을 부분적으로밖에 표현

41　이것이 게루의 해석이기도 하다. 뒤에서 다시 보겠지만, 게루는 하나의 속성만을 가진 실체들을 요소로 하여 무한하게 많은 속성을 가진 신적 실체가 구축된다고 본다.

42　따라서 게루가 해석한 것처럼 실체가 오직 하나의 속성만을 갖는다는 것은 앞의 정리들로부터 도출되지 않으며, 그뿐만 아니라 뒤에 나올, 무한하게 많은 속성을 지닌 실체인 신의 존재와도 상충하게 된다.

하지 못할 것이고 이렇게 표현된 본질은 실상 본질이 아닐 것이다. 이와 달리 c와 d가 표현하는 본질이 동일하다면(즉 Ac=Ad), 두 속성 c와 d 사이에도 차이는 없을 것이다. 그러므로 속성을 (속성이 '지성'의 지각 대상이 된다거나 본질을 '구성하다'의 의미를 제쳐 두면) '본질'을 표현하는 것으로 정의한 이상 라이프니츠가 제기한 것과 같이 여러 속성을 가진 실체의 경우는 배제될 수밖에 없을 것이다. 그렇다면 결국 속성 공유 불가 테제는 무한하게 많은 속성들을 가진 유일 실체 개념과의 상충을 면할 수 없을 것 같다.

(2) 델라 로카의 해법과 한계

속성 공유 불가 테제와 무한하게 많은 속성들을 가진 유일 실체 개념을 양립할 수 있게 하는 해석으로 제안된 것 중 내가 보기에 가장 설득력 있는 해석을 제시한 자는 델라 로카이다.[43] 그는 각 속성이 자기 개념을 통해 이해될 뿐 다른 속성의 개념을 통해 이해될 수 없다는 점("속성 간의 개념적 장벽")과 이유 없는 날것의 사실은 없으며 모든 것에는 충분 이유가 있다는 원리(충분 이유율)를 결합하여 정리 5의 속성 공유 불가 테제와 뒤의 실체 일원론이 합치할 수 있는 방안을 제시한다.

우선 그가 속성 공유 불가 테제를 어떻게 해명하는지를 보자. 실체 A가 연장 속성 e를 갖고, B가 연장 속성 e와 사유 속성 t를 갖는다고 해 보자. 이럴 경우 A는 e만으로 설명될 수 없게 된다. 왜냐하면 e에 의해 인식된 이 실체는 B일 수도 있기 때문이다. 따라서 A는 e만으로 인식

---

43   Della Rocca(2002); (2006); (2008), pp. 46~58.

될 수 없고, B와 자신을 변별해 줄 다른 속성 z가 필요하게 된다.[44] 그러나 이는 각 속성이 자신에 의해 인식되어야 한다는 정리 10에 위배된다. 이처럼 속성들 간 개념적 장벽은 두 실체가 한 속성은 공유하면서도 다른 속성에 의해 구별되는 경우를 배제해 준다.[45]

다음으로 속성들 간 개념적 장벽은 속성들이 동일 실체에 속해야 하는 이유 역시 해명해 준다. 앞의 예로 다시 돌아가 보자. 충분 이유율에 따라 한 실체가 특정 속성만을 갖고 다른 속성들을 갖지 않는다면, 왜 그런지에 대한 설명이 있어야 한다. 만일 A가 e를 갖고 t를 갖지 않는다면, t를 갖지 않는 이유가 있어야 한다. 이를 A가 e를 갖기 때문이라고 설명할 수는 없다.[46] 데카르트라면 그렇게 설명하겠지만, 이는 e를 통해 t(그러니까 t의 결여)를 설명하는 것이기 때문에, 속성 간 개념적 장벽에 위배된다. 따라서 A가 e 외에 다른 속성을 배제하는 근거를 제시할 수 없고, 근거가 없는 날것의 사실은 없기 때문에, A는 e 외에 다른 모든 속성들을 가질 수밖에 없다. 델라 로카는 속성들 간 개념적 장벽을 앞서 보았듯 적극적으로 속성들을 넘나드는 설명(A가 e를 갖는 것을 t를 통해 설명)을 배제하는 데 사용할 뿐만 아니라 부정적으로 속성들을 넘나드는 설명(A가 t를 갖지 않는 것을 e를 통해 설명)을 배제하는 데 역

---

44   A가 e, z이고, B가 e, t라면, e 속성을 가진 실체 A는 e만으로 설명될 수 없고 A와 B를 변별해 주는 z를 통해 설명되어야 하는 것이다.

45   그런데 속성 공유 불가 테제는 정리 5에서 수립되고 개념적 장벽에 의한 이 해명은 뒤에 나올 정리 10으로부터 이루어지기 때문에, 델라 로카 식의 해명은 연역의 순서상 허용되지 않는 것이 아니냐는 반박이 있을 수 있다. 그러나 정의 3과 정의 4, 그리고 공리 1을 통해 개념적 장벽의 연역이 이미 가능하다면, 이 반박은 물리칠 수 있다.

46   도너건 속성들의 합일 근거에 대해 같은 이유를 제시한 바 있다. "각각이 다른 것의 도움 없이 인식되므로, 동일한 실체로부터 한 속성이 다른 속성을 배제할 수 없다."(Donagan(1988), p. 79)

시 사용하는 것이다.[47] 이렇게 하여 델라 로카는 속성 공유 불가 테제를 속성들의 합일을 배제하지 않는 방식으로 이해할 수 있게 해 준다.

다만 델라 로카가 이해하는 충분 이유율로 해명되지 않는 근본적 사실이 있다. 스피노자의 체계에서 속성들의 무한한 다수성이다. 베넷처럼[48] 델라 로카도 '무한하게 많은'을 '모든'과 동일시한다.[49] 만일 그렇다면 속성이 굳이 무한하게 많을 필요도 없고, 심지어 다수일 필요조차 없을 것이다. 가령 유물론이나 관념론에서처럼 오직 속성 e 하나만 있고 따라서 e를 갖는 것만으로도 A는 모든 속성을 갖는다고 할 수도 있을 것이다. 물론 델라 로카는 적어도 속성들이 왜 하나가 아니라 다수여야 하는지에 대해서는 충분 이유율에 의거하여 해명할 수 있다고 본다. 속성이 e 하나밖에 없다면 속성 e와 실체 A 사이에는 아무 구별이 없을 것이다. 그러나 속성은 사물을 생각하는 방식이고 실체는 사물이므로 둘 사이에는 적어도 개념적 구별이 존재해야 한다. 그에 따르면 실체가 설명되기 위해서는 어떤 특성이 필요하므로, 만일 실체와 속성 사이에 이런 구별조차 없다면 실체는 아예 설명될 수 없으며 이는 충분 이유율에 위배될 것이다. 반대로 만일 다수의 속성 e, t, z……가 있다면 속성은 이들 중 하나일 것이고 실체는 이 모두를 갖는 것이므로 속성과 실체는 구별될 것이다. 이것이 속성이 다수여야 하는 이유에 대한 델라 로카의 해명이다. 그러나 스피노자가 데카르트처럼 속성 아래

47   Della Rocca(2006).
48   Bennett(1984), p. 76. 베넷은 현대의 무한 개념에서 무한이 '모든'을 함축하지 않으며, 스피노자는 무한을 '가능한 모든'을 의미하므로, 스피노자가 말하는 무한을 '모든'을 의미하는 것으로 본다.
49   Della Rocca(2006), pp. 22, 26.

놓인 기체로서의 실체 개념을 유지해야 할 이유도 없고, 설령 데카르트처럼 실체와 속성 간의 사고상의 구별을 인정한다고 하더라도, 델라 로카의 방식에 따를 경우 이 구별은 단지 사고상의 구별 이상의 것이 된다. 가령 속성 e와 속성 e를 갖는 실체 A는 개념적으로만 구별될지 몰라도, 속성 e와 속성 e, t, z를 갖는 실체 B 사이에는 그 이상의 차이가 있을 것이기 때문이다.

　하물며 델라 로카 자신도 인정하듯 그의 해명은 속성이 단지 다수일 뿐만 아니라 왜 무한하게 많아야 하는지도 해명하지 못한다. 델라 로카는 충분 이유율에 따라 속성의 다수성을 실체와 속성의 인식상의 구별 근거로 요청하지만, 이 논변은 스피노자 자신이 제시한 근거와 상당한 거리가 있다. 『소론』에서는 우리가 단 하나의 속성이 아니라 사유와 연장이라는 둘 이상의 속성을 인식한다는 경험적 사실을 속성의 다수성에 대한 근거로 든다.[50] 이와 달리 『윤리학』에서는 논리적인 근거가 제시되지만, 이 역시 델라 로카의 것과는 다르다. 스피노자는 속성들이 무한하게 많아야 하는 이유로 실재성과 속성의 비례 원리(정리 9), 그리고 실존 역량과 속성의 수의 비례 원리(정리 10의 주석)를 그 근거로 든다. 이는 데카르트가 속성 개념을 신에 대해 사용할 때 이용한 다음 논리를 계승한 것으로 보인다. (i) 무는 아무 속성을 갖지 않으며, 반대

50　"자연에 대한 앞의 숙고에도, 우리는 이 완전한 존재에 속하는 두 속성 이상을 찾아낼 수 없었다. 그러나 이것들이 최고의 존재를 이루는 유일한 속성들이라고 우리가 만족할 수 있는 어떤 것도 주지 않는다. 반대로, 우리는 더 많은 것이 있을 뿐 아니라 이 완전한 존재가 완전하다고 불릴 수 있기 전에 그 존재에 해당해야 하는 무한하고 완전한 속성들이 있음을 가르쳐 주는 무언가를 우리 안에서 발견한다."(『소론』, 1부, 1장, note d: Spinoza(1985), p. 64. 전체 논변은 1부, 2장, note a를 참조하라.(Spinoza(1985), p. 65)

로 존재하는 것은 속성을 갖는다.[51] 다른 한편 (ii) 우리는 신에게서 많은 속성(이 경우 완전성)들을 인식하며[52] 이 다양한 신적 속성들은 신 안에서는 통일되어 있다. 스피노자는 (i)과 (ii)에서 속성과 완전성을 실재성이라는 동일한 의미로 통일하고, (i)로부터 더 실재적일수록 더 많은 속성을 갖는다는 비례 원리를 도출하는 한편, (ii)로부터 '가장 완전한 존재'로 이해되어 온 신을 '가장 실재적 존재'로 재정의하면서 신에게 최대치의 속성을 귀속시킨다. 그러므로 베넷이나 델라 로카처럼 '무한하게 많은 속성'을 '모든 속성'과 동일시하고, 따라서 실질적으로는 사유 속성과 연장 속성만 있다는 해석이 논리적으로 허용되더라도, 이는 스피노자 체계의 의도와는 거리가 있다. 스피노자가 인간 인식의 한계를 인정하면서까지 사유와 연장 외에 인간이 권리상 알 수 없는 무한하게 많은 속성들이 있다고 말할 때, 그는 인간 지성의 포괄 범위를 넘는 신적 역량의 무한성, 신의 무한한 산출성과 실재의 환원 불가능한 다양성을 강조하는 듯 보인다. 반면 델라 로카가 '무한하게 많은' 속성들을 '모든' 속성들로 환원하고, 속성들의 다수성의 근거로 신의 무한한 역량 대신 속성과 실체를 개념적으로 구별할 필요성을 들 때[53] 이는 그가 신적 합리성을 인간적 합리성으로 환원하고 있다는 징후로 보인다.

---

51   「두 번째 반박에 대한 답변」의 부록(기하학적 방식에 따라 영혼과 신체의 구분을 증명하는 논증), 정의 5: 데카르트(2012), 110쪽;『철학의 원리』, 1부 11항, 52항.

52   「3성찰」 AT VII, 45, 51~52: 데카르트(2021), 70, 78~79쪽;「5성찰」 AT VII, 68: 데카르트(2021), 98~99쪽.

53   총각과 미혼이라는 개념을 완전히 이해하면 총각이라는 것이 미혼이라는 것을 알게 되듯, "속성이라는 것이 무엇인지를 이해하면, 단지 속성 개념에 의해 다수의 속성이 있을 뿐임을 알게 된다".(Della Rocca(2006), p. 33)

5 나오며

실체 개념은 17세기 합리론과 경험론에서 공히 핵심적인 철학적 문제였다. 그리고 그들은 공히 비가지적인 기체라는 통념을 배격하고자 했다. 그러나 경험론자들이 실체를 지각 가능한 속성들 아래의 비가지적인 것으로 간주하고 실체 자체를 의문시한 것과는 반대로, 데카르트와 스피노자는 오히려 실체를 가장 먼저 알려지는 것으로 추켜세웠다. 그럴 수 있었던 것은 그들이 실체를 속성 자체와 동일시하는 방향으로 나아갔기 때문이다. 그러나 그것을 완수했는지는 분명치 않다.

데카르트는 실체와 속성 사이에 단지 사고상의 구별만이 있다고 하면서 이 방향으로 나아가되, 다만 속성으로 환원되지 않는 실체 개념을 유지한다. 스피노자는 실체와 속성을 완전히 동일시하면서 실체를 가지적으로 만드는 기획을 완수하려는 듯 보인다. 그러나 그가 실제로 거기까지 나아갔는지는 아직 알 수 없다. 그는 동일 속성을 갖는 여러 실체가 있을 수 없다고 하면서도 속성만큼의 실체가 있음은 부정하기 때문이다. 그는 각 실체가 하나의 속성을 갖는다고 하는 대신, 무한하게 많은 속성들로 이루어진 단 하나의 실체만이 있다고 결론 내린다. 우리는 이 결론의 타당성을 델라 로카의 논리를 통해 소극적으로 납득할 수 있었다. 즉 하나의 속성을 가진 실체가 다른 속성을 배제할 수 없는 이유는 속성 간 설명적 장벽과 충분 이유율을 통해 납득된다. 그러나 그는 유일 실체가 하나도 아니고 둘도 아니고 왜 무한하게 많은 상이한 속성들로 이루어져야 하는지 해명하지 못한다.

나는 이 무한한 다양성이 합리성의 경계 안에 있지만 델라 로카가 생각하는 이유율의 범위는 초과한다는 것을 주장했다. 이제 더 물어야 할 것은 이 속성들이 델라 로카가 말하는 소극적 이유가 아니라 어떤 적극적인 이유에 의해 하나로 통일되는가, 그럴 경우 속성들 아래의 비가지적 기체로서의 실체 개념으로 되돌아가는 것 아닌가의 문제이다. 이 물음 역시 스피노자적 합리주의의 범위와 성격을 규정하는 시험대가 될 것이다. 속성들의 통일성은 연장과 사유처럼 서로 실재적으로 구별되는 자연의 실재들이 하나라는 외견상 모순된 주장을 하는 듯 보이기 때문이다. 다음 장에서는 이 문제를 살펴볼 것이다.

2장

무한하게 많은 속성들과 유일 실체

— 실체 일원론의 둘째 단계

1 속성 정의의 애매성과 고전적 대립

속성들의 합일 문제는 베넷에 따르면 "『윤리학』 해석에서 가장 오래되고 가장 어려운 문제들 중 하나"[1]이다. 실로 신적 실체 안에서 속성들의 통일성과 속성들의 실재적 구별 둘 중 무엇을 강조하느냐에 따라 두 입장이 대립해 왔고 논쟁은 여전히 진행 중이다. 하나는 주관주의적[2] 해석으로, 이에 따르면 속성들의 구별은 지성의 인식과 관련될 뿐이며, 속성들의 실재적 구별보다 통일성이 더 우위에 있다. 다른 하

---

1   Bennett(1984), p. 146.

2   게루는 이를 '관념론적' '형식주의적' 해석이라고도 부른다.(Gueroult(1968), pp. 428~429) 이 해석에 따를 때, 속성들은 실체 안에 실재로 있는 것이 아니라 실체에 그것을 외적으로 부과하는 지성의 형식에 불과하다는 점에서, 그리고 실체 자체는 단순하고 무규정적인 엘레아적 일자로 간주된다는 점에서 그렇다.

나는 객관주의적 해석으로, 속성들의 구별을 단지 지성과 관련해서가 아니라 지성 바깥의 실재와 일치하는 것으로 보는 입장이다. 이 대립은 우리가 1장에서 이미 고찰하기도 했던 속성 정의에 포함된 애매함에 토대를 두고 있다. 이 정의를 관련된 다른 정의들과 함께 고찰해 보자.

- "나는 실체를 자기 안에 있고 자기를 통해 생각되는 것으로 이해한다."(정의 3)
- "나는 속성을 실체의 본질을 구성하는 것으로(*tanquam*) 지성이 지각하는 것으로 이해한다."(정의 4)
- "나는 신을 절대적으로 무한한 존재, 즉 각각이 영원하고 무한한 본질을 표현하는, 무한하게 많은 속성들로 이루어진 실체로 이해한다."(정의 6)

정의 3에 따르면 실체는 자기 안에 있을 뿐 아니라 자기를 통해 생각되고, 정의 4에 따르면 실체의 본질은 속성을 통해 지각되므로, 속성과 실체는 사실상 같은 것이 된다. 그러나 정의 6에 따르면 무한하게 많은 속성들이 있고 이것들이 모두 단 하나의 신적 실체를 이루므로, 속성과 실체는 전적으로 동일하지는 않다. 속성들과 신적 실체 사이에는 적어도 다양성과 단일성만큼의 차이는 있는 셈이다.

이제 이를 바탕으로 속성의 정의(정의 4)를 자세히 살펴보면 여기에는 이미 최소한 세 가지 애매성이 있다.[3]

(a) '지성'의 의미이다. 여기에서 '지성'은 유한 지성을 가리키는가,

---

3   이 세 가지 문제의 정식화는 Haserot(1953), Shein(2009), pp. 505~506을 참조했다.

무한 지성을 가리키는가? 스피노자에게서 지성은 단지 인간의 유한 지성만을 의미하는 것이 아니라 신의 무한 지성일 수도 있으므로, 속성에 대한 정의는 원리상 객관주의적 해석과 주관주의적 해석을 모두 허용한다.

(b) '지성이 ~으로 지각하다'는 속성이 단지 지성 안에만 존재할 뿐이며, 지성 바깥의 실재 자체에는 없다는 뜻인가? 아니면 '지성'이 지각하는 것이므로 실체의 본성에 실제로 속하는 것인가? 이에 따라 '~으로'(*tanquam*)의 의미도 달라진다. 전자의 경우라면 '마치 ~처럼'(as if)에 가까울 것이고, 후자의 경우라면 '~으로서'(as)에 가까울 것이다.

(c) '본질'의 의미이다. 신에 대한 정의(정의 6)에 따르면 무한하게 많은 속성들이 단 하나의 실체를 이루고 이 실체의 '영원하고 무한한 본질'을 표현한다. 여기에서 '본질'은 신적 실체의 전체적 본질('the essence')을 의미하는가, 각 속성이 다른 만큼 상이하면서 부분적인 본질('an essence')을 의미하는가?

양자택일로 이루어진 이 세 선택지 중 전자의 항들을 쭉 따라가면 주관주의 해석이 나오고, 후자의 항들을 따라가면 객관주의 해석이 나온다. 먼저 주관주의 해석의 가장 강한 버전에 따르면 속성들은 (a) 유한 지성에 의해 (b) 마치 실체의 본질을 구성하는 것처럼 지각되지만 실제로 존재하는 것은 아니며, (c) 실체의 본질은 전적으로 단순하다. 반면 객관주의 해석에 따르면, 속성들은 (a) 무한 지성에 의해 있는 그대로 (b) 실체의 본질을 구성하는 것으로 지각되며, (c) 실체의 본질은 복합적이다. 1장에서 나는 애초 용어 의미상의 이런 미결정성이 논의가 전개되어 감에 따라 스피노자의 용법에 의해 거의 해소됨을 보였다. 그러면서 실체와 속성의 동일시를 부각했는데, 그럼으로써 객관주의 해석을 지지한 셈이다. 연구사적으로 볼 때에도 두 해석 중 객관주의 해석이 우위에 있다. 이 해석의 표준을 세운 것은 게루이다. 그는 "주관주의적 해석에 대한 결정적 반박을 제시"[4]했고, 심지어 "'이 독해를 헐어 버렸다(demolished)'는 것이 이제 통상적으로 인정되고 있다."[5] 라고 말해질 만큼 중요한 준거가 되었다. 그러나 최근 들어 다시 몇몇 논자들은 게루의 해석에 도전하면서 주관주의 해석을 부활시키고 있다. 1장에서도 언급했듯, 실상 속성들의 실재적 구별과 실체로의 통일이라는 문제를 비롯해 몇 가지 해결되지 않은 문제가 있기 때문이다. 이 장에서 나는 이처럼 객관주의 해석에 제기되어 온 문제들을 검토한 다음,(2절) 객관주의 해석 가운데서도 게루의 해석을 옹호하고,(3절) 그럼에도 남는 문제를 해결하기 위해 게루와는 다른 근거를 들어 게루의 객관주의 해석을 보완할 것이다.(4절)

2 객관주의 해석에 남은 문제

(1) 전통적인 주관주의 해석의 문제

주관주의 해석을 뒷받침할 수 있는 텍스트적 근거는 첫째, 속성의 정의(정의 4) 자체이다. 만일 속성들이 객관적으로 존재한다면, '지성'을 언급할 필요 없이 "나는 속성을 실체의 본질을 구성하는 것으로 이

---

4   Curley(1985), p. 409, note 2.

5   Donagan(1988), p. 70.

해한다."(혹은 더 간단히 "실체의 본질로 이해한다.")라고 하면 되었을 것이다. 데카르트가 연장이나 사유와 같은 '주요 속성'을 지성에 대한 언급 없이 "실체의 본성과 본질을 구성하는 것"[6]으로 표현한 점을 고려하면, 스피노자가 속성의 정의 안에 굳이 지성을 언급한 것은 그가 속성을 주관주의적으로 보았다는 유력한 증거로 보인다. 둘째, 정리 4의 증명에서 "(정의 3과 정의 5에 의해) 지성 바깥에 존재하는 것은 실체와 그 변용들 뿐"이라고 말한 것 역시 주관주의적 해석의 근거가 될 수 있다. 라이프니츠가 이를 두고 "속성을 망각한 것이 놀랍다."[7]라고 한 것처럼, 지성 바깥에 실제로 존재하는 것의 목록에 속성은 빠져 있는 것이다.

주관주의 해석의 전통적 대표자이자 가장 강하고 극단적인 입장을 대표하는 자는 울프슨[8]이다. 그는 중세 유대 합리주의의 시각 아래 스피노자를 읽고자 하며, 신의 절대적 단순성과 속성들의 다수성을 화해하기 위해 신의 절대적 단순성을 유지하고[9] 속성들의 다수성을 정신에 귀속시키는 길을 택한다. 이를 위해 특히 "두 속성은 실재적으로 구별된다고 생각될 수 있으나,(즉 둘 모두 다른 것의 도움 없이도 생각될 수 있으니까) 여전히 우리는 이로부터 이 속성들이 두 존재자, 또는 두 실체를 이룬다고 추론할 수 없다."라는 정리 10을 근거로 든다. 요컨대 속성들

---

6   『철학의 원리』, 1부, 56항.

7   Leibniz(1989), p. 198.

8   Wolfson(1934), pp. 146~157을 참조하라.

9   cf. "신이 요소들의 어떤 구성이나 다수성 없는 하나의 단순한 실체임을 받아들이는 것 외에는 신의 통일성에 대한 어떤 믿음도 있을 수 없다."(Maimonides, *The Guide for the Perplexed*, tr. M. Friedlaender. Routledge & Sons, 1904, 2dn ed., I 51, p. 69: Donagan(1973), p. 169에서 재인용)

은 있는 그대로의 것이 지성에 의해 '발견되는'(discovered) 것이 아니라 지성 바깥에는 없는 것이 지성에 의해 '발명되는'(invented)[10] 것이다.

오늘날 아무도 이런 형태의 주관주의를 옹호하지 않을 만큼 이 해석은 치명적 약점을 가지고 있다. 첫째, 속성들을 통해 인식되는 실체의 본질(이는 다양하다.)과 실체의 있는 그대로의 본질(이는 단순하다.) 사이에 간극이 생긴다는 점이다. 이 해석을 따르면 속성들은 가상까지는 아니라도 적어도 현상에 불과한 것이 되고, 그럴 경우 실체 그 자체는 비가지적인 것이 된다. 둘째, 지성은 유한 지성이든 무한 지성이든 사유 양태에 불과한데,[11] 주관주의 해석에 따르면 자기를 통해 인식되어야 할 속성이 지성이라는 양태에 의존하게 되고, 그뿐 아니라 다른 것에 의존적이므로 "속성들이 양태가 되어 버린다".[12] 셋째, 역으로 주관주의 해석이 성립하려면 지성(혹은 정신)의 실재성이 인정되어야 하고, 이를 위해서는 최소한 사유 속성의 실재성이 객관적으로 인정되어야 한다는 모순적인 요구에 부딪힌다.[13]

물론 울프슨보다 온건한 형태의 주관주의 해석을 지지하는 자들도 있다.[14] 이들은 울프슨의 몇 가지 명백한 오류를 공유하지 않는다. 특히 울프슨이 속성 정의에 언급되는 지성을 굳이 유한 지성으로 제한하

---

10   Wolfson(1934), p. 146.

11   "유한하든 무한하든, 현행적 지성은 의지, 욕망, 사랑 등과 같이, 능산적 자연이 아니라 소산적 자연에 회부되어야 한다."(정리 31); "지성을 우리는 절대적 사유로 이해하지 않고 단지 사유의 특정 양태로 이해하며 (……) 그것은 신의 속성을 통해 인식되어야 한다."(정리 31의 증명)

12   Eisenberg(1990), p. 4. 속성들이 "한 사유 양태의 양태들"에 불과하게 된다는 해저롯의 비판 역시 참조하라. cf. Haserot(1953), p. 506.

13   박삼열(2002), 63쪽.

14   Jarrett(1977b), Eisenberg(1990), Shein(2009), Keizer(2012), Driggers(2021).

는 데 대해 동의하지 않는 주관주의 해석자들도 있다. 그들에 따르면[15] 속성이 '정신 의존적'이라고 해서 실체에 본래는 없는 것이 '발명된다'고 할 필요는 없다.[16] 이들은 울프슨과 같은 극단적 해석에는 거리를 두면서 객관주의에 좀 더 가깝게 해석하고자 한다. 그럼에도 이들이 객관주의 해석에 동조하지 않는 이유는 첫째, 객관주의 해석의 명백한 단점, 즉 속성의 정의 안에 포함된 지성에 대한 참조를 해명하기 어렵다는 점 때문이다. 둘째, 객관주의 해석의 또 다른 단점이자 주관주의 해석의 명백한 장점, 즉 실체의 단일성과 속성들의 구별을 양립시킬 수 있다는 점 때문이다.

(2) 객관주의 해석의 여러 버전과 문제점

이로써 객관주의 해석의 핵심 문제도 드러났다. 방금 언급한 객관주의 해석의 두 문제 가운데 지성에 대한 참조와 관련된 첫 번째 문제는 앞 장에서 어느 정도 해명되었다. 거기에서 나는 스피노자가 한편으로 속성에 대한 통념, 즉 실체가 속성을 통해 인식되며 우연적 속성이 아닌 본질적 속성은 감각이 아닌 지성에 의해 인식된다는 무해한 통념을 출발점으로 삼아, 점차 속성을 실체와 동일시하면서 지성에 대한 참조를 무의미하게 만드는 방향으로 나아간다는 것을 보여 주었다.

---

15   그 이유로 울프슨은 무한하게 많은 속성들이 다 지각될 수 없고 오직 인간에게는 사유와 연장의 두 속성만이 지각될 수 있다는 사실로 든다. 그러나 속성의 정의 자체는 이런 한계를 전혀 전제하지 않으므로, 이를 근거로 지성을 유한 지성으로 규정하는 것은 문제가 있다. 울프슨의 이런 해석에 대한 더 자세한 소개와 상세한 비판은 진태원(2006a), 66~73쪽을 참조하라.

16   Eisenberg(1990), p. 2.

실제로 정의 4에서 속성은 지성을 참조하는 가운데 정의되었지만, 이후의 정리들에서는 동일한 정의가 인용되면서도 지성은 언급되지 않거나,(정리 19의 증명) 속성과 실체가 상호 교환 가능한 것으로 언급된다.(정리 19) 그러나 다른 한편 지성에 대한 참조가 무의미한 것은 아닌데, 왜냐하면 스피노자가 나아가는 환원의 방향은 속성을 실체로 환원하는 것이라기보다는 실체를 속성으로 환원하는 방향으로 나아가면서 실재의 가지성을 드러내는 것이기 때문이다.

그러나 속성과 실체의 동일성만으로는 객관주의 해석을 수립하기 어렵다. 속성과 실체의 동일성과 더불어, 속성들의 실재적 구별과 유일 실체로의 통일을 모순되지 않게 만들 논리가 필요하다. 객관주의 해석을 속성들의 실재적 구별을 항수로 놓고 여기에 부합하는 통일의 상을 제시하고자 하는 입장이라고 본다면, 이 논리를 제공하는 대표적 객관주의 해석으로는 다음 세 가지를 들 수 있다.

첫째, 객관주의 해석의 토대를 놓은 게루의 해석이다. 한편으로 그는 흔히 속성들의 실재적 구별과 신적 실체의 통일성이 양립 불가능하다고 생각하게 만드는 오래된 전제, 즉 신의 단순성이라는 전제를 문제 삼고, 신이 모든 실재를 포괄하는 복합적인 존재로서의 '가장 실재적 존재'(*ens realissimum*)임을 강조한다. 다른 한편 그는 속성들의 실재적 구별을 조금도 약화시키지 않으면서, 그것들이 합일되어 있다고 볼 근거 역시 제시한다. 그것은 본성상 상이한(즉 속성이 다른) 양태들이 인과 연쇄의 동일한 지점에서 산출되게 하는 "인과 작용의 동일성"이다.[17] 이와 같

---

17   "〔신적 실체가〕 각 속성하에서 갖는 동일성은 모두 동시에, 동일한 방식으로, 그리고 동일한 필연성으로 스스로를 산출하고 그것들의 양태들을 산출하게 하는 유일 활동의 분할 불가능성

은 게루의 해석은 객관주의 해석의 토대가 될 뿐 아니라 스피노자 속성 개념 전반에 대한 표준적인 참조점이 되었다. 나아가 게루 이후 지금까지 이 문제에 관해 제안된 유력한 해석들도 게루의 해석과 유사한 경우가 많다. 가령 게루가 말한 인과 작용의 동일성을 초속성적인 내재적 인과 법칙으로 본 도너건의 해석이 그렇다.[18] 더 최근으로는 다양한 속성들을 유일 실체의 다양한 측면들(aspects)로 보고, 사유 속성의 관념들이 유일 실체가 갖는 속성들만큼의 다양한 측면들을 갖는다는 멜라메드의 해석[19] 역시 게루의 해석과 골자는 동일하다. 평행론에서 사유 속성에 주어지는 특권 문제를 더 초점화했다는 점에서 특수성이 있지만, 이 역시 게루가 이미 제안한 것과 대동소이하다.[20] 그럼에도 게루 해석을 적극적으로 옹호하는 자는 드물다. 이는 하나의 속성을 가진 실체들을 요소로 하여 무한하게 많은 속성들을 가진 유일 실체가 구축된다는『윤리학』전반부에 대한 게루의 독특한 해석 때문일 것이다.[21] 이 해석은 앞

에 다름 아니다."(Gueroult(1968)), p. 447.

18   Donagan(1988), pp. 86~89.

19   Melamed(2013).

20   게루는 모든 속성의 양태들에 대해 관념이 있음으로 인해 사유 속성이 포괄하는 양태들의 수가 다른 속성들의 경우보다 무한히 더 커지고 결국 사유 속성의 본질이 신의 본질과 동등해지지 않느냐는 물음을 제기한 다음, 이렇게 답변한다. 곧 사유 역량은 "동일한 형상적 본질들을 표상적으로 무한하게 많이 굴절"한다.(Gueroult(1974), p. 83) 내가 보기에 멜라메드가 말한 사유 속성의 무한 다면체적 성격은 용어는 다르지만 게루의 해법과 다를 바 없다.

21   가장 빈번히 제기되는 비판은 정리 14의 실체 일원론과 그 앞의 내용이 상충한다는 것,(Doz(1976), Allison(1987), p. 52; Doney(1990), p. 35) 혹은 하나의 속성을 가진 실체를 상정함으로써 (속성 공유 불가 테제에 의해) 무한하게 무한한 신적 실체의 실존을 차단해 버린다는 점(Garrett(1979))이다. 진태원은 게루가 가정하는 하나의 속성을 가진 실체들에서 여러 속성들을 가진 실체로의 이행이 한 실체로의 '합일(union)'이라기보다는 단순한 "합계"의 의미에 더 가

서 수립된 정리의 내용(하나의 속성을 가진 실체)이 뒤에 오는 정리(무한하게 많은 속성을 가진 유일 실체)에 의해 반박된다는 명백한 논리적 문제 때문에 많은 비판을 받았고, 오늘날 이 테제를 받아들이는 이는 드물다.[22]

둘째, 들뢰즈의 '형상적 구별' 이론이다. 형상적 구별은 둔스 스코투스가 사고상의 구별과 실재적 구별의 중간 개념으로 제시한 것이다. 정의, 선과 같은 신의 속성들이 사고상의 구별보다는 실재적이지만 수적으로는 구별되지 않고 신이라는 동일한 존재에 속한다는 것이다. 스피노자의 속성 개념에 대한 들뢰즈 해석의 공로는 속성이 실체와 양태의 공통 형상으로서 실체와 양태 사이의 존재의 일의성을 확보한다는 것 외에도, 특히 수적 구별이 실재적 구별이 아니며 역으로, 즉 환위에 의해[23] 실재적 구별이 수적 구별이 아님[24]을 보여 준 데 있다. 그러나 '형상적 구별' 자체는 들뢰즈 자신이 둔스 스코투스로부터 끌어온 것이고, 데카르트가 자신의 심신 구별을 형상적 구별에 근접시키는 반박자[25]에

까우며, 더구나 굳이 '이행'까지 가정하지 않고도 단지 관점 전환으로 『윤리학』의 해당 텍스트는 해석될 수 있다고 비판한다.(2006, 84~85쪽) 게루의 '하나의 속성을 가진 실체'라는 가정을 지지하는 드문 논자로는 Smith(2014)를 참조할 수 있다.

22   레논은 게루의 '한 속성을 가진 실체들'의 합일 이론의 난점을 다음과 같이 표현한다. "한 속성을 가진 여러 실체들이 어떻게 여러 속성을 가진 하나의 실체를 형성하는지 설명하는 것은 모호한 것을 더 모호한 것으로 설명하는 셈이다."(Lennon(2005), p. 22)

23   환위는 명제에서 주어와 술어의 위치를 바꾸는 추론 방법이며 일반적으로 전칭 부정 명제(어떤 S도 P가 아니다.)와 특칭 긍정 명제(어떤 S는 P이다.)에서만 타당한 추론이 된다. 이 경우 "어떤 수적 구별도 실재적이지 않다."의 환위 명제는 "어떤 실재적 구별도 수적이지 않다."이다. 들뢰즈가 『윤리학』의 정리들에 대해 이를 어떻게 적용했는지에 대해서는 진태원(2006a), 86~89쪽을 참조하라.

24   들뢰즈(2019), 33~39쪽을 참조하라.

25   카테루스의 「첫 번째 반박」(데카르트(2012), 30쪽: AT VII, 100).

게 답하기 위해 언급한 적은 있지만,[26] 스피노자가 이를 참조했을 가능성은 희박하다. 오늘날 들뢰즈의 구별 이론이 적어도 스피노자에 대한 해석으로서는 그리 진지하게 참조되지 않는 것도 아마 이 때문일 것이다.[27] 나는 형상적 구별 개념에 딸려 들어올 수 있는 스코투스의 신학적 요소들만 잘 통제하면 그것이 스피노자의 구별 개념을 이해하는 데 도움이 될 수도 있다고 생각한다. 다만 지금 논의의 맥락에서 문제로 보이는 것은 스코투스라는 참조점보다는 들뢰즈가 속성을 질로 간주하여 속성들 간의 '형상적 구별'을 질적 구별로 보고, 실체를 양으로 간주하여 실체로의 통일을 양적 통일성으로 본 점이다. 속성과 실체를 각각 질과 양으로 보는 시각은 실체와 속성 사이에 사고상의 구별만을 인정하면서 실체와 속성을 동일시하는 데카르트적 기획과는 반대로, 실체를 속성 아래에 있고 속성을 통해 인식되는 기체로 보는 관점으로 회귀하는 듯 보이기 때문이다. 들뢰즈가 특정 속성의 양태와 별도로, 말하자면 실체 자체의 양태로 "실체적 변양"(modification substantielle)[28]을 제안한 것도 이런 사고방식의 산물일 것이다. 속성 아래 실체가 있듯, 속성의 양태 아래 실체적 변양이 있는 것이다.

　세 번째는 '속성 초월적 양태'를 도입하는 베넷의 해석이다. 이것은 들뢰즈가 말한 '실체적 변양'과 등가적인데, 다만 그것이 갖는 초월적 성격을 스피노자의 체계에 맞게 더 정교하게 가다듬었다고 할 수 있다.

26　데카르트의 「첫 번째 반박에 대한 답변」(데카르트(2012), 56쪽: AT VII, 120). 더 자세한 사항은 1장의 각주 3을 참조하라.

27　그 외 들뢰즈의 형상적 구별 개념에 대한 보다 체계적인 소개와 비판으로는 진태원(2006a), 85~95쪽을 참조하라.

28　들뢰즈(2019), 129쪽.

베넷은 『윤리학』 2부의 평행론에서 서로 평행하는 속성들의 양태 계열들이 서로 동일할 것을 보장하는 근거가 부실하다고 평가한다.[29] 그는 이 동일성을 보장하는 것이 1부의 실체 일원론이며, 실체 일원론의 '내용'을 제공하는 것이 속성의 양태가 아닌 "실체의 양태"라고 제안한다. 그러니까 특정 속성의 양태가 아니라 속성들을 초월하는 '실체의 양태'(F라 하자.)가 있어, 바로 이 양태 F가 스피노자가 말한 대로 "하나의 동일한 것이 때로는 사유 양태로, 때로는 연장 양태로 표현"(2부 정리 7의 주석)된다. 혹은 속성들을 벗겨 내고 남는 것이 F라는 양태라고 할 수도 있다. 물론 베넷 자신도 스피노자에게서 모든 양태가 오직 속성하에서만 지각된다는 점을 환기하고, 따라서 F는 결코 그 자체로는 지각되지 않음을 인정한다.[30] 그의 제안은 각 속성 및 이 속성의 양태들이 지각될 때, 이 지각은 지각 불가능한 F에 연장이나 사유가 더해짐으로써 이루어진다는 것이다. 베넷은 이로써 스피노자의 속성 정의에서 지

---

29   평행론, 곧 "관념들의 질서와 연관은 사물들의 질서 및 연관과 동일하다."(2부 정리 7)에 대한 증명은 단지 "결과에 대한 인식(cognitio)이 원인에 대한 인식에 의존한다."라는 1a4에 의거할 뿐이다. 베넷은 평행론을 컬리처럼 사실과 명제 사이의 평행론으로 받아들이지 않고 심리-물리 평행론으로 받아들여야 한다고 보며, 그런 한 결과 y에 대한 원인 x의 인식('인식'을 강하게 받아들일 경우)이나 x에 대한 관념('인식'을 약하게 받아들일 경우)이 누락되는 경우가 있을 수 있기 때문에, 1a4가 근거가 될 수 없다고 본다. 물론 이 누락의 문제는 2부 정리 7 앞에 오는 2부 정리 3(신 안에는 신의 본질에 대한 관념과 그 본질로부터 필연적으로 따라 나오는 모든 것들의 관념이 있다.)으로 보완될 수 있지만, 베넷은 2부 정리 3의 증명에도 문제가 있다고 본다. 더 상세한 내용은 Bennett(1984), §31, pp. 127~131을 참조하라.

30   "그래서 스피노자는 정당하게도 속성이 본질=근본적 특성이라고 말하지 않고, 대신 그것이 기본적인 것으로 생각되거나 지각되어야 한다고 말할 것이다. 왜냐하면 더 심층적으로 파악하려면, 우리는 유한 양태들을 양쪽 속성으로부터 추상하고서 생각해야 할 것이기 때문이다. 물론 이는 불가능하지만."(Bennett(1984), p. 146)

성의 지각('실체의 본질을 구성하는 것으로 지성이 지각하는 것')이 추가된 이유가 해명될 뿐 아니라, 심신 동일성 테제가 야기하는 대치율 문제도 해결된다고 본다. 만일 사유 양태(t1)와 연장 양태(e1)가 수적으로 동일하다면, 동일한 것의 대체 가능성 원리에 따라 사유 양태가 연장 양태에 인과적 영향을 미칠 수 있게 된다.[31] 반면 속성 초월적 양태를 도입할 경우 t1과 e1은 수적으로 동일하지는 않으면서 F에 의해 동일한 사물일 수 있으며 그 결과 서로 간에 인과적 영향을 미칠 수 없다.[32]

이와 같은 베넷의 해석은 게루가 비판한 형식주의적 속성 해석, 즉 속성을 인식의 형식으로 보는 해석과 유사해 보이나 울프슨과 같은 주관주의 해석으로 볼 수는 없다. 울프슨은 속성들의 차이에 실재성을 부여하지 않는 반면 베넷은 속성들의 실재적 구별과 예화(instantiation)를 인정하며, 오히려 속성 초월적인 '실체의 양태'가 지각 불가능하다고 보기 때문이다. 그러나 베넷의 해석은 다른 이유로 스피노자의 체계에 부합하기 어렵다. 베넷을 따를 경우 어쨌든 속성들은 실체의 현상이 되고 실체는 일종의 물자체와 같아진다. 이는 첫째, 양태가 늘 속성 안에 있고 속성을 통해서만 인식된다는 테제와 충돌한다. 둘째, 원리상 인식될 수 없는 양태가 있다는 것은 모든 것이 원리상 가지적이라는 테제와 충돌한다. 실상 베넷의 해석은 실체는 속성을 통해 인식되며 그 자체로는 원리상 인식 불가능하다는 전통적 이해 방식에 더 가깝다.

31 가령 t1=e1이고, t1→t2라면, 대체율에 따라 e1→t2가 된다.

32 가령 t1=사유 + 종차 F이고 e1=연장 + 종차 F이다.

(3) 프레게적 해석─제3의 버전?

객관주의 해석의 이런 문제들 때문에 그것이 갖는 압도적 무게에
도 불구하고 이미 종결된 것 같았던 속성 논쟁은 계속해서 부활하고
있다. 특히 최근 노아 셰인은 베넷의 대담한 해석으로부터 객관주의 해
석 전체의 맹점을 밝히고 객관주의와 주관주의의 대립을 넘어서는 제3
의 대안 제시를 시도한다.[33] 그는 객관주의 해석이 속성들의 실재적 구
별과 실체의 통일성을 동시에 만족시키기 위해, 속성들로부터 독립적
인 어떤 층을 가정하게 된다고 비판한다.[34] 베넷의 초속성적 양태는 물
론이고, 멜라메드가 "신의 양태"[35]라 부른 것이 그렇고, 여기에 당연히
들뢰즈가 말하는 "실체적 변양"도 덧붙일 수 있을 것이다. 게다가 이들
처럼 초속성적 양태를 명시적으로 내세우지는 않아도, 게루가 말한 속
성들에 공통적인 인과연쇄, 델라 로카가 말한 속성중립적 특성들(결과
나 원인의 수, 지속의 길이 등), 도너건이 말하는 초속성적인 내재적 인과
법칙 역시 여기에 해당될 수 있다. 모든 것은 오직 속성을 통해서만 인
식되므로, 이들은 결국 속성 중립성의 형식 아래 비가지적인 것을 도입
하는 셈이다. 그런데 이 점이야말로 객관주의 해석자들이 주관주의 해
석자들에게 가해 온 비판이기도 하다. 속성들이 주관적 형식에 불과하
고 실체는 속성들을 통해서만 인식된다면, 결국 실체 자체는 인식될 수
없게 되지 않느냐고 말이다. 그래서 노아 셰인은 스피노자 속성 개념

---

33 Shein(2009).
34 국내에서는 이혁주(2016)가 객관주의적 해석의 이런 맹점을 비판한 바 있다.
35 Melamed(2013).

해석의 역사를 가른 주관주의 해석과 객관주의 해석이 실상은 '거짓 이분법'이고 양쪽 모두 결국 동일한 불합리에 빠진다고 본다.

그렇다면 셰인 자신의 해법은 무엇인가? 데카르트가 실체들 간에 설정한 실재적 구별과 실체와 속성 사이에 설정한 사고상의 구별을 결합하여, 스피노자에게서 실체와 속성, 그리고 속성들 간의 구별을 단지 인식론적인 구별로 보는 것이다. 그런데 이는 결국 주관주의적 해석으로 돌아가는 것이 아닌가? 셰인 자신은 이를 부정한다. 그는 서로 간에 실재적으로 구별되는 무한하게 많은 속성들과 유일 실체를 각각 프레게의 뜻(여럿)과 지시체(하나)에 등치시킨다.[36] 뜻이 정신에 의존적이지만, 단지 주관적인 것은 아니듯이, 속성들 역시 인식론적이긴 하지만 단지 주관적인 것은 아니라는 것이다.[37] 이를 뒷받침하는 핵심 근거는 속성들이 자신을 통해 인식되지만, 그렇다고 해서 다른 속성들과 분리되어 존재하는 것은 아니라는 정리 10 주석의 내용이다. 그러나 이럴 경우 인식론적 차원과 존재론적 차원의 간극은 어떻게 해명하느냐라는, 또 다른 심각한 문제가 제기될 수밖에 없다.[38] 특히 이는 실체의 본질 문제, 즉 속성들이 실체의 동일한 본질을 표현하는지, 다양한 본질

---

36   셰인이 말하는 '프레게적 해석'은 최근 캐롤리나 휘브너가 사용한 이 용어의 의미와는 다르다. 휘브너는 관념 이론에 나타나는 형상적 실재성과 표상적 실재성이라는 존재의 두 방식을 주된 참조점으로 삼아 평행론을 새롭게 해석하고, 자신의 반대편에 게루를 비롯한 객관주의 해석을 두면서 후자를 공히 '프레게적 해석'이라 칭한 바 있다. Hübner(2019); (2022). 휘브너가 '프레게적 해석'이라는 용어를 객관주의 해석 일반에 대해 사용한 것과 달리, 노아 셰인의 프레게적 해석은 속성들의 구별이 단지 인식론적인 것이라는 점에 더 초점이 맞춰진다.

37   역시 온건한 주관주의 해석을 지지하는 Eisenberg(1990)는 '색깔'을 예로 든다. 그것은 2성질로서 정신 의존적이지만, 순전히 주관적인 가상은 아니다.

38   비슷한 문제가 뉴랜즈에게도 제기된다. 이에 대해서는 뒤의 90쪽을 참조하라.

을 표현하는지의 문제에 대해서는 아무런 대답을 주지 않는다. 이 문제는 객관주의 해석 역시 부딪히는 문제이기는 하지만 나는 게루의 해석을 이 문제를 해결하는 방식으로 보완할 방법이 있다고 생각한다.

이를 살펴보기 전에 객관주의 해석에 대한 노아 셰인의 비판이 베넷(그리고 그가 언급하지 않은 들뢰즈나 멜라메드)에는 해당되지만, 게루의 해석에는 해당되지 않는다는 것을 지적해 둘 필요가 있다. 물론『윤리학』전반부가 각각 하나의 속성을 가진 실체를 가지고 무한하게 많은 속성들로 이루어진 무한하게 무한한 실체를 구축한다는 게루의 해석을 옹호하기는 어렵다. 그러나 이러한 구축 테제가 속성들의 실재적 구별과 실체로의 통일에 관한 게루의 객관주의 해석 자체를 무너뜨리는 것은 아니다. 게루가 다양한 속성들의 통일의 근거로 든 모든 속성들에서 '인과 작용의 동일성'은 '하나의 속성을 가진 실체' 이론을 가정하지 않아도 성립하기 때문이다. 그리고 이를 조건으로 할 때 적어도 아직까지는 게루의 해석보다 더 우월한 설명력을 가진 해석은 제시되지 않았다고 생각한다. 이하에서는 일단 게루 해석이 셰인의 비판에서 면제된다는 것을 확인한 뒤, 다음 절에서 프레게적 해석과 객관주의 해석 모두가 답해야 할 핵심 문제로서 실체의 본질의 통일성과 다양성 문제를 살펴본 다음 게루 해석에 제기되는, 그러나 더 사소한 다른 문제를 확인하고 게루의 독해를 보완하는 해석을 제안할 것이다.

(4) 게루의 객관주의 해석에 대한 옹호

노아 셰인은 게루가 초속성적인 층위를 도입한다는 증거로 정리 28에 대한 게루의 해석을 든다. 실제로 정리 16의 표현을 재사용하면서 게루는 정리 28의 무한정한 인과 연쇄를 이루는 유한자들이 "(a) '무한하게 많은 것들'(*infinita*, 실체의 양태들)이지, (b) '무한하게 많은 방식의 무한하게 많은 것들'(*infinita infinitis modis*, 속성들의 양태들)이 아니다."[39]라고 말한다. 다시 말해 정리 28의 유한 사물들은 "유한 양태들의 유일 계열"이지, "속성마다 상이한 무한하게 많은 연쇄들"이 아니다. 이 유일 계열의 양태들은 2부 정리 7 주석에서 평행론을 상이한 속성들에서 인과 연쇄가 동일하다는 점을 통해 증명할 때 제시하게 될 바로 그 인과 연쇄이다.

> 사유 실체와 연장 실체는 단 하나의 동일한 실체가 때로는 이 속성, 때로는 다른 속성하에 파악된 것이다. 마찬가지로(*Sic etiam*) 연장의 양태와 이 양태의 관념은 하나의 동일한 사물이 그러나 두 방식으로 표현된 것이다. (……) 자연 안에 실존하는 원과 실존하는 원에 대한 관념(이것 역시 신 안에 존재한다.)은 하나의 동일한 사물이 상이한 속성들을 통해 설명된다. 그리고 이렇게 해서(*ideo*) 자연을 연장 속성하에 인식하든, 사유 속성하에 인식하든, 그 어떤 속성하에 인식하든, 우리는 단 하나의 동일한 질서, 즉 원인들의 하나의 동일한 연관을, 즉 동일한 사물들이 서로 간에 따라 나온다는 것을 인식한다.(2부 정리 7의 주석, 강조는 인용자)

그러니까 셰인에 따르면 게루는 위 인용문에서 강조 표시된 '하나의 동일한 사물' 혹은 '단 하나의 동일한 질서'를 '단 하나의 동일한 실체'의 양태로 본다는 것이다. 그러나 문제는 이 구분을 통해 게루가 말

<hr>

39   Gueroult(1968), p. 339.(강조는 인용자)

하려는 것이 단지 양태들의 연쇄가 모든 속성에서 동일하다는 것뿐인지, 아니면 유일 계열이 각 속성의 양태들의 계열 각각을 초월한다는 것까지인지는 확실치 않다. 만일 동일하다면 베넷의 비판대로 동일성의 정확한 근거가 필요할 것이고, 초월한다면 그것 자체가 동일성의 근거는 되지만 비가지적이 되므로 게루 스스로가 비판한 형식주의 독해와 같은 약점을 갖게 될 것이다. 게루 자신은 단지 원인들의 유일 계열(a)이 (무한하게 많은 속성들 각각에 상응하는) 무한하게 많은 계열들(b)로 표현된다고 말할 뿐인데, 이 진술은 노아 셰인이 해석한 초속성적 방향으로 읽힐 여지가 없지 않다. 무엇보다도 앞의 인용문에서 '속성들의 양태들'과 대비되는 '실체의 양태들'이라는 표현은 베넷이 말하는 초속성적 양태들을 분명히 시사하는 듯 보인다.

　　그러나 게루는 그 자신 이런 해석을 명시적으로 거부한 바 있다. '무한하게 많은 것들'과 '무한하게 많은 방식의 무한하게 많은 것들'이라는 표현의 원천이 되는 정리 16에 대한 주해에서 게루는 그 스스로 초속성적 해석의 가능성을 명시적으로 제기한다.[40] 그는 먼저 "신의 본성으로부터 무한하게 많은 것[a]이 무한하게 많은 방식으로[b] 필연적으로 따라 나온다."(정리 16)라는 명제가 양태들을 두 단계로 구분하려는 것으로 보일 수 있다고 지적한다. 그런 다음 [a]가 [b]보다 "우위에 있다"라고 할 수 있는지, 즉 "전자가 진정으로 실체의 양태들이며, 후자는 단지 이 양태들이 다양한 속성들 속에서 부차적으로 표현된 것에 불과"[41]하다고 볼 수 있는지, 그리고 주관주의 해석자들처럼 속성을

40　　Gueroult(1968), p. 260~261.

41　　Gueroult(1968), p. 260.

형식주의적으로 해석하여 전자가 "진정한 신의 양태"이고 후자는 신의 양태의 "현상"에 불과하다고 볼 수 있는지를 묻는다.[42] 그런 다음 그는 "이런 해석은 배제된다."[43]라고 결론 내리는데, "왜냐하면 실체는 그것을 구성하는 속성들에 다름 아니며, 실체의 양태들은 자신의 속성들의 양태들에 다름 아니기 때문"[44]이다. 이는 속성들을 떠나 생각될 수 있는 별개의 실체가 있을 수 없음을 의미한다.

그렇다면 [a]의 "무한하게 많은 것들"은 무엇을 가리키는가? 게루는 이를 속성마다 본질은 상이하면서도 동일한 개별 사물을 정립하는 원인들로 간주한다. 각 사물이 본질이 상이하면서도 동일한 이유는 각 원인이 모든 속성에서 "동시에, 그리고 동일한 방식으로" 특정 사물을 정립하기 때문이다. 가령 특정 신체와 특정 정신은 상이한 속성하에 고려된 하나의 동일한 개별 사물인데, 이는 그것들이 "하나의 동일한 개별적인 인과 작용"에 의해 정립되기 때문이다. 그러므로 실체란 이 인과 작용의 동일성 자체를 가리킨다고 보아야 할 것이다. 그렇다면 게루는 '원인들의 유일 계열'이라는 이름으로 어떤 초속성적 층위를 도입하고자 한 것이 아니다. 대신 그는 모든 속성에 공통적인 산출의 구조를 제시한다. 바로 이것이 2부 정리 7에서 말하는 '질서와 연관의 동일성'일 것이다.

이와 같은 게루 해석의 장점은 첫째, 실체가 속성들과 별개의 어떤 내용을 가질 여지를 완전히 비워 내면서도 속성들의 동일성을 확보

---

42   위의 책, 같은 곳.

43   위의 책, 같은 곳.

44   위의 책, 같은 곳.

해 주는 일종의 형식으로 적극적 역할을 한다는 점이다. 그러니까 게루가 주관주의적 해석에 대해 속성들을 인식의 주관적 형식으로 전락시킨다고 비판했다면, 게루 자신의 해석에서는 이제 실체가 그 자신은 아무런 내용 없이 속성들을 통일시키는 형식의 역할을 하는 것이다. 이는 어떤 의미에서는 베넷의 해석과 유사한 면이 없지 않다. 베넷 역시 실체 혹은 '실체의 양태들'이 그 자체로 지각되는 것은 아니라고 했다. 이 지각 불가능성을 베넷은 원리상 내용이 비가지적이기 때문인 것처럼 다루지만, 실체가 속성들의 동일성의 형식일 뿐 특정 내용을 갖지 않기 때문으로 볼 수도 있을 것이다. 그러나 어쨌든 베넷 자신은 실체 혹은 실체의 양태들을 지각되지 않는 것으로 규정한 반면, 게루의 해석에서 실체는 오히려 전적으로 가지적인 것이 된다는 근본적 차이가 있다.

둘째, 대부분의 영미권 논자들과 달리 신적 역량에 의거함으로써 속성들의 동일성의 근거를 명확히 밝힌 점이다. 이 차이는 델라 로카의 해석과 비교해 보면 잘 드러난다. 델라 로카가 말하는 (사유나 연장 같은 특정 속성의 특성들은 지시 불투명성이 발생하는 내포적 맥락에 속하는 것으로서 제외하고) 외연적 맥락의 초속성적 특성들[45] 역시 베넷 식의 어떤 제 3의 층위를 가리키지 않는다. 그런데 델라 로카의 해명에 비해 게루의 해명이 갖는 장점은 델라 로카가 외연적 특성들을 들어 식별 불가능자 동일성의 원리라는 논리적 원칙을 통해 단순히 동일성을 제시하는 데 그치는 반면, 게루는 인과 작용을 들어 이 동일성의 근거를 신의 역량

---

45   실체의 경우 자기 원인성, 무한성, 영원성, 변용에 대한 선행성 같은 특성(Della Rocca (2002), p. 27), 양태의 경우 〔삶과 죽음 같은〕 시간적 특성, 원인과 결과의 수, 복잡성의 정도(p. 32)가 그런 것이다.

에 기반하여 제시한다는 점이다. 그러니까 원인들의 연쇄 혹은 사물들의 질서 및 연관이 모든 속성들에서 동일한 이유는 인과의 필연성 때문이다. 부정적으로 말하자면 사물들이 다른 방식으로 산출될 수 없고 꼭 그런 순서와 연관으로만 산출되기 때문이고, 적극적으로 말하자면 신이 산출 가능한 모든 것을 필연적으로, 그리고 가장 완전한 방식으로 산출하기 때문이다.

마지막으로 이 해법은 인간 인식의 적합성과 원리상의 한계를 동시에 지시한다. 인간은 모든 속성들을 다 인식할 수는 없다. 인간은 정신과 신체, 곧 사유와 연장 속성의 양태로만 이루어져 있다. 이 때문에 이 두 속성만을 알 수 있고, 나머지 무한하게 많은 속성들은 사실상으로만이 아니라 권리상으로도 인식할 수 없다. 그럼에도 인간은 단지 연장이나 사유 속성만이 아니라 실체 자체를 적합하게 인식할 수 있다. 사유 속성의 양태 계열이든 연장 속성의 양태 계열이든, 어느 한 계열만을 적합하게 인식해도 실재적 인과의 순서와 연관을 적합하게 인식하는 것이기 때문이다.

이렇게 볼 때 진태원이 속성에 대한 주관주의 해석과 객관주의 해석의 대안으로 제시한 '질서와 연관의 동일성'을 중심으로 한 해석은 게루의 해석과 실제로는 다르지 않다. 게루는 진태원이 비판하는 것처럼 "2부 정리 7을 두 가지 상이한 질서나 계열의 평행성 내지는 동등성으로 해석"[46]하는 입장이 아니라, 앞서 정리 16에 대한 게루의 주해에서 보았듯 오히려 다음과 같은 진태원의 입장과 동일하다. "2부 정리 7은 스피노자의 실체는 결코 개체가 아니라 원인들의 질서와 연관, 무한하

---

46   진태원(2006a), 101쪽.

게 많은 무한한 속성들을 통해서 표현되는 동일한 원인들의 질서와 연관이라는 점을 분명히 보여 준다."[47] 나아가 그가 비판하는 것과 달리 게루의 역량론적 해석은 왜 이 원인들의 질서와 연관이 동일한지 역시 제시한다.

이렇게 해서 우리는 악명 높은 '하나의 속성을 가진 실체 이론'을 빼놓고도, 그리고 실체나 '실체의 양태'를 별도로 설정하지 않고도 게루의 객관주의 해석이 성립한다고 말할 수 있다. 그러나 게루의 객관주의적 해석이 답해야 할 더 중요한 문제가 남아 있다. 서두에서 속성 정의에 들어 있는 세 번째 애매성으로 꼽은 문제, 즉 속성에 의해 표현되는 신의 본질의 단일성과 다양성 문제이다.

3 각 속성의 자족성과 실체 일원론

(1) 본질의 다양성과 단일성

스피노자가 속성들 각각이 "신의 무한하고 영원한 본질"을 표현한다고 할 때, 이 본질은 단일한 것일 수도 있고 다양한 것일 수도 있다. 속성들이 표현하는 신의 영원하고 무한한 본질이 신적 실체의 단적인 본질(절대적 무한)로서 단일하다면, 신 또는 자연의 통일성은 쉽게 만족될 것이다. 그러나 이는 실체나 '실체의 양태'를 별도로 설정하지 않고서는 불가능해 보인다. 이럴 경우 실체와 속성을 동일화하는 데카르트

---

47   위의 책, 102쪽.

적 방향에서는 후퇴할 것이고, 속성들 간의 실재적 구별도 부차화된다는 문제가 있다. 실제로 앞서 속성 정의에 포함된 지성에 대한 참조의 경우처럼 실체의 본질 역시 정리들이 전개됨에 따라 의미가 한정되며, 그 방향은 본질의 다양성을 가리킨다. 우선 속성의 정의에서 "실체의 본질을 구성한다고 지성이 지각한다."(정의 4)라거나, 신의 정의에서 속성이 "각각이 영원하고 무한한 본질을 표현한다."(정의 6)라고 할 때, 두 정의 모두에서 본질은 단적인 본질로 볼 수도 있고 다양한 본질로 볼 수도 있다. 그러나 속성들이 실재적으로 구별되면서도 하나의 실체를 이루어야 하는 근거가 제시되는 정리 10의 증명에서 속성은 명백히 다양한 본질을 의미한다. 거기에서 속성은 "각각이 어떤(certam) 영원하고 무한한 본질을 표현"(정리 10의 주석. 강조는 인용자)하는 것으로 제시된다. 정리 16의 증명은 '어떤'을 더 명시적으로 개별화한다. 즉 "각각이 또한 자기류에서 무한한 본질을 표현"(강조는 인용자)한다는 것이다. 정리 19의 증명에서는 신에게 영원성이 속한다는 것을 근거로 속성들 각각에도 영원성이 속한다고 진술되므로, '영원하고 무한한 본질'을 표현한다고 할 때 이 본질은 차이를 보유하는 것이라 볼 수 있다. 이처럼 속성들이 표현하는 본질의 다양성은 정리들이 전개되어 감에 따라 더욱 분명해진다. 그러나 한 사물이 어떻게 다양한 본질을 가질 수 있는지를 해명하기란 쉽지 않다.[48]

이를 위해 상이한 속성들이 하나의 실체에 속하는 것이 불가능하다고 보았던 데카르트의 논거를 참고해보자. 실제로 네덜란드에서 대표적 데카르트주의자로 행세했던 레기우스는 사유와 연장이 상이하지

---

48   Curley(1988), p. 28.

만 동일한 주체에 속할 수 있다면서 스피노자와 유사한 주장을 한다.[49] 그러나 데카르트 자신은 영혼과 신체가 각각 다른 것의 도움 없이 판명하게 인식되는 상이한(*diversa*) 본성을 가졌을 뿐 아니라 분할 불가능한 것과 분할 가능한 것으로서 "어떤 식으로 서로 상반되므로(*contraria*)"[50] 동일한 실체 안에 있을 수 없다고 본다.[51] 그래서 그는 「프로그램에 관한 주석」〔한 비방문에 대한 논평〕에서 레기우스에게 양태에 해당하는 것을 속성들에 적용하는 오류추리를 범한다고 하면서 다음과 같은 반론을 제시한다.

〔양태가 아니라〕 사물의 본성을 구성하는 다른 속성들이 문제가 되는 경우, 상이한 것들, 그리고 양자 중 하나가 다른 하나의 개념에 포함되지 않는 것들이 하나의 동일한 주체에 어울린다고 말할 수는 없다. 왜냐하면 이는 하나의 동일한 주체가 두 가지 상이한 본성을 가진다고 말하는

---

49   "이 속성들은 대립된 것이 아니라 상이한 것이므로, 정신이 연장을 가진 그 주체에 어울리는 어떤 속성일 수 없게 가로막는 것은 아무것도 없다. 비록 하나의 개념이 다른 하나의 개념에 포함되어 있지 않더라도 말이다."(「프로그램에 대한 주석」, AT VIII-2, 349~350: 데카르트(2021), 197쪽에서 재인용)

50   『성찰』, 「다음 여섯 성찰의 요약」(AT VII, 13): 데카르트(2021), 31쪽.

51   데카르트가 속성들의 실재적 구별을 창조된 실체들에서만 보고 신의 속성들은 전통 방식대로 통일되어 있다고 본 이상, 스피노자는 사유와 연장 속성이 "신의 영원하고 무한한 본질을 표현한다."(정의 6)라는 점만 증명하면 데카르트주의자도 납득할 수 있는 속성 이론이 나온다고 생각했을 수 있다. 도너건은 이 때문에 스피노자가 속성들이 어떻게 하나의 실체에 속할 수 있느냐는 시몬 더 프리스의 물음을 잘 이해하지 못했다고 본다. 데카르트주의자들 가운데 '가장 실재적인 존재'가 있음은 아무도 부정하지 않을 것이고 연장과 사유의 실재적 구별도 받아들일 것이므로, 스피노자로서는 연장과 사유가 '가장 실재적 존재'에 속한다는 것만 증명하면 된다고 보았을 것이기 때문이다.

경우와 같기 때문이다. 이것은 모순을 함축하며, 적어도 이것에서처럼 단순한 그리고 비합성적 주체가 문제되는 경우에는 그렇다.[52]

1장에서 우리는 동일 속성을 가진 여러 실체가 있다고 보느냐의 여부가 데카르트와 스피노자 형이상학을 가르는 근본적 차이임을 보여 주었다. 이제 여기에서는 상이한 속성이 각각 상이한 실체를 구성하지 않고 단 하나의 실체에 속할 수 있으며 "속해야 한다는 것"[53](정리 10의 증명)이 데카르트와 스피노자를 가르는 또 다른 근본적 차이 중 하나임을 시사한다.[54] 이에 따라 우선 데카르트에게 신은 단순하다면, 게루의 해석을 따르자면 스피노자의 신은 복합적이다. 다음으로 속성들 간의 관계도 달라진다. 데카르트에게서 속성들은 단지 '상이할' 뿐 아니라 서로 대립되며, 이에 따라 속성들 각각이 부정을 포함하게 된다. 가령 사유 속성은 자신의 적극적 본질을 통해서만이 아니라 '연장적이지 않음'으로도 인식되어야 할 것이며, 따라서 무한하지 않을 것이고, 실재 전체를 표현하지도 않을 것이다. 반면 스피노자에게서는 속성들 간에 "대립이 아닌 차이(*diversa sed non opposita*)"[55]만이 있다고 할 수 있다.

---

52 「프로그램에 대한 주석」, 〔한 비방문에 대한 논평〕 AT VIII-2, 349~350: 데카르트(2021), 197쪽.

53 이는 도너건의 강조점이다. Silverman(2016)의 다음과 같은 지적 역시 참조할 수 있다. 즉 정리 10 주석에 따라, 속성의 다수성을 부정하는 것은 실체의 실재성 또는 완전성을 제한하는 것이며, 실체는 절대적으로 완전하므로, 이러한 제한은 부당하다.

54 베넷 역시 이것이 "가장 큰 차이에 대한 진술"이라고 본다. Bennett(1984), p. 65. 그는 그런데도 스피노자가 실체와 속성이 동일하다고 하면서 이 점을 흐려 버린 것이 아쉬운 일이라고 평가한다.

55 이것은 앞서 보았듯이 레기우스와 데카르트 사이에 형성된 논점을 주석가들이 스피노자에게 적용하곤 하는 표현이다. 마슈레는 이를 스피노자와 헤겔 사이에 형성된 논점으로 옮겨 대립

스피노자가 신적 실체를 '절대적 무한'으로 정의하면서(정의 6) 이것이 어떤 부정도 함축하지 않음을 굳이 해명을 덧붙여 강조한 것도 바로 이 점을 염두에 둔 것으로 보인다. 그러나 이처럼 서로 무관계한 차이 때문에 그것들이 어떻게 하나의 실체에 속할 수 있는지를 납득하기는 더욱 어렵다. 상반되는 것들이 하나의 주체에 속할 수 없는 것과 또 다른 이유, 그러니까 바로 이 무관계성 때문이다.

다른 한편 속성들에 의해 표현되는 신의 본질이 다양하다면, 이 본질은 스피노자 자신이 제시한 '본질'의 정의(2부 정의 2)에 부합하기 어려울 것 같다. 흔히 본질은 사물의 필수 불가결한 특성으로서 그것이 없어지면 사물도 없어진다고 간주된다. 반면 사물이 없어진다고 해서 본질이 없어진다고 생각되지는 않는다. 본질은 사물을 어떤 식으로든 초월한다고 생각되는 것이다. 반면 스피노자는 본질을 사물 자체와 호환 가능하게끔 정의한다.(2부 정의 2) 곧 본질이란 그것이 주어지면 사물이 필연적으로 정립되고 그것이 제거되면 사물도 필연적으로 제거되며 사물이 제거되면 그것 역시 제거된다. 만일 사유 속성이 다양한 본질 중 하나를 표현한다면, 사유 속성이 주어질 경우 단지 그것만으로 무한하게 많은 속성으로 이루어진 실체가 정립될 수는 없을 것 같다.[56]

과 모순을 중심으로 하는 헤겔의 주체 논리와 스피노자의 실체 논리가 어떻게 다른지를 설득력 있게 보여 준다. 이에 대해서는 마슈레(2004), 262~274쪽을 참조하라.

56 카이저는 사유만 있고 연장이 없는 경우를 상정한 후 이렇게 결론 내린다. 만일 사유가 필요충분조건이라면, 이 경우 절대적으로 무한한 실체가 존재해야 하는데, 연장이 결여되어 있으므로 절대적으로 무한한 실체는 존재하지 않게 된다는 것이다.(Keizer, 2012, 486) 그래서 그는 각 속성이 구성하는 '본성'과 신적 실체의 '본질'(이것은 '절대적 본성'으로 표현된다)을 구별한다. 베넷은 속성 정의에서 스피노자가 본질이라는 용어를 진지하게 고려된 의미로 사용하지 않고 있다고 본다.(Bennett(1984), p. 62) 왜냐하면 만일 2부 정의 2의 의미로 사용했다면, 정리 5에서

혹자는 1장에서 본 델라 로카의 방식으로 이 문제는 이미 해명되지 않았느냐고 물을 수 있다. 이미 보았듯이 충분 이유율과 속성들 간 개념적 장벽은 속성들 간의 상호 참조만이 아니라 상호 배제 역시 금지하기 때문이다. 그러나 델라 로카는 신의 본질의 단일성과 다양성 문제에는 아무 답변을 내놓지 않았다. 이 문제에 대한 델라 로카의 해법은 충분 이유율과 관련된 위의 글들보다 훨씬 이전에 나온 책에서 찾아볼 수 있다. 거기에서 델라 로카는 본질을 두 수준으로 구별하면서 이 문제를 해결하려 한다. 그는 정의 4(속성에 관한 정의)의 본질을 속성 저마다가 갖는 다양한 본질(1차 수준의 본질)로 보고, 정의 6(신에 관한 정의)의 본질을 신의 단적인 본질(2차 수준의 본질)로 본다. 이에 따를 때 단적인 본질은 다양한 본질들과 같은 수준에 있지 않으므로, 양자가 서로 상충하지는 않는다. 따라서 "하나의 동일한 실체가 어떤 기술하에서는 그 본질이 사유에 의해 구성되고, 다른 기술 하에서는 연장으로 구성되고, 또한 또 다른 기술하에서는 모든 속성들을 갖는다."[57] 그는 스피노자의 체계에서 본질 귀속이 지시적 불투명성을 갖는다고 보고, 이를 자신의 해석과 게루의 하나의 속성을 가진 실체로 이루어진 신적 실체 해석의 차이로 제시한다.[58] 그러나 내가 보기에 이 경우 1차 수준의 본질이 어떻게 2차 수준의 본질로 합일되는지 다시 설명해야 하므로, 문제를 이루는 항을 바꾸었을 뿐 문제를 해결한 것은 아니다. 다시 말해 스피노자의 체계에 지시적 불투명성이 있다는 사실만이 아니라

동일 속성을 공유하는 둘 이상의 실체가 없다는 것을 증명할 필요도 없었을 것이기 때문이다.

57   Della Rocca(1996), p. 169.

58   Della Rocca(1996), pp. 167~169.

왜 있는지를 설명하지 않는 한, 만족스러운 답변이 되기는 어렵다.

또 하나의 흥미로운 해결책은 뉴랜즈의 것이다.[59] 뉴랜즈는 스피노자의 존재론이 한편으로는 최대한의 절약의 원리(실체 일원론)와, 다른 한편으로는 최대한의 다양성의 원리(무한하게 많은 속성들과 무한하게 많은 양태들의 산출)라는 두 원리에 따라 전개된다고 보고, 후자의 일환으로 완결적으로 규정된 다수의 본질이 있을 수 있다는 일종의 반본질주의를 제시한다. 이런 특성은 '부분들의 운동과 정지의 특정한 비율'로 정의되는 개별 물체의 경우 잘 드러난다. 각 사물은 비율, 곧 관계를 통해 정의되므로 무엇을 기준으로 삼느냐, 그리고 얼마만 한 범위까지를 고려하느냐에 따라 다양한 방식으로 규정될 수 있고, 따라서 다양한 본질을 가질 수 있다. 뉴랜즈는 이 점이 신에도 해당한다고 본다. 그는 신의 정의에 들어 있는 '본질'에 붙는 관사가 부정관사가 아니라 정관사라고 보면서도, 속성과 동일한 만큼의 본질이 있다고 본다. 속성들 사이에는 설명적 장벽이 있으므로, 가령 사유 속성은 신의 모든 본질을 설명하지 못하고 사유라는 특정 본질만을 설명한다. 이처럼 개별 사물처럼 신 역시 하나의 동일한 것이면서도 여러 본질을 가질 수 있다.

나는 개별 사물의 본질이 다수라는 뉴랜즈의 해석에는 동의하지만, 이것이 신에는 해당될 수 없다고 본다. '여럿', '상이한'과 같은 형용어를 붙이려면 동일한 종에 속하는 상이한 개체여야 한다. 그러나 신은 속성들 상위의 공통 유가 아니며, 따라서 속성들은 서로 간에 비교될 수 있는 실체의 하위 항목들이 아니다. 신적 실체를 공통 유나 기체처럼 해석하는 것은 뉴랜즈의 실체-속성 해석의 특징이기도 하다. 그는 속성들의

59   Newlands(2018), pp. 122~127.

다양성과 실체의 통일성을 인식적 차원의 다양성을 통해 충만성의 원리를 구현하고, 존재론적 통일성을 통해 절약의 원리를 구현한다고 간주한다. 그러나 스피노자에게서 인식론적 차원과 존재론적 차원의 이런 간극을 어떻게 해명하는가의 더 어려운 문제가 남는다. 오히려 나는 속성 문제에 대한 최선의 답은 신적 실체를 최대한 비실체적으로, 즉 기체적이지 않은 방식으로 해석할 때 얻을 수 있다고 생각한다.

(2) 각 속성의 자족성과 유일 실체론

이 지점에서 다시 게루의 해석으로 돌아가 보자. 앞서 보았듯 스피노자의 실체 일원론은 신적 인과 작용의 동일성으로 뒷받침될 수 있다. 나는 하나의 속성을 가진 실체로부터 신의 구성이라는 논란이 많은 가정을 제외하고도 게루의 객관주의 해석은 성립함을 보였다. 게루에 따르면 하나의 동일한 인과 연쇄, 사물들의 동일한 질서와 연관이 각 속성 아래 다양한 방식으로 전개되며, 일자가 되는 실체는 각 속성에서 따라 나오는 양태들의 질서 및 연관을 초월하여 존재하는 어떤 것이 아니라 바로 이 다양한 질서와 연관의 동일성이다. 인과 작용의 동일성을 중심으로 한 게루의 해석은 각 속성이 동일하게 전체적 본질을 표현하는가, 아니면 본질의 일부만을 표현하는가라는 문제에 대한 답을 제공한다. 각 속성이 표현하는 본질이 완전히 동일할 경우 속성들의 실재적 구별은 무의미해질 것이다. 반대로 각 속성이 표현하는 본질이 전체 본질의 일부에 불과할 경우 속성은 실체의 본질을 남김없이 표현하지 않을 것이고, 따라서 실체는 그 자신을 통해 인식되지 않을 것이다. 반면 게루의 해법에 따르면 각 속성이 표현하는 본질은 어떤 면에서는 동일하다. 사물들의 동일한 순서와 연관으로 표현될 것이기 때문이다. 그러나 완전히 동일하지는 않다. 동일성은 순서와 연관의 동일성일 뿐이며 순서와 연관을 이루는 각 항의 내용은 다르기 때문이다. 이 점에서 나는 실체의 동일성을 인과 활동의 동일성으로 보는 게루의 답변이 이 문제에 대한 현재까지 나온 가장 적절한 답변이라고 생각한다.

다만 이와 같은 게루의 해석이 갖는 문제는 연역의 순서이다. 실상 '인과 작용의 동일성'이라는 요소는 실체 일원론이 확립되는 1부(정리 10 주석~정리 14까지)가 아니라 2부의 평행론(2부 정리 7 주석)에서 제공된다. 따라서 인과 작용의 동일성은 스피노자가 유일 실체론을 수립하면서 염두에 둔 근거는 아닐 수 있다. 다시 말해 스피노자는 게루가 말하는 '인과적 작용의 동일성'을 가정하지 않고도 유일 실체론이 성립한다고 생각했다고 볼 수 있다. 혹은 평행론으로 구체화될 유일 실체론에 선행하는 보다 느슨한 버전의, 그러나 스피노자 존재론을 더 직접적으로 반영하는 유일 실체론이 있을 수 있다. 상이한 속성이 각각 상이한 실체를 구성하지 않음이 가장 명시적으로 증명되는 정리 10의 주석을 살펴보자.

두 속성이 실재적으로 구별되게, 즉 하나가 다른 하나 없이 인식된다고 해도, 이로부터 우리는 (a) 그것들 자체가 두 개의 존재 혹은 두 개의 상이한 실체를 구성한다고 결론 내릴 수 없다. 왜냐하면 (i) 실체의 각 속성이 자신을 통해 인식되는 것이 실체의 본성이며, (ii) 실체가 가진 모든 속성들은 실체 안에 항상 동시에 있어 왔고, 하나가 다른 하나에 의해 산출될 수 없으며, (iii) 각각이 실체의 실재성 혹은 존재를 표현하기 때문이다. 그러므로 단 하나의 실체에 여러 속성들을 귀속하는 것은 전혀 불합리하지 않으며, (b) 자연 안에 다음 사실보다 더 명확한 것은 없다. 즉 각각의 존재가 어떤 속성 하에 인식되어야 하며, 더 많은 실재성 혹은 존재를 가질수록 필연성 또는 영원성, 그리고 무한성을 표현하는 더 많은 속성을 가지며, 따라서 절대적으로 무한한 존재자는 (정의 6이 우리에게 가르쳐 준 대로)…… 정의되어야 한다는 것보다 더 명확한 것은 없다.

이는 「편지 8」에서 속성들의 구별과 실체로의 통일의 근거에 대해 물으면서 시몬 더 프리스가 요약한 스피노자 자신의 논변과도 일치한다. 이를 『윤리학』에 거의 그대로 가져온 것은 스피노자가 더 프리스가 제기한 문제에 대한 답변이 거기에 이미 포함되어 있었다고 여겼음을 시사한다. 먼저 (a)에서 주목할 점은, 게루가 말하듯이 동일한 인과 연관이 여러 방식으로 표현된다기보다는 (i) 상이한 속성들의 인식적 독립성과 (ii) 이것들의 동시성 및 절대적 무관계성이 통일성의 이유가 된다는 점이다. 곧 속성들은 자신을 통해 인식되며, 모든 속성들이 항상 동시에 실체 안에 있고 다른 것에 의해 산출될 수 없기 때문에, 즉 독립성과 동등성, 그리고 비관계성 때문에 속성들은 하나의 실체에 귀속된다. (iii)에서 언급되는 실재성의 표현이 통일성의 어떤 적극적 이유가 될 수 있겠지만, 이것을 반드시 그렇게 해석할 이유는 없다. 왜냐하면 여기에서 각 속성이 표현하는 것은 '실재성 혹은 존재'이고 정리 9에서 '실재성 혹은 존재'는 더 많거나 적을 수 있는 것으로 표현되었기 때문이다.[60]

이 점은 속성이 표현하는 신의 다양한 본질이 '본질'에 대한 정의

60　즉 "각 사물이 더 많은 실재성 혹은 존재를 가질수록, 더 많은 속성들이 그것에 귀속된다."

(2부 정의 2)에 어떻게 부합할 수 있는지를 시사한다. 얼핏 보면 2부 정의 2의 본질 정의는 사물의 실존의 필요충분조건을 담고 있는 반면, 정의 4에서나 정의 6에서 속성은 실체의 실존의 필요충분조건이 될 수 없으므로 두 명제에서 본질의 의미가 불일치하는 것처럼 보일 수 있다.[61] 가령 사유만 있고 연장이 없는 경우를 가정해 보자. 사유가 절대적으로 무한한 실체의 필요충분조건이라면, 사유가 있을 경우 절대적 무한 실체도 존재해야 한다. 그러나 연장이 결여되어 있으므로 절대적 무한 실체는 존재하지 않을 것이다.[62] 그러나 이 분석은 타당하지 않다. 정리 10의 주석에 따르면 가정 자체가 잘못되었기 때문이다. 속성들의 필연적 실존과 절대적 무관계성이 강제하는 동시성 때문에, 사유만 있고 연장이 없는 경우 자체를 상정할 수 없다. 바로 이 동시성 때문에 정의 4는 2부 정의 2의 본질 정의에 부합한다. 즉 사유가 주어지면 신적 실체 전체가 주어지고, 신적 실체 전체가 주어지면 사유도 주어지고, 사유가 제거되면 신적 실체 전체도 제거되고 등등.[63]

이로써 우리는 실체의 통일성이 어떤 논리에 의해 부과되는지를 보다 정확히 알 수 있다. 게루가 말하는 동일한 인과 연관 같은 것에 의

---

61   이것이 Keizer(2012)의 지적이다.

62   Keizer(2012), p. 486.

63   컬리의 답변도 이것과 유사하다. 그 역시 "실체를 복합체로 말하되, 다양한 요소들로 해체될 수 있다거나 몇몇 요소가 다른 요소들과 별도로 실존할 수 있을 가능성은 없이 그렇게 말하는 스피노자의 어법에 어떻게 충실할 수 있을까?"라는 문제를 제기하면서 실체를 매우 특별한 종류의 복합체로 기술한다. 각각의 속성은 자기에 의해 인식될 뿐만 아니라 자기 안에 존재한다. 즉 다른 것의 도움 없이 실존하며, 따라서 필연적으로 실존한다. 그러므로 다른 것 없이 어느 하나가 실존하는 것은 불가능한데, 왜냐하면 이 경우 다른 것이 실존하지 않을 가능성이 있음을 의미할 것이기 때문이다. Curley(1988), p. 30. 도너건 역시 같은 점에 주목한다. Donagan(1973), p. 181.

해 속성들의 통일성이 확보되기보다 오히려 각 속성의 자족성이 속성들의 통일성을 요구한다. 달리 말해 속성들 각각은 별도의 실체를 이루지 말아야만 절대적 자족성을 누릴 수 있다.

이것이 어떤 의미를 갖는지를 보기 위해 마지막으로 스피노자의 실체 일원론을 라이프니츠의 실체 다원론과 대조해 보자. 도너건을 따라[64] 자연을 무한하게 많은 속성들을 가진 단 하나의 실체라고 보는 대신, 각각 하나의 속성을 가진 무한하게 많은 실체들의 집합으로 보면 왜 안 되는가라는 물음을 제기해 보자. 그러니까 신적인 인과 작용의 동일성은 왜 유일 실체의 형식을 띠어야 하는가? 라이프니츠적 실체 다원론의 체계에 비해 스피노자적 실체 일원론의 체계가 더 나은 이유가 있는가? 이에 대해 도너건은 스피노자가 『소론』에서 든 근거, 즉 우리가 여기저기에서 경험하는 통일성 때문이라고 답한다. 그러나 무한하게 많은 실체들이 있더라도 그 각각에 일어나는 변용들의 순서와 연관이 동일하다는 가정만 덧붙일 수 있다면 실체 다원론 역시 통일성의 요구를 만족시킬 수 있다. 라이프니츠에게서 예정 조화의 원리가 바로 그런 역할을 한다. 스피노자에게서 신적 인과 작용의 동일성은 이와 등가적인 역할을 하지 않는가? 그렇다면 스피노자의 일원론적 체계가 라이프니츠의 체계와 별로 다를 바가 없지 않은가?

더욱이 위의 정리 10의 증명에 제시된 (i) (ii) (iii) 세 요건은 라이프니츠의 체계에서도 거의 만족된다. 신적 실체와의 관계를 제외하면 (i) 각 실체는 다른 실체에 대해 독립적이며, (ii) 서로 간에 창이 없고 모두 동시에 하나의 동일한 세계를 구성하며, (iii) 동일한 세계를 표현

---

64   Donagan(1988), pp. 84~86.

한다. 다만 나는 세 요건이 '거의' 만족된다고 했는데, 실체들 간의 무관계성은 절대적이지는 않기 때문이다. 신적 실체와의 관계라는 예외적 조건이 있기 때문이다. 그리고 신적 실체와의 관계는 라이프니츠의 체계에 단지 부과된 것이 아니라 그것 없이는 체계 전체가 성립할 수 없는 필수 불가결한 요소이다. 스피노자가 말하는 속성들의 복수성 대신 라이프니츠처럼 실체들의 복수성을 가정해 보자. 우선 복수의 실체가 있다는 사실 자체가 이들이 유한 실체임을 함축할 것이다. 그 이유는 다음과 같다. 왜냐하면 우선 이 실체들에 포함된 지각과 욕구들의 연쇄는 동일하다. 그러나 식별 불가능자 동일성의 원리에 의해 이 실체들 간에는 차이가 있어야 한다. 이 차이는 이들 지각의 명석판명함의 정도, 혹은 이 실체들의 완전성의 정도 차이에서 성립할 것이다. 따라서 최대치의 명석판명함을 보유한 신적 실체 외에 나머지는 어느 정도 덜한 완전성을 다양한 정도로 가져야 할 것이다. 그러므로 하나의 유한 실체 안에 포함된 변용들의 질서와 연관만으로 우리는 전 자연을 적합하게 인식할 수는 없다. 유한 실체 바깥에 그들의 창조자 신을 참조해야 하며, 이 신이 창조할 수도 있었을 무한하게 많은 가능세계들 역시 참조해야 한다.

반대로 스피노자는 속성들을 상이한 실체로 분배하지 않음으로써 그것들 각각의 완전성, 즉 무한성을 온전히 보존한다. 우리는 연장에 대해 사유가 아니라거나 사유를 결여한다고 말할 수 없게 된다. 만일 우리가 한 속성을 적합하게 인식한다면 우리는 그 속성을 인식하는 동시에 실재 전체를 적합하게 인식하는 셈이다. 역으로 스피노자에게서 상이한 속성들이 하나의 동일한 존재에 속한다고 할 때, 이 동일한 존재를 이를테면 실체적인 것으로 생각해서는 안 될 것이다. 어떤 경우에도 우리는 하나의 속성하에서 실재를 인식할 수 있을 뿐이며, 무한하게 많은 속성들 아래에서 한꺼번에 인식하는 것은 불가능하다. 심지어 두 속성하에서 한꺼번에 인식하는 것조차 불가능하다. 평행론에서 "때로는 이 속성하에서, 때로는 저 속성하에서"라는 표현은 이런 사정을 반영한다. 그럼에도 그렇게 인식된 것은 실재를 온전하게 드러내 준다. 그러므로 각각 무한한 속성들이 무한하게 무한한 절대적 실체로 통일되어 있다고 보는 것은 이 절대적 무한을 어떤 초월적 층위로 물화하지 않으면서 속성들 각각의 환원불가능한 다양성, 즉 유적 무한을 온전히 확보하는 방식이다. 이럴 경우 '절대적 무한'은 각 속성의 유적 무한을 초월하는 더 근본적인 수준의 무한을 가리킨다기보다는, 각 속성에 부정의 여지를 없애고 속성 각각에 무한성을 온전히 확보해 주기 위한, 그리고 그 자체의 내용은 텅 비어 있는 빈칸과 같은 것으로 볼 수 있을 것이다. 즉 실재의 통일성은 실재의 다양성을 부차화하기 위해서가 아니라 오히려 다양성을 최대한 충만하게 확보하기 위해 있는 셈이다.

4 나오며

이렇게 나는 속성에 대한 게루의 객관주의적 해석을 옹호했다. 그러면서 나는 우선 그의 해석이 하나의 속성을 가진 실체를 요소로 한 신적 실체의 구축이라는 『윤리학』 전반부에 대한 게루 특유의 해석 없이도 성립함을 보여 주려고 했다. 둘째, 게루 해석의 가장 뚜렷한 공로는 '가장 실재적인 존재'라는 신의 특성을 부각하면서 신을 가장 단순한 존재가 아닌 가장 복합적인 존재로 정립한다는 점이다. 셋째, 그럼에도 속성들이 통일성을 갖는 이유를 게루는 사물들의 '질서와 연관의 동일성'에서 찾았다고 보는데, 나는 이것이 틀린 것은 아니지만 유일실체론이 구축되는 『윤리학』 1부의 해당 대목이 아니라 2부의 평행론에서 제시되는 근거라는 점을 들어, 이런 적극적 통일성보다 더 느슨한 해석이 필요하다고 보았다. 마지막으로 이를 위한 가능한 해석으로 나는 속성들의 통일을 정리 10의 주석을 바탕 삼아 속성들 각각의 필연적 실존과 그것들 상호 간의 절대적 무관계성이 강제하는 동시성으로 간주했다. 이에 따르면 신적 실체의 절대적 무한은 속성들의 유적 무한을 초월하는 보다 상위의 무한으로 물화되는 것이 아니라, 오히려 그 자체로는 텅빈 것이 되면서 속성들 각각의 환원 불가능한 다양성, 즉 유적 무한을 온전히 확보하게 된다.

3장

신 존재 증명

── 실체 일원론의 셋째 단계

1 그 자체 자연인 신의 존재를 왜 증명해야 하는가?

우리는 『윤리학』에서 오직 단 하나의 실체만이 있다는 실체 일원
론이 수립되는 과정을 따라가는 중이다. 지금까지 크게 두 단계를 지
나왔다. 첫 번째는 동일 속성을 갖는 여러 실체들이 있을 수 없다는 것
이었고(정리 5), 두 번째는 상이한 속성들이 각각 상이한 실체를 이루지
않고 오히려 하나의 실체를 이루어야 한다는 것이었다.(정리 9와 10) 이
장에서 다룰 것은 실체 일원론 수립의 마지막 단계, 즉 이 통일된 실체,
즉 무한하게 많은 속성들로 이루어진 절대적으로 무한한 실체인 신이
존재한다는 것을 증명하는 것이다.(정리 11)[1]

---

1 물론 신의 유일성은 정리 14에서 연역된다. 그러나 신 존재 증명이 이루어지는 정리 11과 실
체 일원론이 표방되는 정리 14 사이에 있으면서 실체의 분할 불가능성을 다루는 정리 12와 13은

형식적으로 볼 때 신 존재 증명은『윤리학』1부 전체의 절정이라 할 만큼 스펙터클하다. 스피노자는 정리 11에 무려 세 개(주석에 포함된 것까지 합치면 4개)의 증명을 할애하며, 이는『윤리학』을 통틀어 가장 많은 수의 증명이다. 스피노자가 2부의 평행론(정리 7)이나 4부의 이성적 감정 모방(정리 37) 등『윤리학』의 결정적인 대목에서 대체 가능한 여러 증명을 제시하는 만큼, 증명의 수만으로도 스피노자가 신 존재 증명에 부여하는 비중을 알 수 있다. 이는 스피노자 철학 전체에서 신이 차지하는 중요성에 비춰 볼 때 그리 놀라운 일은 아니다. 그러나『윤리학』에서 신의 존재($esse$)[2]를 증명하는 데 이렇게 큰 비중을 부여한다는 것은 곰곰이 따져 보면 의외의 일이다.

우선『지성교정론』에 따르면 "창조되지 않은 사물"에 대한 정의는 그것이 올바르다면, "그 사물의 정의가 내려지면 그것이 존재하는가라는 물음의 여지가 없어야 한다".[3]『윤리학』1부에서 스피노자는 신을 무한하게 많은 속성들로 이루어진 실체로 정의했다.(정의 6) 그러므로 만일 이 정의가 올바른 정의라면 신은 존재하는가라는 물음은 더 이상

연역적 관심보다는 게루가 주목하듯(Gueroult(1968), p. 208) 연장을 신적 실체에 포함시켜야 한다는 "논박적 관심"을 더 많이 반영하고 있다고 볼 수 있다. 따라서 정리 11에서 실체 일원론은 실질적으로 완결된다고 볼 수 있다.

2   '존재'($esse$)와 '실존'($existentia$) 둘 다 '본질'($essentia$)에 대비시켜 동일한 의미의 호환적 용어로 이해해도 무방하다. 질송에 따르면 본질과 실존의 구별은 비록 아리스토텔레스의 언어로 논의되었지만 아리스토텔레스 사상에는 낯선 것으로서, 아리스토텔레스에게서와 달리 실체가 온전히 그 자체로($a\ se$) 존재하지는 않고 창조 신관에 따라 신에 의해($per\ aliud$) 실존이 덧붙여져야 한다는 논리에 바탕을 둔다. 중세 기독교의 창조 신관에서 본질과 실존의 구별이 도입되는 배경에 대해서는 Gilson(1948), 특히 2~5장을 참조하라.

3   §97(G II, 35): 스피노자(2020), 103쪽.

없어야 할 것이고, 신의 존재를 증명할 필요도 없을 것이다. 실제로 정의의 내용(각각이 무한한, 무한하게 많은 속성들) 혹은 정의되는 신의 지위(자연 혹은 실재 자체)를 보더라도 신 존재 증명은 불필요해 보인다. 연역의 질서상 필요하다고 하더라도 신의 존재를 증명한다기보다는 기껏해야 정의 6에서 명목적 정의의 형태로 제시된 신에 대한 정의가 실재적 정의임을 증명하는 것에 가까울 것이다. 스피노자에게서 신 존재 증명의 불필요성은 전통적 신 존재 증명의 지위와 비교해 보면 더 뚜렷하게 드러난다. 기독교적 관점에서, 가령 아퀴나스에게서도 신은 본질(essentia)이 곧 존재 혹은 실존이다. 그러나 신은 우리가 경험하는 존재의 질서, 곧 자연을 초월하므로 신의 존재를 증명하는 일은 필요할 수 있다. 이렇게 보면 칸트의 지적대로 우주론적 증명이나 자연-신학적 증명 같은 후험적 증명을 비롯한 모든 유형의 신 존재 증명이 결국 증명의 관건으로 존재론적 증명(즉 본질을 통한 증명)을 포함할 수밖에 없음에도, 역사적으로 후험적 증명이 왜 더 쉽게 받아들여졌는지도 이해할 수 있다. 후험적 증명은 자연 안에 있는 존재자의 명백한 실존으로부터 그 실존을 의심할 수도 있는 초월자의 실존을 증명하기 때문에 일반적으로 적법하다고 받아들여진다. 그러나 스피노자의 신은 그 자신 자연(실재)과 동일하다. 신은 무한하게 풍부한 존재 자체이다. 그러므로 아무것도 없다고 생각하지 않는 한 신의 실존은 증명할 필요도 없이 자명할 것이다. 혹은 신 존재 증명은 "아무것도 없다고 생각하지 않는 한"이라는 말에 함축된 존재관, 즉 존재가 무에 선행한다는 베르그손적 논제를 보여 주기 위한 것일 수도 있겠다.

이런 이유로 스피노자 신 존재 증명들의 타당성보다 나에게 더 관심이 가는 일차적 물음은 그가 왜 굳이 신 존재 증명을 수행하며 여기에 어떤 존재관이 함축되어 있느냐이다. 존재론적 증명의 타당성을 비롯하여 신 존재 증명을 둘러싼 숱한 문제들 가운데 여기서 나는 이 문제만을 다룰 것이며 증명들의 논리적 타당성은 이 문제와 관련되는 범위 내에서만 다룰 것이다. 아래에서는 우선 스피노자가 계승함에 틀림없는 데카르트의 자기 원인에 의한 신 존재 증명을 간략히 살펴본다.(2절) 그런 다음 『윤리학』의 무려 네 가지 신 존재 증명에서 자기 원인이 어떤 식으로 사용되는지를 살펴보고 이 증명 방식에 함축된 존재관을 고찰한다.(3절)

2. 자기 원인 ─ 스피노자적 신 존재 증명의 데카르트적 원천

스피노자의 신 개념은 데카르트의 신 개념과 여러 면에서 대척점에 있다. 방법상 데카르트가 코기토에서 신으로 나아가는 반면, 스피노자는 신으로부터 인간 정신으로 나아간다. 내용상으로도 데카르트의 신이 자연에 초월적이며 인간 정신에 의해 명석판명하게 인식 가능하더라도 파악 불가능한 것으로 남는 것과 달리, 여기서 우리는 신 안에 있고 신을 적합하게 인식할 수 있으며 사물들을 더 많이 인식할수록 신을 더 잘 인식할 수 있다. 그러나 스피노자의 신 개념은 데카르트의 개념에 대한 참조 없이는 잘 이해되기 어렵다. 앞서 보았듯 스피노자적 신의 본질은 데카르트의 표식이 찍힌 실체와 속성이라는 통념들을 통해 구축된다. 신의 실존의 경우에도, 데카르트가 혁신적 내용을 실어 도입한 '자기 원인'이라는 개념이 『윤리학』의 네 가지 신 존재 증명 모두에서 증명의 관건으로 이용된다. 그러므로 스피노자적 신 존재 증명의 특징을 살펴보려면 우선 데카르트의 자기 원인을 통한 신 존재

증명의 특징을 짚을 필요가 있다.[4]

자기 원인을 통한 데카르트의 신 존재 증명이 처음 제시되는 곳은 「3성찰」의 두 번째 후험적 증명이다. 이 증명은 '신의 관념을 가진 나'의 실존을 전제로 삼고, 이 '나'의 작자가 나 자신이라는 가정을 세운 다음, 이 가정의 불합리를 통해 나의 원인인 신이 존재한다는 결론에 이른다. 즉 모든 것은 자신에 의해서나 다른 것에 의해 실존하는데, 나는 나의 불완전성을 의식하므로 나 자신의 작자일 수 없고, 내가 신의 관념에서 인식하는 모든 완전성을 가진 신, 자기 자신에 의해 실존하는 신만이 나의 원인이라는 것이다. 그러나 '자기 원인'이라는 명칭이 등장하고 이를 통해 명시적으로 신 존재 증명이 이루어지는 곳은 「첫 번째 반박에 대한 답변」에서이다.[5] 단 이 증명은 후험적 증명은 아니며, 「5성찰」의 선험적 증명의 새로운 판본으로 제시된 것이다. 「첫 번째 반박」에서 카테루스는 「5성찰」의 선험적 증명에 대해 실존이 술어가 아니라 단지 주어의 정립에 불과하다는 칸트의 비판과 유사하게, 본질에서 실존을 도출하는 것이 논점 선취의 오류라고 지적한다. 더구나 여기에서 가정된 본질과 실존의 결합은 가령 '실존하는 사자'를 정립하고 이로부터 '사자가 실존한다'는 필연적임을 도출하는 것과 같은 자의성을 내포한다. 이 반박에 맞서 데카르트는 「5성찰」의 선험적 증명을 기본적으로 옹호하면서도 보다 효과적인 설득을 위해 새로운 선험적 증

---

4   데카르트의 주된 증명은 자기 원인을 통한 증명이 아니라 「3성찰」의 두 가지 후험적 증명과 「5성찰」의 선험적 증명이며 이에 대해서는 다루지 않을 것이다. 이 증명들의 성격과 관계에 대해서는 김은주(2014)를 참조하라. 이를 둘러싼 게루와 구이에의 유명한 논쟁에 대해서는 Gouhier (1954), (1955); Gueroult(1966); 김은주(2022a)를 참조하라.
5   아래 논의는 김은주(2022b)의 일부를 요약한 것이다. 더 자세한 내용은 그 논문을 참조하라.

명을 제시한다.

〔P1〕 만일 우리가 가장 힘 있는 존재자(*ens summe potens*)에게 실존이 속하는지 또 어떤 종류의 실존이 속하는지를 주의 깊게 검토한다면, 우리는 일단 그러한 존재자에는 적어도 다른 나머지 모든 것들에서처럼(……) 적어도 가능적 실존이 속한다는 사실을 명석판명하게 지각하게 될 것이다. 〔P2〕 그다음에, 동시에 그러한 존재자의 거대한 역량에 주목하여 그것이 자신의 힘으로 실존할 수 있다(*posse existere*)고 인정하지 않고서는 그것의 실존이 가능한 실존이라는 것을 생각할 수 없기 때문에, 〔C1-1〕 이로부터 그것이 실제로(*revera*) 실존하며 또 영원히 실존해 왔다는 결론을 내리게 될 것이다. 〔P3〕 자신의 고유한 힘으로 실존할 수 있는 것은 항상 실존하는 것은 자연의 빛에 의해 명백하다. 〔C1-2〕 따라서 이렇게 우리는 가장 힘 있는 존재의 관념 속에 필연적 실존이 담겨 있다는 것을 인식하게 된다. (……) 〔C2-1〕 또한 우리는 가장 힘 있는 그러한 존재자가 신의 관념 속에 담겨 있는 다른 모든 완전성들을 자기 안에 지니고 있지 않을 수 없다는 것을 쉽게 지각하게 된다. 〔C2-2〕 따라서 그런 완전성들은 지성의 조작에 의해서가 아니라 자신들의 본성에 의해 서로 동시에 결합된 채 신 안에 실존한다.[6]

「5성찰」의 증명과 비교할 때 눈에 띄는 가장 큰 변화는 첫째, '가장 완전한 존재자'가 '가장 힘 있는 존재자'로 대체된다는 점이다.(P1) 전

---

6   「첫 번째 답변」(AT VII, 119): 데카르트(2012), 54~55쪽.(강조는 인용자) 기호로 표시된 논리적 관계는 Doney(1984), p. 61을 참조했다.

자에서는 가능한 모든 완전성이 전부 상정된다면, 여기에서는 완전성들 가운데 하나인 전능성만이 상정된다. 따라서 '가장 힘 있는 존재자'의 관념으로부터 '실존'이 필연적으로 도출되지만, 이 '실존'이 전제 안에 분석적으로 들어 있지는 않다. 둘째, 실존이라는 결론은 '가장 힘 있는 존재자'의 개념으로부터 직접 도출되는 것이 아니라, '최고로 힘 있는 존재자는 자기 힘으로 실존할 수 있다.'(P2)와 '자기 힘으로 실존할 수 있는 것은 항상 실존한다.'(P3)가 결합됨으로써 이루어진다. 다시 말해 '필연적 실존'은 분석적으로가 아니라, 적극적 의미의 자기 원인 개념을 매개로 종합적으로 도출된다. 셋째, 신이 완전성들의 보유자로 상정되지 않을 뿐 아니라 실존도 완전성 중의 하나로 가정되지 않는다. 실상 위 논증의 C1-1과 C1-2에서 신의 실존이 도출되지만, 여기까지 이르도록 완전성은 전혀 언급되지 않고 C2에서 가서야 언급된다. 신이 모든 완전성들을 가지고 있다고 전제되는 대신, 자기 자신에 의한 실존의 논리적 귀결로서 인정되는 것이다.[7] 이렇게 해서 데카르트는 「5성찰」의 선험적 증명에 제기된 궤변의 의혹을 털어 내는 듯 보인다.

그렇다고 해서 새 증명이 선험적 증명의 난점에서 완전히 벗어났다고 하기는 어렵다. 새로운 선험적 증명 역시 '최고로 힘 있는 존재자'라는 '개념'에서 이 존재자의 '실존'으로, 즉 사유에서 실존으로 이행하는데, 이것은 어떻게 정당화될 수 있을까? 적극적 의미의 자기 원인 개념이 실존으로의 이런 이행을 정당화할 수 있을까?[8] 관건은 데카르트

---

7   cf. "[논증은] 최고 완전성으로부터, 전능성을 매개로 하여 진행되는 것이 아니라, 전능성으로부터 실존으로, 그리고 마지막으로 모든 완전성들을 소유한 존재자로 진행된다."(-Doney(1984), p. 63)

8   스크리바노는 이것이 여전히 사유(그러니까 자기 원인으로 사유된 것)에서 실존으로의

가 추가한 공리에 있다. 최고로 힘 있는 존재자라는 개념으로부터 그 존재자의 실존으로의 이행은 "자기 자신의 힘에 의해 실존할 수 있는 것은 항상 실존한다."라는 명제에 의존한다. 데카르트는 이를 '자연의 빛에 의해 명백'한 공리로 취급하지만, 보기보다 자명하지 않다.

"자기 자신의 힘에 의해 실존할 수 있다."의 '할 수 있다($posse$)'가 단순한 가능성이 아니라 능력이나 역량을 의미한다고 보더라도, 또 이 역량이 항상 발휘된다 치더라도,[9] "항상 실존한다"라는 결론이 확보되려면 최소한 두 조건이 더 필요하다. 첫째, 자기 힘에 의해 실존할 수 있는 것이 실존한다면 그것이 이미 실존하고 있어야 한다. 데카르트의 논증은 정확히 말해, 자기 힘에 의해 실존할 수 있는 것은 다른 어떤 원인에 의해서도 산출될 수 없으므로, 만일 그것이 실존한다면 항상 실존한다는 것이다.[10] 둘째, 이 조건이 만족된다고 하더라도 이 존재가 유일한 존재이거나 아니면 어떤 다른 존재에 의해 방해받지 않아야 한다. 지금까지 우리는 자기 힘에 의해 실존할 수 있는 존재자를 '신'이라고 가정하면서 부지불식간 그 존재자가 유일하다고 전제했다. 그러나 라이프니츠가 반박한 대로, 자기 힘에 의해 실존하는 것이 여럿일 가능성을 배제할 이유가 없으며, 그것들이 서로를 제한하는 경우를 배제할 근거도 없다.[11] 물

부당한 이행을 범하며, 따라서 데카르트의 존재론적 증명은 실패했다고 결론 내린다. Scribano(2002), p. 58.

9 케니는 이 요건이 추가되어야 한다고 본다. 케니(1991), 179쪽.

10 Doney(1984), p. 65.

11 '자기에 의한 것'과 '다른 것에 의한 것'이라는 대립항 중 어느 한 항이 가지적이라고 해서 다른 항 역시 반드시 가지적이지는 않다는 것, 즉 모순적일 수 있다는 문제 외에, "자기 스스로를 결정하는(자기 원인인) 존재는 바로 이 사실만으로 가장 완전하지는 않은데, 왜냐하면 그것보다 완전하면서 그 역시 자신이 할 수 있는 모든 것을 스스로 결정하는 다른 존재도 있을 수 있기 때

론 '최고로 힘 있는 존재자'의 경우 이런 제한의 가능성조차 물리칠 수 있을 것이므로 항상 실존한다고 할 수는 있다. 다만 이 경우 그가 항상 실존한다면, 다른 존재자들과 비교하여 '최고로 힘 있는 존재자'이기 때문이지, 자기 자신의 힘에 의해 실존할 수 있기 때문은 아니다.

그러므로 자기 원인에 의한 증명은 실상 증명 대상이 이미 실존한 다는 조건, 그리고 이 실존을 가로막는 다른 원인이 없다는 조건을 충족시켜야 한다. 결국 실존에 대한 부정의 부정을 통해서만 증명될 수 있는 것이다. 그런데 이는 이미 실존하는 것의 실존에 대한 증명인 셈인데, 이 선행적 실존은 어떻게 증명하는가? 이것에도 증명이 필요하고 이렇게 무한 퇴행에 빠지지 않는가? 무를 존재에 선행하는 것으로 볼 때에는 무한 퇴행이다. 반대로 존재가 무에 선행한다는 것을 전제로 삼는다면 퇴행은 없다. 스피노자의 신 존재 증명에서 이용되는 귀류법은 바로 이런 관점에서 이해될 수 있다.

3 자기 원인의 부정의 부정을 통한 『윤리학』의 증명들

(1) 부정의 부정, 혹은 비실존의 이유율

『윤리학』 1부에서 '자기 원인'은 처음부터 본질이 실존을 함축하는 '것'(*id*)라는 중성 대명사로 지칭될 뿐 신과 관련하여 정의되지 않고 (정의 1), 이어지는 신에 대한 정의(정의 6)에서도 그 연관이 암시되지 않

문이다." (Leibniz(1677), p. 179)

는다. 그런 다음 정리 7의 증명에서 처음으로 '실체'에, 그것도 가설적인 자격으로 적용된다.[11] 이를 가설적이라 볼 수 있는 단서는 정리 7의 증명에서[13] 스피노자가 "실체가 다른 것에 의해 산출될 수 없다."로부터 '자기 원인이다'가 아니라 "자기 원인일 것이다(erit)"라고 표현한 데서 찾을 수 있다. 이 표현은 논리적 필연성의 완곡한 표현일 수도 있지만,[14] '만일 실존한다면'이라는 조건에 상응하는 가정적 표현일 수도 있다. 어쨌든 정리 7에서 스피노자는 단지 "실체의 본성에 실존함이 속한다."라는 진술로 만족하며, 이는 적어도 정리 11의 "신은 필연적으로 실존한다."만큼 직설적이지는 않다. 정리 7은 결국 앞서 내가 말한 선행적 실존의 요건을 만족시키지 못하기 때문에 신 존재 증명이 이루어지지 않은 것으로 볼 수 있다.

이제 정리 11에서는 자기 원인이 단지 '실체'가 아니라 '신', 즉 무한하게 많은 속성들로 이루어진 실체에 적용되고, "필연적으로 실존한다."라는 표현과 더불어 신 존재 증명이 명시적으로 이루어진다. 데카르트적 맥락을 고려하지 않더라도 이 행보는 『윤리학』정리들 사이의 일관성을 위해 필요한 것이기도 하다. 만일 정리 7에서 신(무한하게 많은 속성을 가진 실체)보다 더 적은 속성을 가진 실체가 필연적으로 실존한다고 결론 내려졌다면, 무한하게 많은 속성을 가진 신적 실체는 그런 실체들과

---

12   "실체는 다른 것에 의해 산출될 수 없다. 그러므로 그것은 자기 원인일 것이다."(정리 7의 증명)

13   "정리 7: 실체의 본성에 실존함이 속한다. 증명: 실체는 다른 것에 의해 산출될 수 없으며(정리 6의 따름 정리에 의해), 따라서 자기 원인일 것이다. 즉 (정의 1에 의해) 그것의 본질이 필연적으로 실존을 함축한다. 혹은 그것의 본성에 실존이 속한다."

14   cf. Curley(1969), p. 41. 컬리는 이를 "자기 자신의 원인일 수밖에 없다.(must be)"로 바꿔 쓴다.

적어도 하나의 속성을 공유할 것이므로, 속성 공유 불가 테제에 의해 무한하게 많은 속성을 가진 실체의 실존은 미리 차단될 것이다. 그러므로 신 존재 증명이 정리 7이 아니라 속성들의 한 실체로의 통일이 수립되는 정리 9와 정리 10 다음인 정리 11에서 이루어진다는 점은 정합적이다.[15]

그러나 정리 11의 증명들은 정리 7에서 도출한 실체의 자기 원인성을 증명의 관건으로 삼지만, 자기 원인으로부터 곧바로 이루어지지는 않는다. 정리 11 본문의 세 증명과 주석에 포함된 것을 포함한 네 증명을 간단히 요약하면 다음과 같다.

- d1: 자기 원인인 신의 실존에 대한 부정이 생각될 수 없기 때문에 신은 필연적으로 실존한다는 귀류법적 증명.
- d2: 신이 실존하려면 자기 원인처럼 실존에 충분 이유가 있어야 할 뿐만 아니라 비실존의 이유가 없어야 하는데, 그런 이유가 신의 바깥에도 안에도 없으므로 신은 필연적으로 실존한다는 증명.
- d3: 실존하지 않을 수 있음은 무능력이고 실존할 수 있음은 역량인데, 유한자만이 실존하고 절대적 무한자는 실존하지 않는다는 가정의 불합리로부터 신이 필연적으로 실존한다는 증명.

---

15 이 점은 특히 정리 7에서 하나의 속성을 가진 실체의 실존이 증명되고, 정리 11에서 무한하게 많은 속성을 가진 실체의 실존이 증명된다는 게루(Gueroult(1968), pp. 124~125, 181~186)나, 이를 따르는 마트롱의 해석(Matheron(1991))에 대한 반박이 된다. 게루의 해석에 따를 때 정리 11의 불필요성 문제는 해소될지 모르나, 정리 14의 실체 일원론에 의해 정리 7이 부정되고, 따라서 뒤에 오는 정리가 앞선 정리를 부정하게 되는 문제가 생긴다. 또한 d1과 d2는 더 적은 속성을 가진 실체를 배제할 원리가 결여되었으므로 역량의 크기를 이용한 d3과 d4만이 타당하다는 도너건(Donagan(1990), p. 84)이나 개럿(Garrett(1979), p. 205, 209)의 주장을 미리 차단하는 것이기도 하다. 이에 대해서는 뒤의 주 24를 참조하라.

- (주석) d4: 실재성과 실존 역량 간의 비례 원리로부터 절대적 무한자가 필연적으로 실존한다는 증명.

주석에 포함된 d4를 제외한 세 증명은 신의 실존을 부정할 때 생기는 불합리로부터 신의 필연적 실존을 증명한다. 어떤 불합리인가? d1은 신이 실체임을 암묵적 전제로 삼고(정의 6), 신이 자기 원인이 아니라고, 즉 본질이 실존을 함축하지 않는다고 생각하는 것이 불가능하다는 논증이다.[16] d2의 핵심은 신의 실존의 원인이 있다는 것(자기 원인)만이 아니라 신의 실존을 가로막는 원인, 그러니까 신이 실존하지 않을 이유가 없다는 것이다. 그러므로 이것은 본질적으로 d1과 같은 내용이다. 마지막으로 d3은 유한자만이 실존하고 무한자가 실존하지 않는다는 것이 불합리하다는 것이다. 그러므로 d3 역시 d1과 같은 내용이지만, 유한자가 실존한다는 것을 명시적 전제로 삼는다는 점에서 차이가 있으며, 이 때문에 d1, d2와 달리 후험적 증명이라 불린다. 그렇다면 이 증명들의 귀류법이 정리 7에 더해 주는 것은 무엇일까? 그리고 귀류법을 사용하지 않은 d4가 주석으로 밀려난 이유는 무엇일까?

첫 번째 문제에 답하기 위해 정리 7에서와 달리 정리 11에서 귀류법이 작동할 수 있는 이유는 무엇인지부터 살펴보자. 그것은 주어로 정리 7의 '실체' 대신 '신'이 사용되었다는 것, 그러니까 자기 유에서 무한

16   증명은 다음과 같이 정리될 수 있다. (i) 신이 실존하지 않는다고 생각하는 것이 가능하다고 해 보자. (귀류법적 가정) (ii) 실존하지 않는다고 생각될 수 있는 모든 것은 그 본질이 실존을 함축하지 않는다. (A7) (iii) 따라서 신의 본질은 실존을 함축하지 않는다. (1, 2에 의해) (iv) 〔신은 실체이다. (정의 6)〕 (v) 신의 본성에는 실존이 속한다. (정리 7) (vi) 신이 실존하지 않는다고 생각하는 것은 불가능하다. (vii) 신은 필연적으로 실존한다. (iii, v는 모순)

한 실체가 아니라, 무한하게 무한한 '신', 즉 모든 실재성을 모조리 포괄하는 존재(가장 실재적 존재)가 사용되었다는 것 외에 다른 것일 수 없다.[17] 그리고 내가 보기에 바로 이것이 "만일 실존한다면"이라는 조건을 만족시킨다. 신이 자연에 초월적이지 않고 그 자신이 모든 존재를 포괄한다면, 아무것도 없지 않고 '무언가'가 있음을 인정하는 한, 신의 존재 역시 인정할 수밖에 없는 것이다. 이 '무언가'에는 코기토 역시 포함되며, 따라서 만일 코기토가 의심할 수 없는 진리라면, 스피노자의 증명은 더 강한 이유로(*a fortiori*)[18] 타당할 것이다. 그러므로 d1은 후험적 증명의 외관을 한 d3과 근본적으로 동일한 논증이다.[19]

이처럼 신이 자연에 초월적이지 않고 그 덕분에 선험적 증명에 실존적 전제가 포함될 수 있었다는 점에서 스피노자의 선험적 증명은 안셀무스나 데카르트와 다르다. 컬리의 표현을 빌리자면, "그것〔정리 11의 d1〕의 목적은 그 실존에 대해 의문을 품을 수 있는 존재, 즉 신의 실존을 증명하는 것이 아니라, 그 실존에 대해 아무도 의문시할 수 없는 존재, 즉 자연의 신격화를 정당화하는 것"[20]이다. 물론 컬리 자신은 이

---

17   이 해석은 개럿의 다음과 같은 주장에 반대된다.(Garrett(2018a)) 그는 d1의 주어를 '신'이 아닌 '실체'로 바꾸어도 증명의 내용에 차이가 없다고 주장한다. 따라서 그는 앞서 내가 정리 7에 대해 평가한 것과 마찬가지로, d1로부터는 "모든 현실적으로 '실존하는' 실체가 자기 원인적이라는 것, 따라서 실존을 함축하는 본질을 가진다."라는 것만 따라 나온다고 평가한다. 그러나 내 해석처럼 정리 9와 정리 10 이후 주어가 '신'으로 바뀌었다는 점은 사소한 차이가 아니다.

18   이는 게루가 d3이 엄밀한 의미의 후험적(*a posteriori*) 증명이 아니라고 하면서 붙인 명명이다. Gueroult(1968), p. 194.

19   이 때문에 요아킴은 선험적 증명인 d1이 실상 어떤 실존적 전제를 포함하며, 이 점에서 타당하지 않다고 본다. Joachim(1901), pp. 49~50.

20   Curley(1969), p. 41. 컬리의 표현을 빌려 오면, 이 점에서 스피노자의 존재론적 증명은 폴록(Pollock)이 말한 "신학의 안락사"의 결정적 스텝일 수도 있다.(Curley(1969), p. 166, note 31)

해석에 전적으로 동의하지는 않는데, 왜냐하면 그는 신을 자연 전체가 아니라 산출하는 자연과만 동일시하기 때문이다. 그러나 신이 최소한 자연과 분리되지 않으며 가능한 모든 실재성을 포괄하는 전체, 곧 "각각이 영원하고 무한한 어떤 본질을 표현하는, 무한하게 많은 속성들로 이루어진 실체"인 신, 혹은 "가장 실재적인 존재"라는 점만으로도 컬리의 가설은 성립한다고 할 수 있을 것이다.

귀류법적 가정의 작동에 포함된 이런 실존적 전제는 d2에도 들어 있다. d2는 아래와 같이 이루어진다.

(i) 무언가가 실존하거나 실존하지 않는 데는 적극적 원인이 필요하다.

(ii) 실체의 실존의 원인 또는 근거는 자기 본성 안에 있다.(정리 7에 의해)

(iii) 〔만일 신이 실존하지 않는다면〕 신의 비실존의 원인 또는 근거는 신 바깥에 있거나 신 안에 있을 것이다.

(iii-1) 만일 신 바깥에 있다면, 동일한 본성을 가진 것만이 그 사물을 제한할 수 있으므로(정리 3에 의해), 신 바깥에 있을 그 원인은 신과 동일한 본성을 가진 것일 테고, 따라서 신과 동일한 것일 것이고, 이는 신이 존재함을 증명하는 셈이 된다.

(iii-2) 만일 그 원인이 신 안에 있다면, 이는 신이 모순된 존재라

신의 존재를 부정할 수 있으면 부정해 보라는, 그것은 단적으로 생각될 수 없는 것이라는 메이슨의 지적도 같은 노선에 있다. cf. Mason(1997), p. 38.

는 뜻이 될 텐데, 절대적으로 무한한 존재자에게 모순이
있다는 것은 부조리하다.

여기에서 실존의 이유와 비실존의 이유는 마치 동등한 원리인 양
서술되지만 둘은 동일하지도 동등하지도 않다. 전자는 실존에 적극적
인 원인이 필요하며 실체가 자기 원인이라는 것이다. 후자는 무언가가
있다가 사라지는 데 원인이 필요하다는 뜻이 아니다. 그것은 인식된 무
언가가 실존하지 않는 데에 적극적 원인이 필요하며 이 원인이 없으면
그것은 실존한다는 것(이를 '비실존의 이유율'이라고 부르자.)이다.[21] 실존의
이유율에서는 비실존(무)이 기본값이라면, 비실존의 이유율에서는 실
존이 기본값이다. 다시 말해 "인식 가능한 모든 것은 비실존의 원인이 없
으면 실존한다."라는 것은 인식 가능한 모든 것이 어떤 식으로든 이미 실
존한다는 것을 함축한다. 어떤 원인이 실존을 '가로막는다면' 적어도

21 개럿은 내가 '실존의 이유율'과 '비실존의 이유율'로 부른 것을 각각 '약한 의미의 충분 이
유율'과 '강한 의미의 충분 이유율'로 부른다. cf. Garrett(2018a), p. 36. 개럿의 명명에는 오도의
위험이 있다. 이 명명에 따르면 후자가 실존의 입증에 더 많은 이유를 요구하는 것처럼 보이지만,
사실은 그 반대이다. 비실존의 이유율은 이미 실존한다고 인정된 것의 비실존에 이유가 필요하다
는 것만이 아니라, 심지어 인식 가능하지만 아직 현행적 실존이 증명되지 않은 것에 대해서조차
단지 비실존의 이유가 없으면 실존한다는 것이기 때문이다. 이를 카로는 '상반되는 이유 부재의
원리'(principe de non-raison contrariante)(Carraud(2002), p. 326)라고 부르기도 한다. 비실존의
이유율을 중심으로 이해된 실존의 이유율은 흔히 라이프니츠식으로 이해된 충분 이유율과는 반
대된다. 후자에 따르면, 현행적 실존에 (최선의 원리와 같은) 이유가 필요하다. 반면 비실존의 이
유율 안에 함축된 실존의 이유율에 따르면 개념이나 본성에 의한 실존은 단지 가능적 실존이 아
니라 어떤 의미에서는 이미 현행적이기도 하다. 이 점은 뒤따라올 정리 16의 '신의 본성의 필연성
으로부터 무한하게 많은 것이 무한하게 많은 방식으로 (곧 무한 지성 아래에 오는 모든 것)이 산
출된다'는 명제와도 부합한다.

단순한 가능성 이상이어야 하는 것이다.

비실존의 이유율 역시 부정의 부정을 통해 신의 실존을 긍정하게 한다는 점에서 d1의 귀류법을 다른 방식으로 구현한다. 나아가 그것은 d1보다 더욱 명시적으로 그리고 구체적으로 스피노자 형이상학에서 무에 대한 실존의 선차성을 보여 준다. 스피노자가 드는 사례를 보자. (ii)에서 스피노자는 비실존의 근거가 해당 사물 안에 있는 경우의 사례로 사각형의 원을, 실존이나 비실존이 해당 사물의 본성이 아니라 자연 전체에 의존하는 경우의 사례로 삼각형을 든다. 즉 여기에서 실존이나 비실존의 이유율이 적용되는 '사물'에는 물리적 존재자만이 아니라 기하학적 존재자들까지, 그러니까 인식 가능한 모든 존재자, 다시 말해 가능적인 것까지 포함된다. 이는 가능적인 것들이 데카르트의 새로운 선험적 증명에서와 달리,[22] 단지 가능적 실존이 아니라 현실적 실존을 갖는다는 것을 의미한다. 이 점에서 이 증명은 데카르트의 새로운 선험적 증명을 계승하는 동시에 그것을 보편화한다. 즉 본성과 실존의 연관을 신에 한해서만, 즉 필연적 실존에 한해서만 인정하고 나머지는 가능적 실존으로 간주하는 대신[23] 필연적 실존과 대비되는 가능적 실존에 대한 언급을 제거하고, 본성과 실존의 연관을 모든 존재자에게 보편적

22 앞의 104쪽 인용문의 (P1)을 참조하라.

23 「5성찰」에서 데카르트가 기하학적 존재의 본성으로부터 그 도형의 특성을 도출하는 것과 유비적으로 신의 본성으로부터 신의 실존을 결론 내리는 것과 비교해 보자. 데카르트는 기하학적 존재가 정의상 실존을 결여한다는 것을 의식했고, 따라서 유비를 도출되는 항목들(도형의 특성과 신의 실존)이 아니라 단지 도출 양상, 즉 필연성에만 적용한다. 한편 결론으로 도출되는 항목들의 차이, 곧 삼각형으로부터는 (실존적 함축을 갖지 않는) 특성이, 신으로부터는 '실존'이 도출된다는 것은 신의 예외성으로 정당화한다. 반면 스피노자는 실체의 '실존'과 기하학적 사물의 '실존'을 비교하면서 이런 예외성을 설정하지 않는다.

으로 확장한다.

그러나 여기에서 필연적 실존이 실제로 인정되는 것은 신의 경우뿐이다. 신이나 인식 가능한 다른 사물들이나 모두 어떤 의미에서는 필연적으로 실존하지만, 오직 신의 경우에만 그 외적 관계나 내적 관계 모두에 걸쳐 비실존의 이유가 있을 수 없음이 논리적으로 결론 내려지기 때문이다. 반면 다른 사물들의 경우 물론 비실존의 이유율에 따라 원초적 실존을 갖지만, 이 실존을 가로막는 원인들을 선험적으로 배제할 수 없고, 이 때문에 그것들의 실존에 대한 선험적 증명은 불가능하다. 이를 역량을 통한 두 증명을 통해 더 상세히 살펴보자.

(2) 무한자 안의 유한자의 실존

먼저 본문이 아니라 주석에 포함된 d4를 살펴보면 다음과 같다.

> (i) 더 많은 실재성이 어떤 사물의 본성에 속할수록, 실존하기 위한 더 큰 힘을 갖는다.
>
> (ii) 절대적 무한자인 신은 실존하는 절대적 무한 역량을 갖는다.
>
> (iii) 따라서 신은 절대적으로 실존한다.

이 증명은 스피노자가 선호하는 선험적 증명이고 모든 증명 가운데 가장 단순명료하다. 그런데 스피노자는 왜 이것을 본문이 아닌 주석에다 배치했을까? 이 논증은 『데카르트의 '철학의 원리'』에서 스피노자가 「3성찰」의 두 번째 후험적 증명을 수정하면서 거기에 암묵적으로 포함된 역량에 관한 데카르트의 전제[17]를 비판하면서 추가한 두 개의 보조정리 중 하나이기도 하다. 곧 "어떤 사물이 그 본성상 더 완전할수록, 그만큼 더 큰 실존과 더 필연적인 실존을 함축한다.(*involvere*) 또한 역으로 어떤 사물이 그 본성상 더욱 필연적인 실존을 함축할수록, 그것은 더 완전하다."[25]이다. 완전성의 정도와 실존의 크기가 비례한다는 이 보조정리는 데카르트가 새로운 증명에서 사용했던 전제(P1과 P2)의 변형이다. 스피노자는 데카르트가 사용한 가능적 실존과 필연적 실존의 이분법을 실존의 크기 차이 혹은 실존의 필연성의 정도 차이로 대체한다. 이로써 자기 힘에 의한 신의 실존은 데카르트에게서처럼 예외적 자격으로가 아니라 완전성(실재성)과 실존의 비례라는 보편적 원리의 적용 결과로 결론 내려진다. 이 점은 스피노자에게 중요한 이슈가 존재론적 증명의 궤변적 요소를 피하는 데 있다기보다는 오히려 존재론적 증명을 가능하게 하는 요소를 신 외의 다른 것으로 보편화하는 데 있음을 시사한다.

그렇다면 d4가 주석으로 밀려난 이유는 무엇일까? 이 짧은 증명 뒤에 붙은 긴 코멘트가 시사하듯, 이 증명이 단순하다 하더라도 이를 올바르게 이해하는 데는 까다로운 조건이 필요하기 때문으로 보인다. 한편으로 위의 비례 원리에 따르면 모든 것, 그러니까 인식 가능한 모든 것이 단지 가능적으로가 아니라 현실적으로 실존하며, 심지어 필연적으로 실존할 것이다. 그러므로 무가 먼저 있고 실존이 그 이유와 더불어 덧붙여지는 것이 아니라 명석판명하게 인식되는 모든 것(곧 인식

---

24   하나는 "더 어려운 것(곧 실체의 창조)을 할 수 있는 자는 더 쉬운 것(곧 속성(완전성)의 창조)도 할 수 있다"이고, 다른 하나는 "실체를 산출하는 것은 속성(완전성)들을 산출하는 것보다 더 어렵다."이다.

25   『데카르트의 '철학의 원리'』 1부, 정리 7, 보조 정리 1(G I, 164).

된 본질)은 원초적으로 실존한다. 그러나 다른 한편 실존에 대한 선험적 증명은 오직 실체에 한해서만 타당하다. 곧 "[이 증명은] 외적 원인에 의해 이루어지는 것이 아니라 어떤 외적 원인에 의해서도 산출될 수 없는 실체들(정리 6)"에 대해서만 성립한다.[26] (iii)의 '절대적 실존'이라는 말은 이를 표현한다. 그렇다면 인식 가능한 모든 것들의 실존은 어떻게 되는가? 그것은 다시 가능적인 것이 되는가? 7장에서 다시 보겠지만 『윤리학』 1부 후반부의 신의 역량 개념에 따르면 그럴 리는 없다. 신의 역량은 가능한 것들 가운데 일부를 선택하는 데 있는 것이 아니라 그것들 모두를 현실적으로 산출하는 데 있기 때문이다. 그런 한에서 인식 가능한 사물들의 실존이라는 문제는 신의 실존보다 훨씬 더 까다로운 문제이다. 이 문제는 양태의 실존을 다루는 6장에서 상세히 고찰할 것이다.

잠정적으로 내릴 수 있는 결론은 스피노자가 왜 귀류법을 통한 증명들만을 본문에 포함시켰는가이다. 귀류법의 핵심은 무언가가 있음을 부정할 수 없다면 '더 강한 이유로'(*a fortiori*) 신이 실존한다는 것을 증명할 수 있다는 데 있고, 스피노자에게서 이것이 가능한 이유는 이 존재하는 무언가가 신과 분리 불가능하기 때문이다. 귀류법적 증명에서는 신이 여느 '존재자'처럼, 따라서 다른 존재자와 구별되는 존재자

---

26   앞서 언급한 『데카르트의 '철학의 원리'』의 주석(1부 정리 7 보조 정리 1)에서도 동일한 성격의 경고를 발견할 수 있다. "산출되는 데 규정된 원인이 있다는 이유만으로 많은 것들이 필연적으로 실존한다고 말해지지만, 내가 여기에서 말하는 것은 이런 것이 아니라 원인은 전혀 고려하지 않고 오직 사물의 본성 혹은 본질만을 고려함으로써 따라 나오는 필연성과 가능성에 관한 것이다." 여기에서 '규정된 원인'이란 외적 원인을 가리키며, 따라서 보조 정리 1은 외적 원인에 의존하지 않고 오직 자기 본성만으로 실존을 긍정할 수 있는 존재에 대한 것임이 드러난다.

처럼 사유되는 것이 아니라, 우리 자신의 실존을 포함하는 실재 전체로 사유된다. 이를 d1과 d2보다 더 명시적으로 보여 주는 것이 d3이다.

(i) 실존하지 않을 수 있음은 무능력(*impotentia*)이고, 실존할 수 있음은 능력(*potentia*)이다. (자명)

(ii) 지금 필연적으로 실존하는 것이 유한자들 밖에 없다면, 유한자들이 절대적 무한 존재보다 더 역량있을 텐데, 이는 부조리하다. (자명)

(iii) 그렇다면 (a) 아무것도 실존하지 않거나, (b) 절대적으로 무한한 존재 역시 필연적으로 실존한다.

(iv) 우리는 우리 안이나, 필연적으로 실존하는 다른 것 안에 실존한다.(공리 1, 정리 7)

(v) 절대적 무한 존재, 즉 신(정의 6)은 필연적으로 실존한다.

d3은 후험적 증명이지만, (i)의 보편적 원리에 따라 선험적으로 이루어질 수도 있었을 것이다. 이것이 d3과 "동일한 토대"(정리 11의 주석)를 가진 d4의 길이다. (i)에 따라 절대적으로 무한한 존재가 절대적인 실존 역량을 가지며 이로부터 곧바로 결론으로 나가면 되는 것이다. 그러나 d3은 그 사이에 무한자 없이 유한자만 실존한다는 부조리한 가정 (ii)를 포함시킨다. 외관상 선험적 증명인 d1이 귀류법으로 인해 암묵적으로 우주론적 성격을 포함하게 된다면, d3은 귀류법으로 인해 명시적으로 우주론적 성격을 띠게 된다.[27] 그러나 만일 양태가 단지 결과이기

---

27 스피노자는 이 증명을 직접 '우주론적 증명'이라고 칭하지는 않았지만, 정리 11의 주석에서

만 한 것이 아니라 실체라는 원인 안에 있다는 점, 따라서 양태가 실체 자체는 아니지만 또한 실체의 타자도 아니라는 점에 주목하면, d3도 전통적 증명에서 말하는 순수한 우주론적 증명이 아니다.

이런 관점에서 주목할 것은 (iv)의 선언지, "우리 안에 또는 필연적으로 실존하는 다른 것 안에"에서 '우리 안에'가 결론에서 배제된 점이다. d3 어디에서도 배제의 이유는 찾아볼 수 없다. 라에르케는 이 배제가 '우리'의 지위와 관련된 추가적 논증을 통해 지지될 수 있다고 본다.[28] 가령 우리가 우리 안에 존재한다면 우리가 실체일 텐데, '우리'는 복수이므로 동일한 본성을 갖는 여럿이 있는 셈이고 따라서 실체가 아니다. 이 추론은 그럴듯하지만, 스피노자가 이 선택지를 명시적으로 배제하지 않았다는 점을 존중한다면 다르게 해석해 볼 필요가 있다. 가령 "우리 안에 또는 다른 것 안에"의 선택지가 서로 배타적인 것이 아닐 가능성도 있다. 전통적인 우주론적 증명은 피조물과 신, 혹은 유한자와 무한자 사이의 분리를 전제로 해서 피조물로부터, 혹은 유한자(우연적인 것)로부터 신의 존재를 증명하는 방식이다. 이 점은 출발점이 되는 유한자가 코기토인 데카르트의 우주론적 증명도 마찬가지이다. 반대로 스피노자에게서 자연 안의 사물들은 신에 내속하며 신 자체는 아니지만 또한 신과 다른 것도 아니다. 그렇다면 (iv)에서 '나'이든 다른 피조물이든 '유한자' 대신 '우리'가 사용된 것은 '우리'가 무한자와 분리되지 않는다는 것을 전제하고 있다고 볼 수 있다. 이 때문에 (ii)의 '유한

___

이 증명과 '동일한 토대'를 갖는 d4를 선험적 증명이라 보고, d3을 이에 대비시키면서 d3이 '지각의 용이함' 때문에 채택된 우주론적 증명임을 시사한다.

28   Laerke(2011), p. 442.

한 것들'의 행방은 논증의 끝에서 사라지게 된다. 왜냐하면 스피노자는 유한으로부터 무한을 도출하는 것이 아니기 때문이다.

4. 나오며

이제 데카르트와 스피노자의 차이를 중심으로 신 존재 증명의 성격을 정리해 보자. 데카르트는 본질과 실존이 구별되므로 원리상 사물들의 실존을 본질로부터 선험적으로 증명하는 것은 불가능하다고 본다. 다만 신만이 예외인데, 왜냐하면 그에게서는 본질이 실존과 구별되지 않기 때문이다. 그럼에도 신의 실존에 증명이 필요한 이유는 신이 자연의 초월자이기 때문이다. 이 점은 스피노자에게서 신의 실존에 증명이 필요 없는 이유를 알려 준다. 즉 그에게 신은 자연과 동일하거나 자연에 내재적이므로 아무것도 없지 않은 이상 신은 실존한다. 그럼에도 그는 신의 실존을 증명한다. 증명은 전통적 신 존재 증명에 함축된 것과는 다른 스피노자 고유의 존재관을 보여 주며, 신과 자연의 관계 설정에 기여한다.

우선 전통적 신 존재 증명에서는 무(혹은 실존을 결여한 본질)가 있고 여기에 존재가 덧붙여진다는 존재관을 함축하며, 신은 예외적으로 본질이 곧 실존이다. 반면 스피노자에게서는 우선 존재가 무보다 원초적이다. 다시 말해 아무것도 없지 않으며, 아무것도 없지 않은 이상 신은 실존한다. 스피노자가 모든 증명에서 귀류법을 택한 데에는 이와 같은 존재론적 함의가 있다. 다음으로 신의 실존 덕분에 사물들의 실존 문턱은 훨씬 낮아진다. 즉 인식 가능한 모든 것 혹은 모든 본질이 신 안에 있는 이상 어떤 의미에서는 모두가 현실적으로 실존한다. 실존주의자들이 말한 대로 본질이 실존에 선행하지 않는 것이다. 그럼에도 실존을 선험적으로 증명할 수 있는 경우는 오직 신의 경우밖에 없다. 신은 실존을 가로막는 외적 요인이 있을 수 없음을 확신할 수 있는 반면, 다른 사물들에 대해서는 그런 외적 요인을 선험적으로 배제할 수 없기 때문이다. 그렇다면 신 안에 있는 양태들의 실존은 필연적인가, 그렇지 않은가? 스피노자에 따르면 인식 가능한 모든 것이 어떤 의미에서는 실존하지만, 또한 그 모든 것이 실존하는 것은 아니기도 하다. 이 문제를 이제 산출하는 신과 그로부터 산출되는 양태들의 본성, 즉 인과성이라는 더 넓은 맥락 속에서 고찰해 보자.

실체와 양태

4장

내속의 문제와 양태의 실재성

1 다른 것 '안에 있는' 양태는 어떤 의미에서 실재하는가?

1장에서 나는 17세기 합리주의 존재론의 출발을 중세 구별 이론에 대한 데카르트적 변형으로 보았다. 정신 안에만 있는 사고상의 구별을 제외하면, 모든 것은 실체 혹은 속성들 간의 실재적 구별이나 실체에 의존하는 우연류와 관련된 양태적 구별 중 하나에 할당된다. 달리 말해 실체 혹은 속성과 양태만이 존재한다.

이것들은 어떻게 존재하는가? 속성은 실체의 본질적 술어로 존재하며(아리스토텔레스적 용어로 '실체에 대해 말해지다'be said of의 관계) 양태는 우연적으로 실체 안에 있다.(아리스토텔레스적 용어로 '내속하다'be in의 관계) 가령 아리스토텔레스의 용어로 보면 '인간임'은 소크라테스에 대해 말해지고, '하양'은 소크라테스에게 내속한다. 데카르트의 경우, 연장은 물질적 실체의 본질이며, 운동이나 크기, 형태는 물체에 내속한다. 스피노자 역시 이 구도를 따른다. 그 역시 실체 혹은 속성과 그 변용들(양태들)만이 존재한다고 말한다. 속성은 실체의 본질을 구성하며, 양태들은 실체 안에 있다. 즉 운동이나 크기가 물체 안에 내속하듯이, 혹은 전통적인 언어로는 소크라테스의 하양이 소크라테스 안에 내속하듯이, 양태들은 실체에 내속한다. 그러나 그가 말하는 실체와 양태는 데카르트와 다르고, 하물며 전통 철학에서 의미하는 바와는 완전히 다르다. 그는 '실체'로 취급되어 온 사물들을 '양태'라고 부른다. 이렇게 해서 사물들은 독립적인 존재가 아니라 유일 실체에 내속하는 존재가 된다. 그렇다면 운동이나 크기, 색깔 같은 것이 아니라 어떤 '사물'이 다른 사물에 내속한다는 것, 혹은 무언가의 양태가 된다는 것은 무엇을 뜻하는가?

스피노자에게서 양태가 사물의 존재 방식만이 아니라 사물 역시 의미함에 따라, 양태가 실체에 대해 갖는 의존성은 두 가지를 의미할 수 있다. 하나는 양태가 그것이 내속하는 주체나 기체 없이는 존재할 수 없다는 논리적 의미의 존재론적 의존성이고, 다른 하나는 개별 사물이 자신의 원인에 대해 산출의 면에서만이 아니라 보존의 면에서도 의존한다는 인과적 의미의 존재론적 의존성이다. 전자에 따르면 가령 영희는 신의 양태이며, 신이라는 주어의 술어로서 신에 의존한다. 후자에 따르면 영희는 신으로부터 산출되고 신에 의해 보존되는 결과로서 신에 의존한다. 스피노자에 대한 전통적 해석에서는 실체-양태 관계를 내속 관계로 보는 전자의 관점이 지배적이었다. 이 관점은 대체로 스피노자 철학을 옹호하기 위해서라기보다 '기괴한 것'으로 기각하기 위한 논거가 되어 왔다. 18세기 이후 스피노자의 학설이 알려지는 주된 통로였던 「역사적 비평적 사전」[1]에서 벨은 스피노자 항목에 개별 사물을 주어 자리에 오는 실체가 아니라 술어(혹은 우연류) 자리에 오는 양태로 간주하는 데서 생겨나는 이 불합리를 비판한다. 오직 신만이 실체이고 나머지는 이 실체의 양태에 불과하다면, 인간을 비롯한 나머지 존재자들이 행하는 모든 행위의 주어는 신이 될 것이다. 그 결과 첫째, 신은 모순된 술어들의 주어가 되고 둘째, 신은 가변적이 되며 셋째, 세계 안에 일어나는 다양한 악에 대한 책임이 신에게 귀속될 것이다.

영미권에서 현대 스피노자 연구의 출발점이라 할 수 있는 『스피노자의 형이상학』(1969)에서 컬리는 이와 같은 전통적 독해 방식에 도전한다. 그는 스피노자의 실체-양태 관계를 전자의 내속 관계가 아닌 후자의 인과 관계로 보아야 한다고 주장한다. 그럼으로써 그는 한 사물이 다른 사물 '안에 있음'(내속)의 의미를 명료하게 밝히고 스피노자의 용어들을 우리의 상식적 범주 구획에 부합하게 만든다. 그러나 스피노자가 상식을 깨고 사물들에 대해 굳이 양태 혹은 변용이라는 용어를 사용한 이상, 주어 술어 간의 내속 관계를 전면적으로 부인하기도 어렵다. 이미 고전이 된 컬리의 해석에 도전하는 이들은 다음과 같이 컬리를 비판한다. 만일 실체에 대한 양태의 의존성이 신에 대한 사물들의 인과적 의존성만을 의미한다면, 양태(*modus*)라는 단어가 데카르트의 용어 체계나 라틴어 안에서 갖는 의미 중 절반 이상을 날려야 하며[2] 스피노자가 그것과 등가어로 변용(*affectio*)이라는 단어를 굳이 사용한 것을 해명할 수 없고,[3] 무엇보다도 스피노자의 실체 일원론은 그

---

1   벨의 글이 18세기 이후 유럽에서 스피노자 학설의 전파에 어떤 역할을 했는지에 대해서는 모로 (2019), 26쪽을 참조하라.

2   Bennett(1984), p. 93.

3   위의 책, 같은 곳. Melamed(2009), pp. 35~36.

어떤 전통 신학에서도 부정할 리 없는 지극히 평범한 테제에 불과하게 될 것이다.[4]

실체와 양태라는 기본적인 논리적 범주를 자신의 형이상학을 구축하는 기본 요소로 채용하면서 스피노자는 전통적인 내속 관계를 어떻게 처리하고자 했을까? 양태의 논리적, 존재론적 의존성과 그것의 실재성은 양립 가능한가? 2부 전체에 걸쳐 나는 스피노자가 사물에 대해 '양태'라는 말을 사용하면서 이 말에 함축된 이 의존성을 유지하면서도, 더 정확히는 이 의존성에 힘입어, 양태에 명실상부한 실재성을 부여한다는 점을 보이고자 한다.

아래에서는 우선 스피노자에게서 양태 개념의 특이성을 드러내기 위해 내속 문제를 둘러싼 영미권 연구자들의 논쟁을 비판적으로 소개한다.(2절) 그런 다음 데카르트가 전통적으로 쓰인 '우연류' 대신, 그리고 '실재적 성질' 개념에 반대하여 양태라는 용어를 사용하면서 어떤 실재성을 박탈하고 새로운 실재성을 부여하는지를 살펴본다.(3절) 그런 다음 스피노자가 이 혁신을 더 일관되게 밀고 나가 '사물'에만 인정되어야 할 본질과 실존을 부여하면서 남기는 문제들을 짚어 보고 이에 대한 내 나름의 해법을 제시해 본다.(4절)

2 스피노자의 양태는 어떤 의미에서 실체에 내속하는가?

스피노자는 한편으로 개별 사물을 실체의 양태에 '불과하다'고 보

---

4   아래 주 14를 참조하라.

고 실체에 대한 양태의 의존성을 강조한다.(이를 '실체 존재론'의 입장이라 부르자.) 그는 개별자를 제1실체로 보는 아리스토텔레스의 실체 개념을 거부하며, 이른바 창조된 실체가 창조된 이후 상대적인 존재론적 독립성을 갖는다는 관념 역시 부정한다. 신은 사물을 '만드는 원인'(*causa fiendi*)이자 사물을 계속해서 '존재하게 하는 원인'(*causa essendi*)이며, 실존의 원인일 뿐 아니라 본질의 원인이다. 이는 기회원인론처럼 오직 신만이 진정한 원인이라는 것은 아니고, 다만 그 어떤 사물도 자신이나 다른 사물들의 행위에 대해 충분 원인일 수 없다는 것을 함축한다. 각 사물은 정리 28의 유한한 사물들의 무한정한 연쇄나 5부 정리 40 주석의 영원한 사유 양태들의 무한정한 연쇄 안에 놓여 있고 이 연쇄를 떠나서는 인식될 수 없다. 그러나 다른 한편 양태는 단지 실체의 변양만은 아니며, 그 역시 하나의 실재(*res*)이다.(이를 '양태 존재론'의 입장이라 부르자.)

『윤리학』 1부의 정의에서 스피노자는 양태를 '사물'로 부르지 않고 단지 "실체의 변용들"로, 그리고 "다른 것 안에 있고 또한 다른 것에 의해 생각되는 것"이라고 정의하면서 중성 대명사 '*id*'를 사용한다.(정의 5) 그러나 이어지는 공리에서 "존재하는 모든 것들은 자기 안에 있거나 다른 것 안에 있다."(공리 1)라고 하면서 양태를 '자기 안에 있는 것'과 마찬가지로, '존재하는 것'의 범위에 포함시킨다. 그다음 이어지는 정리들에서 양태는 신 안에 있는 사물인 동시에(정리 15) 신 안에, 그리고 신에 의해 산출되는 결과(정리 16~정리 28)이자 신의 속성의 변용들(정리 25의 따름 정리)로 인식되면서 명실상부한 실재성을 부여받게 된다. 게루는 이처럼 양태가 더 이상 실체의 존재 방식이나 성질이 아니라 그 역시 "실재적 사물, 고유한 의미의 사물"이라는 점에서 "양태에 대한 전통적 통념은 전복되며," "이 전복은 오로지 양태가 실체의 결과로 인식됨으로써만 가능하다."고 말한다.[5] 이처럼 양태가 단지 실체의 변용만이 아니라 그 자체 사물로 다뤄짐에 따라 제기되는 문제가 내속이다. 논쟁은 스피노자가 양태를 사물로 승격시키면서 데카르트로부터 시작된 양태 개념의 변신을 완수하지만, 양태나 변용이라는 용어는 고수하는 데서 생겨난다.

우선 컬리는 "〔실체로 간주되어 오던〕 개별 사물이 실체에 내속한다는 것이 도대체 무엇을 뜻하는지 알기 어렵다."라고 문제를 제기한다.[6] 만일 이를 그대로 받아들인다면 스피노자는 기초적인 범주 착오[7]를 범한 셈일 것이다. 이런 모호함과 불합리로부터 스피노자를 옹호하기 위해 스피노자의 실체-양태 관계를 원인-결과 관계로 환원한다.[8] 그렇다면 양태인 사물은 실체에 인과적으로 어떻게 의존하는가? 컬리는 스피노자적 인과 관계에서 핵심이 단지 신이 만물의 원인이라는 사실이 아니라,(이는 누구나 인정할 수 있다.) 신이 어떤 원인인가에 있다고 지적한다. 그에 따르면 신이 사물의 원인이라는 것은 사물이 자연법칙에 의해 설명된다는 뜻이다. 즉 신 혹은 실체는 자연법칙과 동일하며 양태는 이 법칙의 산물이다. 신을 자연법칙과 동일시하는 진술은 『신학-정치론』에서 빈번하게 발견되며, 『윤리학』에서는 다음과 같은 대목에

---

5   Gueroult(1968), p. 63.

6   Curley(1969), p. 18.

7   "잘못된 논리적 유형."(Curley(1969), p. 18)

8   "스피노자는 신이 자신 안에 있는 사물들의 원인이며,(정리 18d) 그것들을 산출하고(정리 24), 그것들을 규정하며,(정리 26) 혹은 그것들이 그로부터 따라 나온다고(정리 28d) 말한다. (……) 그것〔양태라는 용어〕은 주체 안으로의 내속을 결코 시사하지 않는다. 그것이 시사하는 것은 다만 어떤 종류의 인과적 의존성〔이다〕".(Curley(1969), p. 19) "실체-양태 관계는 〔인과적〕 결정론 학설의 한 형태".(Curley(1988), p. 50)

서 간접적으로 발견할 수 있다. "자연은 어디서나 동일하며, 그것의 덕과 활동 역량은 어디서나 하나의 동일한 것, 즉 모든 것이 일어나고 한 형태에서 다른 형태로 바뀌는 자연의 법칙과 규칙들은 언제 어디에서나 동일하다."(3부 서문) 그러므로 양태가 실체 안에 있다는 것(실체에 내속한다는 것)은 첫째, 이런 자연법칙들로부터 양태들이 산출되고 활동한다는 것을 의미한다. 이 관계는 전통적 의미의 실체와 양태의 관계라기보다는 원인과 결과의 관계로 볼 수 있다. 둘째, 스피노자는 '신이 곧 자연'이라고 말하지만, 신과 동일시되는 것은 자연 전체가 아니라 오직 산출하는 자연인 속성들뿐이며, 양태는 신이 아닌 것으로 제외된다. 이처럼 신이 오직 산출하는 자연과만 동일시된다는 점에서 스피노자는 전통적 의미의 '범신론자'는 아니다. 셋째, 스피노자는 오직 현실적으로 존재하는 세계 외에 다른 가능세계를 인정하지 않는 극단적 필연론자가 아니다.[9] 왜냐하면 신이나 속성, 곧 산출하는 자연은 보편적인 자연법칙이며, 이 일반 법칙만으로 유한 양태의 실존과 같은 개별 사건을 설명하기에는 충분치 않기 때문이다. 일반 법칙 외에 선행 조건들인 다른 유한 양태들이 필요하고, 이 유한 양태들은 실존하거나 실존하지 않을 수 있는 것이다.

현대의 독자들은 스피노자의 실체-양태 관계를 벨처럼 해석하기보다 컬리처럼 해석하는 데 이미 익숙하다. 그러나 컬리의 해석은 당시만이 아니라 아직까지도 스피노자 연구자들 사이에서 '대담하고'[10] '급

---

9   이는 차후 멜라메드를 반박하는 글에서 컬리가 자기 해석을 다시 한번 옹호하는 근거로 내세운 것이다. cf. Curley(2019), p. 34. 이 문제 및 결정론과 필연론의 차이에 대해서는 뒤의 6장에서 다시 상세히 다룰 것이다.

10   Melamed(2009), p. 17.

진적인'[11] 것으로 받아들여지며, 실제로도 많은 반박이 이루어졌다. 실로 내속 관계를 인과 관계로 대체하는 것은 벨이 제기한 것과 같은 반박을 피하고 스피노자의 철학을 상식에 부합하게 만드는 일이기도 하지만, 또한 그의 철학이 지닌 독창적인 존재론적 발상을 제거해 버릴 위험도 있다. 비판자들의 가장 큰 우려도 컬리가 개별 사물들을 특이하게 '양태'로 간주한 스피노자의 독창성을 희생시키고 그의 형이상학을 평범한 신학적 입장과 별로 다를 바 없게 만든다는 것이다.[12] 실로 신이 원인이고 자연 안의 사물들이 신의 결과라는 것을 어떤 신학이 거부하겠는가? 게다가 벨의 비판은 다른 식으로도 피할 수 있다. 내속 관계를 인정할 경우 신이 모순된 술어들의 주어가 된다는 첫 번째 논점과 관련하여, 캐리어로는 아리스토텔레스적 전통에서도 상반되는 술어들이 동시에, 그리고 같은 관점에서 술어화되지만 않는다면 모순 없이 동일한 실체에 내속할 수 있다고 지적한다. 스피노자의 실체 역시 '~인 한에서의 신'(*Deus quatenus*)이라는 한정구가 붙으므로 상반되는 술어의 귀속은 문제가 되지 않는다. 둘째, "신 또는 자연"이라는 표현[13]에서 알 수 있듯 스피노자는 신과 자연을 동일시하는 표현을 사용하며, 자연에는 산출하는 자연만이 아니라 산출되는 자연도 포함된다. 그리고 산출되는 자연으로서의 신은 가변적이므로 두 번째 논점도 해소된다.[14] 셋째, 국지적 관점에서 악이라 규정될 수 있는 것도 다른 관점에

---

11   Bennett(1984), p. 93.

12   "스피노자의 입장을 실망스럽게 평탄화한다.(platten)"(Carreiro(1995), p. 254) "신이 만물의 원인이라는, 통상적인 신학적 관점"(Melamed(2009), p. 23), "선한 오랜 이신론".(Melamed (2009), p. 59)

13   4부 서문, 4부 정리 4의 증명.

서 보면 그렇지 않다. 신의 관점에서는 선도 악도 없으므로, 악을 신의 책임에 귀속시키는 것도 합당치 않다.

물론 반박자들이 내속 관계를 인과 관계로 환원하는 데 뒤따르는 이런 귀결만을 들어 반대한 것은 아니다. 컬리의 논리 자체를 보면 첫째, 개별 사물을 양태로 보는 것이 "범주 착오"일 수 있다는 컬리의 문제 제기는 합당치 않다. 아리스토텔레스의 내속 관계에서도 우연류들은 보편자가 아니라 개별자(즉 개별자인 실체에 의해 개별화된 속성인 트롭)이며, 따라서 개별자가 양태가 되는 것이 범주 착오일 이유가 없다.[15] 둘째, 컬리는 내속 관계와 인과 관계가 양립 불가능하다고 생각하지만, 전통 철학에서 역시 두 관계가 완전히 동일하지는 않아도 서로 양립 불가능한 것도 아니다. 가령 아퀴나스에게서 영혼은 자기 안에 있는 우연류들의 원인이다.[16] 셋째, 내속 관계를 제거할 경우 해명될 수 없는

---

14   물론 '산출하는 자연과 산출되는 자연'이라는 쌍이 처음 도입되는 정리 29의 주석에서 스피노자는 속성을 산출하는 자연과 동일시하고, 이를 "자유로운 원인으로 고찰된 한에서의 신"이라고 부른다. 반면 산출되는 자연을 "신의 본성의 필연성으로부터 따라 나오는 모든 것"이라고 부르면서 이를 '양태들'과 동일시할 뿐 신이라고 부르지는 않는다. 그러나 "무한한 한에서의 신"과 대비되는 "유한한, 그리고 규정된 실존을 갖는 변양에 의해 변양된 한에서의 신 혹은 신의 속성"(정리 28의 증명), "인간 정신의 본성에 의해 설명되는 신"이나 "인간 정신의 본성만이 아니라 동시에 다른 사물의 관념까지 구성하는 한에서의 신"(2부 정리 11의 따름 정리) 등의 표현은 『윤리학』에서 무수히 찾아볼 수 있으며, 이는 신이 양태들과도 동일시된다는 명백한 증거이다. 아울러 멜라메드에 따르면 데카르트와 초기 스피노자 모두 양태를 변화(alteration)의 부산물로 보고 신에게는 귀속시키지 않지만, 『윤리학』에서는 양태를 신에게 귀속시킨다. 불변하는 속성들과 달리 양태는 실체에 내속하는 비본질적 특성이며, 「형이상학적 사유」든 『윤리학』이든 비본질적 특성의 변화를 인정한다.

15   Jarrett(1977a), pp. 85~86; Carreiro(1995), pp. 257~258.

16   Carreiro(1995), p. 260.

『윤리학』정리들이 있다. 가령 정리 15는 신과 사물들 사이의 내속 관계("존재하는 모든 것은 신 안에 있고, 신 없이는 존재할 수도 인식될 수도 없다.")를 진술한 다음, 정리 16에서 신과 사물들 사이의 인과 관계("신적 본성의 필연성으로부터 무한하게 많은 것이 무한하게 많은 방식으로 따라 나온다.")를 진술한다. 만일 내속 관계가 인과 관계와 동일한 것이라면, 이렇게 두 가지 정리를 따로 진술할 필요가 없고 정리 16은 군더더기가 될 것이다.[17] 마지막으로 스피노자는 양태를 '실체의 변용들'로 정의할 뿐 아니라, 변용이라는 동일한 단어를 양태에 일어나는 변용, 즉 변용의 변용에도 사용한다. 만일 전자의 변용이 후자와 다른 것이라면 다른 용어를 사용했을 것이다.[18] 그러므로 신적 실체의 양태 역시 양태나 변용이라는 말의 일상적 의미를 보유하며 따라서 실체와 내속 관계에 있다.

나는 이 반대 근거들이 어느 정도 합당성이 있지만 마지막 네 번째를 제외하고는 큰 의미가 없으며 컬리의 해석을 물리칠 결정적인 근거가 되지도 않는다고 생각한다. 우선 전통적 내속 관계에서도 우연류가 보편자가 아니라 개별자라는 주장은 논쟁의 여지가 있다는 점은[19] 제쳐두고라도, 이 반박은 컬리가 문제 삼는 바를 잘못 파악한 것이다. 컬리가 범주 착오를 이유로 내속 관계에 반대할 때 논점은 통상의 우연류는 보편자인데 스피노자의 양태는 개별자라는 것이 아니다. 그가 문제 삼은 것은 일상 범주 사용에서 실체로 간주되는 사물들, 즉 아리스토텔레스

---

17   위의 책, p. 255. Melamed(2009), p. 49.

18   Bennett(1984), p. 93. Melamed(2009), pp. 35~36.

19   Bennett은 스피노자가 '개별적 보편자'를 믿었다는 증거가 없으며((1984), p. 257), 그 자신 역시 그런 것이 있다고 보지 않는다고 말한다.((1984), p. 57) 가령 빨강의 예화는 '빨간 사물'이지 '예화된 빨강'이 아니라는 것이다.

적 의미의 제1 실체를, 다른 것에 내속하는 형용사적인(adjectival) 것으로 본다는 것이 무슨 의미인지 알 수 없다는 것이다. 그리고 이 의미를 밝혀야 할 책임은 반박자들에게 있다. 둘째, 캐리어로가 내속 관계와 인과 관계가 양립 가능하다고 말하면서 든 사례는 스피노자 특유의 인과 관계, 즉 결과가 원인 안에 머무르는 내재적 인과 관계의 사례로 볼 수 있다. 그러므로 스피노자는 내속 관계를 보존하고자 했다기보다 내속 관계에 해당하는 용어를 사용해 인과 관계의 새로운 유형을 제안하고자 했다는 해석이 가능하다. 셋째 논점 역시 마찬가지로 해석할 수 있다. 정리 15는 내속 관계에 대한 진술이고, 정리 16은 인과 관계에 대한 진술이라는 것은 맞다. 그러나 정리 16은 신적 본성으로부터 사물들이 따라 나오는 인과 관계를 특성들이 삼각형으로부터 따라 나오는 논리적 도출 관계와 동일시하고 있으며, 이 경우 삼각형의 특성은 삼각형의 본성과 분명 내속 관계에 있다.[20] 이 역시 방금 말한 것처럼 내속 관계가 인과 관계를 새롭게 개념화하는 데 전제로 사용되고 있다고 볼 수 있다.[21]

---

[20]   Della Rocca(2008), pp. 67~68. 이 점은 Newlands(2010), p. 487도 지적한다. 그는 스피노자가 여러 곳에서 인과와 내속을 거의 호환 가능한 것으로 사용한다는 사실에도 주목한다. cf. "결과 또는 특성"(3부 부록 정의 22); "원인을 통해 결과를 아는 것은 그 원인의 특성을 아는 것에 다름 아니다."(『신학-정치론』(G III, 60))

[21]   멜라메드가 드는 또 다른 근거 역시 비슷한 방식으로 반박할 수 있다. 그에 따르면, 실체-양태 관계가 인과 관계라는 컬리의 주장과 반대로, 양태의 정의 안에 '원인'이라는 단어가 들어 있지 않다. 대신 '양태'는 '변용'(affectio)과 등가어로 사용되는데, 변용은 '질, 특성, 상태'(Bennett(1984), p. 93)와 같은 것으로 명백히 실체와 내속 관계에 있다. 이 주장은 다음과 같이 반박할 수 있다. 양태의 정의 안에 인과 관계가 언급되지는 않지만, 실체-양태 관계를 뒤따르는 인과 공리(공리 4)에서는 원인에 대한 결과의 인식론적 의존성(결과는 원인을 통해 인식됨)을 진술함으로써 실체-양태 관계('~를 통해 인식됨')를 인과 관계로 볼 수 있음을 추론할 수 있게 한다. 실제로 정리 25는 공리 4를 정확히 그런 방식으로 사용하고 있다. "신이 사물의 본질의 원인이 아

반면 스피노자가 개별 사물에 왜 굳이 양태나 변용이라는 단어를 사용했는가의 네 번째 논점은 의미가 있다. 그리고 이것은 컬리의 해석에서 희생된다고들 지적했던 스피노자 철학의 가장 독창적 측면과 관련된 것이기도 하다. 그러나 이 측면이 무엇인지에 대해서는 내가 아는 한 이들 가운데 어느 누구도 명료하게 답한 사람은 없다.[22] 컬리 해석을 비판하는 연구자들 중 유일하게 멜라메드만이 이에 대한 답변을 진지하게 시도한 바 있다. 그는 근대 초기 철학에 특징적인 현상 가운데 하나로 사물과 특성 사이에 엄격한 범주 구분을 설정하지 않는다는 점에 주목해, 사물과 특성 사이의 엄격한 구별을 없애는 경향은 현대에 들어서도 발견할 수 있다고 지적하면서, 스피노자가 사물을 양태로 규정한 것은 범주 착오가 아님을 강조한다. 가령 사물을 존재하는 질들의 다발로 보는 다발 이론이나 보편자가 아닌 개별적인 특성들이 존재한다는 트롭 이론이 그렇다.[23] 그러나 멜라메드를 포함하여 내속 관계를 지지하는 자들 누구도 이런 관점을 일관되게 밀고 나가지는 않았으며 또한 내가 보기에 그럴 수도 없다. 내속 관계를 보존해야 한다는 주장은

니라면, 사물의 본질이 신 없이도 인식될 것이다.(공리 4에 의해) 그러나 이는 정리 15에 위배된다." 여기 언급된 정리 15는 내속 관계에 대한 것이다.

22 　내들러는 내속 관계를 제거할 경우 "스피노자의 내재적 인과성이 갖는 존재론적 대담함을 적절하게 평가하지 못한다."라고 비판하면서도, 이 존재론적 대담함이 무엇인지는 명시하지 않는다. 그 이유로 내들러는 내재적 인과성의 핵심인 원인과 결과의 분리 불가능성을 '생성 측면의 인과성'(causalitas secundum fieri: 일단 만들어지고 난 다음에는 원인이 없어도 결과는 존재할 수 있음)에 대비되는 '존재 측면의 인과성'(causalitas secundum esse: 원인이 없으면 결과도 존재하지 않음)으로 이해한 후, 후자의 인과성이 데카르트의 연속창조론과 같은 외재적 인과성의 모델에서도 가능하다는 점을 든다. cf. Nadler(2008), p. 62.

23 　Melamed(2009), pp. 71~78.

양태의 실재성보다 오히려 양태란 단지 실체의 양태에 불과하며 오직 실체만이 존재한다는 실체 존재론을 지향하기 때문이다. 그리고 이 점에서 이들의 해석은 그들이 비판하는 컬리의 해석과 결과적으로 합류하게 된다. 컬리는 산출하는 자연과 산출되는 자연을 엄격하게 나누고 산출하는 자연만이 신이라고 봄으로써, 신의 결과인 개별 사물들이 복잡한 인과 사슬을 통해서나마 행사하는 인과적 역량을 간과하게 만든다. 그리고 바로 이 점에서 컬리의 인과적 해석은 내속적 해석과 동일한 맹점을 공유한다. 앞에서 우리는 벨이 스피노자의 실체-양태 관계를 내속 관계로 해석할 때 신에 대해 어떤 불합리를 귀속시킨다고 보았는지 확인했다. 이제 인간의 관점에서 벨이 스피노자적 내속의 존재론에 대해 용납할 수 없을 또 다른 결과는 인간의 모든 행위가 신의 것으로 귀속되고, 따라서 개별 사물들이 어떤 인과적 역량도 갖지 못하는 꼭두각시와 같은 존재가 된다는 점이다. 그러므로 컬리처럼 실체-양태 관계를 내속 관계가 아닌 인과 관계로 해석하는 것이 유의미하기 위해서나, 컬리에 반대하여 내속 관계의 보존을 주장하려는 자들의 해석이 유의미하려면, 양태의 실재성을 보다 명확히 할 필요가 있다.[24] 나는 이를 자연 안에 일어나는 변화를 합리적으로 설명하기 위해 '우연류'나 '성질' 대신 '양태'를 부각한 데카르트적 기획의 완수라는 관점에서 바라보고자 하며, 이를 위해 아래에서는 우선 데카르트의 양태 개념이 어떤 혁

---

24 스피노자가 인과 관계가 아니라 내속 관계를 이용해서도 벨의 비판에 맞설 수 있다고 하면서 자렛이 제시한 논변의 핵심도 바로 이것이다. 즉 스피노자는 변양을 신의 1차적 변양(개별 사물)과 신의 2차적 변양(개별 사물의 변양)으로 나누고, 개별 사물의 행위가 후자에 속한다는 점을 들어 벨의 비판을 물리칠 수 있다는 것이다. 즉 1차적 변양인 개별 사물이 자기에게 일어나는 2차적 변양에 대해 어느 정도 인과적 책임이 있다는 것이다.(Jarrett(1977), p. 87)

신을 가져왔는지를 살펴볼 것이다.

3 데카르트에게서 양태의 실재성("무는 아님")

(1) 실재적 성질에서 양태로

스피노자는 양태라는 단어를 처음부터 사용하지는 않았다. 1661년 『윤리학』의 초고를 읽고 올덴부르크가 스피노자에게 보낸 편지(「편지 3」)나 스피노자가 그에게 보낸 답장(「편지 4」)에서 스피노자는 변양(modification)이라는 단어를 한번 사용한 것 외에 주로 우연류(accidents)라는 표현을 사용한다. 그러나 1663년 「형이상학적 사유」에서는 존재를 실체와 우연류로 분할해 온 전통 용어법에 반대하고 대신 실체와 양태로 분할할 것을 주장한다.[25] 양태는 존재자에 속하지만, 우연류는 단지 '사고의 양태'에 불과하다는 것이다.[26] 그러나 「형이상학적 사유」에서도 변용(affections)을 속성과 같은 의미로 사용하는 등 아직 용어법은 『윤리학』에서처럼 정비되어 있지 않다.[27] 주지하듯 『윤리학』에서 그

---

25   「형이상학적 사유」, 1부, 1장을 참조하라.

26   이에 앞서 그는 '존재'를 '실재적 존재'와 '사고상의 존재'로 나누는 데 반대하고, 오직 '실재적 존재'만이 존재이며 사고상의 존재는 순전한 무라고 주장한다. 이 구분에 따르면 '우연류'는 후자에 가까울 것이다. 「편지 12」에서는 '실체의 변용들'을 규정하는 데 사용하는 척도, 시간, 수 등을 "사유의 방식, 더 정확히는 상상의 방식일 뿐"이라고 규정한다. (스피노자(2018), 79쪽)

27   「형이상학적 사유」, 2부, 3장을 참조하라. '변용'을 데카르트가 '속성'이라고 부른 것이라고 명시할 뿐 아니라, 사물의 본질 혹은 실존과 사고상으로만 구분되는 것으로 규정한다. 물론 후자 역시 변용보다 '속성'에 해당되는 사항이다.

는 속성을 한편으로, 그리고 양태, 변양, 변용을 한편으로 체계적으로 나누어 사용하고 둘을 결코 뒤섞지 않는다. 1장에서 우리는 스피노자가 실체와 속성 간에 사고상의 구별만을 인정했던 데카르트의 입장을 더 일관되게 밀고 나가 실체와 속성을 동일시한다는 것을 보았다. 지금 우리가 살펴볼 양태 개념에서도 스피노자는 데카르트의 입장에서 출발하여 더 일관되게 밀고 나간다. 그러므로 이 혁신의 범위와 깊이를 가늠하려면, 우선 데카르트의 양태 이론이 갖는 혁신성에 대해 간단히 짚어 둘 필요가 있다.

데카르트는 우연류에 해당하는 사물의 상태(혹은 변용affectiones)[28]를 속성과 양태로 구분한다.[29] 속성들 가운데 사유와 연장과 같은 '주요 속성'은 실체의 본질을 구성하며 불변한다. 속성은 실체와 단지 사고상으로만 구별되며, 실제로는 거의 동일하다.[30] 이와 달리 양태는 실체의 가변적 특성을 가리킨다. 따라서 실체와 분리 불가능한 속성과는 달리, 양태는 실체와 실제로 구별되면서도[31] 실체의 변양으로서만 존재하는,

---

28   우리가 지각하는 것은 사물이나 사물의 상태(affectiones), 우리 사고 바깥에는 존재하지 않는 영원진리이며, 이 중 존재하는 것은 사물이나 사물의 상태이고, 사물에는 오직 사유하는 것과 물질적인 것만이 있다.(『철학의 원리』, 1부, 48항)

29   물론 『성찰』을 비롯한 많은 텍스트에서 이를 아주 깔끔하게 구분하여 사용하지는 않고, 속성, 양태, 우연류, 특성, 질이라는 용어를 혼용한다.(Nolan(1997), p. 163; Garber(1992), pp. 64~65) 그러나 『철학의 원리』, 1부, 56항에서부터는 이 용어들을 체계적으로 구분하고, 특히 속성과 양태를 전문 용어로 사용한다.

30   『철학의 원리』, 1부, 63항. 놀런은 수신자를 알 수 없는 한 편지(AT IV, 350)를 근거로 데카르트가 실체와 속성의 이런 동일성을 다른 공통 속성(수, 실존, 본질)에도 확장했다고 주장한다.(Nolan(1997), p. 166) 그러나 앞의 2장에서 보았듯, 실체와 속성의 관계는, 이것이 동일성의 관계라 하더라도, 데카르트가 '속성'이라는 단어 아래 사용한 다양한 지시체에 따라 다르다.

31   이 점에서 양태 가운데 단지 '사고의 양태'에 불과한 것, 즉 사물 안에 있는 것이 아니라 우

실체에 의존적인 존재이다. 이와 같은 데카르트 양태 이론의 혁신성은 첫째, 소극적으로는 중세 스콜라 철학의 '실재적 성질' 이론을 대체하고자 했다는 점이다.[32] 둘째, 적극적으로는 사물의 질적 특성을 크기, 형태, 운동과 같은 기하학적 특성으로 환원하는 과학적 인식의 요소가 되었다는 점이다. 우선 첫 번째 측면을 살펴보자.

중세철학 연구자인 패스나우에 따르면, 13세기부터 17세기까지 아리스토텔레스주의자들과 그 비판자들은 일차적으로 실존하는 것이 변화의 기체인 실체라는 데는 아무 이견이 없었다. 그러나 이 실체에 내속하는 가변적인 특성들, 곧 우연류의 존재론적 지위가 무엇인가를 두고 입장이 크게 갈렸다.[33] 아리스토텔레스는 우연류에 대해 그것이 "실체의 부분"일 수 없다는 것 외에 많은 이야기를 하지는 않았다. 후대에 들어 문제가 된 것은 그것이 보편적 성격을 띠면서 개별자인 제1 실체와 분리될 수 있는가, 아니면 분리될 수 없으며 그 자체 개별적인가의 물음이다. 지배적 해석은 대체로 후자로 기운 것으로 보인다.[34] 우연류는 그것이 내속하는 개체에 의해 개별화된다는 것이다. 따라서 개체가 죽으면 우연류 역시 소멸한다. 그런데 실체에 대한 우연류의 의존성을 강조하는 이 학설은 성체 변화 학설과 충돌한다. 성체 변화 학설에 따르

<hr />

리 사고 안에만 있는 것을 구별해야 한다. 지속, 수, 실존과 같은 것이 그것이다. Cf. Nolan(1997), p. 167: Letter to Gibieuf, 1642년 1월 19일 AT III, 474~475.

32   데카르트는 자신의 기획을 스콜라 철학의 실체적 형상과 실재적 성질에 대한 부정이라고 선언하곤 한다. "실체적 형상들과 실재적 성질은 키메라에 불과"하다.(메르센에게 보내는 편지, 1640년 10월 28일. AT III, 212) 노모어는 "실체와 '실재적' 우연류의 존재론"에 데카르트의 "실체와 양태의 존재론"을 대립시킨다. Normore(2010), p. 674.

33   Pasnau(2011), p. 244. 아래 단락의 논의 전체는 같은 책, pp. 244~275를 참조했다.

34   Carriero(1995), pp. 257~258. cf. Normore(2010) 역시 참조하라.

면, 빵과 포도주의 실체가 파괴되어도 동일한 질적 우연류가 남아야 한다. 빵의 흰색은 그리스도의 살로 남고, 포도주의 붉은색은 그리스도의 피로 남아야 하는 것이다. 그런데 위 학설에 따르면 실체가 파괴되면 우연류 역시 파괴되므로 동일한 질의 존속을 설명할 수 없게 된다. '실재적 성질'(real quality) 개념은 이 문제의 해결에 효력을 발휘한다. 질이라는 우연류는 신에 의해 창조된 실체 없이도 신의 힘에 의해 실존할 수 있을 만큼 실재적이다. 결국 실재적 성질에 관한 학설은 그것에 반대할 경우 이단으로 간주될 만큼 정통의 자리를 차지하게 된다.[35]

이런 맥락에서 데카르트는 다소 이례적으로 성체 변화라는 신학적 문제에 개입한다. 「네 번째 반박에 대한 답변」에서 그는 우선 실재적 성질이라는 개념의 논리적 문제를 지적한다. 성질들을 실재적인 것으로 이해한다는 것은 그것들을 실체처럼 이해한다는 것을 뜻하며,[36]

---

35 『역사 비평 사전』의 '스피노자'에 관한 항목에서 벨이 성체 변화 논쟁에 대해 진술한 내용은 데카르트의 양태 이론의 출현 배경이 되는 이 상황을 잘 보여 준다. 그에 따르면 성체 변화를 둘러싼 논쟁 이전까지는 우연류에 대해 그것이 내속할 실체 없이는 존재할 수 없을 만큼 실체에 본질적으로 의존한다는 데 모두 동의했다. 그러나 "성체 변화 학설은 이 모든 관념을 뒤엎고 철학자들로 하여금 우연류가 그것의 주체 없이도 존속할 수 있다고 말하도록 강제했다."(Bayle((1820)2006), p. 463) 그 결과 사람들은 실체와 우연류 사이의 실재적 구별을 인정했다. 그러나 철학자들 중 몇몇은 계속해서 우연류 가운데 그 주체와의 구별이 실재적이지 않으며 주체 바깥에서는 존속할 수 없는 것들이 있다고 말하고, 이 우연류를 양태라고 불렀다. 특히 데카르트와 가상디를 비롯롯 스콜라 철학을 버린 모든 철학자들은 모든 우연류를 양태로 간주하고 우연류가 그 주체로부터 분리 가능해서 분리된 뒤에도 존속할 수 있음을 부정했다.

36 그 외에도 다음 텍스트 역시 참조하라. "그들이 우연류가 실재적이라고 여길 때 그들은 이것들을 실체처럼 표상한다. 그것들이 실체라고 판단하지는 않으면서."(히페라스피스페스에게 보내는 편지. 1641년 8월: AT III, 430); "우리는 능동적 성질이 있음을 부정하지 않는다. 다만 우리는 그것들에, 양태에 귀속되어야 하는 존재성보다 더 큰 어떤 존재성이 있다는 것을 부정할 따름이다. 왜냐하면 이〔양태보다 더 큰 존재성〕는 실체로 인식되지 않고서는 일어날 수 없는 일이기

따라서 실체가 사라지고 난 다음에 실재적 성질들이 남는다는 말은 실체가 사라지고 난 다음 실체가 남는다는 모순적인 말에 불과하다.

둘째, 그런 다음 그는 성체 변화를 실재적 성질 대신 '표면'이라는 양태의 배치 변화를 통해 설명하고자 한다. 실제로 데카르트에게 더 중요한 것은 양태 개념의 신학적 함의보다는 자연학적 함의이다. 실재적 성질 학설 역시 단지 신학적 요구만을 따라 표방된 것은 아니다. 가령 오캄이 실재적 우연류를 가정해야 했던 이유는 "모든 변화가 실체의 생성소멸이나 그 부분의 배열로 환원될 수 있다고 믿지 않았기 때문"[37]이다. 이에 대립하여 실체-양태의 존재론은 변화에 대한 질적 경험을 양적인 것으로 환원하는 과학적 인식의 기획이다.

「2성찰」의 밀랍 분석에서 데카르트가 잘 보여 주었듯, 실체에 일어나는 변화는 우리에게 뜨거움이나 차가움, 향기로움 등 질적인 것으로 경험된다. 양태라는 개념은 이런 질적 특성을 운동, 모양, 형태와 같은 기하학적 특성을 통해 설명하고, 궁극적으로는 입자들의 운동으로 환원하는 데 사용된다. 가령 쇠막대기가 차가웠다가 뜨거워지는 변화가 일어난다고 해 보자. 애초에 차가움이 쇠막대기 안에 있었던 것도 아니고, 뜨거움이라는 성질이 쇠막대기라는 실체에 덧붙여지는 것도 아니다. 쇠막대기 안에 실제로 일어나고 있는 것은 쇠막대기를 구성하는 입자들의 운동 방식의 변화이다. 「네 번째 반박」에서 아르노는 이와 같은 데카르트의 입장을 다음과 같이 잘 요약하고 있다. "그〔데카르

때문이다."(레기우스에게 보내는 편지, AT VII, 503: Descartes(2013), p. 764)

37   Normore(2014), p. 684. 같은 이유에서 패스나우는 성체 변화 학설이 우연류의 독립적 존속 여부에 대한 철학자들의 의견을 갈랐다는 듯이 말하는 앞서 인용한 벨의 말이 과도하게 단순화된 기술이라고 본다. 즉 이 문제는 신학적 맥락 외에 형이상학적 맥락에서 이미 제기된 것이다.

트)는 실재적 성질들이 단지 우리와 인접해 있는 입자들의 운동에 불과하며, 이를 통해 우리가 저 다양한 인상들을 지각하고, 마지막으로 이것들을 색, 맛, 냄새라는 이름으로 부른다고 생각한다. 따라서 모양, 연장, 운동성만이 남는다. 그러나 저자(데카르트)는 이 능력들이 그것들이 내재하는 어떤 실체 없이 이해될 수 있다는 것을 부정하며, 따라서 실체 없이 실존할 수 있다는 것 역시 부정한다."[38] 이처럼 데카르트의 양태 개념이 중세 스콜라 철학의 실재적 성질 개념을 대체하면서, 변화에 대한 기하학적 설명을 가능하게 한다.

마지막으로 데카르트는 실재적 성질 이론에 전제된 구별 이론을 비판하면서 '양태적 구별'을 대안으로 제시한다. 앞서 인용한 『역사 비평사전』의 벨의 진술에 따르면, 실재적 성질 이론의 옹호자들은 우연류가 "그것의 주체 없이도 존속할 수 있다."라고 본다. 이는 "실체와 우연류 사이의 실재적 구별을 인정하고 이 두 종류의 존재 사이에 양방 간의 분리 가능성을 인정"[39]하는 것이다. 이와 달리 양태적 구별에서는 두 항 사이에 일방향의 독립성만 있다. 실체는 양태 없이 생각될 수 있지만, 양태는 실체 없이 생각될 수 없다. 요컨대 양태는 실체에 존재론적으로나 인식론적으로나 의존하고, 따라서 실체의 변양 외에 다른 것이 아니다. 실재적 성질 학설을 거부하면서 데카르트가 강조한 것이 바로 이것, '~외에 다른 것이 아니다'이다. 즉 "양태들을 실체나 혹은 다른 사물들과 분리된 채 존재하는 사물로 보지 않고 이들의 양태로 보는 한 우리는 그것들을 실체와 마찬가지로 명석판명하게 인식할 수 있다."[40]

---

38   AT VII, 217~218.

39   Bayle((1820)2006), p. 463.

이처럼 실재적 성질을 양태로 환원한 것은 철저하게 인식적 요구에 따른 것이다. 이제 남는 문제는 데카르트가 양태에 과연 어떤 존재론적 지위를 부여하는가이다.

(2) 양태의 실재성과 그 취약함

데카르트는 실재적 성질을 폐기하면서 유명론적 입장에서[41] 존재론적 절약 원칙을 지키면서도, 양태 개념을 통해 다양한 존재 양상을 섬세하게 구별한다. 전통적으로 인정되어 온 구별은 실재적 구별과 개념적 구별('이성의 구별' 혹은 사고상의 구별)의 이분법이다. 전자는 사물에 실재하는 구별이고, 후자는 지성이 도입하는 구별일 뿐 지성 바깥에 상응하는 사태가 없는 경우에 해당한다. 이 둘 사이에 데카르트는 양태적 구별이라는 이름으로 제3의 구별을 도입한다. 앞서 말했듯 양태는 실체와 실재적으로 구별되지는 않지만, 그럼에도 양태와 실체의 구별은 개념적 구별 이상이다. 개념적 구별과 달리, 그리고 실재적 구별과 마찬가지로 양태적 구별은 사고상의 구별이 아니라 실재에 기반한 (*in re*) 구별이다. 더 나아가 데카르트는 실재성(사물임 혹은 존재)에 정도가 있음을 인정하면서,[42] 양태에 실체의 실재성으로 환원되지 않는 고

---

40   『철학의 원리』, 1부, 64항: 데카르트(2002) 53쪽, 1부, 65항: 데카르트(2002), 54쪽 역시 참조하라.

41   이에 대해서는 Nolan(1997b), (1998)을 참조하라.

42   이는 「3성찰」에서 관념이 갖는 표상적 실재성의 크기(이는 형상적 실재성의 크기에 근거한다.)에서 암시되고, 특히 「세 번째 반박과 답변」에서 명시된다. 홉스의 다음과 같은 반박은 양태에 실재성을 인정하는 것이 쉽게 이해되기 어려운 것임을 보여 준다. "데카르트 씨는 더 많은 실재성(이라는 용어로) 무엇을 말하려는지 다시 한번 생각해 보았으면 한다. 실제성이 많고 적고

유한 실재성이 있다는 것 역시 인정한다. 물론 실체는 양태보다 "더 실재"(magis res)이다. 그러나 이는 실체의 실재성보다는 덜하지만 어쨌거나 양태 역시 실재성을 갖는다는 것을 함축한다. 양태가 어떤 점에서 실재성을 갖는지는 사유 양태와 연장 양태를 데카르트가 어떻게 다루는지를 통해 엿볼 수 있다.

우선 사유 양태인 관념의 실재성이다. 「3성찰」에서 데카르트는 관념이 단지 '무는 아니다'(non nihil)라는 최소한의 실재성을 출발점으로 삼아 관념에 인과 공리를 적용하고, 내가 가진 무한자의 관념(이 지닌 표상적 실재성)의 형상적 원인으로서 신이 존재함을 증명한다. 「첫 번째 반박」에서 「3성찰」의 후험적 증명을 두고 사물이 아닌 관념에 왜 인과율을 적용해야 하는지 납득할 수 없다는 카테루스의 반응이 잘 보여주듯, 데카르트 신 존재 증명의 혁신성은 바로 관념이 가진 모종의 실재성을 근거로 거기에 인과율을 적용할 수 있었다는 점이다.[43] 다음으로 연장의 양태를 보자. 연장의 양태 가운데서도 크기나 수와 같은 것은 연장된 물체와 사고상으로만 구별되는 것, 즉 실체의 존재를 떠나서는 아무것도 아닌 것이다.[44] 형태와 같은 명실상부한 양태의 경우에도 입자들, 즉 연장 실체의 부분들의 자리 배치로 환원될 수 있고, 데카르트가 입자론을 지지했다는 점을 고려하면, 그가 명확하게 양태 실재

할 수 있다는 말인가? 만일 그가 어떤 것이 다른 것보다 더 많은 것이라고(어떤 사물이 다른 사물보다 더 사물(res)이라고) 생각한다면, 어떻게 …… 설명할 수 있을지를 생각해 보았으면 한다."(AT VII, 185: 데카르트(2012), 140~141쪽) 이에 데카르트는 다음과 같이 답한다. "나는 실재성이 어떻게 많고 적고 할 수 있는지에 대해서도 충분히 설명했다. 따라서 실체는 양태보다 더 많은 것(magis res)이다."(AT VII, 185: 데카르트(2012), 141쪽)

43 이에 대해서는 김은주(2014)를 참조하라.

44 『철학의 원리』, 2부, 8항.

론의 입장에 섰다고 보기 어려울 수도 있다. 양태들은 실체의 부분들의 배치로 환원되기 때문이다.[45] 그러나 다음과 같은 근거로, 연장의 양태인 운동에 대해서만은 명백하게 실재성을 인정했다고 볼 수 있다.[46] 첫째, "물질의 양태로서 운동하는 물질에 존재하는 것에 불과할지라도, 그 운동은 규정된 특정한 양을 지니고 있다."[47] 둘째, 운동 역시 실재하는 것으로서 원인을 갖는다. 하나는 세계에 있는 모든 운동의 일반적 원인으로서의 신이며, 다른 하나는 전에 운동하고 있지 않던 물질의 부분들을 운동하게 하는 특수한 원인이다. 각 부분에서 운동의 양이 변하더라도 신은 우주 전체 안에 동일한 양의 운동을 보존한다.[48] 셋째, 양태인 운동에 원인이 필요할 뿐만 아니라, 운동 자체가 물질 안에서 차이를 일으키는 원인의 역할을 한다. "물질의 다양함이나 물질의 형상들의 차이는 모두 운동에 의존해 있다."[49]

물론 데카르트가 전통적 기체 개념을 폐기하지 않는 한, 실체-속성 개념에서처럼 실체-양태 개념에서도 애매성이 남을 수밖에 없다. 전통적 기체 개념의 효력은 양태의 경우 속성보다 더 크게 남는다. 우

---

45 패스나우는 입자들을 실체의 부분들로 보고 실체의 편에 놓으면 실체로의 환원론에 가까운 양태의 실체 수반론이 되지만, 자리 배치(location) 역시 양태로 보면, 양태 실재론이 된다고 분석하면서, 이 애매성을 지적한 바 있다. Pasnau(2011), pp. 269~275.

46 패스나우는 데카르트의 양태 실재론이 갖는 애매성을 올바르게 지적했으나, 운동의 적극성에 대해 언급하지 않음으로써 데카르트에게서 양태가 갖는 적극성을 충분히 고려하지 못한 듯 보인다. 가령 양태가 인과적 역할을 하는 경우를 성체 변화에서 표면이라는 양태가 하는 역할에 국한해서,(Pasnau(2011), p. 265) 그러니까 예외적으로만 주목할 뿐, 자연학에서 운동의 역할은 고려하지 않고 있다.

47 『철학의 원리』, 2부, 36항.

48 『철학의 원리』, 2부, 36항.

49 『철학의 원리』, 2부, 23항.

선 속성은 불변하고 실체와 분리 불가능한 반면 양태는 가변적이고 우연적이므로, 실체는 양태와 동일시되지 않고 양태 아래에 불변의 기체로 놓여야 할 것이다. "우리는 실체 그 자체를, 그 자체를 통해〔한글 번역에서 누락〕직접적으로 인식하는 것이 아니라, 단지 그것이 어떤 행위들의 기체라는 것〔행위들의 밑에 놓여 있음〕을 통해 인식할 따름이다."[50] 가령 밀랍 분석에서 변하는 것은 양태들이며, 그 밑에 놓인 불변하는 것이 실체이다. 그러나 실체 자체는 양태와 별도로 인식되지도 않고 규정성을 갖지 못한다. 데카르트가 기체 개념을 폐기하지 않는 한, 물질은 제1 질료와 비슷한 지위를 갖게 되는 것이다. 더욱이 위에 나열한 운동이라는 양태의 마지막 특징, 운동이 원인의 역할을 한다는 점에서 알 수 있듯이, 적어도 연장 실체의 경우, 실체가 양태를 규정하는 역할을 하는 것이 아니라 양태가 실체를 규정하는 역할을 하고[51] 오히려 실체는 규정 가능한 것 혹은 미규정적인 것이 된다.[52]

다만 실체와 양태가 서로 일치하게 되면서 기체의 통념이 제거되

---

50 「세 번째 반박에 대한 답변」,§2, AT VII, 176: 데카르트(2012), 129쪽.

51 김성환은 이 문제를 데카르트의 실체, 속성, 양태 개념의 애매성과 관련시키지는 않고, 대신 데카르트의 환원주의가 '연장으로의 환원주의'가 아니라 '연장과 운동' 혹은 '연장과 양태들'로의 환원주의라고 규정하는 것으로 만족한다. 즉 "연장 없이는 나머지 성질을 알 수 없다는 명제는 연장에 대한 앎이 우리가 나머지 성질을 아는 데 원칙으로 필요한 조건일 뿐이라는 약한 의미로 해석해야 한다."(김성환(2008), 125쪽)라고 보고, 특히 운동이 물체의 다양성을 설명하는 개념으로서 "연장과 대등한 역할"을 하며,(같은 책, 123쪽) 그 외에 크기와 같은 양태 역시 필요함을 강조한다.

52 패스나우에 따르면 바로 이것이 수아레스 실체 개념의 특징이고 데카르트 역시 이를 어느 정도 받아들인다. 수아레스에게서 양태는 실체를 규정하는 역할을 하며, 역으로 실체는 그 자체로는 미규정적이다. 따라서 실체와 양태는 하나 없이는 다른 하나를 생각할 수 없고, 따라서 둘 다 불완전한 성격을 띤다. 패스나우에 따르면 데카르트는 이런 수아레스적 실체 개념을 어느 정도 받아들인다. Pasnau(2011), p. 272.

는 형이상학적 지점이 있다. 데카르트의 연속 창조론이 가정하는 '순간'의 지점이다. 여기에서 실체와 양태를 가르는 문턱은 사라진다. 이점은 우선 코기토의 발견에서 시사된다. "나는 존재한다, 나는 현존한다는 이 명제는 마침내, 내가 그것을 발화할 때마다 심지어 정신에 떠올릴 때마다, 필연적으로 참이라고 결론지어야 한다."[53] "사유이다, 이것만이 나로부터 떼어 내질 수 없다. 나는 존재한다, 나는 현존한다. 확실하다. 그러나 얼마 동안? 물론 내가 사유하는 동안. 왜냐하면 어쩌면 내가 모든 사유를 그친다면, 나는 그 즉시 존재하기를 완전히 멈추는 일이 생길 수도 있기 때문이다."[54] 이 진술들에서 공통으로 확인할 수 있는 것은 이것들이 사유라는 활동 아래에 존속할 어떤 기체 개념을 상정하지 않는다는 점이다. 양태의 실재성에 주목하지 않은 홉스는 데카르트가 사유를 발견할 때 기체를 전제한다고 보고, 이 기체를 물체적인 것이라고 생각한다. 이에 대한 답변에서 데카르트는 사유(*cogitatio*)가 '사유 활동'이나 '사유 능력', 혹은 사유 실체(*res*)를 모두 의미할 수 있음을 환기하면서, 「2성찰」의 이 단계에서 이 기체가 무엇인지는 알 수 없고, 이후 「6성찰」에 가서야 정신과 신체의 실재적 구별이 이루어진다고 반박한다. 실제로 「2성찰」에서 데카르트는 순간만을 고려할 뿐 사유의 지속, 혹은 다양한 사유 가운데서도 불변으로 남아 있는 영혼 같은 것을 상정하지 않는다. 그렇게 해야 할 형이상학적 필요성은 「3성찰」의 연속 창조론에서 드러난다. 순간에 불과한 사유에 지속을 부여하는 것은 나라는 사유 실체 자신이 아니라 신이다. 순간만을 고려하면

53   「2성찰」, AT VII, 25: 데카르트(2021), 45쪽.
54   「2성찰」, AT VII, 27: 데카르트(2021), 48쪽.

실체와 양태 사이의 존재론적 문턱은 제거되는 것이다.

이 점은 운동이라는 양태의 자기 보존 원리에서도 확인할 수 있다. 『철학의 원리』에서 데카르트는 오늘날 관성의 원리로 알려진 상태 유지의 원리("각 사물은 할 수 있는 한 자기 상태를 유지하고자 노력한다.")와 직선 운동의 원리를 각각 자연의 제1 법칙과 제2 법칙으로 설정한다.[55] 또한 그는 이 두 법칙을 포함한 세 가지 자연법칙 및 운동량 보존을 모두 신의 특성(불변성)을 통해 뒷받침하면서도, 제1 법칙인 코나투스만은 신의 특성에 앞서 공리로 내세운다.[56] 그리고 이런 공리적 설정에는 전략적 의미가 있다. 스콜라적 운동관에 따르면 운동이나 정지에는 고유한 실재성이 없다. 운동은 자기 반대물(정지)을 향해 가는 이행적인 존재에 불과하며, 정지는 또한 자기 반대물(운동)의 결여태로 정의된다. 이를 효과적으로 비판하기 위해, 데카르트는 공리처럼 받아들여지는 각 '사물'의 자기보존 경향을 운동과 정지에, 즉 실체의 '양태들'에 적용한다. 정지를 지향해 가는 운동이란 본성상 자기 파괴적인 것이 될 테고, 이 불합리를 근거로 스콜라적 운동관은 손쉽게 반박된다. 운동과 정지라는 양태를 "그 자체로"는, 곧 다른 장애물이 없을 경우 보존되는 것으로, 즉 '사물'로 보면서 존재론적 지위를 상승시키는 것이다. 그러나 상태의 이런 자기 유지 경향은 순간에만 유효할 뿐이다. 그 고유의 지속이 없는 것이다.

이제 스피노자가 실체의 양태에 불과한 것에 물체나 정신처럼 흔

---

55   『철학의 원리』, 2부, 37~38항.

56   이후『윤리학』에서 스피노자가 코나투스를 신의 역량을 통해 뒷받침하기(3부 정리 6) 이전에 우선 공리적인 것으로 설정하듯이(3부 정리 4) 말이다.

히 실체로 간주되어 온 사물을 포함시킨 것은, 데카르트가 남겨 놓은 애매성을 해소하고 양태에 온전한 실재성을 인정하는 동시에 기체의 통념을 완전히 제거하는(왜냐하면 기체는 양태와 온전히 동일시되므로) 행보일 것이다. 그러나 스피노자가 이 사물을 굳이 '양태'나 '변용'이라는 용어로 부른 이상, 이 사물들에 흔히 인정되어 온 실재성 역시 얼마간 박탈해야 한다. 양태의 '내속' 문제를 둘러싼 스피노자 연구자들의 논쟁은 이 실재성을 얼마나 인정하거나 박탈해야 하는가의 문제를 둘러싼 논쟁이라 할 수 있다. 이어지는 장들에서 이 쟁점들을 세부적으로 고찰하기 전에, 아래에서는 스피노자가 데카르트로부터 물려받은 양태 개념의 실재성과 의존성을 어떤 식으로 변형하는지를 살펴보고 그가 양태에 어떤 본질과 어느 정도의 실존을 인정하는지 고찰한다.

4 스피노자에게서 양태의 본질과 실존

(1) 양태의 적극적 본질과 필연적 실존

스피노자가 다른 철학자들이 말하는 개별 실체, 곧 아리스토텔레스적 제1 실체나 데카르트의 사유 실체나 물체를 굳이 실체가 아닌 실체의 양태(혹은 변용)라고 부를 때, 이는 단지 이런 개체들의 존재론적 지위를 강등시킨 것만은 아니다. 그것은 사물이 아니라 사물의 양태로 인식되어 온 것들에 적극적 존재론적 지위를 부여하면서 데카르트에게서 시작된 양태 존재론을 전면화하는 것이기도 하다. 내가 말하는 양태 존재론이란 "기하학화된 자연," 즉 기하학적으로 인식된 자연에 온전한 실재성을 인정하는 기획이다. 이를 굳이 양태 존재론이라 부르는 것은 특별히 양태의 존재론적 지위 변경을 통해, 자연의 기하학화에서 괄호쳐져 있던 인식된 자연의 존재론적 적극성이 명시되기 때문이다. 데카르트가 양태에 대해 '무는 아니다'라고 하면서(관념의 경우) 혹은 자기보존을 순간에 한정하여 인정하면서(운동의 경우) 실재성을 최소화하여 부여한다면, 스피노자는 '사물'에 대해 인정되었던 본질과 실존을 명실상부하게 양태에 부여하게 된다.

먼저 본질의 측면을 보자. 첫째, 데카르트에게서 '관념'은 사유의 기본 양태이다. 관념이 있어야만 욕망이나 공포와 같은 다른 사유 양태가 있을 수 있다. 우리가 이 책에서 다루지 않을『윤리학』2부에 따르면, 스피노자에게도 관념은 사유 속성의 일차적 양태이다. 그런데 스피노자가 말하는 관념에는 정신의 양태인 관념, 정신이 갖는 관념만이 있는 것이 아니다. 정신의 양태인 관념이 아니라 정신'인' 관념이 있고 이 정신인 관념이 다시 관념들을 '갖는다'.(2부 정리 11) 다시 말해 정신 자신이 하나의 관념이며, 이 관념의 대상은 현행적으로 실존하는 신체, 곧 특정한 운동과 정지의 비율로 정의되는 신체이다. 물론 정신이 갖는 관념들 역시 관념이며, 이 관념들의 대상은 신체의 다양한 변용들이다. 둘째, 데카르트에게서 연장의 대표적 양태는 운동이다. 스피노자에게서 운동은 운동과 정지의 비율이라는 형태로 실존하며 그렇기 때문에 상태 변화에도 불구하고 특정 비율만 유지되면 동일성을 유지한다. 연장된 사물, 곧 물체의 본질은 다름 아닌 운동과 정지의 비율(2부 정리13의 주석 이하의 증명)이다. 마지막으로 데카르트에게서 사유의 또 다른 양태인 감정, 그 가운데서도 욕망을 보자. 스피노자에게서 욕망을 포함한 모든 감정은 신체와 정신에 동시에 속하며, 운동과 정지의 특정 비율

(그리고 그것에 대한 관념)을 역량의 증감이라는 역동적 관점에서 고찰한 것이다. 스피노자는 욕망을 자기 존재를 유지하려는 노력이자 모든 존재의 현행적 본질인 코나투스와 동일시한다.(3부 부록, 정의 1) 정신인 관념, 운동과 정지의 비율, 욕망—본질에 대한 이 모든 규정에서 사물은 기체로서의 실체 없이 오직 양태적인 존재만으로 정의된다. 달리 말해 양태가 사물의 역할을 완전히 대체한다. 그러니까 각각의 정신은 관념 아래에 있는 주체가 아니라 관념이고, 각각의 물체는 운동-정지의 비율을 떠받치는 기체가 아니라 비율이며, 인간은 노력하거나 욕망하는 주체가 아니라 이 노력이나 욕망이다. 양태 범주를 이용한 사물에 대한 이와 같은 재정의는 이전에 사물로 인정되던 것 쪽에서 보면 존재론적 강등이지만, 사물에 내속하는 양태로 간주되던 것 쪽에서 보면 존재론적 지위 상승이다.

다음으로 실존의 측면을 보자. 데카르트에게서 양태는 '무는 아니'지만 이는 실존한다는 의미보다는 '무엇임'의 의미에 더 가깝다. 「5성찰」에서 데카르트는 정신이 삼각형의 본질로부터 특성들을 연역할 때, 이 본질이나 특성들이 내 정신이 자의적으로 만들어 낸 허구가 아니며 내 정신 바깥에 그것들이 실존하는지의 여부와 무관하게 "참되고 불변하는 본성"을 갖는다고 말한다. 이를 근거로 그는 이것들이 '무가 아니다'라고 결론 내리고, 그런 다음 이것들이 '있다'라고 단언한다. 그런데 "내 정신 바깥에 실존하는지의 여부와 무관하게"라는 말이 가리키듯, 여기서 말하는 '있음'은 형상적 실재성을 가리키는 것이 아니라 표상적 실재성에 불과하다.[57] 게루의 표현을 따르자면, 여기서 긍정되는 것은

---

57   이에 대해서는 Normore(1986), Wells(1990)을 참조하라.

명석판명한 관념의 '객관적' 타당성으로서 존재론적 성격보다는 인식론적 성격이 강하다.[58] 존재론적으로 보자면, 신의 본질을 제외하면 모든 본질은 현실적이지 않고 가능적인 것이다.[59] "우리가 어떤 것들을 생각하고자 한다면 그것들을 실존하는 것들로 생각해야 하더라도, 이로부터 나오는 결론은 그것들이 실존한다는 것이 아니라 단지 실존할 수 있다는 것이다."[60] 스피노자의 양태 역시 기하학적으로 인식된 본질이다. 그러나 그는 기하학적 존재자들을 데카르트처럼 실존을 결여한 존재로서 고려하는 것이 아니다. 그는 기하학적 존재에 대해서나 자연적 존재에 대해서나 '실존'을 동일한 의미로 사용하며, 실존 판단에 동일한 원리를 적용한다. 앞서 본 정리 11의 두 번째 신 존재 증명에서 그는 모든 것에는 실존이나 비실존의 '원인 또는 근거'가 사물의 안(그것의 본성)이나 밖(인과의 전체 질서)에 있어야 한다고 말하면서 전자인 실체의 경우와 대비하여 삼각형과 원, 그리고 네모난 원과 같은 기하학적 존재

---

58 게루의 다음과 같은 표현처럼, "나는 그것들이 명석 판명하기 때문에, 바로 이 점으로 인해 충만하게 실재적임을 확실하게 안다. 그런데 모든 실재적인 것은 참된 것인데, 왜냐하면 신이 거기에 참여하기 때문이다. 관념의 객관적 가치는 자연 안의 어떤 사물의 실존과는 완전히 무관하다. (……) 관념의 이런 객관적 가치가 실존을 토대로 하기보다 오히려 실존이 이 가치를 토대로 한다." Gueroult(1968), p. 334.

59 실제로 데카르트가 불변의 본질을 사고상의 것으로 보았다는 개념주의적 입장(AT IIIA, 27~28; AT IV, 348~350)과 실제로 존재하는 것으로 보는 플라톤적 입장(AT IV, 348~350) 모두 찾을 수 있으며, 어느 쪽이 그의 입장을 더 정확히 대변하는지는 논란거리이다. 위 두 입장을 각각 대표하는 Gewirth와 Kenny(1970) 외에 플라톤적 이데아처럼 객관적인 것으로 보되 신과 구별되지 않는 '신의 명령'(divne decrees)으로 보는 Schmaltz(2009)의 논의나, 이 본성이 '본유 관념'임을 근거로 이에 반대하는 개념주의적 해석으로 Gueroult(1968), p. 374와 Nolan(1997), Chappell(1997)을 참조하라.

60 「첫 번째 답변」, AT VII, 117: 데카르트(2012), 52쪽.

를 사례로 든다. 네모난 원이 비실존의 근거가 자기 안에 있는 것이라면, 삼각형이나 원은 이 책상이나 저 강아지와 마찬가지로 실존의 원인 또는 근거가 그 본성이 아니라 물질적 자연 전체의 질서 안에 있다.

나아가 이 모든 양태들은 단지 실존할 뿐만 아니라 필연적으로 실존한다. 앞서 보았듯, 데카르트에게서 양태는 스콜라 철학의 실재적 성질과 달리 실체에 내속하지 않고서는 실존할 수 없다. 그러나 실체만큼 온전하게는 아니라도 양태 역시 형상적 실재성을 지닌다. 달리 말해 양태는 그것이 내속하는 실체나 다른 양태들과 실재적으로 구별되지는 않지만 양태적으로는 구별되며, 양태적 구별은 실재적 구별은 아니지만 단순한 개념적 구별이 아니라 실제상의 구별이다. 스피노자가 양태를 다른 것 안에 있고 다른 것에 의해 인식된다고 정의할 때, 여기에는 양태가 실체에 내속하지 않고서는 실존할 수 없다는 일종의 데카르트적 공통관념이 배어 있다. 그런데 바로 이 의존성 덕분에 양태는 단지 일정한 실재성을 가질 뿐 아니라 명실상부하게 실존하며, 심지어 인식 가능한 모든 양태가 필연적으로 실존한다. 이는 다음처럼 정당화된다.

(i) 신이라는 실체는 절대적으로 실존한다(정리 11).

(ii) 실체는 분할 불가능하다(정리 12, 정리 13).

(ii) 신 외에는 어떤 실체도 존재할 수도 인식될 수도 없다(정리 14).

(iv) 존재하는 모든 것은 신 안에 있다(정리 15).

(v) 인식될 수 있는 모든 것이 신의 본성의 필연성으로부터 신 안에 따라 나온다(정리 16).

(vi) 인식 가능한 모든 사물은 신 안에 필연적으로 실존한다.

이렇게 볼 때 사물은 단적인 '사물'로서는 실존하거나 하지 않을지 몰라도, 실체의 '양태'로 간주되는 한에서는 필연적으로 실존한다. 내속 관계는 양태의 실재성을 박탈하거나 약화하기보다는 오히려 필연화하는 것이다.

그러나 이렇게 이해된 내속 관계에 따르면 현실의 존재자들이 너무 방만하게 늘어날 것 같다. 인식 가능한 모든 것들이 신 안에 있다면, 혹은 컬리 식으로 말해 자연법칙들에 의해 산출 가능한 모든 것이 신 안에 있다면, 그리고 신의 역량에 의해 가능한 모든 것들이 실존한다면, 가능한 것과 현실적인 것은 어떻게 구별할 수 있는가? 지성에서 인식되기만 한 것과 현실적으로 존재하는 것, 혹은 가능적인 것과 실재적인 것의 차이를 무시하고 과연 똑같이 '현실적 실존'을 인정할 수 있는가? 더구나 내속 관계 덕분에 원리상 필연적으로 실존해야 할 양태들이 실존에서 제한된다는 것 역시 부인할 수 없다. 그렇다면 이 제한은 어떻게 일어나는가?

(2) 두 종류의 현실적 실존?

스피노자는 인식 가능한 모든 본질이 현실적으로 실존한다고 말하지만 현실적 실존에 구별을 도입하여 위의 물음에 답하려는 듯 보인다. "신의 속성 안에 포함되는 한에서만" 현실적으로 실존하는 것과 이와 더불어 시공간 안에 실존한다는 의미에서도 현실적으로 실존하는 것이 그것이다. 그리고 이에 대한 이해를 돕기 위해 기하학적 사례 하나를 제시한다. 이 정리와 예시의 전문을 살펴보자.

2부 정리 8의 따름 정리. 개별 사물들이, 신의 속성들 안에 포함된 한에서가 아니고는 실존하지 않는 동안은〔E1〕, 그것들의 표상적 존재, 또는 관념들은 신의 무한 관념이 실존하는 한에서가 아니고는 실존하지 않는다. 그리고 개별 사물이 신의 속성들 안에 포함되는 한에서만이 아니라 지속한다고 말해지는 한에서 역시 실존한다고 말해질 경우〔E2〕, 그것들의 관념들 역시 실존 — 이를 통해 그것들이 지속한다고 말해지는 — 을 함축한다.

2부 정리 8주석. 원은, 그 안에서 서로 교차하는 모든 직선의 선분으로 형성되는 직사각형이 서로 동등하다는 성질을 지니고 있다. 따라서 원 안에는 서로 동등한 무한하게 많은 직사각형이 포함되어 있다. 그럼에도 이 직사각형들 중 어떤 것도, 원이 실존하는 한에서가 아니라면, 실존한다고 말할 수 없으며〔E1'〕, 이 직사각형들 중 하나의 관념 역시, 원의 관념 안에 포괄되어 있는 한에서가 아니라면 실존한다고 말할 수 없다. 이제 무한하게 많은 직사각형들 중에서 단지 두 개, 곧 E와 D만이 실존한다고 생각해보자. 이제 분명히 그 관념들 역시 실존하는데, 이는 단지 이 관념들이 원의 관념 안에 포괄되어 있는 한에서만이 아니라 또한 이 관념들이 이 직사각형들의 실존을 함축하는 한에서도 그렇다〔E2'〕. 이로 인해 이 관념들을 여타의 (*reliquis*) 직사각형들에 대한 여타의 관념들과 구별되게 된다.(강조는 인용자)

양태가 실체에 내속하는 덕분에 필연적으로 실존한다는 것은 "신의 속성들 안에 포함된 한에서의 실존"으로 표현되어 있다. 그런데 E1과 E2로 표시했듯 실존의 구도는 이중적인 것처럼 보인다. E1은 시공간을 초월하는 실존이고, E2는 시공간 안의 실존이다. 이렇게 보면 E1은 흔히 말하는 '가능적인 것' 혹은 사물이 창조되기 전에 신의 지성 속에 있는 관념들이 아닌가? 물론 스피노자는 이 기하학적 사례를 들기 전에, 자신이 말하고자 하는 사태가 '유일한 것'이라, 이를 적합하게 설명할 사례가 없으며, 다만 사태를 할 수 있는 한 명료히 예증하기 위한 것이라는 한정을 분명히 한 바 있다. 그러나 실존의 이중화는 5부에서 명확한 형태로 다시 나타난다. 그는 5부 정리 29의 주석에서 '가능적'/'현실적'의 짝 대신에 '현실적'의 의미를 두 가지로 구분한다. 즉 하나는 '특정 시공간과 관련되는 한에서'의 현실성이고 다른 하나는 '신 안에 포함되어 있고 신적 본성의 필연성으로부터 따라 나오는 한에서'의 현실성이다. 이는 방금 2부 정리 8의 따름 정리에서 본 것과 동일한 구분이다. 요컨대 스피노자는 가능적인 것의 존재를 인정하지 않는 대신 두 종류의 현실적 실존을 인정한다. 이것은 가능적인 것과 현실적인 것의 통상적 짝을 이름만 바꾼 것 아닌가? 스피노자는 신의 역량에 대한 독특한 관점을 내세워 양태의 실재성을 급진화하지만, 결국은 다시 상식적 관점으로 돌아오는 것 아닌가? 이 물음에 대한 답은 시공간적 실존 E2와는 구별되는 실존 E1을 무엇으로 볼 것인가에 달려 있다. 두 실존의 실질적 구별을 강조할 경우, 가능적인 것을 인정하는 상식적 관점, 나아가 가능적인 것(E1)에 우위를 부여하는 플라톤적 관점으로 귀착될 여지가 많다. 이 구별을 반대하는 자들은 바로 이 플라톤적 관점을 부인하지만, 이 구별의 성격이 오리무중이 된다.

먼저 이 두 질서의 실질적 구별을 강조하는 대표적 입장으로는 다음 네 가지를 들 수 있다. (i) E1과 E2를 각각 개별화되지 않은 본질과 개별화된 실존으로 해석하는 요아킴의 해석, (ii) E1과 E2를 마찬가지로 본질과 실존으로 해석하되 둘 다 개별화된 것으로, 즉 E1을 영원한 본질들의 질서에 속하는 것으로, E2를 가변적인 실존들의 질서에 속하는 것으로 구별하는 게루의 해석, (iii) E1을 '형상적 본질'(*essentia formalis*)로, E2를 '현실적 본질'(*essentia actualis*)로 간주하는 개럿의 해석, (iv) E1을 내포량들로, E2를 외연량들로 간주하는 들뢰즈의 해석이 있다. 이 해석들은 각각 상이한 문제점을 가지고 있지만, 가장 결정적인 공통의 문제는 어떤 이름으로 부르든 현실적 본질(실존)의 영역과 이를 초월하는 본질(본질)의 영역을 나누어야 할 필연성을 해명하지 못한다는 점이다. 실존하는 본질을 이렇게 두 배로 늘려야 하는 이유, 달리 말해 존재자를 중복시켜야 하는 이유가 무엇인가? 특히 개럿은 스피노자에게서 '형상적 본질'의 짝이 '현실적 본질'이 아니라 '표상적 본질'이라는 점을 간과하고 그 결과 형상적 본질을 현실적 본질의 대립인 잠재적 본질처럼 해석하는데, 이는 명백한 오독이다. 더구나 모든 이원론이 그렇듯 이런 이중화는 어떤 위계를 포함한다. 이들 대부분은 E1이 실재이고 E2가 가상이나 현상에 불과하다거나(울프슨, 요아킴) 전자는 구체적이고 후자는 추상적이라고(게루), 전자는 영원하고 후자는 일시적이라고(들뢰즈) 본다. 물론 이런 비동등성은 스피노자 자신이 영원과 지속에 대해 각각 다른 가치를 부여하는 듯한 여러 구절을 통해 지지될 수 있다. 그러나 사물의 차원을 나누고 두 차원을 비동등하게 취급하는 이런 이원론은 형이상학적 실재와 자연적 현상을 구분하는 라이프니츠적 관점에 가깝다.

이 중 현재 적어도 한국에서 가장 큰 영향력을 행사하고 있다고 볼 수 있는 들뢰즈의 해석만 좀 더 상세히 고찰해 보자. 흔히 본질과 실존을 구별하는 데 반하여 들뢰즈는 E1이 '본질 자체의 실존'이라는 데 주목한다. 본질에 실존이 덧붙여지는 것이 아니라 "본질은 본질로서 실존을 갖는다". 그는 이런 본질의 실존(E1)을 해당 양태 자체의 실존(E2)과 구별하고 "양태의 본질은 해당 양태가 실존하지 않더라도 실존"하며,[61] "논리적 가능성도, 수학적 구조도, 형이상학적 실재도 아닌, 자연학적 실재, 자연학적 사물"[62]임을 강조한다. 그런 다음 이 실존의 특별한 양상을 내포량(혹은 강도)으로, 이와 구별되는 E2의 실존 방식을 외연량으로 개념화한다. 내포량은 서로 간에 수적 구별을 함축하지 않으며, 반면 외연량은 수적 구별까지 함축한다. 전자는 속성이라는 동일한 역량의 부분들에 해당하고, 후자가 서로에게 외적으로 구별되는 사물들에 해당한다. 이와 같은 들뢰즈의 해명은 가능적인 것이란 없고 모든 본질이 실존하며, 또한 실존하는 사물의 실존과도 구별되어야 한다는 요건을 잘 만족시킨다. 또한 2부 정리 8 주석의 마지막에 언급된 구별, 즉 E1들 간의 차이(특정한 내포량들 간의 차이)와 E2 중 하나(특정한 외연량)가 E1의 집합(내포량들)에 대해, 그리고 E2 집합의 다른 개체들(여타의 외연량들)에 대해 갖는 차이를 잘 해명한다. 마지막으로 5부의 난제인 영혼의 사멸하는 부분과 영원한 부분이 무엇인지도 적절하게 해명해준다. 즉 신체의 영원한 본질에 대한 관념으로서의 영혼의 영원한 부분은 내포량에 해당하며, 죽음에서 해체되는 것은 외연적 관계하에 결합된 외연적 부분들에 불과하다. 다른 한편 삶에서 내포량은 외연량과 합성되며 둘 사이의 비율은 각자가 자기 자신이 원인이 되는 능동적 변용들을 얼마나 획득하느냐에 따라 달라질 수 있으므로, 영원성은 이미 획득된 것이기도 하면서 더 많이 획득될 수 있는 것이 된다.

문제는 외연량과 내포량이라는 개념을 스피노자 텍스트에서 확인하기 어려울 뿐만 아니라, 내포적 존재가 처음에는 자연적 실재로 강조

---

61 들뢰즈(2019), 12장, 230쪽.

62 들뢰즈(2019), 12장, 230쪽. 그 외 19장, 386쪽.

되지만, 결국에는 자연적 실재의 형이상학적 토대처럼 다뤄진다는 점이다. 들뢰즈가 이 개념을 도입하는 논리적 과정은 이를 확증할 뿐만 아니라 이런 토대의 도입이 자의적임을 보여 준다. 그는 요아킴과 마찬가지로 그리고 게루와 달리, 본질들(E1)은 그 자체로 개체성의 원리를 갖지 않고, 오직 실존(E2)에서만 구별되는 것처럼 보인다고 말한다. 그런 다음 실존에서의 구별이 단지 외생적 구별에 불과하며, 이와 다른 내생적 개체화의 원리가 있어야 할 것 같다고 문제를 제기한다. 이와 같은 가설적 필요로부터 그는 양태들 간의 외연적 차이에 선행하는 본질들 간의 내생적 구별이 있다고 결론 내리게 된다.[63] 이 추론은 애초에 운동과 정지의 특정 비율이 '외연적' 구별이라는 가정, 그리고 어쨌거나 스피노자에게는 생소한[64] 내포량, 외연량 개념과 둘 사이의 구별에 기초한 것이다. 그다음에도 그는 내포량이 본질을 '구성하거나'[65] '정의하며,'[66] "(내포적) 본질이 (외연적) 관계 속에서 표현되는 것은 사실이지만, 본질이 관계와 혼동될 수 없다"[67]라고 말하는데, 여기서도 본질 자체가 관계일 가능성이 배제되어야 할 특별한 이유는 없다. 다른

63　들뢰즈는 이에 대해 "우리는 스피노자가 이 이론을 명시적으로 전개하지 않고서 양태들의 본질들 자체에 고유한 구별 혹은 개별성 관념으로 향하고 있다"라고 말할 뿐이다.(들뢰즈(2019), 237쪽)

64　내포량은 들뢰즈가 한편으로 베르그손을 참조한 것이기도 하겠지만, 이 맥락에서 더 직접적으로는 둔스 스코투스 혹은 그 학파의 논의를 참조한 것으로 보인다. 『표현 문제』에서 그는 스코투스를 속성들 간의 구별의 맥락에서 언급하지만, 실상 본질과 실존의 구별을 비판하고 '본질의 실존'을 주장하며 본질의 분화를 "형상의 내포의 정도(degré d'intensité)"로 본 스코투스주의자들의 논의(cf. Gilson(1948), p. 133)를 더 직접적으로 참조한 것으로 보인다.

65　들뢰즈(2019), 19장, 386쪽.

66　들뢰즈(2019), 19장, 389쪽.

67　들뢰즈(2019), 19장, 386쪽.

한편 들뢰즈에 따르면 내포량으로서의 본질은 실존으로 '이행'하면서 외연적 부분을 얻는다.[68] 그러나 만일 본질이 양태의 실존과 무관하게 그 자체로 실존한다면, 이것이 다시 양태의 실존으로 이행해야 할 이유는 무엇인가? 결국 들뢰즈가 '본질의 존재(본질의 실존)'와 '실존의 존재(사물 자체의 실존)'를 구별할 때, 우리는 이런 중복을 설정해야 할 근거를 발견할 수 없다.

다른 편에는 이처럼 두 계열의 존재를 구별되는 두 질서로 보는 방식을 '플라톤화하는 해석'이라고 비판하면서, 단 하나의 질서만이 있음을 강조하는 해석이 있다. 먼저 (i) 라에르케는 스피노자에게서 모든 본질이 현실적이며, 스피노자가 '현실적 본질'이라고 말할 때 강조점은 '본질' 일반이 현실적이라는 것이지, 현실적이지 않은 어떤 다른 본질이 있다는 것이 아니라고 주장한다. 그러면서 E1과 E2가 상이한 존재를 가리키는 것이 아니라 동일한 것의 상이한 두 측면(aspect)이라고 본다. (ii) 페어마이렌은 여기서 더 나아가 E1과 E2가 동일한 것의 상이한 두 측면이 아니라 동일한 것을 바라보는 관점(perspective)의 차이에 불과하다고 본다.[69] 이는 내재적 원인과 타동적 원인(수직적 인과와 수평적 인과), 영원한 것과 지속적인 것이 동일한 것을 바라보는 두 관점에 불과하다는 일반적 경우의 한 사례에 불과하다. 이들의 해석은 단 하나의 실재만을 인정한다는 장점이 있다. 그리고 다음과 같은 5부 정리 29 주석의 문면과도 일치한다. "사물들을 현실적인 것으로 인식하는 두

---

68   "모든 본질들은 속성 안에 '복합되어' 있었다. (……) 그러나 실존으로 이행할 때 양태들은 외연적 부분들을 획득한다. 양태들은 크기와 지속을 획득한다."(들뢰즈(2019), 13장, 256쪽)

69   Vermeiren(2022).

가지 방식이 있다. 그것들을 특정한 시간 및 장소와 관련하여 실존하는 것으로 인식하거나, 아니면 그것들 자체를(ipsas) 신 안에 포함되어 있고 신적 본성의 필연성으로부터 따라 나오는 것으로 인식하거나." 여기서 분명 스피노자는 둘의 차이를 '인식하는 방식'의 차이로 규정하고 있다. 그러므로 특정한 운동-정지의 비율이 생성소멸하더라도 그것 역시 '영원'할 수 있다. 그것은 지속 안에서 항상 실존해 왔기 때문이 아니라, (그것은 생성소멸한다고 가정되었다.) 지속의 어떤 시점에, 얼마 동안 실존하든, 무한지성에 의해 인식된 것으로서 영원하다. 이는 다음과 같은 영원성의 정의에도 부합한다. 영원성은 심지어 시작과 끝이 없다 하더라도 "지속이나 시간과 무관"하며(1부 정의 8의 해명) "오직 영원한 사물의 정의로부터 필연적으로 따라 나오는 것으로 인식되는 한에서의 실존 자체"(1부 정의 8)로 정의된다. 이 점에서 '영원하다'와 '영원 진리이다'를 구별하고 "스피노자가 여러 번에 걸쳐 말한 것은 사물들의 본질이 영원하다는 것이 아니라 이 본질이 영원진리라는 것이다"[70]라는 모로의 지적은 유념해 둘 필요가 있다. 그러나 동일한 실재에 대한 두 질서의 존재론적 지위는 여전히 불명확하다. 이들이 말하는 측면의 차이나 관점의 차이는 정확히 무엇을 의미하는가? 이는 사고상의 구별을 뜻하는가?

결국 양태의 본질 이론이 정합적이려면, 다음 세 가지 조건을 모두 만족시키는 해명을 제시해야 한다. 첫째, 5부 정리 29의 주석 등에서 스피노자가 '가능적'이라는 용어를 사용할 수 있는 자리에 굳이 '현실적'이라는 용어를 사용하고자 한다는 점, 둘째, 그럼에도 E1과 E2 간

---

70   Moreau(1994), p. 511.

에 어떤 차이를 인정해야 한다는 점, 마지막으로 두 실존 모두에 충만한 실재성을 부여해야 한다는 점이다. 아래에서 나는 이 조건들을 만족시키는 내 나름의 해석을 가설적으로 제시할 것이다.

(2) 하나의 제안 ― 공통 특성(E1)과 본질(E2)

E1과 E2는 단 하나의 동일한 존재자에 관계하면서 둘 다 개별적이고(2부 정리 8의 따름 정리에 따라), 또한 현실적이이어야(5부 정리 29의 주석에 따라) 한다. 시공간과 관련하여 실존하는 것은 아닌, 그러면서도 이 세 조건을 모두 만족시켜야 할 이 E1은 무엇인가?

스피노자가 '실재적 존재'로 인정하는 것들이 무엇인가라는 물음에서 출발해 보자. 스피노자는 유명론자들처럼 실재적 존재에 아리스토텔레스적 제1실체 같은 개체만을 포함시키는 것이 아니라 이 개체에 일어나는 변용들 역시 포함시킨다. 「형이상학적 사유」에서 그는 오직 '실재적 존재'만을 존재라고 부르며, 존재를 '실재적 존재'와 '사고상의 존재'로 나누는 것을 비판한다.[71] 후자는 무에 불과한데, 마치 존재인 양 생각하게 만든다는 것이다. 여기에 허구적 존재만이 아니라 『윤리학』에서 우리 신체 변용 능력의 한계 때문에 만들어진다고 본 초월자나 보편자들(2부 정리 40의 주석 1)이 포함된다. 그런 다음 '실재적 존재'를 자기 본성에 의해 필연적으로 실존하는 것, 즉 그 본질이 실존을 함축하는 존재를 한편에 두고, 그 본질이 가능적 실존만을 함축하는 존재를 다른 한편에 둔다. 그리고 후자는 다시 데카르트적 의미의 실체와

---

71 「형이상학적 사유」, 1부 1장: Spinoza(1985), p. 301.

그 양태들로 나뉜다.[72] 『윤리학』의 언어로 말하자면, 실체(신), 실체의 변용(개별 사물: 이를 A라 부르자), 그리고 변용의 변용(개별 사물에 일어나는 사건이나 사물의 상태: 이를 a1, a2……라 부르자)이 있고, 첫 번째 것은 필연적으로 실존하며, 뒤의 둘은 본질이 실존을 함축하지 않는다. 스피노자가 말하는 '개별 사물'(res singularis)은 이 가운데 A를 가리킬 것이다. 그런데 a1이 실재적 존재에 포함되는 것은 생소하다. 통상의 관점에서 볼 때 a1은 개별 사물인 양태들에 '내속'하는 상태에 불과할 뿐, 그 자체 실재적 존재자가 아니다. 그렇지만 스피노자가 A에 대해서와 마찬가지로 a1에도 '양태'나 '변용'이라는 동일한 용어를 사용한 이상, a1이 어떻게 스콜라 철학의 '실재적 성질'과 달리 사물의 변양에 불과하면서도 실재적 존재자일 수 있을지 해명을 시도해 볼 필요가 있다.

A가 실체에 의존하듯, a1는 개체인 특정 개체 A에 의존한다. A가 실존하지 않는 한에서는 a1도 실존하지 않을 것 같다. 그러나 그렇지 않을 수가 있다. 스피노자는 베드로가 자기 자신에 대해 갖는 베드로의 관념(P)과 바울이 베드로에 대해 갖는 베드로의 관념(P*)을 언급하고, P는 베드로가 죽으면 사라지지만, P*는 사라지지 않는다고 말한다. (2부 정리 17의 주석) 물론 P*가 베드로에 대한 관념이면서도 바울에게 일어나는 바울의 변용인 한에서, 그것은 바울이 죽으면 사라질 것이다. 그러나 이번에는 'P*를 가진 한에서의 바울'에 대한 관념(P**)을 가진 시메온이 있다고 해보자. 이 경우 P**에는 P와 P*가 함축되어 있을

---

72 데카르트 역시 실재하는 것에 실체와 그 변용들을 포함시킨다. 『철학의 원리』, 1부, 48항에서 그는 우리가 지각하는 것으로 사물, 사물의 상태, 영원진리를 든 다음, 49항에서 영원진리는 존재하는 것이나 존재하는 것의 양태에서 배제한다.

것이고, 베드로나 바울이 모두 사라져도 P^{**}에 함축된 한에서는 남아 있게 될 것이다.

　물론 이것은 관념의 표상적 성격이 갖는 특수성 때문에 생겨나는 경우이지 변용들 일반에 대해 이렇게 말할 수 있는지는 불분명하다. 그러나 실로 특정 개체에 의존하지 않는 변용이 있다. 공통 특성이 그렇다. 그것은 모든 물체에 혹은 몇몇 물체에 공통으로 존재하며 각각의 부분과 전체에 골고루 퍼져 있는 특성들을 가리킨다. 전자를 흔히 보편적 공통 특성이라고 부르고(2부 정리 38), 후자를 특수한 공통 특성이라고 부른다(2부 정리 39). 보편적이든 특수한 것이든 공통 특성은 특정 개체에 의존하지 않는다. 특정 개체가 사라져도 공통 특성은 실존한다. 그러나 그것은 개별 사물들로부터 추상한 보편자와 같은 것이 아니라 개별 사물들 안에서 작동하고 현실적으로 결과를 산출한다. 또한 공통 특성들은 분화되어 있다. 같은 속성의 모든 양태들에 보편적으로 있는 것도 있지만, 몇몇 양태들에 공통되는 더 특수한 공통 특성들도 있다. 그렇다면 공통 특성들을 단지 신의 속성에 포함되는 한에서만 실존하는 개별 사물로 볼 수 있지 않을까? 실제로 공통 특성은 앞서 내가 제시한 E1의 조건을 모두 만족시킨다. 즉 그것은 신의 속성 안에 포함된 것으로서 항상 이미 존재하면서도, E2와 같은 시공간 속에 존재하는 유한한 양태 안에서 작동한다는 점에서 현실적이다.

　이 해석에 제기될 수 있는 가장 치명적인 반박은 E1에 대해 지금까지 우리는 가능적이든 현실적이든 개별 사물 혹은 개별 사물의 본질을 염두에 두어온 반면, 공통 특성은 스피노자가 정의한 좁은 의미에서의 '개별 사물'일 수 없다는 점이다. 그것이 주어진다고 해서 사물이 정립되는 것도 아니고 사물이 제거된다고 해서 그것이 제거되는 것이 아니기 때문에, 공통 특성은 "어떤 개별 사물의 본질도 구성하지 않는다"(2부 정리 37). 그래서 '개별 사물'이 "유한하고 규정된 실존을 가진 사물"로 특정되는 반면, 공통 특성은 '사물'(*res*)이라는 단어 대신, 불특정의 대명사인 '*id*'(2부 정리37, 2부 정리 39), '*illa*'(2부 정리38)로 지칭된다. 그러나 공통 특성에도 여러 수준이 있다는 사실, 그리고 개체들에도 여러 수준이 있다는 사실[73]은 공통 특성을 개별 본질로 간주할 여지를 열어준다. 공통 특성에는 모든 개체(A, B, C, D, E······)에 공통적인 보편적 공통 특성(f) 외에도, 일부 개체(A, B)에 공통적인 특수한 공통 특성(g) 역시 있다. f와 달리 g는 A, B를 다른 그룹 C, D, E와 분화시키는 특성이 된다. 만일 g의 관계가 A, B 각각의 삶에서 주도적 비중을 차지하게 된다면, A, B라는 개체는 다른 물체들이나 물체들의 집합과 구별되는 새로운 개별 사물(G)의 부분이 될 것이다. 공통 특성(g)은 분명 A, B의 수준에서는 "어떤 개별 사물의 본질도 구성하지 않을" 것이다. 그러나 g의 관계를 공유하지 않는 다른 물체들 C, D, E나 이것들의 집합과는 분명 구별되는 개체가 될 것이다. 바로 이런 의미에서 공통 특성은 이미 실존하지만 특정 조건에서 유한하고 규정된 실존을 가진 사물(E2)로 '이행'하게 된다. 이처럼 특정 물체들(A, B)에만 한정되는 특수한 공통 특성(g)의 경우, g는 A와 B의 관점에서는 공통 특성이며 "어떤 개별 사물의 본질도 구성하지 않는다". 그러나 A, B가 g를 따르고, 또한 그런 한에서 다른 물체들(C, D, E 혹은 이것들의 집합 H)과 구별되는 집합(G)을 이룰 때, 이 공통 특성(g)은 이 물체들의 집합으로

---

[73] 마트롱이 개체들의 '층첩'(emboîtement)이라고 부른 이 구조에 대해서는 이 책의 7장과 9장을 참조하라.

이루어진 하나의 전체, 이 전제를 정의하는 운동과 정지의 특정 비율이 아니고 무엇이겠는가? 이렇게 보면 신의 속성 안에 무한하게 많은 공통 특성들이 여러 수준에 걸쳐 포함되어 있고(f, g, h……), 이 중 특정 개체들(A, B)에 관점을 고정하여 이들에 공통된 특성에 주목할 때, 이 특성(g)를 본질로 하는 개별 사물(G)이 실존하게 된다. 공통 특성들은 E1의 사각형들처럼 다른 특성들을 방해하지 않고 그것들에 의해 방해받지도 않으면서 어떤 의미에서는 항상 이미 존재한다. 그러나 관점을 특정 사물들로 한정할 때 E2처럼 개별 사물의 본질이 된다.

5 나오며

이 장에서 나는 우연류를 '실재적 성질'로 보는 스콜라 철학에 반대하여 우연류를 양태로 환원한 데카르트의 양태 이론을 스피노자 양태 개념의 시발점으로 고찰했다. 스콜라 철학에서 실재적 성질은 심지어 실체와 실재적으로 분리가능할 만큼 독립적 실재성을 갖는 양 취급되었다면, 데카르트는 양태가 실체의 변양에 '불과함'을 강조한다. 그럼에도 데카르트는 다양한 존재(곧 형상적 실재성)의 정도를 지닌 존재하는 것들의 위계 안에 무한 실체 및 유한 실체와 더불어 양태를 포함시키고, 실재적 구별과 개념적 구별 사이에 양태적 구별을 포함시키면서, 양태에 미묘한 존재론적 실재성을 부여한다.

스피노자는 이와 같은 데카르트의 입장을 이어받아, 한편으로 양태가 실체의 변양에 '불과하다'는 점을 강조한다. 그러니까 양태는 실체에 내속하는 한에서만 존재하는 것이다. 그러나 가능한 모든 것을 산출하는 신의 역량 개념 덕분에 내속이라는 의존성의 관계는 양태의 실재성을 감소시키는 것이 아니라 오히려 필연적 실존을 부여한다. 이것이 "신의 속성 안에 포함된 실존"이다. 이럴 경우 인식 가능한 사물들이 원리상 모두 실존하며 또한 사물들의 실존이 선험적으로 인식될 수 있을 텐데, 문제는 이것이 과연 현실성 있는 학설이냐는 점이다. 이 문제에 대해 스피노자는 현실적 실존 자체를 두 종류로 나누면서 답하는 듯 보인다. 나는 시공간 속의 실존과 별도로 시공간을 초월한 사물들의 실존을 설정하는 플라톤적 해석이나 잠재적인 것의 존재를 인정하는 해석에 반대하여, 신의 속성 안에 필연적으로, 그리고 일의적 의미에서 현실적으로 실존하는 것은 공통 개념들이라는 것을 주장했다. 물론 공통 개념은 일반적으로 개별 사물의 본질을 이룰 수 없는 것으로 간주되지만, 개체들의 층첩 구조에 따라 기준이 되는 좌표계를 한 수준 더 올리면 상위 개체의 본질로 간주될 수 있음을 보여 주었다.

이처럼 스피노자는 상태나 우연류로 생각되어 온 양태에 본질과 실존을 부여한다. 양태에 그가 부여하는 존재론적 적극성은 다른 한편 그가 무한한 양태가 있음을 인정하는 데서 가장 뚜렷하게 드러날 것이다. 이런 시각에서 우리는 스피노자의 무한 양태를 다룰 것이다. 나는 스피노자의 무한 양태가 결국 방금 말한 공통 개념들이라는 잠정적 결론에 이르렀는데, 그럼에도 무한 양태에 대한 다음 장의 논의는 이런 해석을 전제하지 않고도 성립된다.

5장

무한 양태

1 무한 양태라는 독창적 개념, 그러나 왜 필요한가?

양태는 사물의 상태를 의미한다. 앞 장에서 보았듯 데카르트는 양태에 '무는 아님'이라는 미미한 자격으로나마 존재론적 실재성을 부여하며, 스피노자는 여기에서 더 나아가 양태를 본질을 갖는 명실상부한 사물(실재)로 간주한다. 다른 한편 데카르트는 실체의 주요 속성과는 달리 양태는 가변적이라는 이유로 신에게는 양태를 귀속킬 수 없다고 본 반면, 스피노자는 양태를 신에게도 귀속시키고, 나아가 심지어 무한한 양태들이 있음을 인정한다. 신에게 속하는 것이 유한할 수 없다면, 양태가 신에게 귀속될 수 있다는 것과 양태가 무한하다는 것은 아마도 상호 함축적일 것이다. 이렇게 볼 때 '무한 양태'야말로 스피노자의 가장 독창적인 개념 중 하나이며,[1] 스피노자 존재론의 가장 특징적인 국면을 함축하고 있을 것이다.

형이상학적 측면에서 볼 때 무한 양태는 무한자인 신 혹은 실체로부터 어떻게 유한하고 개별적인 것들이 산출되느냐의 문제에 대한 스피노자 나름의 답변을 담고 있다. 무한한 신이 왜 '유한한 세계'를 창조했는가라는 신학적 물음은 우선 신이 왜 무가 아니라 무언가를 창조했는가라는 물음일 수 있다. 이 물음에 대해 스피노자는 신이 본성상 활동적이며, 활동한다는 것은 무언가를 산출한다는 것이고, 신 자신이 산출된 자연과 동일하다고 답할 것이다. 위의 물음은 두 번째로 신이 왜 그 자신처럼 무한한 것이 아니라 유한한 세계(혹은 사물들)를 창조했는가라는 물음일 수도 있다. 이 물음에 대해 스피노자는 신이 본성상 할 수 있는 모든 것을 다 하므로, 만일 그의 본성이 무한하다면, 그로부터 산출되는 결과 역시 적어도 결과 전체에 있어서는 아무런 감소 없이 무한해야 한다고 답할 것이다. 여기에서 무한 양태의 설정은 물음의 전제, 즉 무한자가 유한자를 창조했다는 전제 자체를 제거하는 역할을 한다.

그러나 이로부터 다시 새로운 문제들이 제기될 수밖에 없다. 유한한 사물들이 있기 때문이다. 첫째, 무한으로부터는 유한이 나오지 않고, 또한 신이 모든 것의 원인이라면, 유한한 사물들이 어떻게 존재할 수 있는가? 사람들은 종종 무한 양태가 무한한 신과 유한한 개별 사물 사이의 매개 역할을 한다고 봄으로써 이 물음에 답하려고 한다. 가령 분

---

1   멜라메드에 따르면 무한 양태가 "아마도 스피노자의 선배나 당대인에게는 등가물을 찾아볼 수 없는 '유일한' 스피노자의 개념"(Melamed(2013), p. 113)일 것이다. 반면 컬리는 그것을 신플라톤주의적 요소라고 보며,(Curley(1993), p. 130: 뒤의 주 36을 참조하라.) 프리무스는 데카르트에게서 신에 의해 창조되는 것으로 상정되는 영원진리가 그 전신이라고 본다.(Primus(2019), p. 2) 그러나 영원성만이 아니라 무한성까지, 그리고 단순한 무한정이 아닌 적극적 무한을 양태로 인정한 점은 스피노자 무한 양태 개념만의 특징적인 점이라고 할 수 있다.

할 불가능한 무한과 유한 사이에 '분할 가능한 무한'이 있다고 봄으로써 말이다.[2] 그러나 스피노자가 유한한 사물들이 오직 유한한 사물들에 의해서만 인과적으로 규정된다고 본 이상, 무한 양태를 도입한다고 해서 유한한 사물들의 존재가 해명되지는 않는다. 더구나 무한과 유한의 매개를 위해서라면 무한 양태는 하나로 족할 텐데, 스피노자가 무한 양태를 하나가 아니라 적어도 두 개, 즉 직접적 무한 양태와 이것에 의해 매개된 무한 양태를 드는지도 알 수 없다. 둘째, 무한 실체가 만물의 원인이지만 그것으로부터 유한자가 나올 수는 없다면, 스피노자의 체계가 무세계론이라는 평가가 그리 부당한 것은 아닐 것이다. 무세계론은 유한자가 현상적으로 존재한다는 것까지 부정하는 이론이 아니라 유한자의 발생을 연역할 수 없다는 점을 근거로 유한자의 실재성을 부정할 뿐이라는 점을 염두에 두면 그렇다.

이 문제를 나는 무한 양태가 과연 무엇을 가리키는가를 탐구함으로써 해결해 볼 것이다. 사람들은 흔히 스피노자가 말하는 양태 안에 무한 양태와 유한 양태라는 두 종류가 있다는 가정을 암묵적으로 공유한다. 그러나 『윤리학』에서 스피노자는 양태나 변용이라는 용어를 사용할 뿐 '무한 양태'도 '유한 양태'라는 용어도 사용하지 않았다. 다만 적어도 무한 양태라는 말을 사용하는 것은 충분히 정당화될 수 있다.[3]

---

2   Melamed(2013), pp. 130~131. 멜라메드는 한편으로는 실체와 유한 양태를 매개하기 위해 무한 양태를 끼워 넣을 경우 플라톤에서와 같은 '제3의 인간 논변'에 빠질 수 있다고 보면서도(즉 실체와 유한 양태 사이에 중간자가 필요하다면, 실체와 이 중간자 사이에 다시 다른 중간자가 필요하고 등등), 다른 한편으로는 분할 가능한 전체로서의 무한 양태가 실체(속성)와 유한 양태 사이의 매개로 필요하다고 본다. 즉 무한 양태 없이 유한 양태들만이 있다면 스피노자의 체계는 기회 원인론으로 전락할 것이며, 이를 피하기 위해 유한 양태들을 부분으로 포함하는 무한한 전체들을 상정할 수밖에 없다는 것이다.

그것은 초기 저작인『소론』에서부터 등장하고『윤리학』에서도 명명은 되지 않지만 연역의 질서 내에 분명한 자리를 차지하고 있으며,(정리 21~23), 한 편지(「편지 64」)에서 스피노자 자신이 (물론 취른하우스를 대변했을 실러의 질문을 계기로 해서이긴 하지만) 그 사례들을 제시하기 때문이다. 우선『윤리학』1부에서 스피노자는 명시적으로 두 개의 정리를 할애하여 무한 양태를 연역한다. 하나는 "신의 어떤 속성의 절대적 본성으로부터 따라 나오는 모든 것들(*omnia*)"(정리 21)이고 다른 하나는 "변양으로 변용된 한에서의 신의 속성으로부터 따라 나오는 것 각각(*quicquid*)"(정리 22)이다. 이것들은 모두 "무한"하므로[4] 전자를 '직접 무한 양태'로, 후자를 '매개된 무한 양태'[5](혹은 '간접 무한 양태')로 부를 수 있다. 다음으로 이 항목들이 무엇인지는『윤리학』에서도 파편적으로 시사되지만, 「편지 64」로부터 거의 완결적인 목록을 얻을 수 있다. 사유의 직접 무한 양태는 "절대적으로 무한한 지성" 혹은 "신의 관념"이

---

3   '유한 양태'의 경우는 그렇지 않다. 개별 사물들은 "신의 속성들의 변용들", 즉 "신의 속성들이 특정하고 규정되게 표현되는 양태들"이며(정리 25의 따름 정리, 2부 정리 정의), 그리고 '규정된'이라는 말은 정리 28에서 "유한하고, 규정된 실존을 가진 것"이라는 표현에서 다시 사용되지만, '유한'과 '양태'나 '변용'을 결합한 표현, 가령 "유한하고 규정된 실존을 가진 양태(혹은 변용)"와 같은 표현은 찾아볼 수 없다.

4   전자는 "항상 그리고 무한한 것으로 실존할 수밖에 없었다. 혹은 바로 그 속성에 의해 영원하고 무한하다".(정리 21) 후자는 "필연적으로, 그리고 무한한 것으로 실존할 수밖에 없다."(정리 22)

5   'mediate infinite modes'는 우리말로 흔히 '매개적 무한 양태'라 불린다. 그러나 '매개적'이라는 용어는 이것이 직접 무한 양태와 유한 양태를 '매개하다'라는 뜻으로 들리며 또한 종종 그렇게 해석되기도 한다. 그러나 이는 특정한 해석의 결과일 뿐이다.『윤리학』의 문자를 보면 그것은 직접무한 양태를 매개로 하여 신의 본성으로부터 따라 나오는 것, 즉 직접 무한 양태에 의해 매개된 것을 의미한다. 따라서 간접 무한 양태는 '매개된 무한 양태'로 번역되어야 한다.

고, 연장의 직접 무한 양태는 "운동과 정지", 그리고 매개된 무한 양태는 "무한히 많은 방식으로 변화함에도 불구하고 항상 동일하게 존재하는 우주 전체의 얼굴"[6]인데, 연장의 경우 그것은 2부 정리 13의 주석 이하 '자연학 소론' 말미(보조 정리 7의 주석)에 등장하는 무한 개체를 가리키며, 사유의 경우 물음표로 남아 있다.[7] 이로부터 당장에 떠오르는 문제는 사유의 매개된 무한 양태가 무엇인가일 것이다. 그러나 컬리가 무한 양태 일반에 대해 '신비적'이라고 부를 만큼, 나머지 명시된 무한 양태들 역시 그 정체를 알기 어렵다. 가령 '운동과 정지'는 물체들을 산출하는 보편적 법칙인가, 아니면 운동과 정지에 의해 구별되는 개별 물체나 개별 물체들의 총체인가? 첫 번째일 경우 무한 양태는 속성과 가까워질 것이고, 두 번째일 경우 유한 양태와 가까워질 것이다. 체계의 경제성으로 보자면 둘 중 어느 경우이든 무한 양태가 굳이 왜 필요한지 납득하기 어렵다.

이 문제에 대한 지배적 해석은 크게 두 가지로 나뉜다. 하나는 무한 양태를 자연의 보편 법칙이라는 자격으로 유한 양태들에 편만한 보편자로 보는 입장[8](컬리, 요벨, 지안코티, 내들러)[9]이다. 다른 하나는 무한

---

6   이 비유적 표현의 기원에 대해서는 Wolfson(1934), vol 1, pp. 244~245를 참조하라.

7   누락된 사유의 매개된 무한 양태의 정체에 대해서는 연장에서와 마찬가지로 '전 우주의 얼굴'이라고 보는 것이 지배적 해석이다. 가령 이근세(2013)는 델보스의 해석을 따라 그것을 더 구체적으로 "지속 안에 현존하는 관념들의 총체"(103쪽)로 해석한다. 반면 베사드(Beyssade(1994))는 사유의 직접 무한 양태가 신의 관념이고, 관념은 감정과 같은 다른 사유 양태들의 필요조건이라는 점을 근거로, 사유의 매개된 무한 양태는 신의 지적 사랑이라는 감정이라고 설득력 있는 이론을 제안한 바 있다. 나의 해석은 궁극에 베사드의 해석과 합치할 것이지만, 이 책에서 나는 특별히 사유 속성이나 신의 지적 사랑에 대해 다루지 않을 것이므로, 합치의 가능성만 열어둔다.

양태를 보편자가 아니라 개별 본질들의 총체나 실존들의 총체로 보는 입장(게루, 도너건, 슈말츠)[10]이다. 여기에서 나는 후자의 입장을 지지하되, 개별자들의 총체만이 아니라 개별적 본질 각각 역시 무한 양태임을 보여 줄 것이다.[11] 이 본질 각각은 내가 4장에 제시한 해석에 따르

8   내들러는 이 입장을 '법칙론적' 해석으로 명명했으나, 정확히 말해 무한 양태를 자연법칙으로 보느냐의 여부가 쟁점은 아니다. 왜냐하면 개별 사물의 본질인 부분들의 운동과 정지의 비율 역시 하나의 법칙으로 볼 수 있으며, 따라서 무한 양태를 개별자로 보는 경우에도 법칙론적 해석을 지지할 수 있기 때문이다.

9   Curley(1969), pp. 56~61; Yovel(1991); Giancotti(1991); 내들러(2013(2006)), 156~171쪽. 그러나 내들러는 이후 다른 글(2012)에서는 유한 사물들의 형상적 본질들의 총체로 본다는 점에서 두 번째 입장을 취한다.

10   Gueroult(1968), pp. 312~324; Donagan(1988), pp. 102~107; Schmaltz(1997); Melamed(2013), pp. 113~136. 두 무한 양태를 이루는 항들이 무엇인지에 대해서는 입장이 상이하다. 직접 무한 양태와 매개된 무한 양태를 게루는 각각 영원한 본질들의 총체와 지속 안의 실존들의 총체로 본다. 도너건은 전자를 (연장의 경우) 내적 운동을 지니고 이로 인해 물체들이 구별되는 3차원의 충만체로, 후자를 물체들에 일어나는 변화들의 총체로서의 삼차원의 충만체로 본다. 슈말츠는 (연장의 경우) 전자를 가장 단순한 물체들의 총체로, 후자를 복합체를 이루는 운동과 정지의 비율들의 총체로 본다. 멜라메드는 무한 양태들의 각 사례보다도, 실체와 유한 양태 사이의 매개로서 무한 양태의 역할을 강조하면서 그것이 분할 가능한 전체를 이루면서 한편으로는 실체로부터 연역되고 다른 한편으로는 유한 양태를 포함하면서 무세계론의 혐의를 피하게 한다고 본다. 한편 Gabbey(2008)는 두 입장 어디에도 속하지 않는 중간 입장으로 볼 수 있다. 그는 보편자는 인과적 효력이 없기 때문에 무한 양태를 보편자가 아닌 모든 사물의 근접인이라고 보며, 이 점에서 첫 번째 입장과 대립된다. 그러나 가령 '운동과 정지'를 미규정적인(indeterminate) 것으로 본다는 점에서 두 번째 입장과도 다르다.

11   개별 본질 각각이 무한 양태임을 주장한 선행 연구자들이 없지는 않다. 우선 이 문제를 주제화하여 다루지는 않았지만, 개럿은 개별 인간 신체의 형상적 본질이 무엇인가라는 문제를 다루는 맥락에서 '형상적 본질'이 사물의 실존과 무관하게 존재하는 신의 양태로서의 무한 양태라고 주장한 바 있다.(Garrett(2009), pp. 289~290) 다른 한편 프리무스는 무한 양태가 신으로부터 따라 나오는 모든 양태들의 부분 집합에 불과한 것이 아니며 모든 양태는 무한 양태(Primus(2019), p. 4, p. 22 이하)라는 주장을 이미 제시한 바 있으며 이것은 내 주장과 동일하다. 다만 프리무스

면 일부 사물들에 해당되는 공통 개념을 특정한 관점에서 취한 것이라 할 수 있겠지만, 여기에 동의하지 않는 사람들도 분명 있을 것이다. 다행히 무한 양태에 대한 내 해석은 본질이 무엇이냐에 대한 해석을 전제하지 않고도 성립한다. 결론적으로 나는 실체의 모든 양태가 그것이 '양태인 한에서' 무한하며, 유한성은 한 사물을 실체의 양태로 고려할 때가 아니라, 오히려 하나의 구별되는 전체로 고려될 때 나타난다고 주장할 것이다.

이처럼 개별자들이 무한 양태라는 해석을 통해 첫째, 유한 사물이 무한 실체로부터 연역되지 않는다는 사실이 지켜지는 가운데서도 어떻게 스피노자의 체계가 무세계론이 아닌지가 해명될 것이다. 둘째, 신적 실체의 절대적 무한 혹은 속성의 유적 무한과 무한 양태의 무한, 그리고 무한 양태 안에서도 직접 무한 양태와 간접 무한 양태의 무한, 이 무한들 사이에 유출론에서와 같은 실재성의 감소는 없으며, 다만 변이와 다양성이 증가할 뿐이라는 것 역시 드러날 것이다. 이를 위해 아래에서는 먼저 무한 양태를 보편자로 보는 입장을 반박하고,(2절) 개별자로 볼 수 있는 근거를 제시한 다음,(3절) 이를 바탕으로 난해하기로 이름 높은 무한 양태에 관한 『윤리학』 정리들의 증명을 해명하는 한편 이 증명을 통해 2절의 주장을 확증할 것이다.

가 무한 양태를 영원하고 필연적인 진리를 신이 자유롭게 창조했다는 데카르트의 영원 진리 창조론의 정정으로 간주하면서 지지하는 반면, 나는 이 주장을 스피노자 체계의 내적 맥락을 통해 뒷받침할 것이다.

2 무한 양태를 보편자로 보는 해석의 문제점

무한 양태를 보편적 자연법칙으로 보는 해석의 대표자는 컬리이
다. 그는 기본적인 법칙적 사실이나 명제들을 연장 속성과 동일시하
고, 파생적인 법칙적 사실들을 무한 양태들과, 개별 사실들을 유한 양
태들과 동일시한다.[12] 그리고 유한 양태들이 무한한 실체나 속성으로
부터 산출되지 않는다는 조건으로부터, 유한 양태들이 무한 양태인 보
편적 자연법칙(무한한 원인들의 유한한 계열을 통해 주어지는 일반적인 사실)
만으로 산출되지도 않고, 또한 유한 양태들의 무한정한 계열(유한한 원
인들의 무한한 계열들을 통해 주어지는 개별적인 사실)만으로 산출되지도 않
으며, 이 둘이 결합하여 산출된다고 추론한다. 이는 자연법칙과 선행
조건의 결합을 통해 어떤 사건을 설명하는 헴펠의 과학적 설명의 모델
과 유사하다.[13]

이처럼 무한 양태를 보편 법칙으로 보는 해석의 문제점은 첫째, 속
성과 무한 양태 사이, 그리고 무한 양태 안에서도 직접무한 양태와 매
개된 무한 양태 사이의 경계가 불분명하다는 점이다. 컬리는 속성을 자
연의 기본 법칙으로, 무한 양태를 파생적인 법칙으로 본다. 그러나 정
확히 어디까지가 기본적인 법칙이고 어디부터가 파생적인 법칙인지
알 수 없다.[14] 하물며 기본적인 법칙과 파생적인 법칙을 각각 속성과

---

12   Curley(1969), pp. 55, 58: 그리고 '자연의 법칙들'에 대한 진술과 개별 사물에 대한 진술을
마찬가지로 진리로 본다는 점에서 스피노자가 자연법칙에 대해 '실재론적' 관점을 가졌다고 본
다. cf. Curley(1993), p. 123.

13   보다 상세한 논의는 Curley(1969), pp. 55~74를 참조하라.

14   이 점은 무한 양태를 보편 법칙으로 보는 모든 해석이 갖는 문제이다. 요벨은 속성을 기본

양태라는 서로 다른 이름으로 명명해야 할 이유는 더욱 납득하기 어렵다. 다른 한편 무한 양태들이 모두 파생적 법칙이라면, 직접 무한 양태와 매개된 무한 양태 사이의 구분 이유도 불분명하다.[15] 자연 안에 무한히 많은 수준의 파생적 법칙들이 있을 것이므로, 둘이 아니라 무한히 많은 수준의 무한 양태를 설정하지 못할 이유도 없을 것이다. '전 우주의 얼굴'로 지시된 매개된 무한 양태를 "우주를 지배하는 모든 법칙들의 체계"로 간주하는 요벨이나, 무한 양태를 해당 속성 안에 '편만한 특질'[16]로 보는 델라 로카 역시 역시 같은 문제에 노출된다. 요벨은 컬리처럼 속성과 무한 양태를 모두 법칙으로 보면서도, 둘을 구별하기 위해 영원과 지속의 차이를 도입한다. 속성은 영원하지만, 무한 양태는 영원이 아니라 무제한적 지속을 가지며, 속성은 단적으로 필연적이지만, 무

적인 자연법칙으로 보고, 무한 양태를 파생적인 자연법칙으로 본다. 내들러(2013(2006), 166, 170쪽)는 직접 무한 양태를 최상위 물리법칙으로 보고, 이와 별도로 "연장 속성 그 자체의 본성이나 법칙"을 설정하며, 매개된 무한 양태를 그로부터 파생된 모든 종속적 물리 법칙들의 체계로 본다. 이들의 공통점은 이 법칙의 수준을 다른 이름을 붙여서까지 명명해야 할 만큼 명확한 구분의 근거를 제시하지 않는다는 점이다.

15   그 결과 컬리에 따르면 매개적 무한 양태인 '전 우주의 얼굴' 역시 "인과적으로 연장의 본성에 의존하는 다른 일반적 사실들의 총체"(Curely(1969), p. 61)가 된다. 내들러 역시 '전 우주의 얼굴'은 "특수한 개체들이 아니라 모든 종속적 물리 법칙들의 체계"라고 본다.

16   Della Rocca(2008), p. 73. 대표적으로 그는 연장 안의 모든 물체들에 편재하는 운동과 정지를 예로 든다. 물론 그는 스피노자가 무한 양태의 사례로 이런 보편자 대신 '개체'를 드는 경우(가령 사유의 직접 무한 양태인 '무한 지성'이나 연장의 매개된 무한 양태인 '전 우주의 얼굴' 혹은 무한 개체)를 지적하면서 상충되는 측면이 있음을 인정한다. 그러나 스피노자가 유한 양태를 실체의 유한한 특질인 동시에 개체로 보는 것과 마찬가지로, 무한 양태 역시 무한한 특질인 동시에 개체로 볼 수 있기 때문에 이 갈등은 중요하지 않다고 본다.(같은 책, p. 74) 그러나 유한 양태와 달리 무한 양태가 모든 개별 양태들에 '편재하는 특질'이라면 그것이 어떻게 또한 개체가 될 수 있는지 생각하기 어렵다.

한 양태의 필연성은 '전달된 필연성'으로 이것이 유한 양태의 우연성을 가능하게 한다는 것이다.[17] 그러나 이럴 경우 자연의 기본 법칙과 파생 법칙 사이에 영원성이나 필연성의 정도나 성격에 차이가 있게 될 텐데, 기본 법칙은 영원하고 파생 법칙은 무제한적 지속만을 갖는다는 식으로 법칙들 내에 양상 차이를 도입하는 것은 납득하기 어렵다. 물론 스피노자는 「편지 12」에서 "자기 본성에 의해 무한한 것"과 "원인에 의해 무한한 것"을 구별한다.[18] 그러나 속성과 무한 양태 모두 자연법칙으로 간주할 경우 무한에 이와 같은 의미 차이를 둘 이유가 없어진다. 마지막으로 요벨은 개별 사물들 역시 영원한 본질을 갖는 것으로 간주하는데, 그의 설명대로라면 무한 양태의 영원성은 유한 양태의 영원성보다 못한 수준의 영원을 의미하게 될 것이다. 유한 양태는 영원한 본질을 갖는 반면, 무한 양태는 단지 지속(설령 이 지속이 무제한적인 것일지라도)의 수준에 머무를 것이기 때문이다.

둘째, 컬리의 해석에 따르면 실체나 속성은 유한 양태를 인과적으로 단지 부분적으로밖에 규정하지 못하게 된다. 컬리는 실체 혹은 속성, 그리고 무한 양태를 보편적 법칙으로 보면서, 보편 법칙만으로는 개별적인 유한 양태를 설명하지 못하며 선행 조건으로서 다른 유한 양태들을 결합시켜야 한다고 본다. 그러나 이 주장은 신이 사물로 하여금 실존하기 시작하게 하는 원인(*causa fiendi*)일 뿐 아니라 존재를 보존하는 원인(*causa essendi*)이라는 정리 24의 따름 정리나, 신이 사물의 실존만이 아니라 본질의 원인이라는 정리 25에 위배된다. 물론 컬리는 정리

---

17   Yovel(1991), p.86

18   스피노자(2018), p. 83.

28의 주석에서 개별 사물들에 대한 신적 인과성을 무한 양태들에 대한 신적 인과성과 구별해 신이 "어떤 의미에서는 먼 원인"이라고 말한 것을 근거로 삼아 자신의 주장을 뒷받침하려 할 수 있다. 그러나 같은 곳에서 스피노자는 곧바로 이 '어떤 의미에서는'이라는 한정어를 강조한다. 스피노자의 진술이 겨냥하는 바는 신이 개별 사물의 먼 원인이라는 것이 아니라, 정확히 말해 신과 직접 무한 양태의 관계와 구별할 목적이 아니고서는 신을 개별 사물들의 '먼 원인'으로 볼 수 없다는 것이다. 신이 직접 개별 사물들을 산출할 수 없으므로, 다른 것을 매개로 개별 사물을 산출한다고 보는 것이야말로 여기에서 스피노자가 방지하고자 했던 오해의 내용일 것이다.[19]

　셋째, 보편 법칙의 존재론적 지위 문제이다. 요벨은 무한 양태를 "신과 개별 사물들을 매개"하는[20] 보편자로 보며, 더 특수하게는 모든 자연법칙의 '형이상학적 장소'로 간주한다. 스피노자가 보편자를 거부하는 유명론적 입장을 취했다는 반론에 대해, 요벨은 스피노자가 보편자 일반을 거부한 것이 아니라 유와 종 같은 보편자만 거부했다고 답변한다. 오히려 유와 종을 자연의 한결같은 법칙들로 대체했다고 보고,[21] 이 법칙들을 『지성교정론』에서 언급된 "부동의 영원한 사물들"및 "마치 법령집 안에서처럼 그 안에 새겨진 법칙들"과 동일시한다. 스피노자는 부동의 영원한 사물들에 대해 "어디에나 현전하며 아주 광범위한 역량을 행사하므로 우리에게는 마치 가변적인 개별 사물들의 정의에 나

19　이런 의미에서 "신은 오직 오도된 방식으로만 먼 원인으로 보일 수 있다."라는 메이슨의 지적은 타당하다. Mason(1986b), p. 202.

20　Yovel(1991), p. 79.

21　위의 책, pp. 82~83.

타나는 보편자 혹은 유 같은 것일 테고, 만물의 가까운 원인일 것"[22]이라고 말한다. 이로부터 요벨은 부동의 영원한 사물이 실제로 일반적인 자연법칙이지만, 보편자가 아니라 "보편적 기능을 수행하는 개별적 존재"[22]라고 본다. 이를 보다 명확히 한다면, 여기에서 말하는 보편자, 즉 전통적 의미의 종차에 상응하는 각 사물의 근접인은 각 사물의 본질을 의미할 것이고, 만일 부동의 영원한 사물들이 가변적인 개별 사물들의 근접인이라면 이 영원한 사물들은 개별적인 것이어야 할 것이다.

넷째, 평행론에 어긋난다는 점이다. 스피노자는 연장의 직접 무한 양태로 '운동'[24]이나 '운동과 정지'[25]를, 그리고 사유의 직접 무한 양태로 '무한 지성'[26]이나 '신의 관념'[27]을 든다. 보편자 해석을 옹호하는 자들은 흔히 전자의 사례로 관성의 법칙이나 운동량 보존의 법칙을 들고, 후자의 사례로 논리 법칙이나 연상의 법칙 같은 심리 법칙을 든다. 그러나 이러한 할당은 『윤리학』의 명시적 진술과 부합하지 않는다. 스피노자는 연장의 직접 무한 양태인 운동과 정지가 정확히 무엇을 가리키는지 지시한 바가 없으나, 사유의 직접 무한 양태가 무엇인지는 명시한다. 5부 정리 40의 주석에서 그는 "이해하는 한에서의 우리의 정신은 영원한 사유 양태로서, 다른 영원한 사유 양태에 의해 규정되고, 이 후

22　Yovel(1991), p. 85.

23　스피노자(2020), §101, 107쪽.

24　『소론』 1부, 9장.

25　『소론』 2부, 서문, note 7; 19장, §6, §8; 부록 II, §14. 『윤리학』에서 스피노자는 정리 32의 따름 정리 2에서 신의 의지와 지성이 산출되는 자연에 속한다는 것을 주장하기 위해, 운동과 정지를 사유의 의지와 지성에 상응하는 연장의 양태로 언급한다.

26　5부 정리 40의 주석.

27　5부 정리 40의 주석.

자의 양태 역시 다른 양태에 의해 규정되며, 이처럼 무한히 나아간다는 점이 명백하다. 그리하여 이 모든 것들이 동시에(*omnes simul*) 신의 영원하고 무한한 지성을 구성한다"라고 말한다. 이것을 직접 무한 양태로 볼 수 있는 이유는 이 진술이 직접 무한 양태가 연역되는 정리 21을 참조하기 때문이다. 따라서 사유의 직접 무한 양태가 무엇인지 언급하는 5부 정리 40의 주석과 평행론을 전제로 삼을 경우, '운동과 정지' 역시 개별 물체의 본질인 운동-정지의 비율들을 모두 동시에 포괄하는 개별자들의 전체이어야 할 것이다. 내들러는 무한 양태를 보편 법칙으로 보는 자신의 해석을 평행론에 합치시키기 위해 개별 사유의 본질들이 신의 지성에 포함되듯, "모든 물체의 본질이 연장의 직접적 무한 양태에 잠재적으로 포함된다."[28]라고 본다. 그러나 이 설명은 스피노자가 '잠재성'을 인정한다는 더 문제적인 테제를 입증해야 할 부담을 지게 된다.

보편자 해석을 지지하는 대부분의 학자들도 그들의 해석이 부딪히는 이런 비정합성을 모르지 않는다. 그럼에도 그들이 무한 양태를 일종의 보편자로 보게 되는 이유가 있다. 무한한 실체와 유한한 개별 사물 사이를 매개하는 것이 있어야 하며, 이 매개자 자신은 보편자로 개별 사물들 안에 편만해야 한다는 생각이다. 그러나 이런 편만한 보편자는 속성으로 충분하며, 첫 번째(직접 무한 양태)와 두 번째의(매개된 무한 양태) 매개적 보편자가 있을 필요가 없다. 그뿐 아니라 멜라메드가 지적하듯 만일 그런 매개가 필요하다면 이 보편자와 유한자들을 다시 매개해 주는 새로운 보편자가 필요하고 …… 이렇게 무한 퇴행할 것이다.[29]

---

28 내들러(2013), 165쪽.(강조는 인용자)
29 앞의 주 2를 참조하라.

3 무한 양태를 개별자로 볼 수 있는 근거(『소론』)

지금까지 나는 무한 양태가 자연법칙처럼 개별자들에 편만한 보편자일 수 없음을 보여 주었다. 이제 무한 양태가 보편자 외에 무엇일수 있을지 생각해 보자. 나는 그것이 각각의 개별자인 동시에 개별자들의 총체라고 본다. 가장 결정적인 근거는 『윤리학』 5부에 제시된 사유의 직접 무한 양태의 정체이다. 5부 정리 40의 주석에 따르면, 사유의직접 무한 양태는 "이해하는 한에서의 우리 정신" 혹은 "영원한 사유양태들" 전부이다. 이 영원한 사유 양태 각각은 "신체의 실존과 무관하게 고려된 정신"(5부 정리 40의 주석)인 동시에, "신체의 본질을 영원의상 아래에서 표현하는 관념"(5부 정리 22)이며 "정신의 존속하는 부분"혹은 "정신의 영원한 부분"(5부 정리 40의 따름 정리)이다. 따라서 사유의직접 무한 양태는 개별 사물들의 본질들(이하 개별 본질들)에 대한 영원한 사유 양태들의 계열이라 할 수 있다. 이에 상응하는 연장의 직접 무한 양태는 평행론에 따라 개별 물체들의 영원한 본질들로서의 연장 양태들일 것이다. 여기에 부합하는 해석은 직접 무한 양태를 개별 본질들의 계열로, 매개된 무한 양태를 실존들의 계열로 보는 게루의 해석,[30] 혹은 전자를 가장 단순한 개체들의 총체로, 후자를 복합 개체들의 위계적 전체로 보는 슈말츠의 해석[31]일 것이다. 이 해석들은 유명론을 표방하는 스피노자의 체계에 맞게 보편자를 끌어들이지 않고, 왜 두 종류의무한 양태가 있어야 하는지에 대한 답변을 제공하며 연장과 사유 사이

---

30 Gueroult(1968), p. 323.
31 Schmaltz(1997).

의 평행론을 준수한다. 그러나 또한 이 도식은 평행론에 맞추는 대가로 연장의 직접 무한 양태가 '운동과 정지'라는 스피노자 자신의 진술에 부합하지 않게 되는 문제를 남긴다. 더구나 양태의 본질과 실존하는 양태가 과연 다른 것인지, 다르다면 어떻게 다른지 불분명한 상황에서 무한 양태를 특별히 본질들의 계열과 실존들의 계열, 혹은 가장 단순한 개체들의 총체와 복합 개체들의 총체의 두 수준으로 나누어야 할 이유 역시 그리 분명치 않다. 게루는 연장의 무한 양태와 사유의 무한 양태 사이에 형식상의 비대칭이 실제로 있음을 인정하며 이것이 개념적 발생상의 비대칭에 기인한다고 본다.[32] 이를 참조하여, 무한 양태 개념의 형성 과정을 보여 주는『소론』의 무한 양태 논의에서 출발하여 이 문제들에 답해 보자.

무한 양태가 무엇이며 왜 설정되어야 하는지에 대한 가장 구체적인 정보를 담고 있는 텍스트는『소론』이다. 그러나 여기에는 무한 양태를 보편자로 보는 관점과 개별자로 보는 관점이 혼재되어 있다.

먼저 보편자로 보는 관점은『소론』1부에서 찾아볼 수 있다. 1부에서 스피노자는 산출하는 자연을 속성들로서의 신으로 규정한 다음, 산출되는 자연을 보편적인 것("보편적 산출되는 자연")과 개별적인 것("개

---

32 게루는 연장과 사유의 직접 무한 양태를 각각 신체의 영원한 본질들의 총체와 이 본질의 관념들의 총체라고 보고, '운동과 정지'는 실존하는 것들 너머에 있지 않으므로 매개적 무한 양태 쪽에, 그것을 분화하는 원리로 위치시킨다. 그리고 이와 같은 비대칭이 연장과 사유 각각에서 무한 양태의 원천의 비대칭에 기인한다고 본다. 즉 사유의 무한 양태는 영원한 본질들과 생성사멸하는 실존들의 원인인 신적 실체라는 개념에 바탕을 둔 전통 형이상학을 원천으로 하는 반면, 연장의 무한 양태는 실존하는 물체들의 세계 너머에 영원한 본질의 세계를 가정하지 않는 당대 자연학을 원천으로 하기 때문에 두 속성의 직접 무한 양태 사이에 비대칭이 있다는 것이다. Gueroult(1968), p. 323.

별적 산출되는 자연")으로 나눈다. 전자는 "신에 직접적으로 의존하는 모든 양태들로 성립(*bestaat*)"[33]되며, 그 사례로는 물질 안의 '운동'과 사유하는 것 안의 '지성'이 있다.[34] 이 보편적 산출되는 자연(혹은 '보편적 양태들')에 의해 개별 사물들이 산출되며 이것들이 "개별적 산출되는 자연"을 이룬다. 두 산출되는 자연 중에서 개별적 산출되는 자연이 무엇인지는 분명하다. 그것은 실존하는 개별 사물의 총체이다. 반면 보편적인 산출되는 자연이 정확히 무엇을 가리키며 또 그것이 왜 설정되어야 하는지 분명치 않다. 더구나 운동과 지성이라는 두 보편 양태가 언급된 다음, 특별히 연장의 양태인 "물질 안의 운동은 진지하게 말해진 것이 아니다."라는 주석[35]까지 달려 있다. 물론 이 주석은 스피노자 자신의 것이 아니라 후대 편집자가 붙인 것으로 보이지만, 어쨌든 무한 양태 개념이 아직 형성 중임을 시사한다. 다만 이 주석으로부터 우리는 게루가 말한 것처럼 무한 양태 개념의 형성에 운동과 지성의 두 무한 양태 가운데서도 새로운 과학의 발달을 반영한 연장보다는 사유 쪽에 대한 고려가 더 많이 작용하고 있다고 짐작할 수 있다. 그렇다면 사유의 측면에서 스피노자가 무한 양태를 도입한 이유는 무엇일까? 학자들은 종종 이것을 신플라톤주의의 영향과 관련짓곤 한다. 가령 신플라톤주의에서 신 혹은 '일자'는 엄밀히 말해 정신으로 생각되지 않으므로, 사물

---

33   1부 8장. 아푄(C. Appuhn)은 '합성되다'(se compose)(Spinoza(1964), p. 80)로, 갸노와 컬리는 '성립한다'(각각 'consiste en'(Spinoza(2009), p. 251)과 ('consists in'(Spinoza(1985), p. 91)으로 옮기고 있으며, '운동'이나 '지성'처럼 각 속성에 대해 하나의 양태를 들고 있기 때문에 후자로 옮기는 것이 맞다.

34   1부 9장.

35   1부 9장 (Spinoza(1985), p. 91, note a)

의 형상 혹은 본질들은 일자의 첫 번째 유출물인 지성(Noûs) 혹은 영원한 지성 안에 담겨 있다.[36] 그러나 보다 개연적인 참조점은 『소론』 2부 부록의 사유 속성의 변양에 대한 논의에서 찾을 수 있다.

1부 9장에서 사유의 보편양태로 언급되었던 지성은 2부 부록에서 사유 속성의 "가장 직접적인 변양"으로 다시 언급된다. 여기에서 말하는 직접성은 사유 속성의 특수성과 관련된다. 관념, 의지, 욕망 등 여러 사유 양태 가운데 지성의 관념이 갖는 선차성을 가리킨다. 지성 작용(intellection)을 사유의 필수 요건으로 본 데카르트[37]를 따라, 스피노자는 여기에서도 『윤리학』에서도(2부 공리 3), 사유의 다양한 양태들 가운데 관념이 사유 속성의 가장 일차적인 양태이며 다른 사유 양태들의 필요 조건이 된다고 본다. 물론 「윤리학」에서 사유의 무한 양태로 시사되는 신의 관념(1부 정리 21의 증명, 2부 정리 3)이나 무한 지성(5부 정리 40의 주석)에서 강조점은 관념보다는 이 관념의 대상이 자연 전체를 포괄한다는 점으로 보이며 여기에서도 지성은 『윤리학』에서 사유의 직접 무한 양태로 시사되는 신의 관념과 흡사해 보인다.[38] 그러나 『소론』의 이

---

36   Curley(1993), p. 120. 컬리는 무한 지성을 신의 본질에 속하는 것이 아니라 신의 양태로 간주한다는 것은 스피노자 사유 안의 플로티누스적 요소로 보지 않고서는 이해되기 어렵다고 본다.(p. 130)

37   "내 사유들 가운데 어떤 것은 사물의 상과 같은 것이고, 관념이라는 이름은 본래 이것에만 어울린다. (……) 그러나 다른 것들은 이것 외에도(preaterea) 다른 형상들을 갖고 있다. 이를테면, 내가 원할 때, 두려워할 때, 긍정할 때, 부정할 때, 나는 항상 어떤 것을 사유의 주제로 포착하기는 하지만(관념), 그러나 나는 또한 이 사물의 유사함(상) 이상의 어떤 것을 사유를 통해 포괄한다."(「3성찰」 (AT VII, 37)) 그 외에 "이 능력들(상상하는 능력과 감각하는 능력)은 그 형상적 개념 안에 어떤 지성작용(intellectio)을 포함하며".(「6성찰」 (AT VII, 78: 데카르트(2021), 111쪽)

38   "모든 사물들의 형상적 본질을 자기 안에 표상적으로 포함하는 관념"(각각 『소론』 2부 부록 II, (3)-1과 (4): Spinoza(1985), pp.152~153. 혹은 "있는 그대로의 자연 전체를 자기 안에 표상

대목에서 강조되는 것은 그것이 '신이나 자연 전체의' 관념이라는 점이 아니라 '관념'이라는 점이다. 스피노자는 다음과 같이 말한다. "내가 한 속성의 가장 직접적인 양태라고 부르는 것은 실존하기 위해 동일 속성의 다른 양태를 필요로 하지 않는 것"[39]을 뜻하며, 이런 의미에서 사유 속성의 직접적인 변양은 '관념 혹은 표상적 본질'이다. 관념이나 표상적 본질이 사유의 직접적 변양인 이유는 "관념이나 표상적 본질의 실존을 위해서는 사유 속성과 대상(혹은 형상적 본질) 외에 다른 것은 필요 없기" 때문이다. 이와 대조적으로 사랑, 욕망, 기쁨과 같은 여타의 사유 양태는 이 관념을 매개로 해서만 존재한다. 마지막으로, 사유 속성의 직접적 변양이 관념이라는 것은 결국 정신의 본질이 관념이라는 것, 즉 "자연 안에 실제로 실존하는 대상의 본질에서 생겨나는, 사유 속성 안의 관념 또는 표상적 본질"[40]을 도출하기 위한 것이다. 이는 개별 정신의 개별적 본질("일차적 존재")을 사유 속성(2부 정리 2)에서 시작하여 신의 관념(2부 정리 3)을 거쳐 개별 관념(즉 현실적으로 실존하는 신체에 대한 관념)이라는 자격으로 도출하는(2부 정리 13) 『윤리학』 2부 정리 13까지의 결론과 같다. 요컨대 『소론』 2부 부록의 논의는 무한 양태가 개별자로 고려되었다는 것을 강하게 시사한다. 다음으로 부록의 이 논의는 직접 무한 양태 외에 매개된 무한 양태가 왜 설정되어야 하는지 역시 해명할 수 있게 한다. 사유 속성의 직접적 변양(곧 관념)을 매개로 하는 다

적으로 포함하는 관념".

39 「소론」, 2부, 부록 2, §7.(Spinoza(1985), p. 153)

40 대상과 속성은 영혼의 본질을 실제로 실존하게 하는 것이기는 하지만, 대상은 사유를 갖지 않으며 속성은 대상이 변화 소멸해도 그 자신 변화 소멸하지 않으므로 영혼의 본질이 속하지 않는다.

른 사유 양태가 있는데, 사랑, 욕망, 기쁨과 같은 것이 여기에 해당한다. 다른 사유 양태들이 관념에 의존한다는 것은 『윤리학』 2부 공리 3으로 공식화되며, 이 공리는 인간 정신이 신체에 대한 관념임을 증명하는 과정(2부 정리 11)에서 사용된다. 그런데 『소론』에서는 특별히 정신의 본질인 관념에 의해 매개된 사유 양태가 각 사물 안에 있는, 자기 신체를 보존하려는 자연적 사랑이라고 명시하고 있다.

이처럼 『소론』의 논의를 참조할 때, 사유 속성의 직접적 변양은 개별 정신의 본질인 (실존하는 신체에 대한) 관념이며, 이것에 의해 매개된 변양은 이 관념의 감정적 변양인 코나투스(곧 욕망)라는 추측이 가능하다. 게루나 슈말츠는 개별자들의 총체를 무한 양태로 보았지만 이와 더불어 개별자들 각각이 또한 무한 양태일 수 있는 것이다. 만일 이 추측이 맞다면, 정리 21과 정리 22는 각각 정신의 본질을 (다른 사유 양태가 아닌) 관념의 견지에서 연역하는 『윤리학』 2부의 논의(특히 2부 정리 13)와 역량의 견지에서 연역하는 3부의 논의(정리 7)에 상응한다.[41] 무한 양태가 개별자들 각각이라면, 이들 각각이 어떻게 무한할 수 있으며 이 때의 무한성은 무슨 의미인가? 이제 이 물음을 정리 21과 정리 22를 통해 고찰해 보자.

---

[41] 단 이 문제에 관한 『소론』과 『윤리학』의 차이점으로는 다음 두 가지를 들 수 있다. 한편으로 『소론』에서는 영혼의 기원이 신체와 같은 대상으로 여기게 만들지만, 『윤리학』에서는 영혼의 존재가 신체의 존재를 참조하기는 하지만 존재론적 자율성은 고수된다는 점이다. 다른 한편 『소론』에서는 영혼인 관념의 대상이 신체 외에도 무한하게 많은 속성들 안의 다른 양태일 가능성을 열어 두지만, 『윤리학』에서는 이를 차단하고 신체인 대상의 관념으로서의 영혼에만 논의를 한정한다.

4 개별자로서의 양태가 어떻게 무한할 수 있는가?(『윤리학』)

(1) 직접 무한 양태(정리 21)

무한 양태의 무한성은 일차적으로 이 양태의 유일성에 힘입고 있다. 1장에서 나는 속성의 무한성(정리 8)이 실체들의 속성 공유 불가 테제(정리 5)에 토대를 두고 있다는 점, 즉 해당 속성을 가진 실체의 유일성에 토대를 두고 있음을 강조한 바 있다. 만일 양태가 실체 바깥에 있는 결과가 아니라 실체의 변양 자체(혹은 변양된 한에서의 실체)라면, 그리고 이 변양이 유일하다면, 속성의 무한성은 양태의 무한성으로 고스란히 전달되어야 할 것이다. 만일 게루처럼 직접 무한 양태를 본질들의 총체로, 매개된 무한 양태를 실존들의 총체로 본다면, 이 총체 각각은 자기 수준에서 유일할 것이므로 무한 양태의 무한성은 정당화될 것이다. 이와 유사한 입장에서 멜라메드는 각 속성에서 각 수준마다 무한 양태는 유일하다고 주장하며, 이를 충분 이유율을 통해 뒷받침한다. (i) 충분 이유율에 따라 동일 원인에는 동일 결과가 나와야 한다. (ii) 신의 절대적 본성(동일 원인)으로부터는 상이한 결과들이 따라 나올 수 없고 동일한 결과들이 나올 수밖에 없다. (iii) 동일자 식별 불가능성의 원리에 따라 이 결과들은 동일한 것이어야 한다.[42] 실제로 귀류법으로 이루어지는 직접 무한 양태에 관한 증명은 이 논리를 따르고 있다. 증명의 첫 부분은 다음과 같다.

---

42   Cf. Melamed(2013), pp. 116~118.

(i) 신의 어떤 속성(가령 사유 속성 C)의 절대적 본성으로부터 유한한 어떤 것(가령 신의 관념 C+I)이 따라 나온다고 해 보자.

(ii) C는 신의 속성으로 가정되었으므로 본성상 필연적으로 무한할 것이다.(정리 11에 의해)

(iii) C+I은 자신에 의해서가 아니라, (왜냐하면 C+I는 이미 유한하다고 가정되었기 때문에)[43] 같은 본성을 가진 다른 것(C-I)에 의해 제한될 것이다.(정의 2에 의해)

(iv) 이 다른 것 역시 필연적으로 실존할 것이다.(정리 11에 의해)

(v) 따라서 절대적 사유인 한에서의 사유의 본성으로부터 [C로부터 C+I과 C-I가 모두 따라 나오므로] 신의 관념이 필연적으로 따라 나오지는 않게 된다.

(vi) 이는 가정에 위배된다.

여기에서 증명의 관건은 신의 필연적 실존을 증명하는 정리 11의 사용이다. 그것은 속성 C와 무한 양태 C+I, 그리고 가정상의 상반된 무한 양태 C-I 모두에 적용되고, C+I과 C-I 모두의 필연적 실존이 C+I의 필연적 실존이라는 처음의 가정과 반대된다는 것이다. 이는 유출론적 체계와 달리, 신, 속성, 속성의 절대적 본성으로부터 따라 나오는 양태(혹은 속성의 변양) 사이에 실존이나 실재성의 정도의 감소가 없음을 의미한다. 다시 말해 정리 11의 사용은 결과의 산출에 대한 연역이 시작되는 첫 정리에서부터 유출론적 비전을 일차적으로 차단하는

---

43 프리무스는 이를 납득하기 어렵다고 하면서 아마도 사물이 자기 스스로를 제한할 수 없기 때문이리라고 추측한다.

장치라고 볼 수 있다. 그리고 이를 가능케 하는 것은 여기에서 속성의 절대적 본성으로부터 따라 나오는 양태의 유일성이다. 이 점은 증명의 두 번째 부분에서도 확인된다.

> (i) 신의 속성(가령 사유 C)의 절대적 본성으로부터 규정된 실존이나 지속을 갖는 어떤 것(가령 신의 관념) [C+I]이 따라 나온다고 해 보자.
>
> (ii) 사유는 신의 속성이므로 필연적으로 그리고 불변적으로 실존한다.(정리 11, 정리 20의 따름 정리 2)
>
> (iii) C+I의 지속의 한계 너머, 사유는 C−I로 실존할 것이다.
>
> (iv) 이 역시 필연적 실존이라는 전제에 위배된다.

증명의 관건이 되는 것은, C+I이든 C−I이든 무언가가 C의 절대적 본성으로부터 따라 나올 때, 실재성의 감소는 전혀 없으며, C 자신과 똑같은 실재성을 고스란히 보존한다는 것이다. 이는 역시나 정리 11을 적용하여 C−I의 필연적 실존을 긍정한다는 점으로 알 수 있다.[44] 그리고 이를 통해 C에서 따라 나오는 양태 C+I의 유일성이 확보된다가 복수일 여지를 남겨두는.

그러나 스피노자는 또한 무한 양태가 복수일 여지를 남겨두는 듯 보인다. 우선 5부 정리 40의 주석에서 그는 본질들의 전 계열만이 아니라 각각의 본질에 대해 '영원성'을 인정하며, 또 이 본질들 각각은 어떤 의미로든 현실적이다. 즉 현실적으로 실존하는 개별 본질 각각이 영원

44　그렇지 않고서는 이 맥락에서 정리 11을 왜 사용하는지 알 수 없다. 프리무스는 이에 대한 속 시원한 해명이 주어진 적이 없다고 지적한다.

한 한에서, 이것들 각각이 무한 양태일 수 있다. 더 결정적인 근거는 이번에도 역시 무한 양태들이 연역되는 두 정리 안에 있다. 직접 무한 양태가 연역되는 정리 21에서 스피노자는 "신의 어떤 속성의 절대적 본성에서 따라 나오는 모든 것들(*omnia*)"이라는 복수 대명사를 사용한다. 마찬가지로 정리 22의 매개된 무한 양태에 대해서도 "변양으로 변양된 한에서의 신의 속성으로부터 따라 나오는 각각의 것(*quicquid*)"이라고 부른다. 이와 같은 복수형이나 분배형 표현은 단지 무한하게 많은 속성들의 수를 고려한 것일 뿐으로, 각 속성의 각 수준에서 무한 양태가 유일하다는 해석과 양립 가능하다고 볼 수도 있다. 즉 무한하게 많은 속성들 각각에 하나의 직접 무한 양태와 하나의 간접 무한 양태가 있다면, 직접 무한 양태 전부와 간접 무한 양태 전체 집합은 무한하게 많은 원소를 가질 것이다. 그러나 위의 복수형은 모든 속성들을 포괄하는 절대적 무한자로서의 신의 본성으로부터 따라 나오는데 대해 쓰인 것이 아니다. 그것은 "신의 한 속성의 절대적 본성으로부터" 따라 나오는 것에 대한 것이다. 그러므로 『윤리학』의 문면은 명시적으로 각 속성의 수준에서 다수의 무한 양태가 있음을 보여 준다.

　그러나 앞서 우리는 무한 양태의 무한성이 유일성에 근거한다고 했으므로, 무한 양태의 유일성과 다수성이 어떻게 양립할 수 있는지를 밝혀야 한다. '무한에 관한 편지'(「편지 12」)에서 스피노자는 무한을 다음과 같이 분류한다. (a) "자기 본성에 의해 무한하며 그 어떤 방식으로도 유한한 것으로서 생각될 수 없는 것들", (b) "자신들이 내속하는(*inhaerent*) 원인의 힘에 의해 무한한 것들", (c) 무한정한 것들. (a)는 실체 혹은 속성에 해당할 것이고, (c)는 정리 28에서와 같은 유한한 개별 사물들의 무한정한 계열을 의미할 것이다. 무한 양태는 (b)에 해당될 것이다. 그런데 (b)에 대해 스피노자는 "이런 것들은 추상적으로 생각될 경우 부분들로 분할될 수 있고 유한한 것으로서 생각될 수 있다"라고 진술한다. 이 구절에서 주목할 것은 무한 양태와 흔히 '유한 양태'라고 부르는 것의 차이가 관점의 문제[45]라는 것이다. 즉 동일한 것이 추상적으로 생각될 경우 유한하고, 구체적으로 생각될 경우 무한하다. 두 관점은 동등하지는 않으며, 후자가 더 참된 인식에 가깝다.

그렇다면 사물을 추상적으로 생각한다는 것과 구체적으로 생각한다는 것은 무엇인가? 「편지 8」에서 시몬 더 프리스가 전하는 스피노자의 말에 따르면 사물을 고찰하는 두 가지 방식이 있다. 하나는 "그 자체로 있는 그대로의(*prout in se est*)" 사물이고 다른 하나는 "다른 것과의 관계 속에 있는 대로(*prout respectum habet ad aliud*)"의 사물이다.[46] 스피노자의 이와 같은 관점은 『윤리학』에서도 확인할 수 있다. 대표적으로 4부 서문에서 제시된 사물의 완전성을 평가하는 두 가지 방식을 들 수 있다. 하나는 해당 사물이나 그 사물의 상태를 (상상적인 것이든 이성에 합치하는 방식으로 상상된 것이든) 공통된 모델로 설정된 어떤 본성하에서 다른 사물과 비교하거나 해당 사물 자신의 상태와 비교하여 규정하는 방식이다. 이 경우 사물들은 더 완전하거나 덜 완전하다고, 혹은 더나 덜 완전한 상태로 이행한다고 말해질 수 있다. 다른 하나는 "지속에 대해서는 고려하지 않은 가운데 일정하게 규정된 방식으로 실존하고 작업하는 한에서의 어떤 사물의 본질"[47]을 고려하는 경우이다. 이 경우 모

---

45   이에 대해서는 Vermeiren(2022)를 참조하라.

46   G IV, 40.

47   G II, 208, l.25. 이하 주석에서 l는 행수(line)를 의미한다.

든 사물은 "그것이 더 완전하든 덜 완전하든 간에, 그것이 실존하기 시작할 때 갖고 있는 것과 동일한 힘을 갖고 항상 실존 속에서 존속할 수 있으며, 따라서 모든 사물은 이 점에서 동등하다".[48] 사물을 구체적으로 고려한다는 것은 이처럼 그 사물임 외의 다른 척도를 끌어들이지 않고 그것이 실존하고 작동하는 특정한 방식만을 고려한다는 것을 의미한다. 이 경우 개별 사물들은 '유한' 양태라 볼 수 없다. 유한성은 오직 공통된 본성을 가진 다른 것에 의해 제한될 수 있는 한에서만(정의 2) 부여된다. 반면 "지속을 고려하지 않은 채, 일정하게 규정된 방식으로 실존하고 작업하는 한에서의 어떤 사물의 본질"은 다른 사물에 대한 참조를 포함하지 않는다. 신은 사물의 실존에 대해서만이 아니라 본질에 대해서도 원인이므로(정리 25), 개별 사물들 그 자체는 유한 양태가 아니라 단지 신(혹은 실체나 속성) 안에 있는 신의 양태라고만 불릴 수 있을 것이다.

그러나 사물을 그 자체로 고려한다는 것을 사물을 하나의 구별되는 전체로 생각하는 것과 혼동해서는 안 될 것이다. 「편지 32」에서 스피노자는 어떤 사물이 "다른 모든 부분과 가능한 만큼 모두가 일치하는 방식으로 서로 조정되어 있는 한에서"[49] 그 사물은 어떤 전체의 부분('a'라 하자)이며, 반면 "이 부분들이 서로 일치하지 않는(discrepant) 한에서, 각 부분이 우리의 정신 속에서 다른 부분들과 구분되는 관념을 형성할 때"[50] 각 부분은 그 자체 하나의 전체('A'라 하자.)로 볼 수 있다고

---

48   G II, 208, l.30.
49   G IV, 170, l.15: 스피노자(2018), 213쪽.
50   G IV, 170, l.17: 스피노자(2018), 213쪽.

말한다. 사물이 하나의 부분으로 고려될 때 그것은 다른 것에 의해 파괴되거나 제한될 수 있는 것으로서보다는 다른 것들과 일치하는 것으로서 고려됨을 의미하며, 반대로 사물이 하나의 전체로 고려된다는 것은 그 바깥의 다른 것에 의해 파괴되거나 제한될 수 있는 것으로 고려됨을 의미하기 때문이다. 그렇다면 사물이 '유한하다'고 말해지는 것은 그것이 어떤 전체의 부분으로 고려될 때보다는 오히려 하나의 전체로 고려될 때이다. 옐레스에게 보내는 「편지 50」에서 스피노자가 말하듯, 이런 의미에서 "규정은 부정"이다. 이 문구에 대한 마슈레의 해설처럼 "모양〔과 같은 규정〕에 대한 표상은 이 모양이 한정하는 사물에 의지하는 것이 아니라 이 사물을 하나의 전체로 간주하고 이를 독특한 사물들의 무한한 연쇄에서 잘라내는 지성의 관점에 의존"하며,[51] "총체성은 그 안에 제한의 관점을, 그리고 이를 매개로 하여 결국 부정의 관념을 포함하게 된다."[52] 물론 부분 역시 파괴되거나 제한될 수 있는 것으로 고려될 수 있는데, 이는 그것이 이처럼 파괴되거나 제한될 수 있는 그런 전체의 부분인 한에서이다. 반면 '지속을 고려하지 않고' 그 자체로 고려된 사물은 다른 것들에 대한 참조를 포함하지 않고, 이 때문에 다른 것들의 실존을 배제하지 않으며, 오히려 이 때문에 다른 것들과 동시에 실존한다. 이 점은 『소론』에서 속성의 무한한 다수성을 지지하는 근거로 삼았던 논리를 양태에 그대로 적용하여 뒷받침될 수 있다. 즉 신은 무한 역량을 가지므로 특별히 하나보다 다른 것을 창조하거나 하나에 앞서 다른 것을 창조할 이유가 없으며, 모든 것이 동등하게 그

---

51   마슈레(2004), 209쪽.
52   마슈레(2004), 210쪽.

리고 동시에 신의 무한 지성 안에 존재한다.[53] 『지성교정론』에서 부동의 영원한 사물들에서 모든 것이 동시적이라고 한 것[54]도 마찬가지 이유에서일 것이다. 이렇게 볼 때 우리는 결과들의 동일성이 아닌 동등성에 만족함으로써, 멜라메드가 충분 이유율에 따라 요구하는 동일 원인, 동일 결과의 원칙과 스피노자가 견지하는 결과의 다양성을 동시에 충족시킬 수 있을 것이다.

정리하자면 개별 사물을 '실체의 양태로' 고려한다는 것은 오직 실체와의 관계하에 고려한다는 것이고, 이 점에서 그것은 무한하다. 반면 그것을 (역설적이지만) 하나의 '전체'로 고려하거나 '전체의' 부분으로 고려한다는 것은 같은 본성의 다른 것에 의해 제한될 수 있는 것으로 고려한다는 뜻이며, 이 점에서 그것은 유한하다. 이제 이를 바탕으로 직접 무한 양태를 증명하는 논증을 구성해 보면 다음과 같다.

(a) 직접 무한 양태는 다른 속성의 양태는 물론이고 같은 속성의 다른 양태를 고려할 필요 없이, 신의 속성의 절대적 본성으로부터 직접 따라 나오는 양태이다.(정리 21)

(b) 따라서 같은 속성의 다른 어떤 양태도 이 양태의 실존을 가로막을 수 없다.(정의 2와 다른 경우)

(c) 모든 것은 실존을 가로막는 것이 없으면 필연적으로 실존한다.(정리 11의 두 번째 증명)

(d) 따라서 양태들 각각이, 그리고 그들 전부가 동시에 필연적으로

53 　『소론』, 1부, 2장, §11 (1), (16): Spinoza(1964), pp. 52~53.

54 　스피노자(2020), §102, 107쪽.

실존한다.

내가 구성한 이 논증의 핵심은 같은 속성의 다른 양태가 따라 나올 수 없다는 것이 아니라, 다른 양태가 있다고 하더라도 이 양태의 실존을 가로막을 수 없으며 모두 동시에 실존한다는 것이다. 이는 개별자를 곧바로 정의 2에서 정의되는 '유한한 사물'과 동일시할 수 없음을 의미한다. 같은 속성의 다른 사물이 반드시 서로를 제한하는 경우만 있는 것은 아니다. 단적으로 5부 정리 40 주석에서 사유의 무한 양태인 무한 지성을 이루는 영원한 본질들은 서로 다르겠지만 서로를 제한하지 않으며 오히려 동시에 실존한다.

이 해석은 연장의 직접 무한 양태를 '운동'으로 본 『소론』이나, 연장의 직접 무한 양태를 운동과 정지로 든 「편지 64」의 진술에 배치되는 것 아닌가? 나는 운동과 정지가 데카르트가 『철학의 원리』에서 말하는 것과 같은 신이 불어넣고 보존해 줄 운동-정지의 총량이나, 관성의 원리와 같은 보편적 자연법칙이라기보다는 개별화된 운동-정지의 특정한 비율들의 계열이리라고 본다. 이는 무한 양태를 생각할 때 우리가 피해야 할 다음 경우들을 배제하면 자연스럽게 따라 나오는 결론이다. 첫째, 직접 무한 양태로서의 운동과 정지를 운동과 정지의 총량[55]과 같은 미분화된 에너지로 생각하는 오해이다. 왜냐하면 이 경우 다시 운동과 정지 자체를 분화하는 원리가 필요할 것이고 이렇게 무한정 나아

---

55 Gabbey(2008), p. 56. 슈말츠는 연장의 직접무한 양태를 운동과 정지의 비율보다는 운동과 정지에 의해 곧바로 구별되는 가장 단순한 물체들로 보기도 하고 운동과 정지의 총량으로 보기도 한다. 그에게 중요한 것은 각 개체의 본질인 운동과 정지의 비율이 매개된 무한 양태인 무한 개체 안에 직접적으로 포함된다는 것이다. Schmaltz(1997).

갈 것이기 때문이다. 둘째, 운동과 정지를 연장을 분화하는 원리[56]로 간주해서도 안 된다. 이럴 경우 양태가 실체를 분화하는 능동적 원리가 되고 실체-속성은 양태에 의해 분화되어야 할 미규정적이고 수동적인 대상이 될 것이기 때문이다.[57] 셋째, 연장 실체가 운동과 정지에 의해 분화되는 대상이 아니라 그 자신이 물체들을 산출하되, 운동과 정지라는 분화 원리를 매개로 삼는 경우는 어떨까? 이 역시 불가한데, 이 경우 연장 실체가 활동을 위해 무한 양태라는 작용자에 의존하는 셈이 될 것이기 때문이다. 남는 경우는 운동과 정지 자체가 이미 다양한 물체의 본질인 비율들로 분화되어 있고, 이 각각의 비율들이 연장 실체의 표현인 물체들이며, 이 비율들을 지닌 물체들 간의 관계에 의해 재분화가 끊임없이 이루어진다고 보는 경우이다. 내가 보기에 연장 개념으로부터 개별 물체들의 실존을 선험적으로 연역할 수 있느냐는 취른하우스의 질문에 대한 스피노자의 답변에 들어 있는 긍정적 논지가 바로 이것이다. 스피노자는 개별 물체들이 '정지한 물질 덩어리'로서의 연장으로부터는 연역될 수 없고, 그렇기 때문에 물질은 신의 영원하고 무한한 본질을 표현하는 속성으로 정의되어야 한다고 말한다. 이는 신의 속성으로 정의된 물질로부터는 개별 사물들이 선험적으로 연역될 수 있음을 시사한다.

---

56   Giancotti(1991), p. 110.

57   다음과 같은 게루의 말을 참고하라. "운동은 연장 실체를 분할할 수 없을 텐데, 왜냐하면 연장 실체는 분할 불가능하기 때문이다. 양태들의 다양성 역시 운동으로부터 비롯될 수 없고 신의 역량에서 비롯될 수밖에 없다. 이 역량은 무한하게 무한하므로, 무한하게 무한한 결과들 혹은 특성들의 산출을 필연적으로 함축한다."(Gueroult(1968), p. 323)

(2) 매개된 무한 양태(정리 22)

이제 매개된 무한 양태로 넘어가 보자. 매개된 무한 양태의 증명은 직접 무한 양태의 증명과 동일하다는 이유로 생략된다. 따라서 만일 직접 무한 양태의 증명 과정에 대한 앞의 해석이 맞다면, 동일한 사항이 매개된 무한 양태에도 해당될 것이다. 우선 직접 무한 양태를 연역하는 정리 21과 매개된 무한 양태를 연역하는 정리 22가 똑같은 방식의 증명에 기대고 있는 이상 매개된 무한 양태 역시 다른 것들을 참조할 필요 없이, 신의 어떤 속성의 절대적 본성으로부터 따라 나와야 할 것이다. 다음으로 직접 무한 양태가 신의 속성의 절대적 본성으로부터 따라 나오는 개별적 본질과 그들 전체를 가리킨다면, 직접 무한 양태에 의해 매개된 무한 양태 역시 개별자 각각과 그들 전체를 가리킬 것이다. 그러나 이럴 경우 왜 한번(직접 무한 양태)이 아니고 동일한 과정이 두 번(직접 무한 양태와 매개된 무한 양태) 반복되어야 하는지, 또한 왜 무한 번이 아니라 단지 두 번인지가 의아해진다. 더구나 직접 무한 양태는 신의 속성의 '절대적 본성'으로부터 따라 나오지만, 매개된 무한 양태는 직접 무한 양태에 의해 매개된 것이므로 신의 속성의 절대적 본성으로부터 따라 나오는 것이 아닐 수 있고, 그럴 경우 생략된 동일한 증명의 내용을 위와 같이 해석하는 것이 유효하지 않을 수 있다.

먼저 매개된 무한 양태가 신의 속성의 절대적 본성으로부터 따라 나오는 것인지 아닌지의 문제부터 살펴보자. 관련 내용에 대한 스피노자의 진술에도 약간의 애매성이 있다. 한편으로 정리 21(신의 속성의 절대적 본성으로부터 따라 나오는 모든 것)과 정리 22(변양으로 변양된 한에서의 신의 본성으로부터 따라 나오는 것), 그리고 정리 23의 진술을 보면 직접적 무한 양태만이 신의 속성의 절대적 본성으로부터 따라 나오고, 매개된 무한 양태는 직접적 무한 양태를 매개로 하여 따라 나오는 것처럼 보인다. 반면에 직접적 무한 양태만이 아니라 매개된 무한 양태 역시 신의 본성의 절대적 본성으로부터 따라 나오는 것으로 해석되는 구절도 있다. 정리 23의 증명에서 스피노자는 "필연적으로 그리고 무한한 것으로 실존하는 양태가 신의 속성의 절대적 본성으로부터 따라 나왔다." 라고 하면서 여기에 "직접적으로이든,(정리 21) 신의 속성의 절대적 본성으로부터 따라 나오는 변양을 매개로 해서이든(정리 22)"이라고 덧붙인다. 이에 따르면 "신의 속성의 절대적 본성으로부터 따라 나오는 것"에는 직접적으로 따라 나오는 것과 이를 매개로 하여 따라 나오는 것이 모두 포함되는 셈이다. 다만 증명 안의 이 진술은 해당 정리(정리 23) 자체의 진술과 간극이 있다. 정리 자체는 "신의 속성의 절대적 본성 혹은 신의 속성의 변양으로부터" 따라 나온다고 하면서 두 무한 양태를 구별하는 듯 보이기 때문이다.[58] 그러므로 두 가지 가능성이 모두 열려 있는 셈이다.

내가 보기에 두 무한 양태 모두 신의 속성의 절대적 본성으로부터 따라 나온다고 보는 것이 맞을 것 같다. 이에 대한 보다 적극적 근거는 정리 28의 주석에서 찾을 수 있다. 거기에도 우선 비슷한 애매성이 발견된다. (a) "어떤 것들은(*quaedam*) 신에 의해 직접적으로 산출되었어야 했다. 즉 신의 절대적 본성으로부터 필연적으로 따라 나오는 것들이 그

---

58   반대로 지안코티는 정리 23의 진술을 따를 경우 정리 21과 정리 22를 나눈 이유 자체가 불분명해지기 때문에 신의 속성의 절대적 본성으로부터 따라 나오는 것을 직접 무한 양태로 한정한다. Giancotti(1991), p. 103.

것이다." 이것은 직접적 무한 양태만을 가리키는 듯 보인다. 그리고 (b) "다른 것들(alia)은 (a)을 매개로 [따라 나왔어야 했다.]"라는 이어지는 문장은 매개된 무한 양태를 가리키는 듯 보인다. 그러나 (b)는 매개된 무한 양태가 아니라 유한한 사물들을 가리키는 듯 보인다. 왜냐하면 그는 이어서 (a)에 대해서는 신을 ('자기류 안에서'의 근접인과 구별하여) '절대적 근접인'이라고 칭하면서, 이 경우와 구별하기 위해(그리고 오직 구별하기 위한 의도로) '원격인'을 도입했다고 말하는데, 이것은 매개된 무한 양태를 겨냥한 것이 아니라 정리 28의 무한정한 인과 사슬을 이루는 "유한하고 규정된 실존을 갖는 것들", 즉 신이 그 절대적 근접인이 되는 경우와 구별되는 것으로서의 유한 사물들을 겨냥한 것이기 때문이다. 그렇다면 (i)에는 직접 무한 양태만이 아니라 매개된 무한 양태까지 포함하여 모든 무한 양태가 해당된다고 보아야 할 것이다. 이 점은 "신이 직접 산출한 것들, 혹은 더 정확히는 그의 절대적 본성에서 따라 나오는 것들"이라는 표현을 통해 결정적으로 지지된다.

이 해석은 직접 무한 양태와 매개된 무한 양태 둘 다 신의 절대적 본성으로부터 따라 나오는 것, 그리고 신을 절대적 근접인으로 갖는 것으로 간주하는 게루의 해석과 합치한다.[59] 지안코티는 위와 같이 볼 경우 직접 무한 양태를 연역하는 정리 21과 매개된 무한 양태를 연역하

---

59   다만 스피노자가 '먼 원인'이라는 용어에 부과한 한계를 고려해 게루가 유한 양태의 원인으로서의 신에 대해 원격인이 아니라 '자기 유 안에서의 가까운 원인'이라고 규정한 데 대해서는 동의하기 어렵다. '절대적'과 '자기 유 안에서'의 짝은 통상 절대적 무한과 류적 무한에서처럼 속성들 전부를 아우르는 신의 관점과 한 속성의 관점으로 대별되며, 무한 양태는 이미 유적 무한의 파생태이기 때문에, 무한 양태를 '절대적' 파생에 할당하고 유한 양태를 '유적' 파생에 할당하는 것은 체계에 맞지 않다.

는 정리 22 사이의 구별이 무의미해진다는 문제를 지적하면서, 해결책으로 매개적 무한 양태와 유한 양태들을 동일한 지위에 놓는다. 즉 매개된 무한 양태란 실존하는 유한 양태들의 전체에 다름 아니며, 따라서 신이 유한 양태들의 (한정된 의미에서이기는 하지만) 원격인이듯이, 매개된 무한 양태는 직접 무한 양태와 달리 신의 본성의 절대적 본성으로부터 따라 나오지는 않는다. 이럴 경우 직접 무한 양태의 지위가 문제가 된다. 그녀에 따르면 직접 무한 양태는 이런 유한 양태들의 분화 원리, 즉 실체 자체 내에 존재하는 분화의 원리, 매개된 무한 양태 안의 다수화를 "규제하고 추진하는 원리들"이다.[60] 그러나 그 말대로 다수화 원리로서의 무한 양태가 실체나 속성 자체와 별도로 필요하다는 것은 실체가 (무한 양태와 같은) 어떤 매개를 통해 개별자에 작용한다고 보는 셈이 될 것이고, 이것이야말로 스피노자가 신이 개별자의 원격인임을 부정하면서 말한 것이다. 그러므로 직접 무한 양태와 매개된 무한 양태 둘 다 신의 절대적 본성으로부터 따라 나오는 것으로 보는 것이 합당하다.

이를 바탕으로 이제 매개된 무한 양태들 각각이 무엇일지 생각해 보자. 앞의 2절에서 언급한 대로『소론』2부 부록에서 사유 속성의 직접적 변양이 (현행적으로 실존하는 신체에 대한) 관념이고, 이를 매개로 한 변양이 감정(자기 신체에 대한 사랑)이라고 했던 것을 참조해 보면, 다음

60　　Giancotti(1991), p. 113. 지안코티는 취른하우스에게 보내는 편지에서 스피노자가 데카르트의 연장에 대해 부정적으로 말한 내용, 즉 "불활성의 덩어리로 인식된 연장으로부터는 다수의 물체들의 산출을 선험적으로 인식할 수 없다."라는 답변으로부터, 스피노자의 실체(이 경우 연장)는 자체 내에 이미 다수화의 원리를 담고 있음을 도출하고, 그 결과 유한으로부터 어떻게 무한에 도달하느냐 혹은 무한으로부터 어떻게 유한이 산출되느냐의 문제는 제기되지 않는다고 본다.(p. 110)

과 같은 추론이 가능하다. 곧 연장의 직접 무한 양태가 개별 신체의 본질인 운동과 정지의 비율 각각과 전체를, 사유의 직접 무한 양태가 이 비율에 대한 관념 각각과 전체를 가리킨다면, 매개된 무한 양태는 양쪽 모두에 해당하는 감정, 그것의 원초적 형태인 코나투스를 가리킨다. 직접 무한 양태가 개별 본질의 '실존'이라는 견지에서 고려된 것이라면, 매개된 무한 양태는 개별 본질의 '유지'의 관점에서 고려된 것이다. 달리 말해 운동과 정지의 비율로 정의되는 신체의 본질이 해당 개체의 구조('형상')에 해당한다면, 코나투스는 이 구조의 역동적 측면을 가리킨다고 할 수 있겠다. 물론 역량의 증감은 다른 것들과의 관계의 함수이므로, 다른 사물들에 대한 참조 없이 신의 속성의 절대적 본성에서 따라 나온다고 보기 어려울 것 같다. 그러나 스피노자는 역량이 증가하는 상태에 있든 감소하는 상태에 있든, 모든 것은 "할 수 있는 한, 자기 존재 안에 머무르고자 노력하며",(3부 정리 6, 이 노력이 각 개체의 '현실적 본질'(3부 정리 7)이라고 말한다. 더욱이 정리 24의 따름 정리에 따르면 이 본질은 신을 원인으로 하며, 여기에는 '유한한 변용으로 변용된 한에서의 신'과 같은 조건이 붙어 있지 않다. 즉 정리 24의 따름정리에서 스피노자는 신이 사물이 존재하기 시작하는 원인(즉 *causa fiendi*)일 뿐만 아니라 〔스스로를〕 '유지하게'(*perseverare*) 하는 원인(즉 *causa essendi*)이라고, 간단히 말해 실존의 원인일 뿐 아니라 본질의 원인이라고 규정한다. 여기에서 본질을 기술하는 데 사용된 용어인 *perseverare*는 코나투스를 가리키는 바로 그 용어이다. 이를 이어 정리 25에서는 신이 사물의 실존만이 아니라 본질의 원인이라고 진술한 다음, 이를 바탕으로 정리 25따름 정리에서는 사물들이 신의 속성의 변용들 혹은 양태들이라고 말한다. 즉 사물들이 신의 변용들 혹은 양태들이라는 것은 신이 사물의 실존만이 아니라 본질의 원인이라는 것, 신이 사물의 존재 시작의 원인일 뿐 아니라 존재 보존의 원인이기도 하다는 것을 의미한다. 그런데 바로 이 따름 정리가 3부 정리 6에서 코나투스를 증명하는 근거가 된다.[61]

매개적 무한 양태가 코나투스라는 위의 해석에 제기할 수 있는 반론은 코나투스에 대해 스피노자가 '무한'이라는 술어를 사용한 적이 없고 오히려 다른 용어를 명시적으로 사용한다는 점이다. 즉 코나투스는 기껏해야 "무한정한 시간을 함축"할(3부 정리 8) 뿐이다. 오히려 "인간이 실존 안에서 존속하는 힘은 제한되어 있고, 외적 원인이 그것을 무한히 능가한다"(4부 정리 3). 이 두 반론은 다음과 같이 물리칠 수 있다.

먼저 3부 정리 8의 증명을 보면, 용어상의 차이에도 불구하고 그것은 구조상 정리 21의 증명과 합치하고 따라서 이 증명을 그대로 따르는 정리 22의 증명과 합치한다. 우선 3부 정리 8 증명의 초점은 시간적 개념으로서의 무한정을 무시간적 개념인 영원과 대비시키는 것이 아니라, 한계를 포함한다는 의미의 유한에 대비시키는 데 있다. 그런데 이 논리는 정리 21 증명의 두 번째 부분, 즉 직접 무한 양태가 규정된 실존을 갖지 않는다는 것을 증명할 때 의거한 것과 동일한 논리이다. 정리 21의 증명과 3부 정리 8의 증명을 나란히 놓아 보자. (a) 정리 21의 증명에서는 신의 속성의 절대적 본성으로부터 따라 나오는 것이 어떤 한

---

61   2부에서 스피노자는 정신의 본질을 **관념**의 견지에서 정의했다면, 3부에서는 그것을 **감정**의 견지에서 규정하는 대목이 있다. "각 개체가 주어진 자신의 본성에 만족하고 살며 그것을 향유함에도 불구하고, 각자가 만족해하는 이 삶과 향유는 이 동일한 개체의 관념 혹은 영혼에 다름 아니며, 따라서 한 개체의 본질이 다른 개체의 본질과 다르듯이(differt), 한 개체의 만족은 다른 개체의 만족과 본성상 다르다.(discrepat)"(3부 정리 57의 주석)

계 너머에서 더 이상 실존하지 않는다면, 이는 그것이 신의 속성의 절대적 본성으로부터 도출된다(즉 필연적으로 따라 나온다.)는 가정에 위배된다는 이유로 규정된 실존이 부정된다. (b) 3부 정리 8의 증명에서는 한 사물이 제한된 시간을 함축한다면, 그 한계 너머에서("*post limitatum illud tempus*") 파괴되어야 할 것인데, 이 역시 전제에 어긋난다는 이유로 부정된다. 차이가 있다면 단지 (a)에서는 신적 필연성이나 역량을 전제로 삼아 귀류법적 증명을 수행하는 반면, (b)에서는 각 사물이 할 수 있는 한 자기 존재를 유지하고자 한다는 공리적 성격의 명제를 전제로 삼아 귀류법적 증명을 수행한다는 점뿐이다. 그러나 (a)와 (b) 둘 다에서 핵심은 해당 사물이 자체적인 한계를 포함할 수 없다는 점이다. 다른 한편, 정리 22의 증명을 대신하는 정리 21의 증명으로 돌아가 보면, 이번에는 그것이 시간적 차원에서 완전히 떠나 있는 것은 아님을 알 수 있다. 여기에서도 '항상'(*semper*)이라는 시간적 표현이 사용될 뿐만 아니라 "항상 실존하고 무한했을 수밖에 없다"라는 과제 시제가 사용된다. 물론 이 시간 표현은 증명의 마지막 문장이 명시하듯 '속성에 의해' '영원'의 의미로 이행하고 이 때문에 과거 시제가 아닌 현재 시제가 사용된다. 즉 시간 속의 무한정이 무시간적인 영원이 되는 것은 원인에 의해서이다. 정리 21 및 정리 22의 "신의 속성의 절대적 본성으로부터 따라 나오는 것"과 대비되는 것은 "어떤 양태에 의해 변용되는 것으로 간주되는 한에서의 신이나 신의 속성으로부터 따라 나오는 것"(정리 28의 증명)이다. 이 둘 중 3부 정리 8의 코나투스, 즉 '그 자체로 있는 한에서'(*quantum in se est*)는 후자가 아니라 전자와 관련된다.

다음으로 4부 정리 3은 힘의 제한을 강조하지만, 이것은 외적 원인을 고려한 가운데에서, 즉 정리 28의 관점에서 보았을 때이다. 오히려 4부 정리 4의 증명은 반대되는 취지의 진술을 제시한다. "개별 사물들이, 따라서 인간이 자기 존재를 유지하게 하는 힘은 신의 혹은 자연의 역량 자체이다.(정리 24의 따름 정리) 무한한 한에서가 아니라 인간의 현실적 본질에 의해 설명될 수 있는 한에서의(3부 정리 7) 역량. 따라서 자신의 현실적 본질에 의해 설명될 수 있는 한에서의 인간의 역량은 신의 혹은 자연의 무한 역량의 일부, 다시 말해 본성의(정리 34) 일부이다." 물론 이 증명은 이런 인간이 자신의 본성만으로 이해되는 변화만을 겪을 수는 없다는 점을 증명한다. 즉 '부분임'은 자연의 무한 역량에 참여한다는 점과, 이 역량의 전부가 아니라는 점에서 이중성을 갖는다. 그리고 코나투스의 무제한성은 바로 전자의 측면을 의미한다.

4 나오며

스피노자는 실체, 속성, 양태 개념을 아리스토텔레스로 거슬러 올라가는 전통 논리학이나 형이상학, 그리고 데카르트로부터 물려받아 새로운 내용을 불어넣었다. 이에 비해 무한 양태라는 개념은 어디서도 발견되지 않는 스피노자의 독창적 개념이다. 지금까지 무한 양태는 무한한 실체와 유한 양태 사이의 매개로, 자연의 보편적 법칙이나 사물들의 총체로 간주되어 왔다.

나는 여기에서 배제되어 왔던 한 가지 가능성, 즉 무한 양태가 각각의 개별 사물일 가능성을 보여 주었다. 그래서 직접 무한 양태가 개별 사물의 구조로서의 본질 및 본질들 전체의 계열이고 간접 무한 양태가 이 본질의 유지 경향인 코나투스로 볼 수 있는 근거를 제시했다. 이 해석을 통해 나는 스피노자의 체계를 실체-속성-무한 양태-유한 양태로 내려가면서 실재성이 점점 감소하는 유출론적 체계로 보는 대신, 개별 사물들의 전체라는 단 하나의 실재를 바라보는 상이한 관점의 문제일 수 있음을 보여 주었다. 이제 남은 문제는 이 무한한 양태들이 어떻게 해서 '유한한' 사물이 되는지이다.

3

인과성

6장

인과적 결정론 혹은 필연론

1 '숙명론'보다 다양한 뉘앙스를 지닌 스피노자의 필연론

스피노자는 인과성을 무엇보다도 양상적으로 이해했다. '필연적 연관'에서 '필연'을 문제 삼은 흄의 대척점에서 스피노자는 필연을 자명하게 받아들일 뿐 아니라 모든 것을 동일한 필연에 종속시킨 과격한 형이상학자로 보인다. 다음 장에서 우리는 스피노자가 이 '연관'을 어떤 것으로 보았는지 살펴볼 것이다. 그 전에 이제 이 장에서는 필연의 의미를 따져 본다. 스피노자는 필연론자로 악명 높지만, 어떤 의미에서 필연론자인지는 불분명하기 때문이다.

스피노자의 악명 높은 필연론에 대해 당대부터 오늘날까지 사람들이 가장 일반적으로 받아들이는 의미는 숙명론일 것이다. 스피노자의 『신학-정치론』 출판 직전인 1675년 말 올덴부르크는 논고의 출판을 만류하는 편지를 보낸다. 만류의 핵심 이유는 스피노자가 "만물과 그 작용을 숙명적 필연성에 종속시키는 듯 보인다."라는 것이었다.[1] 올덴부르크는 스피노자를 대중의 오해와 공격에서 보호하기 위해서보다는 스피노자의 필연론이 인간은 물론이고 신조차도 숙명에 종속시킴으로써 덕과 종교의 토대를 없앨 위험이 있다고 여겼다. 그런데 답장에서 스피노자는 숙명론이라는 딱지를 부정하기는커녕 오히려 그것이 자신이 출판하려는 논고에 담긴 모든 것의 '기초'라고 주장한다. 이 서신들은 스피노자의 필연론이 사람들에게 숙명론이라는 이름으로 종교적, 윤리적 맥락에서 이해되었다는 것, 그런데 스피노자 자신도 숙명이라는 말을 인정할 만큼 강한 필연론적 입장을 비타협적으로 견지했다는 사실을 보여 준다.

그런데 숙명론의 혐의를 받은 『신학-정치론』의 필연론은 어떤 것인가? 실상 그것은 기적과 같이 자연법칙에 위배되는 사건은 일어나지 않는다는, 오늘날의 관점에서 보면 별로 특별할 것 없는 합리성의 요구에 지나지 않는다. 유령이나 귀신의 존재 여부를 묻는 휴고 복셀과 주고받은 서신에서도[2] 스피노자는 유령 문제를 논하기 위한 전제 조건인 양 세계가 우연의 결과가 아니라 신적 본성의 필연적 결과임을 명확히 한 다음에야 왜 유령이 존재한다고 볼 수 없는지를 논증해 나가기 시작한다. 『윤리학』에서도 그는 필연과는 다른 의미의 자유를 신에게 부여하는 것이 "유치할"(*nugatoria*) 뿐 아니라 "학문(*scientia*)에 대한 커다란 장애"[3]라고 지적한다. 그의 필연론은 자연에 대한 합리적 탐구와 토론

---

1   이에 대해서는 특히 올덴부르크가 스피노자에게 보내는 「편지 74」와 이에 대한 스피노자의 답장 「편지 75」를 참조하라.

2   휴고 복셀에게 보내는 편지 54(G IV, 251): 스피노자(2018), 306~307쪽.

3   정리 33의 주석 2.(G II, 75, I.1~2).

이 진지하게 이루어질 수 있는 전제 조건의 성격이 강한 것이다.[4]

그러나 종교-윤리적 의미나 합리적 대화와 탐구의 조건으로서의 필연론이 아니라 철학적 양상 이론으로서의 필연론 자체를 살펴보면, 그것은 흔히 숙명론이라는 말로 이해될 때보다 더 다양한 뉘앙스를 지닌다. 이에 따라 그것을 약한 의미의 필연론으로 보는 해석과 강한 의미의 필연론으로 보는 해석이 맞선다. 편의상 전자를 인과적 결정론으로, 후자를 필연론으로 부르도록 하자. 인과적 결정론이 모든 사건이 원인에 의해 규정된다는 주장[5]이라면, 필연론은 이보다 더 강한 의미의 결정론으로, 현실 세계의 이 인과계열이 다르게 될 수 없었다는 주장, 오직 현존 세계만이 가능했으며 다른 가능세계는 없다는 주장으로 특징지어진다.[6] 나는 인과적 결정론을 필연(필연적 연관)에 관한 학설로, 필연론은 이 필연의 필연에 대한 학설이라고 부를 것이다. 이 시기 대부분의 철학자들이 필연을 받아들이되 신의 자유라는 이름으로 필연의 우연이라는 여지를 보존하고자 했던 반면 스피노자는 필연의 필연을 주장한다. 이렇게 해서 스피노자는 필연주의자로 통해 왔다.

문제는 스피노자가 필연 안에 차이를 도입한다는 점이다. 그는 자기 본성에 의한 필연과 원인에 의한 필연을 구분하고, 후자 가운데서도 무한 양태의 필연과 유한 사물의 필연을 구분하며, 유한 사물들의 실존

---

4   메이슨은 필연과 우연에 대한 스피노자의 논의를 '개념적 최소주의'로 규정하고, 그에게 필연이란 존재하는 모든 것이 원인이나 근거를 갖는다는, 혹은 존재하는 모든 것이 가지적이라는 원리의 귀결에 불과하다고 본다. 이에 따라 가능적인 것이란 전적으로 증명과 관찰을 통해 결정될 문제이다. Mason(1997), pp. 65, 71.

5   혹은 "자연법칙에 따라 선행 조건에 의해 인과적으로 규정된다."(Garrett(1991), p. 191)

6   이 구별에 따르면 "아무리 철저한 인과적 결정론이라도 현실화되지 않은 가능성들의 지위에 대해서는 아무것도 함축하지 않는다."(Mason(1991), p. 324)

에 대해서는 종종 우연의 여지를 인정하는 듯한 진술을 한다. 스피노자는 자기 주장의 의미를 철저히 숙고하지 않은 탓에 비일관된 학설을 제시하고 있는가? 아니면 실체나 무한 양태에 대해서와 달리 외적 원인의 무한정한 인과 사슬 안에 있는 유한 사물들에 대해 우연을, 혹은 절대적 필연과 대비되는 상대적 필연을 인정하는 셈인가? 아니면 일관되게 하나의 절대적 필연만이 있다고 주장하는가?

아래에서 나는 이 문제를 필연(결정론)의 차원과 필연의 필연(필연주의)의 차원을 나누어 살펴볼 것이다. 결론부터 말하자면, 필연의 필연에 대해 스피노자는 어떤 애매성도 없이 그것을 긍정하면서 필연론의 입장을 취한다. 아울러 나는 이 필연론의 근거를 신 또는 자연의 최고 완전성(혹은 실재성)이라 보는 지배적 해석을 비판하면서 필연론은 신의 유일성에 근거함을 보여 주고, 이로써 스피노자의 필연론이 라이프니츠의 가능세계론과 어떻게 구별되는지를 더 분명히 할 것이다. 다만 이럴 경우 남는 문제는 라이프니츠가 무한하게 많은 다른 가능세계들로 구상했던 것과 같은 인식 가능한 것들의 무한한 다양성을 어떻게 현실세계 안으로 포섭할 수 있는가이다. 나는 필연의 필연의 차원과는 달리 스피노자가 필연의 차원에서는 가능적이라 불리는 것들을 허용하며, 이것이 양상에 대한 역량 중심 접근의 특징임을 보여 줄 것이다.

2 신의 유일성과 필연론

(1) 『윤리학』 1부 전체 구도와 필연론

인과적 결정론과 필연론의 구별은 라이프니츠의 모순율과 충분
이유율(혹은 이성의 진리와 사실의 진리)의 구분을 기초로 한 것이다. 그러
나 17세기 합리론자들 모두의 공통점과 분기점을 가늠하기에 나쁘지
않은 기준이다. 이들은 (의지의 자유 문제를 제쳐 둔다면) 적어도 물질의 영
역에서는 인과적 결정론, 곧 필연을 받아들인다. 반면 필연의 양상에
대해서는 입장이 다르다. 데카르트와 라이프니츠가 신의 자유라는 이
름으로 필연의 우연을 인정하고자 했던 반면 스피노자는 필연의 필연
을 주장한다. 인과적으로 결정된 세계의 산출이 신의 입장에서도 필연
이라는 것이다. 스피노자의 입장에 대한 이와 같은 규정을 뒷받침하는
것은 그가 현존 세계와는 다른 세계의 가능성 자체를 인정하지 않는다
는 점이다. 다시 말해 스피노자의 필연론은 자연의 유일성, 그러니까
신이 산출한 세계만이 아니라 인식할 수 있는 세계의 유일성에 토대를
두고 있다. 신의 유일성에 근거한 필연론은 『윤리학』 1부 후반부에 제
시되지만, 실상 『윤리학』 1부 전체를 통해 예비된다.

첫째, 신의 본질을 다루는 정리 1~정리 15의 실체 일원론이다.[7] 우
선 동일한 본성을 가진 둘 이상의 실체는 없다는 속성 공유 불가 테제
(정리 5)에 의해 가능세계론이 차단된다. 정리 5는 실체들이 오직 속성
에 의해 구별되며 따라서 동일한 속성을 가진 둘 이상의 실체는 없다

---

7   아래 세 단계의 구분과 구분 근거는 게루를 참조했다. cf. Gueroult(1968), p. 19.

는 명제이다. 이 정리의 증명에서 스피노자는 실체들이 양태에 의해 구별될 가능성을 제쳐 둔다. 이에 따라 속성은 동일하되 양태들에서만 차이 나는 둘 이상의 실체, 곧 현실 세계와 유사한 가능세계들은 이미 배격된다. 다음으로 자연에 단 하나의 실체만이 존재하며 모든 것은 이 실체 안에 있다는 실체 일원론(정리 14)은 스피노자의 필연론이 적극적으로 무엇에 근거하고 있는지를 보여 준다. 즉 신 외에는 어떤 실체도 존재하지 않고 모든 것은 신 안에 있으므로, 단 하나의 현실 세계만이 존재한다. 그런 의미에서 스피노자의 필연론은 실체 일원론의 자연스러운 귀결이다.

둘째, 신의 산출 역량을 다루는 정리 16~정리 29의 인과적 필연성이다. 이 필연성은 이번에는 신적 산출의 충만성을 통해 지지된다. 핵심은 신의 지성에 의해 인식될 수 있는 모든 것이 산출된다는 정리 16의 주장이다. 이는 가능적인 것은 존재하지 않는다는 부정적 의미로 읽힐 수도 있지만, 인식 가능한 모든 것이 필연적으로 현존한다는 적극적인 의미로도 읽힌다. 만일 가능세계 같은 것이 인식 가능하다면, 이것 역시 전적으로 현실화되어야 한다. 이처럼 신의 충만한 산출 역량을 통한 필연의 옹호는 필연론이 신을 운명에 종속시킨다는 통념에 대한 가장 강력한 반박이다. 실제로 이로부터 신이 자유로운 원인이자 내재적 원인임이 제시된 다음(정리 16~정리 18), 신 또는 속성들의 실존(정리 19~정리 20), 무한 양태의 실존(정리 21~정리 23), 유한 사물의 실존(정리 24~정리 28)이 어떤 의미에서 필연인지를 밝히고, 이것이 끝난 다음 정리 29에서 모든 것이 필연적이고 우연적인 것은 없다는 양상에 대한 일반적 진술이 이어진다.

마지막으로 신의 본성의 동일성 및 신의 본질과 역량의 동일성을 다루는 정리 30~정리 36은 이 필연의 필연을 다루는 부분으로, 고유한 의미의 양상을 다루는 부분이라 할 수 있다. 앞서 말했듯 정리 29까지의 결정론은 이 시기 합리론자들 누구도 인정할 수 있는 내용이다. 그러나 이런 필연 자체가 필연적인지 우연적인지, 즉 세계 내의 필연적 인과 연관은 필연적으로 산출되었는지 우연적으로 산출되었는지에 대해서는 입장이 갈라진다.

첫 번째 측면인 실체 일원론은 1~3장에서 다루었고, 두 번째 측면인 신적 산출의 충만성은 2장(속성)과 4~5장(양태)에서 다루었으므로 이 장에서는 내가 '필연의 필연'이라 부르는 마지막 측면만 살펴보기로 하자.

(2) 정리 30~정리 36의 필연론

신의 자기 자신과의 관계를 다루는 마지막 단계의 논증은 세 단계로 나누어 볼 수 있다.

〔1〕 스피노자는 먼저 신의 지성(정리 30, 정리 31)과 의지(정리 32), 그리고 신의 본성(정리 33)과의 관계를 다룬다. 이 부분은 인격신 개념을 바탕으로 한 전통 신학을 비판하는 여담의 성격을 갖는 것처럼 보이기 십상이다.[8] 그러나 정리 28~정리 29의 결정론(필연)에 이어 이 결정의 필연(필연의 필연)을 다룬다는 점에서 스피노자는 마땅한 순서를

8 　게루 역시 전통적인 유대-기독교의 인격신 개념과 특히 "창조자 지성" 개념을 비판하는 정리 30 이하의 정리들이 앞선 정리들과 흐름이 단절되어 보인다는 점을 지적한다. Gueroult(1968), p. 356.

정확히 따르고 있다.『윤리학』1부 전반부에서 같은 속성을 가진 여러 실체 혹은 신 바깥의 다른 실체의 실존 가능성이라는 형태로 다루어지고 반박되었던 신 또는 세계의 다수성이 여기에서는 신 안의 차이(신의 능력들 간의 차이 혹은 신의 본성 안의 차이)라는 형태로 다루어지고 반박된다. 스피노자는 신의 지성과 의지, 본성이 서로 다를 가능성을 신이 그 자신과 다를 가능성, 그러니까 신의 자기분열 가능성이라는 부조리로 환원한다. 이를 정리 31과 정리 32에서는 신의 지성과 의지가 소산적 자연에 불과하므로 능산적 자연인 속성에 의해 규정되어야 한다는 논리로 물리친다. 여기 사용된 지성과 의지 개념은 정확히 스피노자 자신의 고유한 개념은 아니다.[9] 그러나 이는 논지에 하등 영향을 미치지 않는데, 왜냐하면 그는 신의 자기 자신과의 통일성이라는 일종의 공통 개념[10]만 유지하면 되기 때문이다. 그런 다음 정리 33에서는 신의 본성이 자기 자신과 다를 수 없다는 논리(정리 33)와 더불어 필연론이 명시적으로 제시된다.

> 정리 33. 사물들은 산출되었던 것과는 다른 방식으로나 다른 순서로 신에 의해 산출될 수 없었다.
> 증명 [a] 모든 것들은 신의 본성의 필연성으로부터 따라 나왔고(정리 16), 또한 신의 본성의 필연성에 의해 특정 방식으로 실존하

---

9   그는 지성과 의지를 능력으로 보지 않는 유명론적 관점을 가진 만큼 통상적 관점과 매우 거리가 있고, 이 자리에서 불필요하게 이를 다툴 이유는 없을 것이다.

10   서두에서 언급한 휴고 복셀과의 서신에서(앞의 각주 2를 참조하라.) 그는 필연론이 "통상의 사람들이 만장일치로 인정"할 수 있는 내용이라고까지 말하는데, 그러면서도 이것이 신의 본성과 의지, 지성을 모두 동일한 것의 다른 이름이라고 이해하는 한에서 그렇다고 덧붙인다.

고 작동하도록 규정되었다.(정리 29)

〔b〕 따라서 (i) 사물들이 다른 본성을 갖도록, 혹은 다른 방식으로 작동하도록 규정되었다면, 그래서 자연의 질서가 다른 것이었다면 (ii) 신 역시 현재의 것과는 다른 본성을 가졌을 수 있다. (iii) 따라서 이 다른 본성 역시 실존할 수밖에 없었을 것이고,(정리 11) 따라서 둘 혹은 여러 신들이 존재할 수밖에 없었을 텐데 이는 부조리하다.(정리 14의 따름 정리)

서두에서 말한 구별을 따를 때 〔a〕가 인과적 결정론을 제시하고 있다면 〔b〕는 그보다 강한 의미의 필연론을 제시하고 있다. 〔a〕는 신의 무한한 산출 역량에 기대어, 산출되는 항목들(정리 16)과 이 항목들의 작용(정리 29)까지 온전히 신에 의해 규정된다는 진술이다. 한편으로 신은 무한하게 많은 것, 즉 정리 16의 진술에서 스피노자가 괄호 속에 특별히 명시하듯 "무한 지성 아래에 올 수 있는〔무한 지성의 대상이 될 수 있는〕 모든 것"을 남김없이 산출하며, 따라서 지성이 의지보다 더 많은 것을 인식할 여지나, 의지가 지성이 제시한 후보들(가능적인 것들) 가운데 일부를 선택할 여지가 제거된다. 다른 한편 신은 사물들을 창조할 뿐 아니라 사물들의 작용 방식까지 온전히 결정하며, 이로써 이번에는 신의 규정을 벗어나 사물들이 스스로를 규정할 여지가 부정된다. 그러나 증명은 〔a〕로 완결되지 않는다. 이는 〔a〕의 결정론이 〔b〕의 필연론을 반드시 함축하지는 않음을 시사한다. 〔b〕 (i)의 가정문이 시사하듯 한 세계의 인과 계열을 이루는 항들 간의 필연적 연관을 인정하더라도, 이 계열 전체와는 다른 인과 계열, 따라서 다수의 가능세계가 가정될 수 있고, 이에 따라 정리 33에서 진술한 필연론은 거부될 수 있다. 다른 세계의 가능성과 현존 세계의 우연성이라는 가정을 스피노자는 어떻게 물리치는가? (ii)와 (iii)은 스피노자가 그것을 현실 세계가 가장 실재적이고 이런 의미에서 가장 완전하기 때문이라는 논리, 즉 신의 선성과 자연의 완전성을 통해서가 아니라 신 또는 자연의 유일성을 통해 물리친다는 점을 보여 준다. 그러니까 현실 세계가 필연적인 이유는 그것이 가장 완전하기 때문이 아니라 그것이 인식 가능한 전부로 유일하기 때문이다. 신의 유일성이 가능세계라는 가정을 차단하는 역할을 할 수 있는 이유는 [b]의 (i)과 (ii)에서 암묵적으로 가정되듯, 신이 자연 질서를 초월하는 존재가 아니라 자연의 질서 자체이거나 자연에 내재하는 원인이기 때문이다. 이처럼 [b]를 증명하고 나서야 필연, 불가능, 우연과 같은 양상 범주들이 정의된다(정리 33의 주석 1). 다른 가능 세계를 가정하지 않는 만큼 스피노자는 논리적 차원과 인과적 차원을 구분하지 않은 채 '필연'을 사물의 본성이나 주어진 작용인으로부터 사물이 필연적으로 따라 나오는 경우로, '불가능'을 본성이 모순적이거나 그 사물의 산출을 규정하는 외적 원인이 주어지지 않은 경우로, '우연'이나 '가능'은 본성이나 외적 원인에 대한 무지라는 인식의 결함을 통해 정의한다.

[2] 이렇게 해서 필요한 내용이 모두 제시되었음에도, 정리 33의 주석 2에서 앞의 논박적 주장이 다시 한번 이어진다. 이번에는 인과적 결정론으로부터 필연론으로 가지 않을 몇 가지 경로를 제시하고 이것이 신의 지성과 의지, 그리고 본성이 다르다는 귀결에 도달할 수밖에 없음을 보여 준다. 물론 이는 신의 지성과 의지, 그리고 본성의 동일성을 누구도 명시적으로 부정할 수 없다는 데 바탕을 둔다. 필연론에서 일탈할 수 있는 하나의 경로는 신의 의지에 선택의 역할을 부여하는 것

이다. 이는 스피노자와 가장 가까운 입장이라 할 수 있는 데카르트의 영원 진리 창조론에 비춰 볼 때 잘 드러난다. 데카르트에 따르면 영원 진리들조차 신에 의해 창조되었으며, 그것들은 참이기 때문에 창조된 것이 아니라 신이 의지했기 때문에 참이다.[11] 이는 진리가 필연적이지 않다는 것이 아니라(이 진리는 필연적이고 영원하다.) 진리의 원천이 신의 의지이며 그런 의미에서 우연적이라는 것, 즉 다른 것일 수도 있었다는 것을 의미한다.(이 진리는 창조되었다.) 즉 필연의 우연성이 긍정되는 것이다. 다른 하나는 신의 지성을 의지에 앞세우는 것이다. 이는 토마스 아퀴나스 등 주류 신학자들의 의견이기도 하지만, 역시 스피노자의 입장과 가까이 있는 라이프니츠가 이후 전개할 최선의 원리에 따른 신의 선택에서 가장 명료하게 드러난다. 라이프니츠에 따르면 한 세계 안에 일어나는 모든 사건은 각 실체 안에 이미 포함되어 있고 따라서 결정되어 있다. 그러나 신의 지성은 이 사건들이 다르게 될 가능성을, 따라서 양립 가능한 사건들의 집합으로 이루어진 무한하게 많은 가능세계를 인식할 수 있다. 이들 중에서 현실 세계를 선택하는 것은 신의 의지이지만, 이 의지는 무한하게 많은 선택지와 더불어 최선의 원리를 인식하는 지성을 따른다.

이렇게 볼 때 결정론을 인정하면서도 이 결정성 자체는 우연이라고 주장하는 철학자들의 의견의 뿌리는 명시적이든 아니든 신의 지성이나 의지를 구별해 신의 통일성을 거부하는 데 있다. 이들이 신의 지성이나 의지를 앞세워 필연의 우연을 긍정한다면, 스피노자는 그들의 용

---

11 메르센(Mersenne)에게 보내는 편지, 1630년 4월 15일(AT I, 145~146); 1630년 5월 6일, AT I, 149~150을 참조하라.

어와 명시적 테제를 사용하여 신의 의지와 지성, 본성이 모두 하나임을 부각함으로써 필연의 필연을 뒷받침한다. 다만 그는 지성이나 의지를 본성과 분리하는 입장들 모두를 비판하면서도 동일한 자격으로 기각하지는 않는다. "모든 것을 신의 무관심한 의지에 종속시키고 모든 것을 그의 재량에 달려 있다고 설정하는" 주의주의가 "신이 모든 것을 선의 이유로 활동한다고 설정"하는 주지주의보다 "진리에서 덜 떨어져 있다"라고 하면서 주의주의에 더 우호적인 입장을 보인다. 이런 평가의 이유는 무엇일까? 아마도 데카르트적 주의주의에서 의지와 지성이 일치할 여지가 더 많을 뿐 아니라, 주지주의의 경우 신 바깥에 다른 것을 설정한다는 점에서 "신을 숙명에 종속"시키고 실재의 유일성에서 더 멀어지기 때문일 것이다.

〔3〕 신의 능력들의 통일성에 근거한 필연론은 신의 역량과 본질의 동일성으로 이어진다. 정리 34에 따르면 "신의 역량은 본질 자체"이다. 신의 역량과 본질을 동일시하는 것은 별달리 새롭지 않다. 게루와 캐리어로 모두 지적하듯 그것은 오히려 "중세 철학의 전통 자산"이다.[12] 그러나 게루가 강조하듯 이 명제를 신의 본질이 다름 아닌 역량이라는 명제와 혼동해서는 안 된다. 왜냐하면 "역량이 본질에 의해 정의되지 않으면, 본질이 역량에 부과하는 필연성으로부터 면제되고, 따라서 임의적 자유와 파악불가능성의 길이 열리게"[13] 되기 때문이다. 본질이 역량으로써 정의되는 것이 아니라, 정리의 문면 그대로 역량이 본

12　Carriero(1991). 가령 아퀴나스도 "신의 활동은 그의 역량과 구별되지 않는데, 왜냐하면 둘 다 그의 신적 본질이기 때문이다."라고 말한다.(『신학대전』 I, Qu.A.2, ad2: Carreiro(1991), p. 65 에서 재인용)

13　Gueroult(1968), p. 380.

질로 정의된다. 이는 역량의 행사가 본질에 의해 규제된다는 것을 의미하며, 신의 본질은 하나이므로 신의 본질이 다른 것이 되지 않고서는 다른 방식의 역량 행사는 불가능하다. 그런 다음 스피노자는 정리 35에서 바로 이 본질에 의한 규제를 통해, 가능성이나 잠재성을 포함하는 '권능'(*potestas*) 개념을 물리친다. 물론 이는 정리 16에서 충만성 원리를 통해 이미 제시된 내용이다. 정리 35에서 말하는 "신의 권능 안에 있다고 우리가 인식하는 것"은 정리 16에서 말한 "무한 지성 아래에 올 수 있는 모든 것"과 외연이 일치한다. 이 때문에 게루는 정리 35에서 스피노자가 "논박적 의도"로 권능 개념을 도입한다고 말한다.[14] 그렇다고 해서 정리 35에 연역적 목적이 없다는 것은 아니다. 신의 지성이 인식하는 모든 것이 신의 본성에 의해 산출된다는 동일한 진리를 정리 16은 "신의 본질의 무한성"을 통해, 그러니까 충만성을 통해 제시한다면 정리 35는 "역량의 진정한 지위"를 통해 제시한다.[15]

그러나 두 정리가 단지 동일한 내용을 다른 관점에서 제시하는 것만은 아니며, 정리 36에 가서야 완결되는 것이 있다. 정리 16과 정리 35 사이의 차이에 주목해 보자. 정리 16에서 인식 주체는 '무한 지성'이라면, 정리 35에서는 '우리'이다. 이 차이는 무엇을 의미할까? 정리 16에 따라 무한 지성이 인식할 수 있는 모든 것이 신의 본성으로부터 전부 산출된다고 하더라도, 무한 지성이 인식하는 것과 유한 지성이 인식하는 것의 범위가 다르므로, 우리가 인식하지 못하는 다른 세계의 가능성은 여전히 남아 있다. 하나는 우리가 인식하지 못하는 것

---

14   Gueroult(1968), p. 387.
15   Gueroult(1968), p. 389.

들이 산출될 가능성이다. 다른 하나는 우리가 인식하는 것들을 우리가 인식하지 못하는 것들이 가로막을 수도 있는 한에서, 우리가 인식하는 것 역시 전부 산출되지는 않을 가능성이다. 정리 35는 바로 이 두 가능성을 제거한다. 첫 번째 가능성은 정리 16과 정리 35 사이에 놓인 무한 지성 및 그것과 유한 지성의 관계에 대한 논의를 통해 제거된다. 무한 지성과 유한 지성이 모두 소산적 자연에 속한다는 것은 둘이 동질적임을 의미한다. 둘의 차이는 실상 각각에게 인식 가능한 속성들의 수의 차이에 불과하며, 이 차이로 인해 우리가 인식하는 것의 온전성이 손상되지는 않는다. 즉 우리가 인식하지 못하는 것들은 가능세계로 남는 것이 아니라 다른 속성들 아래에서 모두 산출되며, 이 속성들 아래에서 산출되는 것들의 질서와 연관은 우리가 인식하는 속성들 아래에서 산출되는 것들의 질서 및 연관과 동일하다. 이로써 두 번째 가능성 역시 제거된다. 우선 상이한 속성들 간에는 상호 작용이 없기 때문에 우리가 인식하는 속성의 양태들이 우리가 인식하지 못하는 다른 속성의 양태들에 의해 가로막힐 일은 없다. 게다가 우리가 인식하는 것들 자체가 스스로에 의해 가로막히는 경우도 있을 수 없는데, 이어지는 정리 36에 따르면 "그 본성으로부터 어떤 결과가 따라 나오지 않는 어떤 것도 실존하지 않기" 때문이다. 이렇게 하여 정리 34에서 정리 36은 신의 본성의 동일성을 바탕으로 다른 세계의 가능성을 완전히 제거하는 역할을 한다.

이를 통해 우리는 첫째, 스피노자가 필연론을 단지 모든 것에 원인이나 근거가 있다는 의미로 표방했다거나 결정론과 필연론의 구별을 몰랐다고 보기 어렵다는 사실을 확인할 수 있다. 오히려 그는 사람들이(아마도 그 자신과 같은 합리적 진영의 철학자들조차) 결정론을 인정하고서도 대개 필연론까지는 인정하지 못한다는 사실을 명료하게 의식하고 있었고, 그 이유를 신의 지성과 의지가 불일치한다는 상상에서 찾는다. 이는 결국 신이 자기 자신과의 불일치한다는 부조리에 다름없다. 둘째, 그의 필연론을 지지하는 논거는 실체의 유일성임을 알 수 있다. 현실 세계가 필연적인 이유는 그것이 유일하기 때문이지 그것이 최고의 완전성이나 실재성을 가지고 있기 때문이 아니다. 후자를 말하기 위해서는 비교의 대상이 필요한데 이는 필연의 근거를 신이나 자연 바깥에 두는 것과 같다.

3 양태적 필연의 분화

필연이 필연론에서 말하는 것과 달리 이해될 가능성[16]은 별개의 논의를 요구하므로 제쳐 두고, 지금까지의 논의만 보면 스피노자는 자기 주장의 함의를 잘 알고 있는 필연론자[17]라고 단언할 수 있겠다. 그러나 그가 말한 신의 유일성에 근거한 필연론과 신의 무한한 산출성이라는 충만성 원리가 어떻게 양립 가능한지 해명할 필요가 있다.

충만성의 원리는 정리 16에서 제시된 이중의 무한, 즉 "무한하게 많은 방식으로"(곧 속성들의 무한수)와 "무한하게 많은 것들"(곧 양태들의

---

16 실체 또는 자연은 유일하기 때문에 필연적이라는 것은 어떤 의미에서는 세계의 우연성을 근본적으로 인정하는 또 다른 방식일 수도 있다. 그러나 이는 별도의 문제로 두고 이 글에서는 다루지 않겠다.

17 휴너만은 스피노자가 인과적 결정론을 필연론으로 혼동했을 가능성을 제기하면서 이 논쟁을 다룬 바 있다. Huenemann(2013), p. 115.

무한수)을 가리킨다. 1장에서 밝혔듯 속성이든 양태이든 '무한하게 많은'은 '모두' '남김없이'만을 뜻하지는 않으며 실재가 지닌 최대치의 풍부함을 뜻하기도 한다.[18] 두 무한 중 속성의 무한은 필연론에 아무런 난점도 초래하지 않는다. 물론 속성의 '무한하게 많음'은 우리 인간이 인식할 수 있는 현실적 인과계열로 환원될 수 없다. 무한하게 많은 속성 가운데 우리는 단지 두 속성만을 인식하고, 그런 한에서 우리가 인식하지 못하는 속성들 아래 산출되는 무한하게 많은 사물들 역시 존재할 것이기 때문이다. 그러나 앞서 말한 대로 다른 속성 아래 산출되는 무한히 많은 사물들은 우리가 인식하는 두 속성들 아래 산출되는 무한하게 많은 사물들과 일치할 것이기 때문에, 우리가 이 무한하게 무한한 것들을 원리상 적합하게 인식할 수 없는 것은 아니다. 결론적으로 속성의 무한은 스피노자가 가능세계를 끌어들이지 않고서 현실적으로 실존하는 세계의 무한한 다채로움을 확보하는 방식이라 볼 수 있다.

이와 같은 무한한 다채로움은 (무한하게 많은) 속성만이 아니라 한 속성 안의 (무한하게 많은) 양태에도 해당되어야 할 것이다. 속성의 경우에는 가능이나 우연의 범주를 끌어들이지 않고도 실재의 무한한 다채로움이 허용되지만, 양태들의 경우는 사정이 달라 보인다. 양태들의 경우 인식 가능한 것들이 실제로 모두 현존한다고 보기는 어려운 이상 가능과 우연을 인정하거나, 아니면 인식 가능한 모든 것들이 실존한다는 충만성의 원리를 포기하거나 둘 중 하나여야 할 것 같다. 절대적 필

18　정리 16의 증명은 실재성과 역량의 비례 원리에 호소하는데, 이 원리는 바로 정리 9에서 무한하게 많은 속성들이 '가장 실재적인 존재'로서의 동일한 실체에 속할 수 있다는 점을 증명하기 위해 이용되었던 그 원리이다.

연과 가설적 필연, 필연성과 확실성을 구별하지 않은 스피노자를 비판하면서 라이프니츠가 『변신론』에서 자기 생각을 대신하여 인용한 다음과 같은 벨의 반박을 고려해 보자.

> 오늘날 스피노자주의자들에게는 커다란 곤란함이 있는데, 그것은 자신들의 가설에 따르면 2+2=6이 불가능한 것처럼, 예를 들어 스피노자가 헤이그에서 죽지 않는다는 것이 영원히 불가능한 일이 된다는 점이다.[19]

스피노자가 헤이그가 아니라 레이든에서 죽는 것도 생각할 수 있지만, 이런 일은 실현되지 않았고, 앞으로도 실현되지 않을 것이다. 다시 말해 인식 가능한 모든 사물이나 사건들이 공가능하지는 않다. 따라서 현존하는 단 하나의 인과 계열만이 가능하다는 필연론의 주장과 '무한하게 많은 것'이 산출된다는 주장은 모순적으로 보인다. 물론 이 문제는 2+2=4와 스피노자가 헤이그에서 죽었다는 사실이 동등하게 필연적이라는 (혹은 그 반대가 동등하게 불가능하다는) 명제가 건전할 수 있을까라는, 보다 상식적인 수준의 물음과도 관련되어 있다.

그런데 스피노자 자신은 개별 사물의 실존에 대해 절대적 필연보다 약한 필연, 나아가 우연까지 허용하는 듯한 진술을 여러 군데에서 제시한다. 라이프니츠는 앞서 인용한 『변신론』의 구절 바로 앞부분에서 스피노자가 "곳곳에서 필연성의 문제에 관해 유연한 모습을 보이기도 한다"[20]라고 인정하는데, 이 평가는 이런 사실을 염두에 둔 것으로

---

19 라이프니츠(2014), 173절, 335쪽.(번역은 수정)
20 라이프니츠(2014), 173절, 334쪽.

보인다.[21] 물론 이것이 라이프니츠의 관점에서는 반가운 일일지 몰라도 스피노자 체계의 일관성을 지지하는 데는 유리한 사실이 아니다. 우선 스피노자의 '유연성'을 보여 주는 듯한 대목들을 보자.

첫째, 앞서 보았듯 정리 33이 필연론을 지지한다는 것은 이론의 여지가 없지만, 정리 33이 근거로 삼는 정리 16과 정리 29 사이의 정리들에서 스피노자는 양태들의 필연에 분화를 도입한다. 한편에는 무한 양태가 있다. 이것들은 "신의 속성의 절대적 본성으로부터" 직접적으로나 매개적으로 따라 나오는 것으로, 늘 실존하며 무한하다.(정리 21, 정리 22) 다른 한편 유한 사물들이 있다. "유한하고 규정된 실존을 가진 것"으로, 이것들은 "신의 속성의 절대적 본성에 의해 산출될 수 없었다." 이 유한 사물들은 무한 양태들과 달리 '신의 속성의 절대적 본성으로부터' 따라 나오지는 않으며, 그 자신 유한한 변양, 그리고 규정된 실존을 가진 변양으로 변용된 신이나 신의 어떤 속성을 원인으로 하며, 이 변양은 다시 다른 유한하고 규정된 실존을 가진 변양을 원인으로 하며 이렇게 무한정 이어진다.(정리 28) 그런 다음 그는 개별 사물들의 원인으로서의 신을 '먼 원인'이라고 부른다.(정리 28의 주석) 물론 그는 이 명칭이 결과와 결합되지 않는 원인이라는 본래 의미를 따라서가 아니라 "신이 직접 산출한 것, 혹은 더 정확히는 그의 절대적 본성에서 따라 나온 것들"(즉 직접 무한 양태 및 매개된 무한 양태들)의 산출 양상과 유한 사물들의 산출 양상을 구별하려는 제한된 목적으로 사용된 것일 뿐

---

21   『윤리학』 1부에 대한 논평에서 그는 스피노자가 '우연'을 부정한다고 말하지만, 라이프니츠 자신이 이해하는 방식대로 '우연'을 "본질이 실존을 함축하지 않는 것"으로 보면, 실제로는 인정하는 셈이라고 간주한다. Leibniz(1989), pp. 203~204.

이라는 단서를 단다. 그렇다면 이 구별을 위해서만큼은 먼 원인이라는 지칭이 유효한 셈이다. 마찬가지로 정리 29의 진술에서 그는 다시 두 경우 모두 '신의 본성의 필연성에 의해' 규정된다고 종합하면서도, 증명에서는 '절대적 본성으로부터' 산출되는 것과 그렇지 않은 것의 구별을 여전히 유지한다.[22]

둘째, 실제로 스피노자는 여러 군데에서, 여러 번에 걸쳐 각각의 유한 사물에 대해 우연을 인정하는 듯 진술한다. 대표적으로 "인간의 본질은 필연적 실존을 함축하지 않는다"라는 『윤리학』 2부의 첫 번째 공리이다. 『지성교정론』에서 이 점은 "가변적인 개별 사물의 실존은 그 사물의 본질과 아무런 연관도 없다" 혹은 "영원 진리가 아니다"[23]라고 표현된다. 이 공리의 형이상학적 의미는 「편지 12」에 상세히 제시되어 있다.

변용들의 정의는 그것이 실체의 정의가 아닌 한 결코 실존을 함축할 수 없습니다. 그렇기 때문에 양태들이 실존한다고 해도 우리는 그것들을 실존하지 않는 것으로 생각할 수 있습니다. 이로부터 다음과 같은 결론이 도출됩니다. 우리가 자연 전체의 실제 질서가 아니라 양태들의 본질만을 생각할 때, 우리는 양태들이 지금 실존한다는 사실로부터 그것들이 실존

---

22 그래서 컬리는 이 말이 "더 자연스러운 의미에서는 신이 개별 사물들의 먼 원인임을 함축"(Curley(1969), p. 71)한다고 본다. 같은 취지의 내용으로 『소론』의 다음 구절 역시 참조하라. "신은 무한하고 불변하는 것들에 대해 가까운 원인이며, 그것들이 신에 의해 직접적으로 창조되었다고 말한다. 그러나 신은 어떤 의미에서는 모든 개별 사물들의 먼 원인이다."(1부, 3장, §8: Spinoza(1985), p. 81(KV, I/35/16-18))

23 『지성교정론』 §100: 스피노자(2020), 105쪽.

할 것이라거나 실존하지 않을 것이라고, 혹은 그것들이 실존했다거나 실존하지 않았다고 결론 내릴 수 없습니다.[24]

『신학-정치론』에서는 심지어 우리가 개별 사물들의 무한정한 연관을 모르므로, 차라리 사물을 "가능적인 것으로 간주하는 편이 더 나으며 심지어 필요하다."라고 말하기도 한다.[25] 이 주장은 단지 실용적 차원의 제안에 불과한가? 아니면 필연론을 사실상 부인하는 것으로 보아야 할까?

셋째, 2부 정리 8의 따름 정리와 주석에서 원에 포함되기만 한 사각형과 실제로 그려진 사각형의 구별처럼, 속성 안에 포함되기만 하는 양태들과 시공간 안에 있는 사물의 구별이 있다. 통상 이 정리 역시 유한 사물들의 우연을 뒷받침하는 증거로 거론되는 것이 일반적이다. 가령 조현진은 시공간 안에 존재하지 않고 단지 속성 안에 포함된 사물들을 가능적인 것들로, 단 스피노자가 말한 것과 달리 우리 인식의 결함에서 비롯되지 않은 가능적인 것들로 간주한다.[26] 반대로 나는 4장에서 이 둘을 서로 중첩되지 않으면서도 둘 다 현실적인 것으로 해석할 수 있는 방법을 제시했다. 속성 안에 포함되기만 하는 양태들을 공통 개념으로 보고 이를 시공간 안에 있는 유한 사물들과 구별하는 방식으로 말이다. 이럴 경우 공통 개념은 가능적인 것은 아니고 현실적인 것이지만, 시공간 안에 있는 사물들과 어쨌든 실존의 양상은 다를

---

24   메이어르에게 보내는 「편지 12」: 스피노자(2018), 76쪽.
25   『신학-정치론』 4장 (G III, 58, l. 25).
26   조현진(2011), 86~87쪽.

것 같다.

　마지막으로 『윤리학』 4부에서 스피노자가 가능과 우연을 재정의하면서 둘 사이에 도입하는 분화는 적어도 우연을 재평가하고 필연과 양립 가능하게 할 여지를 제공하는 듯하다. 앞서 보았듯 1부의 정리33의 주석 1에서는 가능과 우연에서 우리 인식의 결함이 강조되면서 둘이 동일하게 취급되었다. 즉 어떤 사물의 본성이 모순을 함축하는지 모르는 경우, 혹은 아무 모순도 함축하지 않음을 잘 알고 있지만 원인들의 질서를 모르기 때문에 그것의 실존을 확실하게 긍정할 수 없을 경우 우리는 그 사물을 우연적이거나 가능적이라고 부른다. 그러나 4부의 정의에 따르면 우리가 개별 사물의 본질에만 주목할 때 그 실존을 필연적으로 정립하거나 배제하는 것을 만나지 못할 경우 그 개별 사물을 우연한 것이라고 부른다.(4부 정의 3) 한편 우리가 개별 사물의 실존이 의존하는 원인들의 사슬에 주목하지만, 그것이 이 사물의 실존을 산출하도록 규정되어 있는지 모르는 경우 이 개별 사물을 가능적인 것이라 부른다.(4부 정의 4) 게루는 우연과 가능의 이런 분화를 유의미하게 해석하며, 특히 우연은 얼마간 객관적 의미를 가진다고 본다. 유한한 본질에 함축된 실존 역량의 정도를 지시하기 때문이다.[27] 물론 이 역시 "추상적인 것"에 불과한데, 왜냐하면 "개별 사물의 실존은 단독으로 고려된 그것의 본질만으로 설명되지 않고 그것이 속한 유한 원인들의 무한 연쇄와 항상 동시에 설명되기 때문"[28]이다. 비슷한 노선에서, 그러나 게루의 논의와는 별개로 뉴랜즈는 필연과 우연이 사물을 고려하는

27　Gueroult(1968), p. 369, n.40.
28　Gueroult(1968), p. 369, n.40.

맥락의 크기의 함수라고 본다. 즉 사물을 단독으로 고려하거나 협소한 인과 맥락에서 고려할 때 그것은 우연이지만, 동일한 사물을 넓은 인과 맥락에서 고려할 때 그것은 필연이다.[29] 그러나 이는 사물의 본질을 생각/인식(conceiving)의 방식에 의존적이게 만든다는 문제는 차치하더라도,[30] 우연을 여전히 무지의 소산이라는 부정적 정의에 머무르게 함으로써, 우연에 적극적 가치를 부여하려는 의도와의 일관성을 결여한다는 문제가 있다.

이 문제에 관한 유력한 해석으로는 스피노자가 자기 주장의 의미를 철저히 숙고하지 않은 탓에 비일관된 학설을 제시할 뿐이라고 보는 입장을[31] 제외하면 세 가지 입장을 들 수 있다. 첫째, 스피노자가 유한 사물들에 대해서는 우연을 인정했다는 약한 결정론의 입장,[32] 둘째, 두 필연의 차이는 원천의 차이일 뿐 필연의 양상에는 아무 차이도 가져오지 않는다는 강한 결정론의 입장,[33] 셋째, 방금 본 것처럼 둘 다 필연이지만 우연과 양립 가능하다는 입장이 그것이다. 이 가운데 나는 세 번째 입장을 지지하되, 이 입장의 지지자들에게서 나타나는 것처럼 우연과 가능을 여전히 인식의 결함에 힘입은 것으로 남겨 두는 것이 아니

---

29   Newlands(2018), chap.4, pp. 90~111; Newlands(2010b)를 참조하라.

30   혹자는 이로써 뉴랜즈가 본질을 주관적인 것으로 만든다고 비판할 수 있지만, 뉴랜즈로서는 '자기 안에 있고 자기에 의해 생각됨'이라는 실체 및 양태의 정의에서 '생각됨/인식됨'이라는 항목을 사유 속성이 아닌 초속성적 특성으로 보면서, 이런 인식 상대성이 주관적인 것이 아니라고 옹호할 수 있다.

31   Bennett(1984), chap. 5, pp. 111~124.

32   Curley(1969), pp. 101~106; Curley & Walsky(1999)가 대표적이다. 국내 논자로는 앞서 언급한 조현진(2011)을 들 수 있다.

33   Garrett((1991)2018c), Carriero(1991), Koinisten(2003).

라 온전히 실재적인 것으로 개념화할 방안을 모색할 것이다. 그리고 그럼으로써 신의 유일성과 실재의 무한한 풍부함이 어떻게 양립하는지를 보여 줄 것이다. 그 이전에 먼저 두 입장의 문제점을 짚어 보자.

3 실체의 유일성과 실재의 무한성

(1) 자연의 법칙성과 약한 결정론

첫 번째 입장의 대표자인 컬리와 왈스키의 입장은 앞서 내속 문제를 다룰 때 제시된 것과 같다. 그들에 따르면 자연의 법칙상 특정 인간이 실존하는 것도 실존하지 않는 것도 동등하게 있을 수 있다. 자연법칙은 유한 사물 실존의 충분조건이 아니며, 자연법칙 외에 다른 유한 사물들의 실존이라는 선행 조건이 결합될 때 비로소 특정 인간의 실존이나 비실존은 충족적으로 결정된다. 그런데 유한 사물들은 생성 소멸하므로, "선행 조건들에 대한 추가적 가정 없이 법칙들만으로는 어떤 유한 사물도 설명할 수 없기 때문에 현실적이지 않은 가능세계들이 존재한다."[34] 따라서 스피노자는 오직 현실 세계 외에 다른 가능세계를 인정하지 않는 극단적 필연론자(혹은 결정론자와 대비되는 필연론자, 혹은 라이프니츠의 어법을 따르자면 맹목적 필연론자)가 아니다. 무한 양태의 산출 양상과 유한 양태의 산출 양상 사이에 스피노자가 도입하는 모종의 분화를 컬리는 절대적 필연과 상대적 필연으로 나누어 스피노자의 필연

---

34   Curley(2019), p. 34.

론을 약화하는 방향으로 해석하는 셈이다.[35] 스피노자의 필연론을 완화하는 컬리의 이런 해석은 스피노자의 일원론을 숙명론으로 보는 벨의 비판을 물리치는 동시에 2장에서 본 내속 논쟁의 연장선상에서, 실체-양태 관계가 내속 관계가 아니라 인과 관계라는 자신의 입장을 일관되게 뒷받침한다.

이 해석의 타당성 여부는 우선 스피노자가 이해한 자연법칙의 관철 범위와 정도에 비추어 평가될 수 있을 것이다. 이를 위해 필연성의 함축을 지닌 자연법칙 개념이 17세기 중반에 와서야 형성되었다는 점[36]을 고려할 필요가 있다. 그 이전까지 '법'(lex)은 도덕과 관련된 신의 명령으로 쓰였고, 자연 운행의 규칙성에 대해서는 법이라는 용어를 사용하지 않거나 오직 은유적으로만 사용되었다. 아리스토텔레스의 자연학에서도 달 아래 세계는 '우선 대개'의 양태로 운행되며, 천체의 세계조차 필연적 법칙에 따라 운행된다고 여겨지지는 않았다. 자연법칙이 '법'이 아니라 '법칙'이라는 의미에서, 필연성의 합의를 가지면서 사용된 경우는 케플러에서 간헐적으로 발견되며, 데카르트에 이르러 "법 은유와 기계론적 개념이 결합"하여 비로소 형성된다. 스피노자가 『신학-정치론』 4장에서 바로 이 '법칙'으로서의 법의 의미를 존재자의 종류와 영역을 막론하고 보편적 의미로 정립할 때 당대의 시각으로 보면 그는 매우 혁신적인 법 개념을 제시하고 있는 셈이다.[37] 그는 법을 "절대적

---

35 Curley(1969)에서는 필연을 세 종류로 나눈다. (i) 실체 또는 속성의 절대적, 무제약적, 무시간적 필연과 (ii) 무한 양태의 상대적, 제약적, 무시간적인 필연, (iii) 유한 양태의 상대적, 제약적, 시간적 필연.(p.116)

36 Zilsel(1942). Milton(1998) 역시 참조하라.

37 질젤은 스피노자에 대해 데카르트로부터 "자연법칙에 대한 신학적 개념"을 넘겨받아 불변

인 의미에서는 동일한 종에 속하는 각 개체가, 모두이든 아니면 다수이든, 동일한 정확하고 규정된 근거에서 활동하면서 따르는 것"[38]이라고 규정한다. 그러면서 충돌 규칙이나 연상의 심리 법칙처럼 자연의 필연성에 의존하는 경우나 인간의 결단에 의존하는 경우 모두를 법이라고 부른다. 이렇게 보면 스피노자가 자연법칙의 필연성을 강조할 때 컬리가 생각하는 것 이상으로 강한 결정성을 염두에 두었을 수도 있으나, 컬리가 생각하는 정도의 약한 결정성을 당대 지적 환경에서 강한 결정성처럼 언표한 것일 수도 있다. 결국 현재로서는 스피노자가 이해한 '자연법칙'의 의미만 가지고는 컬리 해석이 타당하다고도 부당하다고도 판단하기 어렵다.

그 대신 스피노자의 형이상학 체계에 비추어 평가하는 것은 가능하다. 이 측면에서 볼 때 컬리 해석이 갖는 문제는 실체를 인과적으로 미규정된 열린 체계로 만든다는 것이다. 이는 그가 신 또는 속성과 무한 양태, 그리고 유한 양태들을 마치 별개의 사물인 양 동일한 수준에서 일정한 비중을 나눠 갖는 것처럼 다루는 데 기인한다. 그에 따르면 "유한 양태가 하는 것에 대해, 무한 양태와 유한 양태는 각기 별개로 필요조건이며 오직 결합해서만 충분조건"[39]이다. 그래서 그는 심지어 속성 및 무한 양태가 유한 양태에 대해 부분적으로만 원인이고 따라서 부적합한 원인이라고까지 말한다. 이는 결국 신이 유한 양태의 부적

의 보편적 자연법칙을 신의 포고와 동일시하고, 자연학에서 심리학에까지 확장하여 보편적 결정론의 체계를 수립한 자, "일반적인 형이상학적 결정론을 근대적 개념의 자연법칙과 결합한 첫 번째 저자"라고 부른다. Zilsel(1942), p. 271.

38   『신학-정치론』 4장, §1(G III, 57).

39   Curley(1969), p. 70.

합한 원인이라고 말하는 셈이다. 이런 불합리한 결과는 속성, 무한 양태, 유한 양태 사이의 구별을, 하이데거의 용어를 빌리자면, 존재론적(ontological) 구별이 아니라 존재자들 사이의 존재적(ontic) 구별처럼 다루는 데 기인한다. 실로 실체는 속성으로 남김없이 표현되고, 속성은 무한 양태로 남김없이 표현되며, 무한 양태는 유한 사물들의 전체 계열로 남김없이 표현되기 때문에 이것들은 서로 간에 인과적 비중을 나눠 갖지 않으며 각각에서 인과적 규정은 완결적이다. 반대로 컬리의 해석은 인과적 미완결성으로 인해 라이프니츠의 용어로 말하자면, 최선의 원리 없는 가능세계론에 이른다. 컬리는 스피노자가 라이프니츠처럼 가능세계는 인정한다고 보면서도 라이프니츠와 달리 최선의 원리는 거부한다고 보는데, 이 둘이 어떻게 양립 가능한지 설명하지 못한다. 달리 말해 일단 무한하게 많은 가능세계들이 있음을 컬리처럼 인정하고 나면, 그 가운데서도 왜 특별히 현실 세계가 산출되었는지를 설명해야 한다. 그러나 컬리는 이를 제시하지 못하고, 그럴 수도 없다. 스피노자의 신은 최선의 원리를 따르지도 않을 뿐 아니라 '선택'을 할 필요도 여지도 없는데, 만일 많은 가능세계들이 있음에도 신이 오직 이 세계만을 산출했다면, 스피노자 고유의 논법을 따르면 이는 인식 가능한 모든 것을 산출하지는 못하는 신의 불완전성의 증거가 될 것이기 때문이다.

(2) 완전성과 강한 결정론

이렇게 볼 때 필연의 구분을 종류나 유형의 구별로 보기는 어렵다. 개럿은 스피노자가 필연적 실존과 관련하여 신, 속성, 무한 양태를 한편으로 하고, 유한 양태를 다른 편으로 하여 나누더라도, 이는 필연성의 '원천'의 차이에 불과하며, 필연성의 원천이 다르다고 해서 반드시 '덜' 필연적이라거나 필연의 '유형'이 다른 것은 아니라고 강조한다. 필연에 대한 정의를 다시 보자.

> 어떤 것은 그 본질로 인해 필연적이라고 하거나, 또는 그것의 원인으로 인해 필연적이라고 한다. 왜냐하면 어떤 사물의 실존은 그것의 본질 및 정의로부터 필연적으로 따라 나오거나, 아니면 주어진 작용인으로부터 필연적으로 따라 나오기 때문이다.(정리 33의 주석 1)

여기에서 스피노자는 '필연적으로 따라 나옴'의 양상에 어떤 분화의 기미도 내비치지 않는다. 실제로 유한 사물들 각각은 신의 절대적 본성으로부터 따라 나오지 않는다고 하더라도, 유한 사물들 각각이 포함된 계열 전체는 신의 절대적 본성으로부터 산출된다.[40] 실로 이후 라이프니츠가 강조할 것이듯, 세계 안에 일어난 하나의 개별 사건이 현실의 것과 다를 수 있다는 것은 그것과 연관된 사건들의 계열 전체가, 따라서 세계 전체가 다를 수 있다는 것과 동일하다.[41] 개럿이 옹호한 절대적 필연론을 캐리어로는 철학사적으로 보완한다. 그는 정리 16 이하에서 논리적 도출처럼 다뤄지는 인과적 산출의 의미를 밝히기 위해 내

---

[40] 스피노자는 단지 "어떤 개별 유한 양태도 속성의 절대적 본성으로부터 따라 나오지 않는다고 주장"할 뿐, "어디서도 유한 양태들의 전체 계열이 속성들의 절대적 본성으로부터 따라 나온다는 것을 부정한 적은 없다".(Garrett(2018c), p. 104)

[41] "근본적으로 사물들의 연결로 인해서…… (전 우주의) 가장 작은 부분이라도 원래와 다르다면, 태초부터 다른 우주가 될 것이다."(라이프니츠 & 아르노(2015), 79쪽)

적(intrinsic) 필연과 외적(extrinsic) 필연의 전통적 구분을 참조한다. 전통적 구분에 따르면 전자는 형상에서 비롯되는 절대적 필연이지만, 후자는 작용인이나 목적인에 따르는 조건적 필연이다. 후자는 신이나 인간처럼 의지를 가진 존재자의 의지에 따라 일어나거나 일어나지 않을 수 있다. 유사한 이유로 베넷과 컬리는 스피노자에게서 원인으로부터의 산출이 본성으로부터의 귀결보다 덜 필연적이라고 생각한다. 그러나 캐리어로의 생각은 다른데, 그에 따르면 스피노자는 신의 의지 안에 우연을 위치시키려는 입장을 배격할 뿐 아니라 무엇보다도 목적인의 우월한 위치를 박탈하고 '맹목적 필연'을 옹호한다. 그러므로 두 필연을 구분하는 것은 스피노자의 의도에 어긋난다.

이 해석은 약한 결정론보다 더 일관되고 스피노자의 의도에도 더 부합해 보인다. 그러나 이 입장으로는 앞서 우리가 제기한 문제, 곧 현실 세계 안의 사건 계열의 분기, 그리고 신의 유일성과 신적 역량에 의한 산출의 충만성의 양립 가능성은 해명되지 못한다. 신적 산출의 결과가 무한하게 무한하다면, 왜 일관되게 구축 가능한 계열이 단 하나만 존재해야 하는가?[42] 만일 그 이유가 다수의 계열들이 서로 간에 양립불가능하기 때문이라면, 다른 가능한 인과계열이 아니라 현존하는 인과계열이 실존해야 할 이유는 무엇인가?

필연론의 지지자들이 제공할 수 있는 답변은 신 또는 자연의 완전성 혹은 실재성(스피노자에게서 들은 같은 말이며[43] 이하 논의의 편의상 '완전

---

42   Curley & Walsky(1999), p. 253.

43   "나는 실재성과 완전성을 같은 것으로 이해한다."(2부 정의 6) "실재성을 표현하는 만큼 완전성을 포함한다."(「편지 19」, G IV, 89, l. 7-8) 이런 관점은 스피노자만이 아니라 데카르트와 라이프니츠에게도 해당된다.

성'으로 표기)일 것이다. 개럿에 따르면[44] 우선 실체의 실존 역량은 완전성에 비례하고, 속성들의 수는 완전성의 정도에 비례하므로, 최대한 많은 속성을 가진 실체가 실존한다. 그다음 이로부터 개럿은 스피노자가 신적 실체를 구성하는 속성들 중 어느 하나가 최대한의 완전성을 갖지 않는 것 역시 모순으로 간주했으리라 보고, 각 속성마다 가장 큰 완전성을 가진 단 하나의 양태들 계열이 따라 나온다고 결론 내린다.[45] 그러나 현존 양태 계열이 왜 가장 큰 완전성을 가져야 하는가? 개럿은 이 물음을 제기하지 않았지만, 캐리어로는 이번에도 철학사적 맥락에서 흥미로운, 그러나 내가 보기에 스피노자의 입장에 부합하지는 않는 답변을 제시한다.[46] 앞서 보여 주었듯 그는 스피노자에게서 본성에 의한 결정과 원인에 의한 결정의 정도 차이가 없으며 모든 것이 맹목적 필연으로 환원된다고 본다. 그렇다면 맹목적 필연으로부터 단 하나의 인과 질서만이 존재해야 할 이유는 무엇인가? 이에 대해 캐리어로는 17세기 특유의 신의 완전성 개념으로 답한다. 17세기 이전 아퀴나스는 신의 의지가 자의적이라 가정했기 때문에, 창조된 질서의 완전성은 신의 완전성과 무관하다.[47] 반면 스피노자와 라이프니츠에게서 신의 완전성은 자연의 완전성과 불가분한 연관을 갖게 된다. 그렇기 때문에 가장 완전한 신은 가장 완전한 단 하나의 질서를 산출할 수밖에 없다. 여기에서 가장

44　Garrett(2018b), p. 104.

45　위의 책, 같은 곳.

46　Carriero(1991).

47　즉 신의 선은 신의 의지의 대상일 것이고 신의 선에 요구되는 것을 신이 의욕할 필요가 있겠지만, 신은 자족적이고 어떤 수단도 필요치 않으므로. 따라서 현재보다 더 나은 질서가 가능했더라도 신은 불완전하지 않다.

완전한 질서란 분배적으로가 아니라 집합적으로 최대한 많은 것들이 공가능하도록 질서지어진 계열을 의미한다. 물론 이것이 스피노자 텍스트에서 명시적으로 옹호되는 바는 아니다. 그러나 이는 스피노자가 현행 세계가 신의 '최고의 완전성'과 더불어 산출되었다는 진술을 통해 지지될 수 있으며, 이 점에서 스피노자의 입장은 라이프니츠의 입장과 유사하다.[48]

이 해석은 17세기 신과 세계의 관계에 대한 관점이 그 이전과 어떻게 다른지를 잘 보여 주지만, 그 못지 않게 중요한 스피노자와 라이프니츠 사이의 차이를 간과하고 있다. '최고 완전성'의 최상급이 라이프니츠에게서와 같은 의미를 가지려면 현실 세계 외에 다른 가능세계와의 비교가 허용되어야 한다. 그러나 스피노자에게는 다른 가능세계, 대안적 계열의 선택의 여지가 없다. 앞서 말했듯 스피노자에게서 현실 세계의 필연을 정당화하는 것은 세계의 유일성이지 다른 가능세계와 비교했을 때의 완전성이 아니다. 요컨대 필연의 일원성을 강조하는 입장에서는 충만성 원리와의 양립 가능성을 해명하지 못한다.

(3) 실체의 인과적 폐쇄성과 양태의 인과적 개방성

문제를 해결하려면 필연론의 지지자들이 대수롭지 않게 여긴 필연의 '원천'에 대한 스피노자의 구별, 즉 본성에 의한 필연과 원인에 의한 필연을 좀 더 진지하게 고찰할 필요가 있다.[49]

---

48 위의 책. p. 81.
49 Huenemann(1999).

우선 본성에 의한 필연을 보자. 스피노자에게서 본성에 의한 필연은 세계 전체인 실체에만 해당된다. 이 경우 대안적 인과 계열은 있을 수 없는데, 왜냐하면 실체는 외부가 없이 인과적으로 닫힌 체계이기 때문이다. 이 점을 더 분명히 이해하기 위해 가능세계 개념이 라이프니츠의 체계 내에서조차 갖는 난점에 주목할 필요가 있다. 아르노가 예리하게 비판했듯이 선택 가능한 대안적 계열이 될 가능세계 개념이 역시 라이프니츠의 학설인 개체에 대한 완전 개념과 양립 불가능하다는 점이다.[50] 완전 개념이란 한 개체의 모든 술어들을 포함하듯, 개체의 개별적 본질을 가리킨다. 완전 개념에 따를 때 개체는 완결적으로 규정되어야 한다. 단 하나의 세부 사항이라도 사라지면 더 이상 동일한 개체가 아니다. 이는 개체의 모든 특성이 본질적 특성이 된다는 뜻이기도 하다. 가령 선악과를 먹지 않은 아담을 생각할 수 있다고 하더라도, 이 아담은 선악과를 먹은 아담(A)과 유사한 대안적 개체(A′)가 아니라 아예 다른 개체(B)이다. 따라서 완결적 규정을 가진 완전 개념과 유사한 대안적 개체들로 이루어진 가능세계라는 발상은 양립 불가능하다.[51] 가

---

50 "지름이 서로 다른 하나의 원을 생각할 수 없는 것처럼 서로 다른 제 자신 또한 전혀 생각할 수 없는 것입니다. 그 이유는 다수의 제 자신이 있을 수 있으려면, 서로 다른 제 자신은 각각 서로 구별되어야 하고".(아르노가 라이프니츠에게 보내는 1686년 5월 13일 자 편지: 라이프니츠 & 아르노(2015), 55쪽)

51 박제철이 잘 지적했듯, 이 점에서 라이프니츠의 가능세계 개념은 '대역'(counterpart)을 허용하는 루이스의 가능세계 개념과 다르다.(박제철(2013), 213쪽, 각주 29) 아울러 그는 "각각의 아담들은 여러 세계에 속하지 못하고, 오직 자신이 속한 세계에만 속한다."(212쪽)라는 점으로부터 라이프니츠가 결정론(강한 의미의 결정론)을 피할 수 없다는 결론을 도출한다. "아담이 모든 가능한 아담들과 구별되는 것은 아담이 속한 세계에 속하는 다른 모든 개체들 덕분"이며, 이 때문에 아담은 완전히 규정된 개체가 되고 모든 속성을 필연적으로 갖기 때문이다.(210~213쪽) 동일한 점을 Ishguro(1991)는 다음과 같이 정식화한다. 완전 개념은 그 개체의 본성만이 아니라 그가

능세계 개념이 유효하려면 개체에 대한 완결적 규정의 아이디어를 포기하고, 본질적 특성과 우연적 특성의 구별을 인정해야 할 것이다.[52]

　　라이프니츠의 개체적 실체와 같은 이유에서 스피노자의 신적 실체에 대해서도 대안적 계열은 생각될 수 없다. 실체의 경우 인과적으로 닫혀 있기 때문에[53] 그 자신에 의해 산출되는 양태와는 다른 양태를 가질 수 없고 그 자신에 의해 산출되는 양태가 제거될 수도 없다. 혹자는 실체가 양태에 의해서는 구별되지 않는다는 정리 5 증명의 진술 때문에 실체가 특정 양태를 상실하거나 얻을 수 있다고 여길 수 있다. 그러나 실체는 외부의 그 어떤 것에 의해서도 영향을 받지 않고 오직 그 자신의 본성에 따라 모든 것을 산출하므로, 만일 그것이 다른 양태를 산출하거나 다르게 산출할 수 있다면 이 실체는 다른 본성을 가진 것, 따라서 다른 실체가 되어 버릴 것이다. 그러나 앞서 인용한 정리 33의 증명에서 알 수 있듯, 스피노자는 이런 귀결을 부조리한 것으로 곧바로 기각하는 대신 그런 다른 실체 역시 실존할 수밖에 없을 것이나(정리 11) 다만 둘 이상의 신이 존재할 수 없다(정리 14의 따름 정리 1)는 이유로 기

속한 세계의 모든 상황들이 주어질 경우 그에게 적용될 모든 것들을 포함하며, 완전 개념에 대한 이런 관점은 "한 개체적 개념의 어떤 예화도-즉 어떤 개체도- 하나의 가능세계 이상의 성원이 될 수 없음을 함축한다."(p. 72) 그러나 그는 필연적 진리와 우연적 진리의 구별은 유지될 수 있다는 입장인데, 이는 그가 모순율에 해당하는 진리처럼 통세계적으로 개체의 본성에 해당하는 진리(가령 아담은 남자이다)가 있다고 보기 때문이다. 이렇게 보면 스피노자와 라이프니츠의 가장 큰 차이는 본질적 특성의 범위에 있다고 할 수 있다.

52　　코이니스텐 역시 '들창코를 갖지 않은 소크라테스'가 유사 개체라는 판단이 선결 문제 요구의 오류를 범한다고 지적한 바 있다.(Koinisten(2003), p. 302) 그러니까 '들창코를 갖지 않은 소크라테스'가 들창코를 가진 소크라테스와 이미 같은 개체임을 전제하고서만 유사 개체라고 판단할 수 있는 것이다.

53　　이는 코이니스텐의 표현이다.

각한다. 스피노자가 필연론을 지지하는 논거는 비교를 허용하는 완전성이나 실재성의 정도가 아니라, 1절에서 강조했듯 실체의 유일성인 것이다.[54]

　다음으로 원인에 의한 필연에 해당되는 양태의 경우를 보자. 양태인 개체들은 실체와 사정이 다르다. 개체들은 라이프니츠적 개체와는 달리 외부와의 상호 작용 속에서 새로운 규정을 획득하며 부분들 간에 특정 관계가 유지되면 새로운 변용을 겪을 수 있다.[55] 다시 말해 그것들은 인과적으로 열려 있어, 개체적 실체의 완결된 개념에 따라 가능세계와 우연적 특성을 허용하지 못하는 라이프니츠에게서와 달리, 본질적 특성에 대비되는 우연적 특성을 가질 수 있다. 개체가 동일성의 상실 없이 가질 수도 결여할 수도 있는 이런 특성을 무엇이라 부르든, 그것은 어쨌든 실체의 본성에 의한 필연이나 무한 양태의 필연과 어떤 식으로든 구별되어야 한다.

54　코이니스텐의 지적대로, 정리 33의 주석 1 역시 개럿이 말하고자 하는 바와 달리 바로 이 논리를 담고 있다. "선행하는 것으로부터 사물들은 신에 의해 가장 높은 완전성과 더불어 산출되었다는 것이 명료하게 따라 나온다. 왜냐하면 그것들은 주어진 가장 완전한 본성으로부터 필연적으로 따라 나왔기 때문이다."(정리 33의 주석 1) 개럿은 이 진술을 스피노자가 완전성으로 필연성을 정당화하는 근거로 삼지만, 이 진술은 오히려 필연성으로부터 완전성을 도출하며, 필연성 자체는 실체의 유일성에 기반을 둔다.

55　베넷은 우연이 없다면 스피노자가 본질 개념을 사용하는 것과 상충하게 된다고 비판한 바 있다. "우연이 없다면 본질은 거짓이 되거나 공허한 진리가 될 것인데, 왜냐하면 그럴 경우 모든 사물의 모든 특성이 그 사물에 본질적이 될 것이므로."(Bennett(1984), 27.6절, p. 114) 즉 우연이 없다면 본질적 특성과 우연적 특성의 구별이 사라지리라는 것이다. 이에 반대하여 코이니스텐은 모든 특성이 본질적 특성이 되는 "초본질주의"를 내세우고, 이를 통해 스피노자의 필연주의를 옹호할 수 있다고 보는 듯 하다. 그러나 뒤에서 나는 스피노자 개체론의 특성상 초본질주의를 통해 스피노자의 필연주의를 옹호하기는 어렵다는 것을 보여 줄 것이다.

내 해석은 두 필연을 유한 양태를 바라보는 두 관점으로 본 호이네만의 해석과 유사한 틀을 가지고 있다. 호이네만은 "신의 절대적 본성으로부터 따라 나오는 것"과 "신의 [절대적은 아닌] 본성으로부터 따라 나오는 것 혹은 작용인의 무한 연쇄로부터 따라 나오는 것"을 유한 양태를 바라보는 두 관점으로 보고, 이를 『지성교정론』에서 스피노자가 말한 개별 사물을 고찰하는 두 방식, 즉 "부동의 영원한 사물들의 계열"과 "가변적 사물들의 계열"과 관련시킨다. 나 역시 두 필연을 유한 사물을 바라보는 관점의 차이에 따른 것으로 보되, 스피노자 자신이 사용한 필연의 두 원천을 적절히 고려함으로써 문제를 해결해 볼 것이다.

이 도식에 제기될 수 있는 문제는 더 상위 수준에서 모든 것은 필연적인데, 그보다 하위 수준에서 어떻게 우연이 허용될 수 있느냐이다. 우선 닫힌 체계로서의 실체의 차원을 보자. 이 차원에서 존재하는 것들은 2부 정리 8의 주석에서 보았듯, 속성 안에 포함되는 한에서 실존하는 것들이며, 이것들은 모두 필연적으로 실존한다. 5장에서 나는 이것들을 시공간 안에 실존하는 현실적 본질과 구분하되, 잠재적이거나 가능적 본질이라는 개념을 허용하지 않기 위해 무한하게 많은 공통 특성들과 동일시했다. 물론 스피노자에게서 본질은 정의상 개별적이며(2부 정의 2) 공통 특성은 어떤 개별적 본질도 구성하지 않는다.(2부 정리 38) 그러나 가령 몇몇 개체들이 공유하는 공통 특성들의 경우를 보면, 그것은 그 개체들 각각의 본질을 구성하지는 않지만, 이 개체들 전부를 "모두 동시에 하나의 동일한 결과의 원인이 되도록 하나의 작용에 협력"(2부 정의 7)하도록 할 경우 이 개체들을 제3의 상위 개체의 부분이 되게 하는 운동과 정지의 특정 비율, 곧 개체적 본질로 간주될 수 있다. 다만 공통 특성들이 특정 '사물'의 본질이 될 때 이 본질은 다른 사물과 대립된다는 의미에서 구별되는 것, 따라서 유한한 것이 되고 우연적인 것이 된다. 그러므로 신의 본성의 절대적 본성으로부터 따라 나오는 양태들은 공통 특성들로서 항상 이미 존재한다. 바로 이것이 수나 다양성에서 시공간 안에 현실적으로 실존하는 것들을 훨씬 초과하는 무한하게 많은 인식 가능한 양태들, 그러나 가능적이지 않고 현실적인 양태들이다. 그리고 이런 양태들에게서 필연의 정도 차이는 물론이고 원천의 차이도 없다. 이렇게 해서 무한 양태와 유한 사물이 둘 다 양태임에도 그 필연에서 어떻게 차이가 나는지가 드러난다.

이제 스피노자적 개체의 경우에는 사정이 완전히 다르다. 스피노자적 개체들은 인과적으로 열려 있다. 무한정한 인과 연쇄 속에서만 구성되고 재구성되며, 이런 인과적 상호 작용 없이는 존재할 수도 인식될 수도 없다. 그럼에도 개체는 어느 정도는 안정성을 지닐 수 있다. 우리가 6장에서 살펴본 무한정하고 다층적인 인과 연쇄 속에서도, 동일한 운동과 정지의 비율을 유지하는 한 동일성을 유지할 수 있는 것이다. 즉 이 비율이 유지되는 한 특성들이 바뀔 수 있고 부분들도 대체 가능하다.(2부 정리 13의 주석 이하 보조 정리 4~7). 여기에서 대체 '가능성'은 단순한 논리적 가능성이 아니라 자연법칙의 한 구역인 특정한 운동과 정지의 비율이 허용하는 범위를 가리킨다. 그러므로 한 개체의 관점에서, 그리고 단지 상상적으로가 아니라 실제적으로, 가능성은 의미가 있는 범주이다. 내 신체를 정의하는 비율이 허용할 수 있는 변이의 폭이 있고, 이는 신체가 지닌 보편적인 공통 특성이나 내 신체가 경험적으로 습득한 변용들의 특징에 의해 규정된다. 좀 더 스케일을 확장해서 보면 한 국가체가 허용할 수 있는 변이가 있고, 이 변이의 폭 역시 넓게는 인간 정신을 규정하는 심리 법칙이나 인간 신체를 규정하는 물리 법칙에서부터, 좁게는 국가의 법이나 풍습, 인민의 기질에 의해 결정된다. 가령 대중의 저항이나 새로운 법의 제정, 법 위반의 정도 등이 국가체가 허용할 수 있는 범위 내에 있는가 아닌가는 국가체에 매우 중요한 문제이다. 물론 한 국가가 해체되더라도 자연 전체에는 아무 변화가 없다. 이는 자연 안에 있는 모든 것이 결정되어 있기 때문이라기보다는 자연이 무한한 변이를 허용하는 역량을 지니고 있기 때문이다.

요컨대 라이프니츠의 개체적 실체처럼 스피노자적 실체는 바깥으로부터 아무런 영향을 받아들일 수 없으며, 그 안에 일어나는 모든 것은 필연적으로 결정되어 있다. 즉 모든 양태들은 실체에 본질적이다. 그러나 실체 안의 양태들 각각에는 바깥이 있을 뿐만 아니라 모든 것이 바깥으로부터 오기 때문에, 그 양태들의 양태는 본질적이지 않고 우연적이다. 혹은 더 정확히 말해 가변적이다. 이렇게 해서 양태들이 모두 동일한 절대적 필연성으로 따라 나온다는 것을 보여 주면서도, 어떻게 가능적인 것과 우연적인 것이라는 범주가 유의미하게 고려될 수 있는지 역시 제시한 셈이다.

4   나오며

스피노자가 인과적 산출을 논리적 도출 관계와 동일시할 만큼 강한 의미의 필연론을 주장한 것은 분명하다. 그러나 그가 모든 사건이 원인에 의해 규정된다는 인과적 결정론과 이 인과 계열이 다르게 될 수 없었다는 필연론 중 무엇을 지지했는지에는 논란의 여지가 있다. 한편으로 인식 가능한 모든 것이 현실적으로 산출된다는 충만성 원리는 가능세계의 여지를 제거한다. 그러나 스피노자는 또한 유한 사물들의 경우 인식 가능함에도 실존하지 않을 여지를 남겨 두는 듯 보이며, 이것이 상식에도 부합하지만 충만성의 원리에 위배된다.

나는 스피노자가 단순한 인과적 결정론자가 아니라 필연론자임을 보이면서도 또한 여기에서 우연이 유의미한 범주일 수 있음을 보여 주고자 했다. 필연과 우연을 양립시키려는 나의 전략은 실체의 완결된 규정(우연의 여지 부재)과 개체의 인과적 개방성(우연의 구성적 역할)을 함께 취하는 것이다. 여기에 비춰 볼 때 약한 결정론은 실체의 완결된 규정에 위배되고, 강한 결정론은 양태의 인과적 개방성에 위배된다. 라이프니츠의 완전 개념은 본질적 특성과 우연적 특성을 구별하지 않는 초본질주의를 함축하고 이는 가능세계의 성립 가능성을 봉쇄하기 때문에 완전 개념과 가능세계는 양립 불가능하다. 스피노자의 실체는 라이프니츠적 개체처럼 인과적으로 폐쇄적이어서 강한 의미에서 필연적이다. 반면 개체는 인과적으로 개방되어 있고 외부에서 유래하는 변이를 허용할 수밖에 없다. 이렇게 하여 인식 가능한 모든 것들의 산출이라는 충만성의 원리와, 현존하는 단 하나의 인과 계열 안에 이 모든 것들이 실존하지는 않는다는 사실이 양립 가능해진다. 이는 공통 특성들만이 영원하고 무한하며, 본질들은 공통 특성들의 조합에 의해 늘 새로이 생산, 재생산된다는 것을 함축한다. 이제 다음 장에서는 이 폐쇄성과 개방성이 스피노자의 인과를 안에서 어떻게 관철될 수 있는지를 고찰할 것이다.

7장
'원인 또는 근거'

1 스피노자에게서 원인은 일의적인가?

오늘날 철학은 세계에 대한 특정한 인과적 주장을 하기보다는 인과적 주장을 대상으로 인과의 의미와 인과의 존재론적 지위를 탐구한다. 가령 원인이라 불리는 항목과 결과라 불리는 항목 사이의 관계가 무엇인지, 원인과 결과의 항목에 어떤 범주의 존재가 포함될 수 있는지, 그리고 이 관계가 실제로 존재하는지, 존재한다면 그것이 보편적인지 등을 묻는 것이다. 이런 식의 철학적 탐구는 흄으로 거슬러 올라간다. 그는 원인 사건과 결과 사건이 서로 독립적이라 보고 인과 관념에 함축된 둘 사이의 필연적 연관에 대해 회의를 제기했다. 규칙성 인과 이론이나 반사실적 인과 이론 등 현대의 주요 인과론은 이런 흄의 문제제기에 대한 답변으로 볼 수 있다.

반면 17세기 합리론자들은 원인과 결과 사이의 필연적 연관을 전제했을 뿐 그 의미를 밝히지도 묻지도 않았고 스피노자도 마찬가지이다.[1] 그들은 종래의 4원인을 작용인으로 환원하여 흄이 이를 기정 사실로 받아들이게 할 만큼[2] 혁신을 이루어 내었지만 인과 개념의 정당성까지 묻지는 않은 것이다. 그러나 더 정확히는 그들이 인과의 의미를 지나쳤다기보다는 인과적 산출을 논리적 도출과 동일시했다고 말해야 할 것이다. 이는 그 시기 자연학의 특징적 성격에서 비롯되는 귀결이다. 아리스토텔레스는 운동을 이유로 자연학을 수학과 분명히 구별했다. 반면 데카르트는 운동을 수학에 포함시키면서 물질 세계의 모든 변화를 기하학적 특성들로부터 연역해 내고 이렇게 수학화된 자연의 실재성을 형이상학으로 뒷받침한다. 스피노자는 비상식적으로 보일 만큼 이 방향을 가장 선명하게 보여 준 철학자이다. 이는 데카르트, 스피노자, 라이프니츠가 공히 이용한 '원인 또는 근거'(*causa sive ratio*)라는 표현에 대한 입장에서 잘 나타난다. 여기서 '또는'(*sive*)은 일차적으로 원인과 근거의 동일성(원인 즉 근거)을 의미하지만 양자택일(원인 아니면 근거)을 의미할 수도 있다. '또는'의 양의성을 결국 보존했던 데카르트나 라이프니츠와 달리, 스피노자는 원인과 근거의 등가성을 일관되게 고수한다. 흄의 용어로 말하자면 '사실의 문제'(matter of fact)에 관한 지식을 '관념들의 관계'에 대한 지식과 똑같이 취급하고 심지어 이렇게 인

---

1   Wilson(1999b), p. 141

2   "모든 원인들은 동일한 종류이다. (……) 작용인과 형상인, 질료인, 목적인 간의 구별에는 어떤 토대도 없다." Hume(1739), 1권, 3부, 14장, p. 171. 게다가 흔히 인과 관계로 생각하는 것들이 독립된 사건이며 하나가 다른 것을 '기회'로 변화된 것에 불과할 뿐 필연적 연관이 없다는 흄의 생각은 말브랑슈에게서 연원한다. 이에 대해서는 Scribano(2008), Doney(1973), p. 298을 참조하라.

식된 관계들이 실재적인 것임을 보증하는 별도의 토대조차 필요 없다고 본 것이다. 혹은 6장에서 보았듯이 라이프니츠가 "삼각형의 변은 셋이다"와 "시저는 루비콘 강을 건넜다"라는 두 명제 모두를 분석 명제로 보면서도 둘을 각각 모순율과 충분 이유율에 지배되는 명제로 구분한다면, 스피노자는 이런 구분조차 원리상 무시하는 것이다.

이 장에서 나의 관심사는 원인과 근거를 동일시하는 스피노자의 입장을 비판하거나 옹호하는 데 있지 않다. 내가 묻고 싶은 것은 오히려 스피노자 철학의 특징으로 지목되곤 하는 원인과 근거의 동일성이 그의 체계에서 실제로 견지될 수 있느냐이다. 그의 체계에도 사물들 간의 인과만 있는 것이 아니라 신적 인과가 있고, 둘은 분명 하나이지만 어떻게 하나인지는 불분명하다. 대개는 암묵적이지만[3] 이 관계를 이해하기 위해 흔히 이용되어 온 것은 이중 인과의 모델이다. 이 모델에 따르면 신이 각 사물 내부에 작용하여 능동성의 원천이 되는 수직적 인과가 있고, 각 사물이 이 원초적으로 주어진 능동성을 바탕으로 서로 간에 외적으로 갈등하거나 협력하는 수평적 인과가 있다.[4] 전자의 범형이 되는 것은 신의 자기 원인이고 후자의 범형은 외적 원인으로 이해된 작

3   내가 아는 한 '이중 인과'라는 말을 적극적으로 옹호하는 논자는 거의 없다. 그러나 이중 인과를 부정하는 들뢰즈의 다음 진술 중 마지막 문장은 이중 인과의 도식과 별반 다르지 않다. "실존하는 유한 사물은 다른 유한 사물을 원인으로 한다. 그러나 유한 사물이 다른 사물들의 무한정한 계열로 구성되는 수평적 인과성과 신에 의해 구성되는 수직적 인과성이라는 이중 인과에 종속된다고 말해서는 안될 것이다. 왜냐하면 계열의 각 항에서 신이 원인으로 하여금 자신의 결과를 갖도록 규정하기 때문이다." Deleuze(1981), pp. 78~79.
4   Rice(1992)는 이를 각각 '유출적 인과성'과 '계열적 인과성'이라 부른다. 그러나 '유출적 인과성'이라는 표현은 뒤에서 언급할 게루의 논의에서도 할 수 있듯, 두 인과성 모두에 해당될 수 있기 때문에 이 표현의 짝은 따르지 않기로 한다.

용적 인과성이다.[5] 이렇게 하여 스피노자는 라이프니츠와 더불어 자연적 인과관계를 설명하는 데서 "작용인의 결함"[6]을 인정하고 사물들의 내적 역량을 다시 도입한 것으로 자리매김된다.[7] 이 도식은 내가 아는 한 두 인과를 동시에 이해하는 간단하고 용이한 방법이다. 그러나 이럴 경우 앞서 "원인 또는 근거"에 대한 스피노자 입장의 특수성으로 본 것은 모두 의심스러워진다. 첫째, 각각의 본질을 규정하는 신적 인과가 실존하는 사물들 간 인과의 근거가 되어 원인과 근거의 등가성이나 동일성이 깨질 것이다.[8] 둘째, 데카르트가 적어도 물질 세계에 대한 탐구에서 형상인과 목적인을 추방하고 모든 원인을 작용인으로 환원하면서 수립하려 했던 원인의 일의성은 포기될 것이다. 셋째, 궁극적으로 각 사물의 본질이 인과 연쇄의 근거가 된다는 점에서 기회원인론은 피하겠지만 "라이프니츠적 함정"[9]에 빠질 것이다. 최근 기하학적 본질의 작

---

5   대표적으로 게루의 '구체적 자연학'과 '추상적 자연학'의 구분을 들 수 있다. 전자는 사물들의 본질을 다루며 3종의 인식과 관련되며, 후자는 사물들의 실존을 다루며 2종의 인식과 관련된다. cf. Gueroult(1974), p. 187. 마슈레 역시 이 도식에 따라 '활동'(actio)과 '작동'(operatio)을 구별하고, 전자를 "유한자 안에 무한자의 능동적 현전"으로, 후자를 외재적이며 이행적이고 기계적인 인과성으로 규정한다. Macherey(1992), p. 100. 같은 내용으로 Machery(1998), p. 52와 pp. 177 이하 역시 참조하라.

6   cf. Gontier(2001), pp. 41~90. 공티에에 따르면, 이 결함을 보완하기 위해 원인(작용인)과 구분되는 근거가 도입되는데, 이는 현상의 풍부함을 제대로 해명하기 위해서이기도 하고, 인과론에 윤리학적 문제를 포함하기 위해서이기도 하다.

7   Yakira(1994), p. 86.

8   "기계론적 인과성의 본질적 특성으로 간주된 이 외재성이야말로 스피노자의 자기 원인 개념에 의해 반박되는 것이다. (……) 자기 원인 개념은 원인 개념의 진정한 의미를 제공해주며 (……) 모든 다른 형태의 인과 관계의 의미론적 토대가 된다." Yakira(1994), p. 86.

9   Rice(1992), p. 48.

용성을 모델로 한 '역동적 본질주의'[10] 혹은 '형상적 인과'[11]를 스피노자적 인과의 기본 유형으로 보자는 몇몇 연구자들의 제안은 이중 인과 도식에 대한 대안으로 볼 수 있다. 그러나 이 경우 역시 스피노자의 양태를 인과적으로 자족적인 라이프니츠적 실체와 비슷하게 만들 뿐 아니라 이중 인과에서와 달리 수평적 인과성이라 불리는 사물들 간의 상호작용의 비중을 미미하게 만들거나 일관되게 자리매김하지 못한다는 문제가 있다. 발리바르가 정식화한 대로, 스피노자의 개체에 대한 해석에서 양태를 실체의 직접적 표현으로 보는 길과 실체와 양태 사이의 (속성이나 무한 양태를 통한) 매개를 강조하는 길[12]이라는 두 경향이 있다면, 본질주의나 형상적 인과는 결국 전자의 입장으로 볼 수 있다. 국내에서는 본질주의와 반대되는 관점에서 진태원(2010a)이 '변용과 연관의 인과성'이라는 개념으로, 그리고 박기순(2006)은 본질과 실존의 구별에 대한 비판을 통해 이중 인과의 모델을 적절하게 비판한 바 있다. 그러나 그들은 스피노자에게서 분명 존재하는 인과의 이원성이 어떤 것인지를 분명히 하는 데 이르지는 못했다. 나는 이들과 동일한 관점에서 논의를 이어 가되 이 동일한 인과성의 이원성이 어떤 것인지를 인과 유형에 관한 논의를 통해 조금 더 밝혀 보고자 한다. 아래에서 나는 우선 "원인 또는 근거"라는 말에 함축된 스피노자의 작용인 개념을 검토한 다음, (2절) 이중 인과나 형상적 인과의 문제점을 짚어 보고(3절) 대안적 이해의 방안을 제시하고자 한다.(4절)

---

10   Viljanen(2008); (2011), 특히 2장, pp. 33-53.

11   Carraud(2002), 3장, pp. 295~341. Hübner(2015).

12   Balibar(1990), pp. 65~75.

2 작용인으로의 환원과 아르케의 제거

(1) 스피노자 작용인 개념의 특징

3장에서 우리는 스피노자의 두 번째 신 존재 증명에서 "원인 또는 근거"라는 표현을 이미 접한 바 있다. 모든 것의 실존이나 비실존에 "원인 또는 근거"가 있어야 한다는 전제가 그것이다. 이 표현은 데카르트가 신 존재 증명의 전제로서 "무언가에 대해 그것이 실존하는 원인이 무엇인지 물을 수 없는 것은 아무것도 없다"는 원리를 신에게도 적용하고 "신의 본성의 거대함 그 자체가 〔실존의〕 원인 또는 근거"[13]라고 말한 데서 연원한다. 이 표현에는 인과론에서 데카르트와 스피노자가 공유하는 두 가지 전제가 담겨 있다. 첫째, 여기서 말하는 '원인'이란 작용인을 가리킨다. 이 모토는 아리스토텔레스의 4원인이 작용인으로 환원된다는 것을 함축한다. 둘째, 원인 물음은 무한자인 신에게까지 확장된다. 이 모토는 어떤 예외도 없이 모든 것이 이유율의 관할하에 놓인다는 것을 함축한다. 그렇다면 첫째, 여기서 말하는 작용인이란 무엇인지, 둘째, 신이 자기 자신에 대해서까지 원인, 곧 작용인이라면, 그가 다른 사물의 작용인일 경우, 그리고 사물들이 서로 간에 작용인일 경우가 모두 같은 의미인지, 즉 작용인이 일의적인지 살펴보아야 한다. 이 절에서는 첫 번째 문제를 살펴볼 것이다.

주지하듯 17세기 인과 이론의 가장 큰 혁신은 아리스토텔레스가 범주에 따라 나눈 네 가지 유형의 변화, 곧 생성소멸(실체), 변질(질), 증

---

13   AT VII, pp. 165~166; 데카르트(2021), 114쪽.

감(양), 이동(장소)을 모두 마지막 부류인 자리이동으로 환원하고, 4원인을 작용인으로 환원한 것으로 꼽을 수 있다. 작용적 인과성은 대체로 모든 변화를 입자들 간의 외적 충돌에 따른 자리바꿈 운동으로 설명하는 것으로 볼 수 있다. 대표적 모형으로 우리는 흔히 서로 충돌하는 두 당구공의 운동을 떠올린다. 여기서 변화를 일으킨 원인, 곧 작용인은 먼저 상대방을 밀어서 상태의 변화를 일으킨 당구공을 가리킬 것이다. 그러나 작용인에 대한 이런 식의 이해는 스피노자의 작용인 개념에 부합하지 않는다. 흔히 작용인을 형상인과 대비하여 외적 원인으로 생각하지만 스피노자는 내부나 외부라는 참조점이 딱히 유관성이 없을 만큼 이 개념을 넓게 사용한다. 우선 신은 사물들의 내재적 원인(정리 18)이면서 또한 작용인(정리 16의 따름 정리 1)이다. 내재적 원인이란 『소론』에 따르면 스스로에게 작용하여[14] 자기에게 일어나는 결과들의 원인이 되는 경우,[15] 그리고 이런 의미에서 작용자와 피작용자가 다르지 않은 경우,[16] 혹은 결과가 자기 바깥에 있지 않은 경우[17]를 가리킨다. 『윤리학』에 따르면 그 반대는 이행적 원인(*causa transiens*)이다(정리 18). 그런데 신은 또한 "무한 지성 하에 오는 모든 것의 작용인"(정리 16의 따름 정리 1)이다. 즉 자신이 자기 안에 산출하는 모든 사물에 대한 작용인이다. 그러므로 작용인은 이행적 원인, 곧 결과를 자기 바깥에 산출하는 외적 원인과 같은 것이 아니다. 한편 사물들의 경우에도 스피노자는 이들의

---

14 『소론』, 1부, 2장 §25: Spinoza(1985), p. 72.

15 『소론』, 1부, 2장, 「첫 번째 대화」, §12: Spinoza(1985), p. 76.

16 『소론』, 1부, 2장 §23~24: Spinoza(1985), p. 72.

17 『소론』, 1부, 2장, 「첫 번째 대화」, §12: Spinoza(1985), p. 76; 1부, 3장 §2-2: Spinoza(1985), p. 80.

관계를 내재적 인과의 반대인 이행적 인과 관계라고 말한 적이 없다. 그리고 그렇게 보기도 어려운데, 양태적으로만 구별되는 존재들이 실재적으로 구별되는 실체들처럼 외재적 관계를 이룰 수는 없을 것이기 때문이다. 게다가 작용인은 흔히 내적 원인으로 간주되는 사물의 본질 혹은 정의와 체계적으로 대립되는 방식으로 사용되지도 않는다. 물론 작용인이 사물의 본질 혹은 정의와 대립되는 방식으로 사용되는 곳이 있다.[18] 그러나 작용인이 사물의 본성과 혼용되는 경우도 마찬가지로 있으며,[19] 심지어 외적 원인과 대립되어 사용되는 경우도 있다.[20] 결정적으로 취른하우스에게 보내는 한 편지에서 스피노자는 정의가 작용인을 표현하는 경우를 들면서 여기서 작용인을 '내적인 것과 외적인 것' 둘 다의 의미로 사용한다고 명시하고 있다.[21] 그러므로 적어도 모든 작용인이 외적 원인은 아니다. 그렇다면 스피노자가 말하는 작용인 개념의 핵심은 무엇인가? 이를 알려면 그것이 아리스토텔레스부터 중세 스콜라 철학, 그리고 데카르트로 이어지는 동안 어떤 변천을 거쳤는지[22] 잠깐 살펴볼 필요가 있다.

18   "어떤 사물의 실존은 그 자신의 본질과 정의로부터나, 혹은 주어진 작용인으로부터 따라나온다." "자기 본질 혹은 정의가 모순을 함축하기 때문이거나, 그런 사물이 산출되도록 규정하는 외적 원인이 주어지지 않기 때문이거나".(정리 33의 주석)

19   "사물의 본성에는 작용인의 본성의 필연성으로부터 따라나오는 것만이 속하며, 작용인의 본성의 필연성으로부터 따라나오는 모든 것은 필연적으로 일어난다."(4부 서문: G II, 207, l.27-30)

20   "그러나 인간이 작용인이 되는 모든 것은 필연적으로 좋기 때문에, 인간에게 나쁜 것은 오직 외적 원인에 의해서만 일어난다."(4부 부록, chap. 6). 여기서 '작용인'은 '적합한 원인'과 같은 의미로 쓰였다.

21   「편지 60」(G IV, 271. l.3-4): 스피노자(2018), 339쪽.

22   이 역사에 대해서는 Schmaltz(2014) 전체를 참조하라.

우선 아리스토텔레스의 경우 4원인 중 작용인은 변화의 출발점을 의미한다. 그러나 그에게서 변화란 잠재태에서 현실태로의 이행을 포함하므로 원인과 결과의 관계가 건축가와 건축물의 관계처럼 반드시 외적일 필요는 없다. 의사의 의술은 환자의 상태 변화를 일으킬 때도 작용인이지만 그것이 의사의 손을 움직일 때도 작용인이다. 그러면 작용인을 외적 원인으로 보는 통념은 언제 형성되었는가? 대표적인 중세 철학 연구가 질송에 따르면 그것은 중세에, 그리고 아리스토텔레스적 작용인(이를 '운동인'이라 부르자.)과는 상이한 의미를 띠고 나타난다.[23] 운동인은 자연학에서 속하는 것으로서 운동이나 변화를 산출할 뿐이지만, 작용인은 존재 자체를 창조하는 원인으로서 형이상학이나 신학에 속한다. 이로써 신에 의한 무로부터의 창조라는 신학적 개념이 인과성의 틀 안으로 편입될 수 있게 된다.[24] 다음 단계에서 작용인은 운동인을 흡수하는 경향을 띠게 된다.[25] 아퀴나스는 작용인에 의한 신 존재 증명(두 번째 길)에서 '제1의 작용인'이라는 자격으로 신이 실존함을 결론 내리면서, '작용인'이라는 동일한 이름을 중간적 인과 계열을 이루는 피조물에게도 부여한다.[26] 그런 다음 마침내 수아레스에 이르러 작용인은 존재를 산출한다는 점에서 인과성의 본질로까지 승격되고 인과성의 나머지 유형에 대해 결정적 우위를 갖게 된다.[27] 인과성의 본질은 존

---

23 이 논의는 Gilson(1960)과 (1962), 그리고 질송의 이 논의를 바탕으로 한 Olivo(1997)를 참조하였다.

24 Gilson(1960).

25 Gilson(1962), p. 15를 참조하라.

26 『신학대전』 Qu.2. Art.3: 아퀴나스(2021), 167~169쪽을 참조하라. 이 번역에서는 '*causa efficiens*'를 '능동인'으로 번역하였지만, 혼동의 여지를 없애기 위해 그냥 '작용인'으로 옮긴다.

27 "[…] 원인에 대한 모든 정의에 가장 부합하는 것은 작용성이다."(Disputationes Metaphys-

재의 유입(*influx*) 혹은 전달에 있다는 것이다.[28] 이로써 존재를 주는 신만이 진정한 의미의 원인(곧 작용인)이고 피조물에 내재하는 다른 원인들은 단지 유비적 혹은 부차적 의미에서만 원인이라 간주되는데, 왜냐하면 그것들은 결과의 존재의 일부를 이루기 때문이다. 이렇게 해서 수아레스는 결과가 어떤 의미에서 원인에 의존하는지를 명확히 하는 동시에, 결과에 대한 원인의 외재성을, 곧 존재에서 원인과 결과의 구별을 작용적 인과성의 전제로 굳히게 된다.[29]

이제 데카르트는 수아레스의 형이상학적 작용인 개념을 이어받으면서 작용인의 우위를 더 급진적인 방향으로 이끌어 간다. 우선 수아레즈가 여타의 인과성을 작용인의 우위하에 조직하는 데 그친 반면[30] 데카르트는 적어도 물질 세계에 관한 한 나머지를 모두 작용인으로 환원한다. 나아가 수아레즈처럼 신을 작용인으로 인정하되, 오직 신만을 작

icae, Disputatio XII, sectio III, no 3: Olivo (1997), p. 95에서 재인용). 초기 근대 스콜라주의와 수아레스에게서 작용인의 지위의 중요성에 대한 강조로는 Schmaltz(in Nolan(2016), p. 92) 역시 참조하라.
28 "〔인과성이란〕 어떤 종류의 원인이든 존재를 자신의 결과에 유입시키는 것에 다름 아니며," 작용인은 그것을 통해 어떤 사물이 이전에 갖지 않았던 존재를 갖게 되는 것, 그리고 "가장 고유하게 존재를 유입하는"원인이다. 같은 책, Disputatio XXVII, sectio I, no 10. (같은 곳에서 재인용)
29 "자신의 결과와 본질적으로 다르다는 점, 그리고 결과는 고유하게 원인에 의존한다는 점이야말로 원인의 근거의 고유성이다." 같은 책, Disputatio XII, sectio II, no 7. (같은 곳에서 재인용)
30 가령 수아레즈는 아퀴나스처럼 목적인이 어떤 방식에서는 모든 〔원인들〕 가운데 으뜸이며 다른 것들에 선행함을 인정한다. 다만 목적인이 작용하는 '방식(ratio)'이 모호할 따름이며, 이를 작용인의 견지에서 설명하는 것이 훨씬 더 잘 이해된다고 보고, 신 자신의 의지적 활동이나 자연물의 경향적 운동을 작용인으로서의 신의 활동으로 설명한다. 반면 데카르트는 신의 의지에 대한 파악 불가능성을 내세워 목적인의 설명적 역할을 실질적으로 제거한다. 이에 대해서는 Schmalz(2014) 참조.

용인으로 인정하고 피조물의 인과 역량을 부정한다는 점에서도 데카르트의 용법은 급진적이다. 『성찰』의 신 존재 증명에서 데카르트는 "전체 작용인 안에는(*in causa efficiente et totali*) 그 원인의 결과 안에 있는 것과 적어도 동등한 실재성이 있어야 한다."[31]를 공리처럼 도입한다. 이는 신 외에도 작용인이 있음을 시사하는 듯 보이나 어떤 사물이나 사건의 전체적 작용인은 엄밀히 말해 신뿐이다.[32] 나아가 그는 말브랑슈처럼 명시적 학설로 내세우지는 않았지만 오직 신만을 원인으로 인정하는 기회원인론(occasionalism)에 가까운 입장을 취한다.[33] 이 점에서도 그는 가급적 개별 사물들도 부차적 원인의 역할을 할 수 있다는 협력론적(concurrentist) 입장을 취하려 했던 중세 스콜라 철학자들의 입장과 갈라진다. 물론 『철학의 원리』에서는 신을 "세계에 있는 모든 운동의 일반

---

31   데카르트(2021), 64쪽(AT VII, 40).

32   "여기서(신 존재 증명에서 신에 대해) '작용적이고 전체적인'이라는 두 단어를 나는 명시적으로 덧붙였다. 반면 태양과 비는 그것들이 생겨나게 하는 동물들의 전체적 원인이 아니다." (메르센에게 보내는 편지, 1640년 12월 31일자: AT III, 274, l. 20-24: Marion(1991), p. 289) "태양이 모든 꽃의 보편적 원인이라 하더라도 이 때문에 태양이 튤립과 장미를 다르게 만드는 원인은 아닌데, 그 이유는 태양에 종속되지 않는 어떤 다른 원인들에 그것들의 산출이 의존하기 때문입니다. 그러나 신은 모든 것의 너무나 보편적 원인이라, 그는 같은 방식으로 모든 것의 전체적 원인입니다."(엘리자베스에게 보내는 편지, 1645년 10월 6일자: AT IV, 314, l.15-24)

33   적어도 물질 세계에 한해서는 "사물들의 행태를 지배하는 기본 법칙을 이 사물들의 '실체적 형상'에 두는 대신 신 안에 두었다"(Garber(1993), p. 12)는 점에서 그러하다. 그러나 신의 이와 같은 작용인적 성격은 물질적 영역만이 아니라 그 외 존재의 모든 영역에 해당된다. 즉 물질적 사물만이 아니라 관념들의 영역에서도 신은 '작용적이고 전체적인 원인'이다. 가령 신은 '영원 진리들'에 대해서도 작용적이고 전체적인 원인이다. "당신은 저에게 신이 영원진리를 어떤 종류의 원인으로 배치했는지를 묻습니다. 저는 신이 자신이 창조한 모든 사물에 대해 동일한 종류의 원인이라고, 즉 작용적이고 전체적인 원인이라고 답합니다."(메르센에게 보내는 편지, 1630년 5월 27일자: AT I, 151-2).

적인 원인"[34]이라고 부르고 그 외에도 "특수한 원인"[35]이 있음을 인정한다. 그러나 이 특수 원인들은 중세의 협력론자들이 생각했던 개별 사물들이라는 부차적 원인은 아니다. 그것은 물체들이 아니라 관성의 법칙이나 충돌 규칙과 같은 "자연의 규칙 또는 법칙들"이다. 이 진술을 문자 그대로 따른다면[36] 충돌하는 두 물체의 작용인은 먼저 상대방을 밀친 물체가 아니라 충돌 규칙 자체이다. 이런 견지에서 보면 '누가' 운동을 촉발했는지 누구에게 책임이 있는지는 중요하지 않다. 이는 개별 사물들로부터 모든 인과 역량을 몰수하는 발상일 수 있다. 그러나 다른 각도에서 보면 인과 물음의 초점이 바뀐다는 것이기도 하다. 활동의 기원(*arche*)이나 책임(*aitia*)에서 활동의 실행(*efficientia*)과 그 방식(*modus*)으로 옮겨 가는 것이다. 자기 원인 개념에 대한 데카르트 자신의 논평은 이 점을 잘 보여 준다. 무언가가 자기 자신의 작용인이라면 자기가 자기 자신에 앞서야 한다는 불합리에 빠진다고 반박하는 카테루스에게 데카르트는 "동일한 것이 자기 자신보다 시간적으로 앞설 수 없고 또 자기 자신과 다를 수 없다는 것"을 누가 모르겠는가? 그것은 "실없는 말"(*nugatoria*)[37]에 불과하다고 일축한다. 그러면서 오히려 작용인은 "결

---

34   『철학의 원리』, 2부 36항.

35   "각각의 물체들에서 나타나는 다양한 운동들의 이차적이고 특수한 원인들"(『철학의 원리』, 2부 37항).

36   나는 이를 문자 그대로 받아들여야 한다고 본다. 그러나 좀 더 완화하여 캠브리지 데카르트 어휘 사전의 '원인'이라는 항목에 슈말츠(Schmaltz)가 쓴 다음 내용 정도로 받아들여도 무방할 것이다. "흄의 관점에서 볼 때 그런 규칙이나 법칙들은 단지 경험적 일반화에 불과하고 원인 역할을 할만한 종류의 사물이기 어려워 보인다. 그러나 인과적 힘이 법칙들 자체보다는 법칙들의 존재론적 토대에 귀속되어야 한다고 생각해 볼 수 있다." Nolan(2016), p. 92.

37   「첫 번째 답변」, AT VII, 108: 데카르트(2012), 42쪽(한글 번역 표현 '가치 없음'은 수정).

과를 산출하는 동안에만, 따라서 결과에 시간적으로 앞서지 않는 동안에만 고유한 의미로서 원인이라는 의미를 지닌다"[38]라고 말한다. 원인 물음의 초점이 변화의 기원으로서의 '누가'에서 산출의 '어떻게'로 바뀌므로, 원인이 결과에 시간상 선행해야 한다거나 결과와 존재상 구별되어야 한다는 것은 작용인의 필수 요건이 아니게 되는 것이다.

스피노자는 이와 같은 데카르트의 작용인 개념을 이어받으면서 그 개념을 확장하는 동시에 명료히 하는 방향으로 나아간다. 첫째, 작용인은 신만이 아니라 개별 사물들에도 확장된다. 단 인과의 무한 진행을 사물들 간 인과 연쇄의 기본 형식으로 공식화되면서 출발점이나 기원, 목적의 관념은 물론이고 행위에 책임이 있는 인과 주체의 관념 역시 적어도 형식적으로는 배제된다.

> 모든 개별 사물, 곧 유한한, 그리고 규정된 실존을 갖는 모든 사물〔A〕은, 역시 유한하고 규정된 실존을 갖는 다른 원인〔B〕에 의해 실존하고 작업하도록 규정되지 않는 한, 실존하고 작업하도록 규정될 수 없으며, 이 후자의 원인 역시 유한하고 규정된 실존을 갖는 다른 원인〔C〕에 의해 실존하고 작업하도록 규정되지 않는 한 실존하고 작업하도록 규정될 수 없으며, 이처럼 무한하게 나아간다.(정리 28)

---

38 「첫 번째 답변」, AT VII, 108: 데카르트(2012), 42쪽(강조는 인용자).이 점에서 야키라의 다음과 같은 지적은 정확하다. "〔인과성의 보편화 외에도〕 더 중요한 것은 데카르트가 인과성의 본질이 (선행하는) 원인과 (뒤따르는) 결과의 시간적 계열이 아니라 원인이 결과를 산출한다는 점임을 강조한다는 것이다. 따라서 유한한 사물들 사이의 인과적 관계와 신적 인과성 사이의 공통점은 두 경우 모두 산출 관계라는 점이며, 원인과 결과의 시간적 선행성은 거기서 본질적인 것이 아니다." (Yakira(1994), p. 40)

우선 무한 진행이 명시적으로 인정되면서 인과 연쇄의 무한 진행이 불가능하다는 이유로 도입되어 온 부동의 원동자의 자리가 제거된다. 더구나 모두가 다른 것에 의해 상호 규정되기 때문에 어떤 것도 적어도 운동의 시발자로서의 원인일 수 없다. 게다가 이 정리는 개별 사물들의 선형적이고 이행적인 인과관계의 무한정한 연쇄(……C→B→A)가 아니다. 발리바르가 잘 주목했듯이, 인과 연쇄는 C가 B에 작용하고, 이 B가 A에 작용하는 식으로 이루어지는 것이 아니라, B가 A에 작용하는 과정 자체에 C가 개입하여 B의 작용을 변양 혹은 변조한다.[39] 그런데 C를 추상하고 A와 B만 보더라도 이 둘 사이에서도 인과 작용의 방향은 일방적이지 않다. B가 A를 변용시킬 때 B 자신도 동시에 변용되며 이 변용에는 B의 본성만이 아니라 A의 본성 역시 반향된다. 이는 어떤 원인이 작용할 때 그 원인 자신이 이미 변화 중에 있다는 것, 즉 어떤 의미에서는 이미 결과라는 것을 의미한다.

둘째, 작용적 인과성은 연장만이 아니라 사유에도 적용되는 속성 중립적 지위를 갖는다. 이 점은 목적인의 관념에 대한 스피노자의 설명에서 잘 나타난다. 베이컨 이래 이 시기 모든 철학자들이 작용인이 주요 인과 유형이라는 데는 동의했지만 또 모두가 목적인이나 형상인을 배제한 것은 아니다.[40] 베이컨과 홉스, 보일은 형상인을 보존했고, 데카르트는 물질계에서만 목적인을 배제했으며, 라이프니츠는 잘 알다시피 작용인의 결함을 들어 물질 세계에 대해서도 목적인을 참조해야 한

---

39   이 정리는 뒤에서 다시 다루겠지만, 더 상세한 분석은 발리바르((2005)2014)와 진태원 (2010a), 최원(2018), 456~457쪽을 참조하라.
40   이에 대해서는 Doney(1973)을 참조하라.

다고 보았다. 스피노자의 경우 인간 욕망의 작동 방식에서까지 목적인을 배제했는지의 여부에는 다소 논란이 있다.[41] 그러나 그가 목적인이 인간 욕구 자체이고 이것이 "실상은 작용인"[42]이라고 규정한 것을 문자 그대로 받아들인다면, 그가 목적인을 철저히 배격하고 연장 속성만이 아니라 사유와 같은 다른 속성에서도 작용인 개념을 적용했다고 볼 수 있다.[43] 그리고 스피노자가 의지의 자유를 비판하면서 개별 의지작용의 규정 방식을 통해 보여 준 것처럼(2부 정리 48), 이 욕구들은 정리 28에 제시된 무한정한 작용인의 연쇄와 동일한 방식으로 무한정 규정된다. 이렇게 하여 데카르트가 물질 세계에서 작용인을 통해 확보하려 했던 가지성이 사유 영역에까지 확장되고 사유와 연장의 혼합 지대로 취급했던 모호한 영역은 제거된다. "결과에 대한 인식은 원인에 대한 인식에 의존하고 그것을 함축한다"라는 『윤리학』 1부의 두 번째 인과 공리는 이 점을 잘 보여 준다. 윌슨이 한 중요한 논문에서 잘 밝혔듯이, 이 공리는 인식을 개선하려면 원인에 대한 인식을 늘려야 한다는 주장을 담고 있는 것도 아니고, 참된 인식은 원인에 의한 인식이라는 인식

---

41 스피노자에게서 인간 욕구나 욕망을 목적론적인 것으로 볼 수 있는 근거와 동시에 이 관점에 대한 상세하고 설득력 있는 비판으로는 박기순(2015)을 참조하라. 다른 한편 스피노자 자신이 『윤리학』 4부 서문에서 도입하는 듯한 목적론의 지위에 대해서는 이를 '사이비(pseudo) 목적론'이라 결론 내리는 이현복(2012)을 참조하라.

42 4부 서문: G II, 207. 그에 따르면 사람들이 말하는 목적인이란 "사물의 시초 혹은 제1원인으로 간주된 개별적인 인간 욕구에 다름 아니고," 이 욕구는 실상 작용인이되 단지 "사람들이 흔히 자기 욕구의 원인들을 모르기 때문에 제1원인이라 간주된 작용인"일 뿐이다.

43 욕구(appetitus)는 의식이 수반되는 욕망(cupiditas)이나 의지작용(volitio)과 외연상 동일하며(3부 정리 9의 주석) 다른 모든 감정과 마찬가지로 신체에 속할 뿐 아니라 정신에도 속한다(3부 정의 3).

론적 규범에 대한 주장을 담고 있는 것도 아니다.[44] 이 공리의 요점은 원인과 결과 사이의 개념적 의존성이다. 이로써 심신 상호 작용은 배제되는데, 연장과 사유라는 상이한 실체의 양태들은 그것들이 함축하는 개념이 다르기 때문이다. (정리 5) 스피노자는 데카르트가 긍정하는 심신 상호 작용론의 모호성을 『윤리학』 5부 서문에서 다음과 같이 풍자할 것이다. 순수 사유 작용으로서의 정신의 명령이 피 속의 미세한 입자들에 얼마만 한 속도로, 얼마만 한 강도나 크기로 전달될 수 있으며, 역으로 이런 입자들의 운동 상태가 정신에 어떤 방식으로 얼마만 한 크기로 힘을 미칠 수 있는가? 데카르트의 인과 공리는 이런 비가지성에도 불구하고 심신 상호 작용론을 허용하는 방식으로 정식화되어 있다. 원인의 실재성이 결과의 실재성보다 크거나 같기만 하면 되므로,[45] 실체가 양태보다 더 큰 '형상적 실재성'을 갖는 한에서, 신체(유한 실체)가 정신(유한 실체)의 관념(양태)을 산출하거나 정신이 어떤 신체 변용(양태)을 촉발하더라도 이 공리를 위배하지는 않는 것이다. 공리 4는 바로 이런 사태를 금지한다.

셋째, 작용인은 철저하게 결정론적 성격을 띠게 된다.[46] 물론 원인

---

44 Wilson(1999b). 따라서 이 공리에서 사용되는 *cognitio*라는 단어는 게루(Gueroult(1968), pp. 96~97)나 베넷(Bennett(1984), pp. 129~131)이 생각하듯 참된 인식에 한정되지 않는다.

45 물론 이 공리가 원인과 결과 사이의 유사성 조건을 포함하며, 이 경우 동일 속성을 공유하는 실체들 간 상호작용만 허용한다고 생각할 수도 있다. 그러나 데카르트는 이 공리에서 원인과 결과의 관계에서 '형상적'인 것 외에, '우월한' 것을 포함시키므로(따라서 신은 물론이고, 연장보다 우월한 사유 실체가 물질적 사건의 원인이 될 수 있다), 그렇게 보기는 어렵다. 이 공리는 어떤 속성을 갖느냐와 무관하게 해당 사물이 어떤 존재론적 수준에 위치하느냐에 관계한다고 보는 것이 전반적으로 더 합당하다. 이에 대한 더 상세한 분석은 Clatterbauch(1999), pp. 22~25.

46 6장에서 우리는 인과적 결정론을 이보다 더 강한 의미의 결정론인 필연론을 구별했고, 여

은 개념상 결과를 함축한다는 점에서 둘의 관계는 필연적이지만 개념 상의 필연성이 반드시 결정론적 관점을 함축하지는 않는다. 아리스토 텔레스에게서 작용인은 결과의 충분조건도 아닐 뿐만 아니라 잠재태에 서 현실태로의 이행이 필연적이지는 않은 만큼 작용인의 실행도 필연 적이지는 않다. 앞서 보았듯 데카르트는 자연의 '특수한 원인'을 불변 적인 신의 의지에 따라 필연적으로 실행되는 자연 법칙으로 특정하면 서 작용인에 결정론적 성격을 부여한다. 그러나 형이상학적으로는 그 에게서도 원인에 의해 산출될 수 있는 것 전부가 결과로 산출되는 것은 아니다. 신 존재 증명에서 도입되는 인과 공리에 따르면 전체 작용인 안에는 그 결과 안에 있는 것과 "적어도($ad\ minimum$) 동등한 실재성"이 있어야 하며, 원인 안에는 결과 안에 있는 것이 "형상적으로"뿐만 아니 라 "우월적으로"($eminenter$)로 포함될 수 있다. '적어도'와 '우월적으로'라 는 표현은 명석판명한 인간 인식의 범위를 초과하는 신의 역량의 여지 를 남겨 두기 위한 장치이다. 반면 『윤리학』 1부의 인과에 관한 스피노 자의 첫 번째 공리에 따르면, "규정된 원인이 주어지면 필연적으로 결 과가 따라 나오고, 역으로 규정된 원인이 주어지지 않으면, 결과가 따 라나오는 것은 불가능"한데(공리 3), 여기서 말하는 '규정된 원인'에는 자유로운 원인으로서의 신 역시 포함된다. 신은 외적 힘에 강제되지 않 지만 자기 본성의 법칙에 따라 필연적인 방식으로 활동한다.

기서 말하는 결정론은 전자를 의미한다.

(2) 원인과 근거의 동일성

스피노자에게서 작용인이 갖는 이런 특성, 곧 시발점이 없는 무한 진행, 물질만이 아니라 사유에도 적용되는 속성 중립적 성격, 그리고 결과의 실재성과의 엄밀한 동등성이 그에게서 원인과 근거의 동일성을 뒷받침한다. 원인과 근거는 대개 자연적-물리적인 것과 논리적-수학적인 것, 물리적인 것과 정신적인 것(심리적인 것), 혹은 현상적인 것과 토대 역할을 하는 것으로 서로 구별된다. 스피노자는 원인과 근거 사이의 이런 상식적 구분을 의도적으로 무시하면서 '또는'에 일관되게 동일성의 의미를 부여한다.

첫째, 인과적 산출과 논리적 산출의 동일시.[47] 아리스토텔레스를 비롯한 고대 그리스 사람들도 종종 전제와 귀결의 논리적 관계와 원인과 결과의 인과적 관계를 섞어 쓰곤 한다. 그러나 스피노자는 둘의 구분을 의도적으로 무시한다. 이는 스피노자가 인과적 산출에 사용하는 '따라 나오다'(*sequi*)라는 단어에서 잘 나타난다. 그는 신에 의한 사물들의 인과적 산출을 "신의 본성의 필연성으로부터 따라 나옴"으로 표현하고, 이를 지성이 사물의 주어진 '정의'로부터 특성들을 도출하는 것과 동일시한다.[48] 이것이 단순한 유비가 아님은 아래 인용문의 '동일한 방식으

47 　스피노자 합리주의의 이런 측면을 베넷은 '인과적 합리주의'라 부른다. 그는 날것의 사실은 없고 모든 것이 설명될 수 있다는 신조를 '설명적 합리주의'라 부르고, 스피노자의 인과적 합리주의가 그의 설명적 합리주의에서 따라나온다고 본다. 인과적 필연성이 논리적 필연성보다 약한 것이라면, 인과적 설명은 항상 무언가를 설명되지 않은 채 놔두게 되고 이것은 설명적 합리주의를 위배하기 때문이다. Bennett(1984), pp. 29~32.

48 　그 외 1부에서 '*sequi*'가 인과적 맥락에서 사용되는 경우로는 다음을 참조하라. 정리 15의 주석(G Ⅱ, 60, l. 10-12), 정리 17의 주석(G Ⅱ, 62, l. 14-19), 정리 21, 정리 22, 정리 23, 정리 28의

로'라는 말에 분명히 표시되어 있다.

신의 최고 역량으로부터, 또는 그의 무한한 본성으로부터 무한하게 많은 방식으로 무한하게 많은 것이, 그러니까 모든 것이 필연적으로 유출되었다. 혹은 삼각형의 본성으로부터 영원에서부터 영원으로 그 세 각이 이직각이라는 것이 따라 나오는 것과 마찬가지로 항상 동일한 필연성과 함께 동일한 방식으로(eodem modo) 따라 나온다.(정리 17의 주석)

'따라 나오다'로 표현되는 이런 논리적 필연성은 이와 같은 신적 역량의 행사만이 아니라(정리 16), 관념들의 산출이나(2부 정리 7의 따름 정리), 인간 행위의 산출에(3부 정의 1, 2 및 4부 서문[49]) 동일하게 적용되며, 이로써 일어나는 모든 것에 임의의 여지를 제거하고 가지성을 확보한다.

둘째, 물리적 사건들의 연쇄와 관념들 혹은 심리적 사건들의 연쇄의 동일성. 스피노자에게서 '원인 또는 근거'는 평행론의 관점에서 물리적 사건들의 연쇄와 정신적 사건들의 연쇄의 동일성으로 볼 수 있다. 스피노자의 체계에는 물질적 연장 외에도 사유 속성과 그 밖에 우리에게 알려지지 않은 무한하게 많은 속성들이 있으며, 인과성, 정확히 말해 앞서 말한 작용적 인과성은 이 모든 속성에 공통적인 것으로서 속성 중립적이다.[50] 나아가 그것은 무한하게 많은 속성들에서 동일하다. 2부의

주석(G II, 70, I.3, I.11-12), 정리 29의 주석(G II, 71, I.13-14), 정리 33의 주석(74, I.6-8), 정리 36.
49 "작용인의 본성의 필연성으로부터 따라 나오는 것 외에 그 어떤 것도 사물의 본성에 속하지 않으며, 작용인의 본성의 필연성으로부터 따라 나오는 것은 무엇이든 필연적으로 그렇게 된다." (4부 서문, G II, 207, I.27-29)

평행론에 대한 증명에서 속성들 간의 동일성을 지지하는 근거 중 하나가 한 속성 내 양태들 간의 인과 연쇄가 다른 속성의 그것과 동일하다는 것이다.[51] 이는 또한 모든 속성들에서 동일한 이 인과 연쇄가 특별히 연장적인 것을 모델로 할 이유는 없다는 것 역시 함축한다. 이로써 스피노자가 데카르트의 충돌 규칙이나 라이프니츠의 동역학처럼 물체들의 상호작용 규칙에 대한 상세한 분석을 제시하지 않고도 인과성을 자기 철학 체계의 핵심으로 삼을 수 있었던 것 역시 납득할 수 있다.

셋째, 자연적 원인과 형이상학적 근거의 동일시. 데카르트는 인과성을 작용인으로 환원하면서 원인이 근거("*causa sive ratio*")임을 온전히 인정하고 이로써 "인과성의 역사에서 정점"[52]을 이룬다. 그러나 이와 동시에 '원인의 근거'(*ratio causae*)는 파악 불가능하다고 하면서 "충분 이유율의 역사에서 맹점"[53]을 이룬다. 스피노자는 라이프니츠와 더불어 바로 이 점에서 데카르트의 불충분성을 비판하고 '원인의 근거' 역시 파악 가능하다고 주장한다. 그러나 라이프니츠가 원인과 별도로 어떤 근거(유한 실체의 자발성과 신의 예정조화)가 파악될 수 있다는 의미로 이를 주장한다면, 스피노자에게 원인은 그저 단적으로 근거와 동일하기 때문에 파악 가능하다. 이런 의미에서 박기순이 말하듯 스피노자는 "표

---

50   물론 표상적 실재인 관념에 처음으로 인과성을 적용한 것은 데카르트이다. 벵상 카로의 표현대로 "인과성은 이렇게 하여 데카르트 이전에는 실존하지 않았던 것에까지, 즉 표상적 실재로 고찰된 관념들에까지 지배를 확장한다." Carraud(2002), p. 289: 강조는 원문.

51   "이렇게 우리가 자연을 연장 속성 하에서 인식하든, 사유 속성하에서 인식하든, 혹은 그 어떤 다른 속성에서 인식하든, 우리는 원인들의 단 하나의 동일한 연쇄를, 즉 서로 잇따르는 동일한 사물들을 발견할 것이다." (2부 정리 7의 주석)

52   Carraud(2002), p. 16.

53   Carraud(2002). p. 16.

면 위의 결정 관계들만을 인정하고, 모든 변화를 이 표면 위에서 설명한다"[54]라고 말할 수 있으며, 이 때문에 "스피노자의 철학은 철저하게 표면(surface)의 철학이며, 어떤 종류의 깊이(profondeur)도 전제하지 않는다"[55]라고 할 수 있을 것이다.

이렇게 볼 때 쇼펜하우어가 칸트 이전 합리론자들이 "원인 또는 근거"라는 표현을 사용하면서 존재의 원리를 인식의 원리와 혼동하고 전자를 후자에 종속시켰다고 비판하면서 특히 스피노자를 가장 심한 경우로 꼽은 것[56]은 납득할 만한 일이다. 나아가 쇼펜하우어는 스피노자가 이 표현에 대한 정당화의 근거를 전혀 제시하지 않고 그것을 마치 당연한 듯이 사용한다고 비난한다. 실제로 우리는 그가 신 존재 증명에서 모든 것에 실존이나 비실존의 '원인 또는 근거'가 있다는 명제를 공리처럼 사용하는 것을 보았다. 그러나 지금까지 말한 모든 의미에서 스피노자가 원인과 근거를 동일시한다면 여기에는 뚜렷한 형이상학적 근거가 있다. 기하학적 도출과 동일하고 보편적인 가지성의 원리가 될 수 있는 스피노자의 인과성 개념에는 스피노자 특유의 힘 개념이 전제되어 있다. 스피노자에게서 원인의 힘이란 잠재성의 여지 없이 모조리 현실적으로 행사되는 힘이며,[57] 사물들을 산출하는 신의 역량이

---

54   박기순(2006), 121~122쪽.

55   박기순(2006), 121쪽.

56   쇼펜하우어는 "존재하는 실체의 다양성을 불필요하게 축소하면 안된다"라는 칸트의 말을 인용하면서 이런 특수화의 법칙이 충족 이유율에 너무 적게 적용되어 왔다고 보고, 특히 데카르트를 이어 스피노자가 (물리적) 원인과 (인식적) 근거를 혼동한다고 비판한다. 쇼펜하우어(2010), 15~16쪽, 25~33쪽.

57   스피노자의 역량 개념이 플라톤, 아리스토텔레스, 중세의 역량 개념과, 그리고 가까이는 홉스의 역량 개념과 어떤 점에서 유사하거나 단절적인지를 고찰하는 가운데 그 형이상학적, 정치철

나 신의 역량의 표현인 사물의 역량이나 마찬가지로 그렇다. 스피노자는 '행사되지 않는 힘'이라는 통념을 다음 두 가지 관점에서 해체한다. 한편으로, 사람들은 흔히 행사되는 힘(*potentia*) 외에 행사되지 않는 가능적 힘(*potestas*)을 상정하고 이 이차적 힘을 진짜 힘(가령 권력)이라 여긴다. 그러나 행사되지 않는 힘이란 단적으로 무이다. 그것은 능력이 아니라 무능력이다. 가령 신이 역량의 일부만을 사용한다는 것, 그러니까 가능한 것들 가운데 일부만을 선택하여 창조한다는 것은 "신이 무한하게 많은 창조 가능한 사물들을 파악하면서 이것들을 결코 창조할 수 없을 것"(정리 17의 주석)이라고 보는 셈이며, 이는 신의 전능성을 오히려 부인하는 것이다. 전능한 신은 모든 것을 "다 할 수 있는" 신이 아니라 모든 것을 "다 하는" 신이다.[58] 다른 한편, 사람들이 이처럼 행사되지 않는 힘을 생각할 때 여기에는 지성과 의지가 불일치한다는 관점이 전제되어 있다. 그러나 6장에서 보았듯, 스피노자는 신의 능력을 본성과 동일시하고 신에게서 지성이 의지에 앞선다거나 의지가 지성보다 우위로 보는 생각을 신의 본성이 분열되어 있다고 여기는 부조리로 비판한다. 지성과 의지의 동일성은 인간에도 마찬가지로 해당된다. 지성은 모두 개별 관념으로, 의지는 모두 개별 의지 작용으로 환원되며, 이 둘은 하나의 동일한 것으로서 관념 없는 의지 작용이나 의지 작용 없는 관념은 있을 수 없다. 따라서 행사되지 않는 힘, 그러니까 인식만 되고 행위로 이어지지 않는 관념은 원리상 존재하지 않는다. 따라서

학적, 윤리적 의미를 제시한 좋은 논의로는 박기순(2013)을 참조하라. 역량 개념 자체의 애매성과 스피노자가 이 애매성과 어떻게 단절하는지를 데카르트, 홉스, 파스칼 등 17세기의 다른 철학자들과의 비교 속에서 제시한 논의로는 Ramond(1998)을 참조하라.

58   Ramond(1998), p. 156.

스피노자가 자연적 인과 관계를 논리적 도출 관계처럼 다루는 것은 이 시기 다른 철학자들처럼 그 역시 수학적 자연학을 모델로 삼았기 때문이기도 하지만, 그와 동시에 신의 역량에 대한 이와 같은 형이상학적 관점에 바탕을 두기 때문이기도 하다. 그가 '원인 또는 근거'를 가장 일관되게 고수한 것도 이 때문이다.

3   동일한 인과성의 두 가지 표현

(1) 내재인과 작용인−두 유형의 작용인?

이렇게 보면 스피노자는 17세기 철학자들 가운데서도 모든 원인을 작용인으로 환원하는 데 가장 철저했던 것 같다. 그러나 그가 작용인 자체의 일의성을 견지했는지에 대해서는 의문의 여지가 있다. (a) 신의 자기 자신에 대한 인과인 동시에 사물들에 대한 인과, 그리고 (b) 사물들 간의 인과라는 두 가지 인과 유형이 있기 때문이다. 이것들은 각각 (a) 자기 원인(정리 7과 정리 11)과 내재적 원인(정리 18), 그리고 (b) 작용인(정리 28)의 관계로 이해되곤 한다. 그리고 사물들 간의 관계에서는 다시 (b1) 한 사물의 본질이 어떤 결과의 온전한 원인이 되는 적합한 인과성과 (b2) 부분적 원인에 그치는 부적합한 인과성이 있다(3부 정의 1). 이 모든 분화는 데카르트나 말브랑슈가 작용인으로서의 신 안으로 몰수한 인과 역량을 사물들에도 분배함에 따른 것이다. 그렇다면 이 역량은 어떻게 분배되는가? 달리 말해 보자. 데카르트, 말브랑슈, 라이프니츠와 달리 스피노자에게서 신은 내재적 원인이기 때문에 (a)와 (b)는 단 하나의 인과성을 이룬다. 그런데 둘이 단 하나의 인과성을 이룬다는 것은 무엇을 뜻하는가? 두 유형의 상이한 인과성이 있고 그 둘이 하나의 질서 안에 '결합'된다는 것인가?

그렇게 보기 어려운데 가장 단순한 이유는 신적 인과가 사물들 간의 인과와 결합되어야 한다면, 신적 인과가 그 자체로 충분하지 않다는 뜻이 되기 때문이다. 지금까지 연구가들이 암묵적으로 의지해 온 이중 인과는 대략 두 가지를 꼽을 수 있다. 하나는 1부에서 우리가 보아온 컬리의 도식이다. 햄펠의 포괄적 법칙 모형에서처럼 이에 따르면 신 혹은 속성에 의한 인과인 일반 법칙에 의한 규정과 여기에 유한 사물들로 이루어진 선행 조건이 결합되어 특정 결과가 산출된다. 이 모델은 앞의 다른 장에서 이미 보았듯 신 혹은 속성이 양태에 대한 부분적 원인, 곧 부적합한 원인이 된다는 치명적 문제가 있다. 아울러 결과인 양태 자신의 활동성이 고려되지 않은 점 역시 지적할 수 있다. 다른 하나는 서론에서 언급한 수직적 인과와 수평적 인과의 이중 인과 모델인데, 이것은 양태의 능동을 인과의 한 축으로 고려한다는 점에서 컬리의 모델보다는 나아 보인다. 그러나 이 역시 두 인과가 각각 양태의 능동과 수동의 원천으로 결합되어야 한다는 점에서, 따라서 신적 인과나 사물들 간의 인과가 각각 그것으로 완결적이지 않다는 점에서 문제가 된다. 이 모델에 따를 경우 두 '유형'의 인과가 있고, 이렇게 하여 앞서 스피노자의 특징으로 간주했던 원인과 근거의 엄밀한 동일성은 깨지고[59]

---

59 "기계론적 인과성의 본질적 특성으로 간주된 이 외재성이야말로 스피노자의 자기 원인 개념에 의해 반박되는 것이다. (……) 자기 원인 개념은 원인 개념의 진정한 의미를 제공해주며 (……) 모든 다른 형태의 인과 관계의 의미론적 토대가 된다." Yakira(1994), p. 86.

심지어 데카르트가 적어도 물질 세계 내에 수립하고자 한 원인의 일의성 역시 깨지게 된다. 특히 박기순은 수직적 인과성이 본질을, 수평적 인과성이 실존을 결정한다는 식의 생각에 대해 거기에는 본질이 실존에 선행하여 주어진다는 전제가 숨어 있으나 실상 본질은 실존 속에서 구성된다고 비판한다.[60] 이런 이유로 "수직적 인과성은 실제로는 수평적 인과성과 다른 것이 아니다. 그것은 하나의 동일한 것이며, 동일한 것을 표현하는 다른 방식이다."[61]라고 말할 수 있다. 그러나 동일한 인과성이란 무엇이며 이 인과성의 상이한 두 가지 표현 방식이란 어떤 것인가라는 문제는 여전히 남는다.

(2) 유출적 인과성으로부터 형상적 인과성의 부활로?

먼저 동일한 인과성으로는 기하학적 본질로부터 특성이 도출되는 방식을 인과적 산출의 범형으로 삼는 게루의 유출적 인과성을 참고할 수 있다. 게루는 스피노자가 사용하는 인과 용어들이 후기 스콜라 철학의 논리학 교과서에[62] 나온 작용인의 여덟 가지 종류를 참조하고 있음을 보여 주는데, 이 가운데 우리 논의와 관련하여 주목할 것은 유출 인과 활동인이다. (a) 유출인은 불과 열의 관계처럼 원인이 주어질 경

---

60 박기순(2006), 116~117쪽.

61 박기순(2006), 117쪽.

62 네덜란드 헤이레보드(Adrian Heereboord)의 논리학 교과서: Adrian Heereboord, *Herme-neia Logica seu Explicatio Synopseos Logicae Burgersdicianae*, I ed. Leyde, 1650; *Melete-mata philosophica*, vol. II, c. XIII: "De causa immanente et transeunte": *Collegium logicum, Disputatio decima de causa efficiente.*(Gueroult(1968), pp. 244~248과 Carraud(2002), p. 3-8-309, note 2에서 재인용)

우 모순 없이는 그 결과를 부정할 수 없는 경우, 즉 결과의 산출이 필연적인 경우를 가리킨다. (b) 반면 활동인은 매개된 활동을 통해 결과를 산출하는 원인을 가리키므로, 원인이 정립되어도 결과가 정립되지 않을 수 있다. 가령 불이 다른 물체에 열을 내는 경우가 그렇다. 활동인에는 (b-1) 자기 안에 결과를 산출하는 내재적 원인과 (b-2) 자기 바깥에 결과를 산출하는 이행적 원인이 있다. 내재인의 사례로는 관념들을 산출하는 지성을 들 수 있다. 이행적 원인은 건축물을 짓는 건축가의 사례를 들 수 있다. 활동인은 내재적 원인이든 이행적 원인이든 활동이라는 매개를 필요로 한다는 점에서 유출인과 다르다. 가령 불이 있으면 반드시 열이 나는 것과 달리, 지성이라는 원인이 정립되어도 관념들이라는 결과가 필연적으로 정립되지는 않는다. 따라서 "모든 유출인이 내재적이라고 해도 모든 내재인이 유출인은 아니다."[63] 반면 스피노자는 신을 내재인인 동시에 유출인으로 규정하는데,[64] 여기에 전제된 것은 앞서 보았듯 신으로부터 따라 나오는 결과들을 기하학적 본성으로부터 특성들이 따라 나오는 것과 동일시하는 기하학적 모델이다.

　　게루는 이런 유출적 인과성을 인과 유형에 대한 더 세부적인 논의로 이어 가지는 않고, 스피노자적 인과성 일반의 기하학적 특성을 강조하는 것으로 만족한다. 그러나 최근 몇몇 연구자들은 이런 기하학적 특성을 스피노자가 명시적으로 제시하지 않은 인과 유형으로 발전시킨 바 있다. 데카르트주의자인 벵상 카로는 '원인 또는 근거'라는 정식에

63　Gueroult(1968), p. 246, note 10.
64　『소론』, 1부, 3장에 따르면 이 용어들은 "모두 하나"이며 호환적이다.

서 데카르트가 형상인(근거)을 작용인(원인)에 종속시킨 반면, 스피노자는 작용인을 형상인에 종속시켰다고 해석하면서 데카르트와 스피노자를 대비시킬 목적으로, 그리고 데카르트의 급진성에 비해 스피노자의 퇴행성을 암시하는 방향으로 형상인을 부각한 바 있다.[65] 이와 달리 빌야넨은 스피노자의 '기하학적 역동론'을 적극적으로 정식화하기 위해 게루가 주목한 유출인과 활동인의 동일시가 어떻게 이루어지는지를 더 엄밀히 밝히고자 한다.[66] 이를 위해 그는 스피노자적 인과성의 범형을 수아레스의 유출적 인과성(여기서는 형상이 특성이 산출되게 하는 작용인의 역할을 한다.)과 기하학적 모델의 결합으로서의 역동적 본질주의[67] 혹은 형상적 인과성[68]으로 해석한다. 휘브너는 이와 같은 형상적 인과의 복권에는 동의하면서도 중세 스콜라 철학 대신 데카르트의 자기 원인을 스피노자적 형상인의 원천으로 내세운다.[69] 데카르트가 신이라는 예외적인 경우에 한정하여 인정한 형상인을 스피노자는 신을 포함한 모

---

65   Carraud(2002), p. 310.

66   Viljanen(2008); (2011), 특히 2장, pp. 33~53. 빌야넨은 후기 스콜라 철학에서의 유출인과 활동인을 융합했다는 게루의 지적과 관련하여, 게루가 스콜라 학파가 유출을 진정한 인과적 활동으로 보지 않았을 것이라는 잘못된 주장을 전제로 삼고 있다고 비판한다. cf. Viljanen(2008), pp. 429~430, note 13. 빌야넨에 따르면 게루의 전제와 달리 수아레스 같은 후기 스콜라 철학자들에게서 유출인은 명실상부한 작용인의 성격을 띠며, 그뿐만 아니라 기하학적 본질로부터 특성의 도출을 형상적 인과로 간주한 스콜라 학파가 있었다.(가령 그들은 삼각형의 내각의 합이 이직각과 같다는 기하학적 증명이 '인과적'이라고 주장한다.) 이런 논의들이 스피노자의 본질 인과 관념에 영향을 미쳤다는 것이다.

67   Viljanen(2011), pp. 5, 66.

68   Viljanen(2011), p. 125. 그러나 '형상적 인과'는 대체로 수아레스에 관해 사용되고 스피노자에 대해서는 주로 '역동적 본질주의'라는 말이 사용된다.

69   Hübner(2015).

든 사물에 보편적으로 인정하며, 작용인은 단지 사물들의 외적 관계에만 적용한다는 것이다. 이 해석들은 공히 신의 본질만이 아니라 양태의 본질에도 작용성이 있음을 부각하고 기하학적 모델이 어떻게 산출성을 띠는지를 보여 준 점, 그리고 기하학적 본질의 인과성을 통해 신의 자기 자신에 대한 작용과 사물들의 산출, 그리고 사물들 간의 상호작용에서 공히 범형이 되는 인과 유형이 무엇인지를 보여 준 점에 의의가 있다.

(3) 본질주의 혹은 형상적 인과의 문제

문제는 이 형상적 인과성이 게루의 유출적 인과성이 함의하는 것 이상으로 나아가는 지점에서 발견된다. 그들이 형상인을 내적 원인으로, 작용인을 외적 원인으로 간주하고, 작용인과 대립되는 의미의 형상인을 스피노자적 인과의 기본으로 내세울 때, 스피노자 인과성의 일원성과 이원성을 정합적으로 재구성하는 데 실패한다.

우선 형상인이라는 어휘의 실제 용례가 이들의 주장을 뒷받침하기에는 너무 빈약하다. 스피노자는 '형상인'이라는 용어를 신에 대해 사용한 적이 없고, 자기 원인과 가까운 의미로 사용한 적도 없다. 그것은 『윤리학』에서 딱 한 번, 3종의 인식의 원인으로 영원한 한에서의 정신을 형상인에 빗대어[70] 칭할 때 사용된다(5부 정리 31). 휘브너는 형상인이 '적합한 원인'과 등치되므로, 이 맥락에서 형상인이라는 용어의 출현을 단적인 원인과 형상인이 등가임을 보여 주는 증거로 간주한

---

70 "3종의 인식은 정신 자체가 영원한 한에서 마치 형상인에 대해서처럼(*tanquam à formali causa*) 정신에 의존한다."

다.[71] 그러나 신에 대해 사용된 적도 없고, 전체 저작에 걸쳐 단 한 번밖에 사용되지 않은 용어를 인과의 기본 모델로 보는 것은 부자연스럽다.[72] 심지어 데카르트의 '자기 원인'의 경우에도 데카르트 자신이 그것을 '형상인'으로 보았다고 확정적으로 말하기 어렵다. 물론 카테루스의 반박에 대한 「첫 번째 답변」에서 데카르트는 "자기 자신의 작용인"임이 불가능하다고 생각하지 않음을 다시 한번 주지시킨 다음,[73] 「두 번째 답변」의 기하학적 제시에서 이 주장을 조금 더 완화하고 결국 아르노에 대한 「네 번째 답변」에서는 '작용인'으로서의 자기 원인 개념에서 한발 물러나 그것을 '형상인'에 근접시키는 듯 보인다. 그리고 이 사실 때문에 대다수 연구자들은 데카르트의 자기 원인이 형상인에 가깝다고 본다.[74] 그러나 「네 번째 답변」에서 이 주제에 대한 논증의 전개 과정을 끝까지 살펴보면 데카르트에게는 자기 원인이 '작용인'이라는 주장을 포기할 생각이 없음을 알 수 있다. 첫째, 그는 작용인 개념을 넓은 의미와 좁은 의미로 나눈 다음, 아르노가 염두에 두는 통상적 의미의 작용인, 즉 외적 원인으로서의 작용인을 좁은 의미로 한정하고, 자기 원인이 넓은 의미의 작용인일 여지를 남겨 둔다. 이를 위해 그는 우선 자기 원인을 일단은 "좁은 의미의 작용인과 원인 없음

---

71   Hübner(2015), p. 220.

72   자기 원인에 관한 논문에서 멜라메드 역시 이런 입장을 밝힌 바 있다. 특히 그는 'tan-quam'(~처럼)이라는 표현을 근거로 이것이 유비적 표현에 불과하다고 본다. Melamed(2021), p. 121. 그러나 나는 이것을 반드시 유비에 불과한 것으로 보는 것에 대해서는 유보적이다. 3종의 인식과 관련된 "영원의 상 아래서"(sub specie aeternitatis)의 '상'(species) 역시 그런 시각에서 볼 수 있다. 이런 표현은 3종의 인식의 특수성과 관련된 것일 수 있다.

73   「첫 번째 답변」, AT VII, 108: 데카르트(2012), 42쪽.

74   휘브너 외에도 Schmaltz(in Nolan(2016), pp. 92, 96.

사이의 중간"으로서의 "사물의 적극적 본질"(*positiva rei essentia*)[75]이라고 규정한다. 그런 다음 자기 원인의 적극적 의미를 작용인과의 '유비'를 통해 설명하는데, 이것은 엄밀히 말해 유비라고 볼 수는 없다. 그는 자기 원인과 좁은 의미의 작용인의 관계를, 직선으로 이루어진 도형을 통해 구와 곡선으로 이루어진 도형들을 증명하는 것과 같은 방식으로 보고 있기 때문이다. 다시 말해 그는 작용인 개념의 확장을 신학적 유비보다는 수학적 확장, 즉 오늘날 극한으로의 이행이라 부르는 것에 입각하여 이해한다.[76] 요컨대 '무엇 때문에 신이 실존하는지' 그 원인 또는 이유가 있으며, 그것은 좁은 의미의 작용인이 아니라 사물 자체의 본질에 의해 혹은 형상인으로 답해질 수 있지만, 신에게서 본질은 실존과 구별되지 않으므로 형상인이 작용인과 같기 때문에 그럴 뿐이다. 따라서 신을 포함한 모든 것의 실존의 원인 또는 근거는 넓은 의미의 작용인으로 답해질 수 있다.[77] 그러니까 데카르트는 단지 독자에 맞추어 표현을 보다 신중하게 가다듬었을 뿐 자기 테제의 핵심, 즉 자기 원인이 적극적 의미를 가지며 또한 작용인이라는 주장은 고수한다고 볼 수 있다.

둘째, 설령 데카르트나 스피노자 둘 다 작용인 외에 형상인의 여지

---

75 「네 번째 답변」, AT VII, 239: 데카르트(2012), 210쪽.

76 마리옹은 이 유비가 전통 신학에서 말하는 유비의 뒤집힌 형태라고 보는데, 왜냐하면 유한한 인과성(즉 좁은 의미의 작용인의 연쇄)이 신을 준거로 하여 말해지기보다 오히려 신이 유한한 인과성을 준거로 하여 말해지기 때문이다. Marion(1986), pp. 177~178. 이 유비가 갖는 수학적 성격에 대해서는 Carraud(2002), pp. 280~281을 참조하라.

77 멜라메드 역시 데카르트가 아르노에 대한 「네 번째 답변」에서 모든 압력에도 불구하고 자신의 원래 입장을 철회하려 하지 않았음에 주목하고 오히려 스콜라 철학자들의 반대를 잘 알고 있으면서도 굳이 이를 고수하려고 했는지를 묻는다. Melamed(2021), pp. 119~120.

를 인정한다 하더라도 기하학적 유형의 산출을 굳이 형상인의 경우로 한정할 이유는 없다. 스피노자는 본질로부터 결과가 산출되는 것만이 아니라 외적 원인과의 상호작용으로부터 결과들이 산출되는 경우 역시 기하학적 모델로 설명할 것이기 때문이다. 『지성교정론』에 제시된 완전한 정의의 요건을 생각해 보자. 완전한 정의는 사물의 내밀한 본질을 설명하는 것이어야 하는데,[78] 정의 대상이 (『윤리학』의 '양태'에 해당하는) '창조된 사물'일 경우 '가까운 원인'을 포함해야 하며,[79] ('신'이나 '속성'에 해당하는) '창조되지 않은 사물'의 경우 "일체의 원인을 배제"해야 한다. 즉 "설명되는 데 그 자신의 존재 외에 다른 것은 필요하지 않아야 한다."[80] 주목할 것은 여기서 스피노자가 '원인'을 '자기 존재'와 대립시키고, 창조된 사물의 정의가 사물의 '내밀한 본질'을 설명하기 위해 '자기 존재' 대신 '가까운 원인'을 포함해야 한다고 진술한다는 점이다. 여기서 말하는 가까운 원인은 유한한 사물의 주어진 본질일 수는 없고 오히려 외적 원인이다. 그리고 가까운 원인으로부터 해당 사물의 행태가 산출될 때 이 행태 역시 기하학적 모델로 설명될 것이다. 따라서 모든 인과에서 결과의 산출이 기하학적 특성의 도출과 동일하다는 것은 맞지만, 신이 아닌 양태에 대해 그 특성이나 행태의 따라 나옴의 양상을 본질주의로 규정하는 것은 무리이다. 더구나 앞서 보았던 정리 28은 사물들 간 인과 관계에 대한 스피노자의 가장 포괄적인 표현이라 할 수 있는데, 여기서는 한 사물의 본질로부터 무언가가 따라 나

---

78   §95 (G II, 34): 스피노자(2020), 101쪽.
79   §96 (G II, 35): 스피노자(2020), 101쪽.
80   §97 (G II, 35): 스피노자(2020), 103쪽.

오는 경우는 없다. 실제로 물질의 경우 데카르트와 스피노자 모두 진공이 없는 충만체(plenum)를 전제하는데 충만체 안에서 한 물체의 작용은 모든 물체에 미치고 그 자신에게까지 되돌아오므로 모든 것이 모든 것의 원인이 되며 그런 한에서 아무것도 특정 결과에 대한 특정 원인이라고 말하기 어렵다. 다시 말해 어떤 결과도 이 연쇄 안의 한 사물의 본성으로부터 도출된다고 말할 수 없고 결과에 대한 책임은 무한정한 연쇄 안으로 모두 분산된다. 본질주의의 모델은 적어도 그 주창자들이 제시한 그대로는 정리 28 안에서 효력을 찾을 수 없다. 오히려 정리 28에서 우리는 오직 신만이 진정한 의미의 작용인인 데카르트나 말브랑슈의 인과론과 유사한 상황에 처하게 된다.

마지막으로, 이렇게 볼 때 그들에게 공히 형상인과 작용인의 관계 설정이 일관되지 않은 것은 우연이 아니다. 그들은 기본적으로 형상인과 작용인을 내적 인과와 외적 인과로 대립시키고 외적 인과로서의 작용인이 스피노자에게 나타나는 주요한 인과 관계(곧 정리 16에서와 같은 기하학적 유형의 산출)를 설명하지 못한다고 본다. 그리고 바로 이 대립에 기반하여 형상인을 기본형으로 내세운다. 형상인은 작용인과 대립되는 것으로 취급되면서도 다른 한편으로는 작용인을 자신의 '하위 유형'(subtype)으로 포함하는 상위 유형이 되는 셈이다. 이처럼 형상인과 작용인의 관계가 일관되게 설정되지 못하는 가장 큰 이유는 스피노자의 '작용인' 개념이 그들이 이해하는 것처럼 외적 원인에 한정되지 않기 때문이다. 앞서 보았듯 스피노자는 작용인을 원천의 내부성이나 외부성과 무관하게, 원인 일반을 가리키는 용어로,[81] 나아가 원인이 될 수

---

81   이런 의미에서 멜라메드는 "스피노자의 인과성은 (적어도 일차적으로는) 작용적 인과성"이

있는 사물의 범위를 넓히는 방식으로 사용한다.[82] 다른 한편 역시 우리가 이미 보았듯 신의 작용은 물론이고 물질 세계의 인과 작용만이 아니라 관념이나 감정처럼 일상적 의미의 사유 양태들 역시 작용인이 될 수 있다. 이렇게 보면 그들이 주장하는 바와 반대로 오히려 작용인이 모든 범위의 인과 관계를 포괄하는 범형이라 할 수 있다.

그러므로 스피노자의 인과성을 정합적으로 이해하려면 한편으로는 본질주의 혹은 형상적 인과론자들이 주목한 대로 원인으로부터 결과의 산출을 본질로부터 특성들의 기하학적 도출처럼, 즉 게루가 말한 유출적 인과로 이해하되, 다른 한편 본질에 해당하는 항목이 무엇인지는 미정으로 남겨 두고 오히려 그것이 무엇인지를 적극적으로 탐문해야 한다. 나는 이를 이어지는 8장과 9장에서 사물들의 충돌과 합성의 구체적 관계를 통해 고찰할 것이다. 그러나 그 전에 아래에서 본질주의 인과와 정리 28의 인과 연쇄에 나타난 유한 사물들의 지위를 어떻게 화해시킬 수 있느냐에 대한 답변의 형식적 윤곽을 그려 두고자 한다. 이는 또한 이중 인과를 어떻게 이해하느냐에 대한 답변이 될 것이다.

고, "내재적 인과성은 작용적 인과성의 하위 종류"(Melamed(2009), p. 18, note 2)라고 말한다.

82   신에 대해(3번), 사유하는 한에서의 신에 대해(1번), 감정을 산출하는 사물에 대해(3번) [이 경우 작용인은 외부 대상만이 아니라 관념일 수도 있다], 행위를 산출하는 개별적 욕구에 대해(1번), 인간에 대해(1번), 마지막으로, 사물의 실존을 정립하는 것에 대해(3번) [그러나 이 경우 그것이 무엇인지는 명시되지 않는데, 원인은 신일 수도 있고, 개별 사물들일 수도 있고, 인간의 욕구일 수도 있다.] 사용되었다.

4 '사물'로 본 원인과 '사건'으로 본 원인

결론부터 말하자면 나는 원인의 자리에 오는 양태에 대한 두 가지 관점이 있다고 본다. 원인을 '사물'로 본 것이 본질주의 인과라면, 그것을 '사건'으로 본 것이 정리 28이다. 두 관점 모두 필수적이지만 둘을 이중 인과 모델에서처럼 서로 결합되어 하나를 이루는 것으로 볼 경우 문제가 발생한다. 가령 개별 사물의 인과 역량을 인정하는 본질주의 인과는 정리 28과 양립할 수 없어 보인다. 반대로 양자를 관점의 차이로 볼 경우, 즉 완전히 다른 것이지만 그 때문에 외연이 동일한 것으로 본다면, 둘은 양립가능해지고 본질주의 역시 유효해진다. 우선 본질주의는 다른 것들의 영향을 추상하고 오직 한 사물에만 "주의를 기울이는"(3부 정리 4) 상황, 그러니까 앞서 내가 해석한 의미의 무한 양태에 대한 관점과 같다. 그리고 이것이 신적 인과 혹은 수직적 인과라고 말한 것에 해당한다. 사물들 상호 간의 인과 작용을 조감하는 정리 28의 상황은 이와는 아예 다른 관점에서의 기술이다. 여기서도 스피노자는 '원인'이라는 말을 사용하지만 인과 역량이 무한정 분산되어 어떤 사물도 본질주의에서 말하는 형상인이기는커녕 단독으로 보면 부분적 원인으로 보기도 어려울 정도이다. 개별 사물의 인과 역량이 이처럼 최소화되어 제시되는 이유는 신만이 자기 원인일 뿐만 아니라 또한 엄밀히 말해 신만이 작용인인 데카르트에게서와는 다른 이유 때문이어야 한다. 스피노자는 분명 사물들의 인과 역량을 인정하기 때문이다. 사물들은 일어나는 결과들에 최소한 부분적 원인('부적합한 원인')이고 심지어는 전체적 원인('적합한 원인')일 수도 있다. 그렇다면 정리 28은 왜 이 점을 배제하는 것으로 보일까? 나는 이것이 앞서 데카르트가 작용인으로서의 자기 원인을 해명하면서 강조했던 원인과 결과의 동시성을 실마리로 해명될 수 있다고 생각한다. 즉 스피노자에게서 원인이 되는 사물은 본래부터 주어져 있는 것이 아니라 원인으로 구성되면서 결과를 산출한다. 다시 말해 원인과 결과는 동시에 생성된다. 바로 이 때문에 정리 28에 등장하는 '원인'은 어떻게 보면 원인의 힘을 박탈당한 것으로 등장한다. 이 점을 뒷받침하기 위해 정리 28에는 나와 있지 않은 개체의 구성과 작용에 관한 정리들을 몇 가지 들어 보도록 하겠다.

　우선 자기 원인에 대한 스피노자의 용법부터 고찰해 보자. 그의 용법은 데카르트의 용법과 두 가지 면에서 대조를 이룬다. 한편으로 데카르트는 자기 원인이라는 용어를 공식적으로 사용하기를 기피한다.[83] 신은 명석판명한 인식의 대상이면서도 파악 불가능한 존재이기도 한데, 자기 원인은 이 파악 불가능성의 여지를 제거하기 때문이다. 반면 스피노자는 자기 원인을 『윤리학』의 제일 처음, 제일 첫 번째 정의에 위치시키고 여러 번에 걸쳐 공식적으로 사용한다. 스피노자는 자기 원인 개념의 공식적 사용을 통해 데카르트 자기 원인 개념의 핵심(곧 내 해석에 따르면 원인과 결과의 동시성)을 지지하는 동시에 그것의 공식적 사

83　앞서 보았듯, 그는 자기 원인 개념을 『성찰』의 두 번째 증명에서 눈에 잘 띄지 않는 방식으로 도입하고, 이후 「반박과 답변」에서 사용한 후 공식 텍스트에서 다시 언급하지 않는다. 심지어 자신이 그것을 옹호했다는 사실을 전면 부인하기도 한다. "이 책의 저자 레기우스가 (……) 매우 경솔하게 단언하듯이 나는 결코 신은 부정적으로만이 아니라, 적극적으로 자신의 작용원인으로 불려야 한다고 쓰지 않았음을 일러둔다. 내 글을 찾아보고, 읽어보고, 통람해도, 그는 결코 이와 유사한 것을 발견하지 못할 것이고, 오히려 전적으로 그 반대임을 발견할 것이다."(「프로그램에 관한 주석」(한 비방문에 대한 논평), in 데카르트(2021), 217~218쪽: 강조는 원문, AT VIII-2, 368). 데카르트가 '자기 원인'을 통한 증명을 공식적으로 내보이기를 꺼린 이유에 대한 더 자세한 논의는 Marion(1996), pp.179~180; 진태원(2006b), 155쪽; 김은주(2022b), 276쪽을 참조하라.

용을 가로막은 데카르트의 형이상학적 관점을 기각하고 있는 셈이다. 다른 한편 스피노자가 기각하는 이 후자의 관점은 자기 원인의 귀속처와 관련된다. 데카르트가 자기 원인을 작용인의 예외로서 신에게 귀속시키는 반면, 스피노자는 자기 원인의 귀속처를 신을 비롯하여 어떤 주체로도 한정하기를 기피한다. 이는 진태원이 적절하게 지적하듯 자기 원인의 정의(정의 1)에서 "문법적 의미론적 미규정성"[84]을 지닌 중성 대명사 'id'가 사용된 점에서부터 뒤에 이어지는 자기 원인의 모든 용법에서 일관되게 나타난다. 첫째, 3장에서 본 것처럼 자기 원인은 처음부터 신에게 귀속되지 않고 정리 7에 가서 우선 '실체'에 적용되며 이 경우에도 '자기 원인일 것(erit)'이라는 가정적 표현이 사용된다. 둘째, 정리 11의 신 존재 증명에 자기 원인이 마침내 적용되지만, 증명은 자기 원인이라는 자격을 통해 적극적으로가 아니라 모든 존재를 포괄하는 유일 존재의 실존을 부정하는 것이 불가능하다는 부정의 부정을 통해 이루어진다. 마지막으로, 신에 대해 '자기 원인'을 단적으로 귀속시키는 경우, 다른 사물들의 원인이 된다는 것을 동시에 언급한다.[85] 이렇게 보면 스피노자는 실로 자기 원인을 누구에게도 귀속되지 않는 방식으로 사용하려는 듯 보인다. 이런 의미에서 자기 원인이란 진태원과 라에르케가 말하듯 어떤 항이나 주체에 귀속되지 않는 실존이나[86] 활동[87]이라

---

84   진태원(2006b), 145쪽.

85   "신은 자신의 원인이라는 것과 동일한 의미에서 모든 것의 원인이다"(정리 25의 주석).

86   "누구에게 귀속되기 이전의, 누구의 실존으로 존재하기 이전의 있음이라는 사태 자체." 진태원(2006), 166쪽.

87   활동이 활동의 주체를 전제로 한다는 라이프니츠적 원리와 반대로 "활동이 행위자를 기초로 하는 것이 아니며 오히려 행위자가 활동 속에서 구성된다." Laerke(2009), p. 189.

고도 할 수 있겠다. 다만 그러려면 주체 없는 활동이라는 이 역설적 표현을 어떻게 이해해야 하는지 설명해야 한다.

이 문제는 개체에 대한 스피노자의 정의들이 체계적으로 보여 주는 어떤 변칙을 통해 얼마간 해명될 수 있다. 이 정의들은 한결같이 피정의항인 개체를 정의항에 포함시키고 개체들의 인과적 상호 작용을 통해 해당 개체를 정의한다. "여러 개체들이 모두 동시에 하나의 동일한 결과의 원인이 되도록 하나의 작용에 합작할(concurrere) 경우, 그런 한에서 그것들 모두를 나는 하나의 독특한 사물로 간주한다."(2부 정의 6) 여기서 '하나의 개별 사물(una res singularis)'을 정의하는 데 '개체'(Individuum)가, 그것도 여러 개체들이 개입한다. 여러 개체들이 또 다른 개체의 한 부분이 되는 셈인데, 이는 그들이 함께 기여하는 하나의 작용 때문이며 오직 이 관계가 유지되는 한에서이다. 그러므로 여기서 스피노자는 개체에 대한 정태적 정의가 아니라 발생적 정의를 제시하고 있으며, 이 발생적 정의는 『지성교정론』의 분류에 따르면 해당 사물의 본질보다는 작용인을 담고 있고, 이 경우 작용인은 여러 개체들의 합작이다. 여러 개체들이 참여하는 인과적 활동에 의해, 이 활동과 동시에 새로운 개체가 형성되는 것이다. 「자연학 소론」의 개별 물체에 대한 정의에서도 같은 방식의 기술을 발견할 수 있다. "같거나 상이한 크기를 가진 일정 수의 물체들이 〔1〕 여타 물체들에 의해 서로 간에 의지하도록 강제될 때, 또는 만일 〔2〕 같거나 〔3〕 상이한 빠르기의 정도로 운동하고 있다면, 일정하게 규정된 어떤 관계에 따라 자기 운동을 서로 간에 전달하도록 강제될 때, 우리는 이 물체들이 서로 합일되어 있다고, 그리고 이것들 모두가 단 하나의 물체 또는 개체로 합성되어, 물체들 사이의 이러한 합일에 의해 여타 개체들과 구별된다고 말한다."

(2부 정리 13 주석 이하, 두 번째 공리 2 다음의 정의) 여기서도 하나의 개체는 여러 물체들의 합일에 의해 형성되며, 이 합일은 (고체 입자들의 경우처럼) 〔1〕 서로 밀려 기대는 활동이나 〔2〕 같은 빠르기의 운동이나 (유동체의 입자들처럼) 〔3〕 일정한 패턴의 운동을 통해 이루어진다. 스피노자는 '여러 개체들'의 작용을 통해 새로운 개체가 구성된다는 것을 보편적으로 가정한다.

나아가 상호적인 인과 작용을 통한 개체의 (재)형성은 해당 개체의 변용이 일어날 때마다 일상적으로 이루어지는 것으로도 볼 수 있다. 다음 장에서 더 자세히 살펴보겠지만 우리 신체에 변용이 일어날 때 이 변용에는 우리 신체의 본성과 다른 사물의 본성이 동시에 함축된다. 달리 말해 변용이라는 결과는 상이한 두 본성의 합성으로부터 따라 나온다. (2부 정리 16). 이 점은 부적합한 원인에 대한 스피노자의 정의에서 발견되는 또다른 변칙적 사항에 주목하게 한다. 스피노자는 우리가 작용을 받는 수동적 상황을 다음과 같이 정의한다. "나는 우리 안에서 무언가가 일어날 때, 혹은 (i) 우리가 그 부분적 원인에 불과한 어떤 것이 (ii) 우리 본성으로부터 따라나올 때 우리가 작용받는다고 말한다." (2부 정의 2) 이 정의에 따르면 어떤 결과에 대해 우리가 그 부분적 원인에 불과하지만, 이 결과는 우리 본성으로부터 따라나온다. 이 둘 사이의 간극을 어떻게 이해해야 할까? 세 가지 가능성이 있다. (ii) '우리 본성으로부터'는 첫째, 우리가 부분적이기는 하지만 어쨌든 원인이라는 점을 강조한 표현일 수 있다. 이 경우 간극은 수사적인 표현에 불과할 것이다. 그러나 둘째, 개체의 정의를 참조해 보면 우리 본성과 다른 본성이 합성되어 새로이 구성된 본성을 의미할 수도 있다. 그러므로 둘 사이의 간극은 합작하는 활동 이후의 새로운 개체화의 귀결일 수 있다.

마지막으로, '우리 본성'은 다른 사물과 상호작용할 때 작동하는 우리와 그 사물 사이의 공통 특성이 측면을 가리킬 수 있다. 만일 이 간극이 유의미하고 따라서 두 번째와 세 번째 가능성이 모두 맞다면 부적합한 인과성에 대한 정의 자체에 일종의 새로운 개체화가 함축되어 있다고 할 수 있을 것이다. 이처럼 개체에 대한 정의나 개체가 겪는 변용에 대한 기술에 나타나는 특이성에 비춰 볼 때 정리 28의 무한정한 인과 사슬은 개체들 간의 외재적 관계가 상호 작용을 통해 합성의 관계로 전화되는 것으로 해석될 수도 있다.[88] 이 경우 원인이 될 개체의 본성은 결과인 활동과 동시에 형성된다.

　더 나아가 보자. 지금까지는 정리 28을 동등한 수준의 개체들의 관계로 고찰하고 이 개체들의 본성이 하나의 작용 속에서 합성되는 것으로 간주했지만, 정리 28의 관계에는 전체와 부분의 관계 역시 포함된다. 즉 인과 연쇄의 무한정한 진행은 한 개체가 다른 개체들과 운동을 주고받으면서 더 복잡한 상위 개체에 포함되고, 이 개체 역시 다른 개체

88　이와 동일한 입장을 박기순(2006)은 다음과 같이 표현하고 있다. "모든 존재하는 것에 대해 발생적 정의를 요구하는 것은, 모든 사물은 주어진(donné) 것이 아니라 구성된(constitué) 것이라는 철학적 전제를 함축"하며(114쪽), 스피노자가 「자연학 소론」에서 개체의 구성에 외부 물체들의 존재를 끌어들이는 것은 "개체가 '발생적으로' 외부 사물과의 외재적 관계로부터 구성된다는 것을 의미한다."(125쪽) 한편 진태원(2010a)은 이를 '연관의 인과론'으로 부르면서 다음과 같이 표현한다. "관계들 이전에 **미리** 이러저러한 개체들이 존재하고 그 **이후에** 비로소 이 개체들이 서로 인과관계를 맺는 것이 아니라, 개체들은 관계들을 통해 성립하며 관계들을 통해 자신을 재생산하고 존속할 수 있다."(231쪽) 이들은 공히 다음과 같은 이중 인과의 전제, 곧 외적 인과와 내적 인과를 상호 대립시키고 인과의 항으로서의 개체가 인과 작용에 앞서 존재한다고 보는 입장에 반대하며 내 입장도 이들과 동일하다. 다만 나는 아래에서 작용이나 결과가 산출되는 것과 동시적으로 원인이 구성되는 역동적 과정을 보다 강조하고자 하며, 다음 장에서 이 과정을 보다 구체적으로 제시할 것이다.

들과 운동을 주고받으면서 더 복잡한 상위 개체에 포함되는 식의 무한 정한 진행 역시 포함한다. A는 이미 구성된 항으로서 다른 것과 상호 작용하는 것이 아니라 그 자신 변화 중에 있고, 상위 개체의 한 부분으 로서 다른 부분들과, 그리고 개체 바깥의 다른 사물들과 상호 작용하는 것이다. 다시 A와 B가 상호 작용하고 이 상호 작용에 C가 영향을 미치 는 상황을 가정해 보자. 이 작용이 어느 정도의 규칙성(f)을 가지고 이 루어질 경우 A, B, C는 f로 정의되는 또 다른 개체(F)를 형성한다. 그리 고 이 F 역시 다른 G와 X라는 개체를 형성하고…… 이렇게 무한정 나 아간다. 반대 방향에서 보면, A 역시 서로 상호 작용하는 a1, a2, a3라 는 개체로 이루어진 합성체였고 이 역시 무한정 나아간다. 물론 「자연 학 소론」에서 스피노자는 이렇게 하여 우리가 '자연 전체'라는 하나의 개체에 도달하는 양 서술한다(2부 정리 13 이하 보조 정리 7의 주석). 이것 은 정리 28의 무한정한 진행과 양립 가능한가? 만약 그렇다면, 부분이 되는 항들을 이미 구성된 전체로 보아서는 안 되듯 이 개체에 대해서도 그것을 하나로 셈할 수 있는 전체로 간주하고 그 하위 관계들을 나머 지 부분들이 항상 더 큰 전체를 향해 합성되는 정태적이면서 위계적이 고 목적론적인 관계로 보아서는 안 될 것이다. 실제로 「자연학 소론」에 서 '자연 전체라는 개체'에 대해 스피노자는 그 부분들이 모두 동일한 법칙에 지배된다고 말하는 대신 "그 부분들이, 즉 모든 물체들이 개체 전체의 변화 없이도 무한하게 많은 방식으로 변이될 수 있다"(2부 정리 13 주석 이하 보조 정리 7의 주석)라고 말한다. 동일한 표현이 부분과 전체 의 관계에 대한 더 상세한 설명을 담은 「편지 32」에서도 발견된다. 스 피노자는 혈액이라는 개체와 대비하여 우주 전체에 대해 말하면서 "그 본성이 혈액의 본성처럼 제한되지 않고 절대적으로 무한"하며 "이 무한한 역량의 본성에 의해 우주의 부분들은 무한히 많은 방식으로 조정되고, 무한히 많은 변화를 겪도록 강제된다"[89]라고 말한다. 두 인용문 모두에서 강조점은 부분들이 전체에 종속되어 특정 방식을 따른다는 것이 아니라 정반대로 전체의 무제한성으로 인해 부분들이 무한히 많은 변화를 겪을 수 있고 그런 변화에도 전체는 그대로라는 것이다.

그러므로 활동은 항상 어떤 개체의 활동이지만 원인이 되는 개체의 이러한 합성과 재구성의 관점에서 보면 활동이 개체에 귀속된다기보다 오히려 개체를 산출한다. 이렇게 해서 우리는 활동이 활동의 주체나 항에 어떻게 앞설 수 있는지 혹은 적어도 동시적인지를 알 수 있다. 본질주의 인과에서 원인은 이미 주어진 '사물'의 관점에서 고려된다면, 여기서 원인은 생성되는 것으로서, '사건'으로 고려될 수 있다. 물론 활동이나 사건이 있기 전에 사물은 있다. 그러나 활동과 사건을 통해 사물은 새롭게 산출되거나 재산출된다. 이 입장은 기하학적 공간에 있는 도형과 같은 존재자가 아니라 운동하는 사물들로 꽉 찬 물리적 공간에서 한 사물이 겪는 복잡한 변이를 최대한 정확히 이해해 가도록 우리를 추동한다. 다만 양태를 사건으로 보는 이 관점은 양태를 사물로서 보는 본질주의 관점으로 보완될 필요가 있다. 양태를 사건으로 보는 관점에 따를 때 개체의 준거는 무한히 다양하기 때문에 인식은 풍부해지기보다 오히려 혼란에 빠질 수 있다. 이는 사물로서의 양태를 모델로 한 기하학적 본질주의와 정반대의 단점이다. 이런 의미에서 이중 인과의 모델은 여전히 필요하며 둘을 존재론적 결합의 관계가 아니라 상호보완이 필요한 상이한 관점으로 보아야 한다.

---

89   G IV, 173, l.5-8: 스피노자(2018), 215쪽.

5 나오며

17세기 철학에서 대표적인 인과성은 기계론적인 작용적 인과성이다. 스피노자는 이를 물질만이 아니라 사유 속성에까지 확장하고 따라서 인간 정신에까지 적용했다는 점에서 보편적 기계론자라 볼 수 있다. 그러나 이 기계론은 신적 인과성과 동일한 것으로 간주되어야 하고 신적 인과성은 결과가 원인 안에 머무르는 내재적 인과성이므로, 스피노자적 인과의 기본 유형이 무엇인가라는 문제가 제기된다.

나는 지금까지 암묵적으로 통용되어 온 이중 인과의 모델이 두 인과성의 관계를 일종의 결합으로 간주함으로써 어떤 불합리에 부딪힘을 지적했다. 이중 인과의 도식에서는 한편으로 수직적 인과성에 따라 각 사물이 신적 힘을 부여받은 능동체로서 마치 실체처럼 간주된다. 이렇게 실체화된 사물들은 다른 한편, 수평적 인과성에 따라 서로 대립되고 갈등하는 것처럼 등장한다. 전자와 후자는 각각 내적 인과와 외적 인과로 간주된다. 이와 달리 나는 두 인과를 관점의 차이로 보아야 한다고 주장했다. 이럴 경우 수직적 인과성은 한 사물을 그것을 구성하는 다른 것들과의 관계에서 추상하여 그 본질을 하나의 폐쇄적 체계로 보는 관점을 가리킨다. 반면 수평적 인과성은 이 본질을 구성하는 다른 것들과의 관계를 보는 관점을 가리킨다. 후자의 관점에서 볼 때 각 사물은 다른 것들과 어떤 식으로든(이는 합치일 수도 있지만 대립일 수도 있다.) 합작하는(concurrere) 활동 속에서 합성되고 그렇게 다시 산출되면서만 활동한다. 즉 원인은 결과 속에서, 결과와 동시에 형성되는 것이다. 이것이 원인인 사물을 '사건'으로 보는 관점이다. 다만 이 산출 과정은 다양한 수준에서 일어나며 다양한 방식으로 인식될 수 있는 만큼, 그것을 명료하게 인식하기 위해서는 하나의 본질을 잠정적 고정점으로서의 '사물'로 설정하고 이로부터 그 특성들을 연역해 낼 필요가 있다. 기하학적 본질을 중심으로 한 형상적 인과성은 이 점에서 의의가 있다. 다만 이 본질의 설정이 단지 잠정적이고 상대적인 것에 불과함을 망각하지 않는 조건에서 말이다. 이제 뒤의 두 장에서는 실제로 사물들이 활동 속에서 어떻게 새로운 개체화를 거치는지, 그리고 부분과 전체의 관계를 다양한 수준에 따라 상대적 관점에서 볼 수 있다는 것이 어떤 의미를 갖는지를 살펴볼 것이다.

8장

감응적 인과성과 개체의 구성
─충돌에서 변용으로

1 이중 인과의 대안 ─ 변용 혹은 감응의 인과성

스피노자에게서 인과성은 앞 장에서 보았듯 단지 연장만이 아니라 사유와 그 밖에 우리에게 알려지지 않은 무한하게 많은 속성에 공통적인 특성이다. 이렇게 보면『윤리학』2부의 한 주석에서 여담처럼 제시된 물체론(이하 '자연학 소론')을 제외하면, 스피노자가 데카르트나 라이프니츠와 달리 자연학을 별도로 집필하지 않고도 어떻게 인과성을 그의 철학 전체의 가동 원리로 삼을 수 있었는지 충분히 납득 가능하다.『철학의 원리』에서 데카르트가 인간 정신에 대해서는 꼭 필요한 몇 가지 지식만을 다루고 나머지 방대한 분량을 자연학으로 채운 것과 반대로, 스피노자는 인간 신체에 대해 몇 가지 필수적인 지식만을 다루고『윤리학』의 나머지 분량을 모두 정신에 대한 것으로 채운다. 그리고 여기서도 인과성은 핵심 원리의 역할을 할 것이다.

그럼에도 연장에 속하는 물체들 간의 인과 관계는 사물들 간의 관계를 밝히는 데 적어도 방법상 특권적 위치를 점한다. 우선 무한하게 많은 속성 가운데 우리에게 알려진 것은 우리를 구성하는 양태의 속성, 곧 연장과 사유뿐이며, 사유의 양태인 정신은 "현실적으로 실존하는 신체에 대한 관념"(2부 정리 13)으로 정의된다. 이 관념인 정신의 역량은 그 대상인 신체의 역량에 비례하며, 그런 명목으로 스피노자는 '자연학 소론'에서 신체의 역량을 고찰한다. 이 역량은 그것을 둘러싼 다른 물체들과의 관계에 달려 있는데, 스피노자는 이 관계 역시 지금까지 실체의 양태라 부른 것과 등가어로 사용된 변용이라는 용어로 기술한다. 그러니까 신체의 역량은 그것이 다른 물체들에 의해 어떻게 변용되고 그것들을 어떻게 변용하느냐에 달려 있는 것이다. 그러므로 스피노자의 인과성은 신체 변용의 메커니즘을 통해 인식될 수 있고, 이 메커니즘은 스피노자의 철학 체계 전체에 걸쳐 결정적 의미를 갖는다. 변용은 첫째, 실체와 양태를 핵심 개념으로 하는 스피노자 형이상학의 연장선상에 있고(변용은 양태와 등가어이다.), 둘째, 스피노자의 자연학을 알려 주는 거의 유일한 통로이며(물체들 간 상호 작용은 변용의 메커니즘으로 제시된다.), 마지막으로 윤리학에서 아리스토텔레스의 덕, 데카르트나 칸트의 자유의지만큼이나 핵심적인 역할을 한다.(더 윤리적인 존재가 된다는 것은 더 역량 있는 존재가 된다는 것이고 역량은 변용 능력으로 가늠된다.) 앞 장에서는 신의 양태인 변용과 이 변용의 변용의 관계를 정리 28을 중심으로 형이상학적으로 고찰했다면, 이 장에서는 변용을 순전히 자연학적 측면에서 살펴볼 것이다.

앞 장에서 나는 사물의 주어진 본질의 능동(신의 수직적 인과)과 사물들 상호 간의 외적 결합과 해체(유한 사물들의 수평적 인과)라는 이중 인과의 도식을 비판했다. 그 이유는 이 도식이 사물의 본질이 애초에 능동적으로 주어져 있는 것이 아니라 구성되는 것임을 간과하게 한다는 점 때문이었다. 그렇다면 본질이 과연 어떻게 구성되는지를 해명하는 일이 남았다. 그리고 그 핵심이 되는 것이 바로 변용이다. 나는 양태들 간의 모든 상호 작용이 변용을 매개로 일어난다는 점을 보여 주고, 변용과 동일한 뜻인 감응이라는 용어를 사용해 스피노자의 인과성 일반을 '감응적 인과성'이라 부르겠다. 앞서 전개된 논의에 따르면 개체가 이 감응적 인과성의 기저에 마치 원초적 능동성의 기체처럼 주어져 있는 것은 아니다. (a) 동등한 수준의 개체들의 관계로 보든, (b) 상이한 수준의 개체들의 관계로 보든 개체의 본질은 어떤 의미에서는(즉 공통 특성으로 주어져 있는 한에서) 항상 이미 주어져 있으나, 상호 작용의 과정에서 합성되거나 재구성된다. 내가 다루고자 하는 변용의 메커니즘은 (a)와 (b) 수준 모두에 걸쳐 있으며, 이 장에서는 (a)의 측면을, 개체론을 다루는 다음 9장에서는 (b)의 측면을 고찰할 것이다.

(a)의 측면은 『윤리학』의 자연학 소론에서는 거의 찾을 수 없고 스피노자가 데카르트 『철학의 원리』(이 장에 한해 이하 'PP')를 기하학적 스타일로 다시 쓴 『데카르트의 '철학의 원리'』(이 장에 한해 이하 'PPD')[1]에서 데카르트의 충돌 법칙을 제시하는 방식 속에서 추론해 볼 수 있다. 나는 동등한 수준의 개체들 사이에 일어나는 변용의 메커니즘을 기계론적인 외적 인과성의 범형으로 간주되는 데카르트의 물체 충돌 법칙에 대한 스피노자의 전유 방식을 통해 고찰할 것이다. 아래에서는 우선

1　『데카르트의 '철학의 원리'』의 자연학 부분 전체에 대해서는 거의 유일한 체계적 해설로 Lecrivain(1977); (1978)을 참조하라.

변용 개념이 안고 있는 자연학적 문제를 정식화한다.(2절) 이 문제를 물체 충돌 법칙과의 대조를 통해 해명하기 위해 데카르트 충돌 법칙의 지위와 문제점을 간략히 살펴본 다음,(3절) 그가 PPD에서 충돌 법칙을 제시하는 방식과 『윤리학』에서 이 충돌 모델이 신체 변용 개념으로 변형되는 방식을 각각 고찰한다.(4절)[2]

2 변용 개념의 문제

올덴부르크를 매개로 보일에게 보내는 한 편지에서 스피노자는 유동체들이 그것들을 상호 응집시키는 외적 강제 없이 자유로이 운동하여 외적 충격에 아무 저항 없이 쉽게 물러서는 상태를 '평형'(*aequilibrium*)이라 부른다.[3] 그런데 이 단어는 『윤리학』에서, 그리고 인간학과 관련된 대목에서 두 번 다시 등장한다. 뷔르당의 당나귀처럼 두 동등한 외적 자극에 놓였을 때 "그런 평형에 놓인 인간은 (자유의지로 방향을 결정하는 대신) 허기와 갈증으로 죽을" 뿐이라고 단언하는 대목(2부 정리 49의 주석)과, 인간이 남들이 원하는 것을 그대로 좇아 이런저런 것을 욕망하는 정

---

2   생애 말미에 취른하우스가 던진 질문을 계기로 스피노자는 처음으로 데카르트 연장 개념에 대해 강력한 비판적 입장을 표명한다.(「편지 81」, 1676년 5월 5일; 「편지 83」, 1676년 7월 15일) 이를 근거로 데카르트의 진술을 거의 그대로 따르는 PPD 출판(1663) 당시의 스피노자의 초기 입장과 나중의 입장 사이에 큰 변화가 있었다고 생각할 수도 있다. 그러나 스피노자 자연학이 여하튼 기계론의 틀을 넘지 않는다고 보고, 본 논의에서 스피노자 자연학의 '진화' 문제는 추상한다.

3   "피막에 들어 있는 물의 입자들이, 그들이 자유로울 때와 달리, 피막의 벽면에 행사되는 손가락의 압력에 물러서지 않는 이유는, 어떤 물체, 가령 우리 손가락이 사방에서 공기로 둘러싸일 때와 같은 평형(*aequilibrium*)이 없기 때문입니다."(「편지 6」: G Ⅳ, 31)

서 모방의 메커니즘(3부 정리 32의 주석)[4]이다. 물론 자유 의지의 부재와 감정 모방은 모든 인간에게 보편적이지만 이와 같은 '평형'은 극단에 가깝다.[5] 인간이 외적 충격에 이리저리 휩쓸리긴 하지만, 외적 충격에 저항하고 그것을 얼마간 상쇄하는 내부성은 있기 마련이다. 『신학-정치론』의 표현대로 인간은 운의 불확실성 속에서 "아무것이나 믿고, 의심에 빠질 때는 아주 작은 충격에도 쉽게 이리저리 떠밀리지만(pellitur)"[6] 운에 지배되면서도 그것을 지배하기 위해 미신에 빠지는 것이다. 보편적 결정론 아래서도 각자는 평형 상태에 있기보다 고유한 방식으로 외적 충격을 굴절시키며, 이 메커니즘이 곧 변용(affectio)이다.

변용의 메커니즘은 외부 대상의 표상인 상상(imaginatio)을 다루는 정리들에서 가장 상세하게 제시되어 있다. 상상의 메커니즘에는 인간 신체에 대한 외부 물체의 작용, 인간 신체 자신의 변화, 마지막으로 외부 물체에 대한 표상이라는 세 계기가 포함되어 있다. 관련 정리들은 다음과 같다.

(A) "인간 신체가 외부 물체들에 의해 변용되는 방식 각각에 대한 관념은 인간 신체의 본성과 동시에(simul) 외부 물체의 본성을 함축할 수밖에

---

4   "아이들의 신체는 계속적으로 일종의 평형 속에 있기(veluti in aequilibrio est) 때문에, 우리는 그들이 남들이 웃거나 우는 것을 보는 것만으로도 웃거나 울고, 남들이 하는 것이면 무엇이든 곧장 모방하고자 욕망하며, 마지막으로 남들이 좋아한다고 상상하는 모든 것을 자신을 위해 욕망함을 경험을 통해 잘 알고 있다."

5   두 번째 사례는 특별히 "아이들의 신체"와 관련되며, 첫 번째 사례의 경우 스피노자는 그 인간을 목매달아 자살하는 자, 아이들, 바보, 미치광이와 유사하게 취급한다.

6   『신학-정치론』 서문(G III, 5). 특히 'pellere'는 스피노자가 PPD(2부 정리 32, 2부 정리 33증명)에서 고체를 둘러싼 유동체의 운동을 기술하기 위해 사용한 단어이다. Cf. Klever(1988), p. 190.

없다."(2부 정리 16; 강조는 인용자)

(B) "이로부터 첫째, 인간 정신이 자기 신체의 본성과 더불어 아주 많은(*plurimorum*) 물체들의 본성을 지각한다는 것이 도출된다."(2부 정리 16의 따름 정리 1)

(C) "둘째, 우리가 외부 물체들에 대해 가지는 관념들은 외부 물체들의 본성보다는 우리 신체의 상태를 더 많이(*magis*) 지시한다는 것이 따라 나온다."(2부 정리 16의 따름 정리 2)

(D) "인간 신체가 외부 물체의 본성을 함축하는 방식으로 변용되면, 인간 정신은 신체가 이 물체의 실존 혹은 현전을 배제하는 (다른) 감정으로 변용될 때까지, 동일한 외부 물체를 현행적으로 실존하는 것처럼, 혹은 자기 앞에 현전하는 것처럼 응시할 것이다."(2부 정리 17)

(A)는 그 앞에 제시되었던 자연학 소론(2부 정리 13의 주석 이하)의 한 공리로부터 도출된다. "어떤 물체가 다른 물체에 의해 변용되는 모든 방식들은 변용되는 물체의 본성과 동시에 그것을 변용시키는 물체의 본성으로부터 따라 나온다."(2부 정리 13의 주석 이하 두 번째 공리 1) 그런데 (A)의 '동시에'가 동등성의 함의를 담고 있다면 이로부터 도출되는 (C)와 (D)는 편향성을 띠고 있다. 스피노자는 어떻게 (A)의 "동시에"로부터 (C)의 "더 많이"라는 주관적 편향성으로 넘어갈 수 있었을까? 또한 (C)의 주관적 편향성으로부터 어떻게 다시 (D)의 대상적 편향성으로 넘어갈 수 있었을까? 상식적으로 이해하자면 (C)는 우리 신체나 정신이 완벽한 평형 상태에서 외부 자극을 있는 그대로 수용하기보다 주어진 성향이나 경사, 요컨대 어떤 주관성에 따라 그것을 굴절시켜 수용함을 뜻할 것이다. (D) 역시 외부 사물을 눈앞의 것으로 표상

하는 단순한 지각 상황으로 이해할 수 있다. 그러나 『윤리학』이 표방하는 연역적 질서의 엄밀성을 감안할 때 이 해명들은 충분치 않다. 아마도 (B)가 이 간극을 해명하는 열쇠를 쥐고 있을지도 모르지만, 현재로서는 그것이 무엇인지 알 수 없다. 오히려 이 경우에도 (A)의 단수("외부 물체의 본성")에서 어떻게 (B)의 복수("아주 많은 물체들의 본성")가 도출되느냐는 물음이 제기되며, 스피노자는 이에 대해 아무런 증명도 덧붙이고 있지 않다.

게루와 진태원은 (A)와 (C)의 간극의 문제를 제기하면서 스피노자를 구제하기 위해 양자를 양적 차이가 아니라 관점 전환의 문제로 볼 것을 제안한다.[7] 정리 16까지는 스피노자가 자연학적 지평에서 사태 자체를 설명하지만, 정리 16 따름 정리 2부터는 심리학적 지평(게루) 혹은 현상학적 지평(진태원)에서 사태를 설명하고 있고, 이 때문에 "더 많이"라는 용어를 쓰고 있다는 것이다. 이런 해석은 타당한 면이 있다. 우선 '지시하다'(indicare)라는 용어는 스피노자에게서 대개 부적합한 인식을 가리키므로, 외부 물체에 대한 상상이 우리 신체의 상태를 더 많이 지시한다고 해서 그 관념이 반드시 우리 신체의 본성을 더 많이 함축한다고는 볼 수 없다. 이 점은 이러한 우리 신체 상태 자체에 대한 관념인 감정(affectus), 그 가운데서도 수동적 감정인 정념(passio)[8]의 본성과 힘에 대한 정의에서 다시 확인된다. 변용은 우리 신체의 상태를 더 많

---

7   Gueroult(1974), p. 196; 진태원(2010b)("('동시에'와 '더 많이' 사이의 간극은) 한편으로 **자연학적 관점에서** 파악된 변용 및 그 심리학적 결과에 대한 표현과 다른 한편으로 **우리의 관점에서** 파악된 변용의 결과에 대한 차이로 이해하는 게 옳을 것이다. (……) **우리의 정신**이 외부 물체를 인식하는 길은 외부 물체가 변용시킨 결과인 **우리 신체의 상태, 곧 변용들을 통하는 길이 유일하다**는 점을 가리키는 것이다."(113쪽 강조는 원문)

이 지시하지만, "한 정념의 힘과 증가(*vis & incrementum*), 그리고 실존 안에서 그것의 유지(*eius in existendo perseverantia*)는 우리가 실존 안에서 우리 자신을 유지하고자 하는 역량에 의해서가 아니라, 우리 역량과 비교된 외적 원인의 역량에 의해 정의된다."(4부 정리 5; 강조는 인용자) 당연히 '정의되다'는 '지시하다'라는 단어와 달리 사태에 대한 참된 표현이다. 그러므로 자연학적 지평 혹은 인과적 견지에서 보면, 수동적 변용은 우리 자신의 역량보다 외적 원인의 역량에 의해 더 많이("우리 역량과 비교된") 정의되며, 단지 심리적 지평 혹은 현상학적 지평에서만 우리 신체의 상태를 "더 많이" 지시한다고 볼 수 있을 것이다.

그럼에도 이런 현상적인 지시가 어떤 인과적 토대로부터 이루어지는지를 설명할 필요가 있다. 특히 게루와 진태원의 답변은 다시 물리적 사태와 심리적 현상의 구별 근거는 무엇인가라는 더 어려운 물음을 낳을 수밖에 없다. 더구나 이 정리가 상상을 설명하는 부분이라는 점을 감안하면, 그 해석은 상상이 자연적으로 주어지는 것 이상의 어떤 '과잉'을 포함한다는 인상을 줄 수 있다. 그러나 『윤리학』에 따르면 사유들의 질서와 연관은 사물들의 질서 및 연관과 동일하기에(2부 정리 7) 텍스트상의 상충을 단순히 관점의 문제로 해결해서는 설득력을 가질 수 없으며, 우선 그런 진술의 자연학적 근거를 찾아야 한다. 이에 나는 "동시에"(A)로부터 "아주 많은"(B)과 "더 많이"(C)가 도출되는 근거를 『윤리학』을 벗어나 PPD에 제시된 충돌 법칙에서, 특히 두 물체 사이의 충돌을 매개하는 유동체의 역할에서 찾을 것이다.

---

8   신체 변용(*affectio*) 중 신체 활동 역량의 증감 같은 상태 변화를 수반하는 변용이 감정(*affectus*)이며 (3부 정의 3), 감정 가운데서도 수동적인 감정이 정념(*passio*)이다.

3 고체 충돌 모델에서 유동체 모델로

(1) 데카르트 충돌 규칙의 난점

스피노자의 PPD는 데카르트의 PP를 기하학적 순서로 재배치하는 것만을 목표로 삼는 일종의 하이퍼텍스트이다. 이를 고려하여 우선 데카르트의 충돌 법칙에 대해 간단히 살펴보자. 주지하듯, 데카르트 자연학의 핵심은 전통적으로 자연학과 수학의 변별 요소였던 운동을 수학에 포함시키면서 수학적 자연학을 전개한 점이다. 물론 데카르트는 운동의 본성을 제시하는 PP 2부 전반부에서 운동을 물체들 상호 간의 자리바꿈이라는 순전히 상대주의적 정의를 제시한다. 하지만 운동의 원인을 제시하는 후반부에서는 운동 자체를 보다 적극적으로 자리매김하고,[9] 운동의 일반적 원인으로서의 신 외에 운동의 특수한 원인으로 세 가지 기본적 자연법칙을 제시한다.

이 가운데 (뉴턴과 구별되는) 데카르트적 의미의 관성의 원리를 담은 것이 제1, 2 법칙이다. 제3 법칙은 외적 충돌에서 일어나는 변화의 원리로, 이것이 충돌 법칙이다. 이 법칙은 한 물체가 운동을 잃는다면 그것은 다른 물체에 반드시 그만큼의 운동량을 전달하여 한 계의 총운동량이 동일하게 유지된다는 것으로, "물체들에 일어나는 변화의 특수한 원인들은 적어도 그것들이 물체인 한, 모두 이 제3 법칙에 담겨 있다"고 할 정도로 중요한 위치를 차지한다. 특히 충돌 법칙만을 대략적으로 제

9　　이런 견지에서 데카르트에게도 "동역학(dynamique)"이 있다고 보고 그 의미와 난점을 제시한 논의로 Gueroult(1970)를 참조하라.

시했던 「세계」에서와 달리 PP에서 데카르트는 운동량을 mv로 규정하고 다양한 충돌 상황에 따른 물체들의 운동량 변화의 추이를 정식화하는데, 이것이 곧 일곱 가지 충돌 규칙이다.(PP 2부 46~52항)[10]

이처럼 충돌 법칙은 모든 변화를 외적 충격과 양적 변화의 견지에서 바라보는 기계론적 인과성의 표본이면서도 과학사는 물론 철학사의 견지에서도 진지한 검토의 대상이 되지 못했다. 이미 당대 하위헌스에 의해 반박되었듯 대부분의 규칙들이 경험에 위배되기 때문이다.[11] 그중 가장 대표적인 것이 규칙 4이며[12], 나 역시 이 규칙만을 고찰할 것이다.

규칙 4에 따르면 작은 물체 B가 정지 상태의 더 큰 물체 C와 부딪힐 때, B는 아무리 큰 속력으로 운동하더라도 C를 움직이지 못하고 자기 속력을 유지한 채 곧장 반대 방향으로 튀어 나간다.[13] 이 규칙은 경

---

10   PP보다 10여 년 전에 집필된 「세계」(1633)에서 충돌 법칙은 운동량 보존과 더불어 코나투스 바로 다음 두 번째 규칙으로, 그리고 충돌 규칙들 없이 제시된다.(7장) 이로 보아 충돌 법칙은 애초에 유체 속에서 운동하는 물체의 감속을 설명하기 위해 제시된 듯하다. 또한 물체 상호 간 운동 전달의 세세한 양상을 담은 충돌 규칙들이 「세계」에서는 제시되지 않을 뿐 아니라 PP의 프랑스어 판본에서 다시 수정과 보충을 거친다는 점은, 그것들이 『원리』 집필 즈음에야 본격적으로 탐구되었고, 그 역시 완성된 형태가 아님을 시사한다.

11   쿠아레에 따르면, 이 때문에 데카르트 자연학에서 충돌 규칙의 역할도 체계적으로 탐구되지 못했다.(Koyré(1966), p. 336) 그렇다고 해서 데카르트 충돌 규칙의 오류가 반드시 데카르트의 반(反)경험적 이론주의에 기인한다고 할 순 없으며(데카르트는 일상 경험을 충분히 고려하고 있다.) 오히려 질량 개념의 결여처럼 이론 내적인 것이라 볼 수도 있다. 이에 대해서는 Clarke(1977), p.66을 참조하라.

12   Clarke(1977), pp. 64~65; Costabel(1972), pp. 151~152를 참조하라. Costabel에 따르면 특히 규칙 4는 "가장 많은 반박과 빈정거림"을 들었고, 순전한 "사변"에 지나지 않는다. 일곱 가지 충돌 규칙 각각이 갖는 문제점으로는 Blackwell(1966)을 참조하라.

13   메르센 신부에게 보낸 1639년 12월 25일자 편지(AT II, 627)와 1640년 10월 28일자 편지

험에 위배될 뿐만 아니라, 충돌 규칙 내적으로도 정합적이지 않다. 첫째, 규칙 4는 데카르트가 표방한 운동의 상대성과 배치된다. PP의 앞선 항목에 따르면, 운동과 정지는 한 물체에 고유하게 속하는 것이 아니라 다른 물체와의 관계에 따라 정의된다.[14] 동일한 물체도 기준점에 따라 운동한다고도, 정지해 있다고도 볼 수 있으며 운동의 정도 역시 상이하게 규정될 수 있는 것이다. 만일 그렇다면 규칙 4의 상황에서 단지 기준점만 바꿔도 결과가 달라진다. 규칙 4에서 기준점은 큰 물체 C이고, 작은 물체 B만이 운동한다고 가정되었다. 이제 기준점을 작은 물체 B로 바꿔, 큰 물체 C가 정지한 B 쪽으로 운동한다고 해 보자. 그러면 C는 B와 반대 방향으로 운동하는 대신, B에 자기 속력을 일부 전달하면서 B를 자신이 운동하던 방향과 동일한 방향으로 이끌고 간다. 이 경우를 다룬 것이 바로 규칙 5이다. 어떻게 기준점의 변화에 따라 이처럼 판이한 결과가 나올 수 있을까? 이 때문에 하위헌스는 상대주의적 관점에 충실하게, 규칙 4에 정면으로 반대되는 명제를 제시한다. 곧 "아무리 큰 물체도 그 어떤 속도를 가진 아무리 작은 물체와 충돌하더라

(AT Ⅲ, 210~211)에서 데카르트는 규칙 4와 상반된 진술을 한다. 즉 한 물체가 자기보다 두 배 더 큰 정지한 물체와 부딪히면 자기 운동의 2/3를 전달하여 애초 속력의 1/3로 함께 움직인다는 것이다. Clarke는 이 진술과 PP의 진술 둘 다 규칙 4의 가능한 정식으로 간주하지만(1977, pp. 61~63) PP가 더 나중에 출판되었을 뿐 아니라, 뒤에서 보겠지만 데카르트가 이후 규칙 4의 근거를 다시 명확히 제시하므로 PP의 진술을 결정적 정식으로 보아도 무방할 것이다.

14   "고유한 의미의 운동은 자신과 접촉해 있으면서 정지해 있는 것으로 간주되는 물체들과의 이웃함으로부터 다른 물체들과 이웃함으로의 이동이다."(PP 2부 25항) 몇몇 데카르트 주석가들은 운동의 상대성이 충돌 규칙을 비롯한 데카르트 자연학 전반에서 실제로 체계적인 역할을 하지 않으며, 단지 데카르트 자신이 지지하는 태양중심설에 대한 공격을 피해가기 위한 방편일 뿐이라 보기도 한다. 대표적으로 Blackwell(1966), pp. 226~227, 233을 참조하라.

도 움직여진다."(정리 3)[15] 둘째, 규칙 4는 두 단단한 물체를 모델로 한 일곱 가지 충돌 규칙 이후에 제시되는 유동체 속의 고체 운동에 대한 설명과도 배치되는 듯 보인다. "유동체의 작은 부분들은 균일한 힘으로 사방으로 운동한다. 유동체 속에 있는 딱딱한 물체는 아주 작은 힘만으로도 움직여질 수 있다."(PP 2부 56항) 그러나 유동적 입자들은 고체보다 크기가 작으며, 또한 그것들이 고체에 동시에 작용하지는 않기 때문에, 규칙 4에 따르면 유동체 안에서 고체는 아예 운동할 수가 없을 것이다.[16]

(2) 스피노자의 PPD에 제시된 충돌 규칙

스피노자는 데카르트의 충돌 규칙에 대한 비판적 입장을 표한 적이 없다. 올덴부르크가 이 문제에 대한 그의 입장을 물어 왔을 때조차 그는 단 하나(규칙 6)를 제외하고는 규칙 4를 포함한 일곱 규칙 모두에 동의를 표한다.[17] 그러나 뒤에서 보겠지만 PPD는 스피노자가 물체들의 절대적 단단함이라는 가정을 비롯하여[18] 라이프니츠가 반론을 제기한 지점들에 대해 유사한 문제의식을 지니고 있었음을 시사한다. 그렇다면 라이프니츠의 원초적인 능동적 힘 및 수동적 힘과 같은 형이상학적 개념을 도입하지 않은 이상 어떻게 그가 기계론의 틀 내에서 이 문

---

15   *De motu corporum ex percussione*, in Blackwell(1977), p. 578.

16   Lécrivain(1979), p. 193을 참조하라.

17   「편지 32」, 1665년 11월 20일, (G IV, 174). 하위헌스의 *De motu*는 그가 죽은 지 8년 후인 1703년에 처음으로 출판되었으나, 1656년 이전에 집필되었으리라 짐작된다. 그러므로 스피노자는 PPD 출판(1663) 이전에 그것을 읽었을 것이다.

제를 해소하는지를 살펴보아야 한다.

충돌 법칙을 비롯한 세 자연법칙이 제시되는 부분(PPD 2부 정리 12 이하)을 데카르트의 원문과 대조해 보면, 가장 눈에 띠는 차이는 데카르트가 제시한 세 자연법칙(PP 2부 33~63항)이 정리들의 연쇄 속에 연속적으로 제시된다는 점이다. 이는 단지 형식적인 차이만은 아니다. 단순체와 복합체(1법칙과 관련), 그리고 직선 운동과 곡선 운동(2법칙), 마지막으로 고체와 유동체(3법칙) 사이에 데카르트가 설정해 둔 구별이 단지 추상 수준의 차이에 지나지 않음이 분명해지기 때문이다. 특별히 충돌 규칙들과 관련해서는 크게 두 가지 차이에 주목할 수 있다.

1) 스피노자는 PP에는 없는 새로운 두 원리를 도입하고 이를 일곱 가지 충돌 규칙들에 대한 증명의 토대로 삼는다. 하나는 충돌 규칙들 바로 앞에 삽입한 새로운 정리이다. "어떤 물체의 양태들이 변화를 겪을 수밖에 없을 때, 이 변화는 항상 최소한으로 일어난다."(PPD 2부, 정리 23)

---

18   라이프니츠는 특히 연속성의 원리에 의거해 데카르트 충돌규칙을 비판한다. 이 원리에 따라 첫째, 모든 급격한 변화, 특히 순간적 방향 변화는 배제되며 이는 방향 변화에도 힘이 필요함을 의미한다. 가령 서로 다른 크기의 운동하는 두 물체 A, B가 충돌하여 더 작은 물체 A가 튕겨 나가는 경우, A는 튕겨 나가기 전에 운동 감소의 모든 단계를 순차적으로 거치는 동시에 내부 압력의 점진적 증가를 겪는다. A는 정지를 향해 가면서도 다시 속력을 회복하여 튕겨 나가는 것이다. 이는 둘째, 모든 물체가 무한하게 많은 부분들의 합성체로서 탄력성을 지니고 있음을, 그리고 절대적 정지란 있을 수 없음을 의미한다. 이로써 단단한(부분들의 상호 정지) 물체를 모델로 하는 데카르트 충돌 규칙의 가정 역시 배제된다. Cf. "Specimen Dynamicum"(1695), part. II, in Leibniz(1969), pp. 444~450. 그 외 충돌 규칙을 비롯한 라이프니츠의 데카르트 자연학 비판의 더 상세한 내용은 다음을 참조하라. "A Brief Demonstration of a Notable Error of Descartes and Others concerning a Natural Law"(1686) in Leibniz(1969), pp. 296~302; "On the Nature of Body and the Laws of Motion"(1690?) in Leibniz(1989), pp. 245~250; "Critical Thoughts on the General Part of the Principles of Descartes"(1969) in Leibniz 1969, pp. 383~412.

이를 '최소변이 원리'라 부르자. 다른 하나는 PPD 2부 서두에 제시된 공리이다. "서로 대립되는 양태를 가진 두 물체가 충돌할 때, 이 두 물체 모두 또는 적어도 어느 한쪽이 어떤 변화를 겪을 수밖에 없다."(공리 19) 이를 운동 양태 간 '상반성 제거 원리'라 부르자. 나는 이로부터 첫 번째 정합성의 문제가 얼마간 해결됨을 보여 줄 것이다.

2) 충돌 규칙들이 적용되는 범위 역시 다르다. 데카르트는 충돌 규칙 정식화의 이상적 조건으로 절대적으로 단단한 두 물체만을 고려하며, 그것들을 둘러싼 유동체들은 단지 이 규칙들과 일상 경험의 양립 가능성을 해명하기 위해 언급하는 듯 보인다. 반면 스피노자는 고체나 유동체에 대한 언급 없이 "다른 모든 물체로부터 완전히 분리된 것으로 고려"된 물체들에서 "이 물체들의 부분들을 에워싸고 있는 물체에 대한 고려"로 넘어가면서 (PPD 2부 정리 31), 두 계기 간의 연속성을 강조한다. 나는 이로부터 두 번째 정합성의 문제가 해결됨을 보여 줄 것이다.

1) 대결 모델에서 비자발적 적응 모델로

최소변이 원리와 상반성 제거 원리는 장차 스피노자의 『윤리학』에서 인간을 비롯한 모든 개체의 보존과 변화를 설명하는 두 주요 테제가 된다고 볼 수 있다. 최소변이 원리는 "모든 것은 할 수 있는 한 자기 존재 안에 머무르려고 노력한다."(3부 정리 6)는 코나투스 원리가 되고, 상반성 제거의 원리는 "한 기체 안에 두 상반된 작용이 촉발되면, 이 작용들이 더 이상 상반되지 않을 때까지 두 작용 모두나 둘 중 어느 하나에 필연적으로 변화가 일어날 수밖에 없을 것이다"라는 공리(5부 공리 1)가 된다. 『윤리학』의 이런 대목을 참조할 때, PPD에서 스피노자가

PP와 다르게 이 두 원리를 앞세운 데에는 그 자신의 철학 방향이 반영되어 있다고 볼 수 있다. 그러나 실상 두 원리 모두 데카르트가 이미 언급한 것이고 스피노자가 이를 다시 어떻게 변형시켰는지부터 살펴볼 필요가 있다.

물론 이 두 원리는 PP의 라틴어 판본(1644)에는 암시조차 되지 않고, 라틴어판 출간 이후 데카르트가 클레르슬리에에게 보내는 편지(1645년 2월 17일)에서만 제시된다. 특히 규칙 4가 납득하기 어렵다는 클레르슬리에의 호소에 데카르트가 제시한 답변이 이 두 원리이다.

> 양립할 수 없는 양태들을 가진 두 물체가 충돌하면, 이 양립 불가능한 양태들을 양립 가능하게 만들기 위해 이 양태들에는 어떤 변화가 정말로 일어날 수밖에 없습니다. 그러나 이 변화는 늘 가능한 한 최소로 일어납니다. 그러니까, 만일 이 양태들의 양이 얼마간 변화하여 두 물체가 양립할 수 있게 된다면, 더 큰 양의 변화는 결코 없을 것입니다.(AT IV, 185)

운동하는 물체 B가 자기보다 더 큰 절대적 정지 상태의 C와 부딪힌다면, B는 (규칙 5처럼) C를 움직여서 자기 운동의 절반 이상을 상실하는(이것이 규칙 5의 경우이다.) 대신 자기 운동의 방향만 바꾸고 자기 운동은 그대로 보존한다(이것이 규칙 4의 경우이다.)는 것이다.

편지에서 제시된 이 두 원리는 이후 피코 신부에 의해 번역되고 데카르트의 검토를 거친 PP의 프랑스어 판본(1647)에서는 명시적으로 제시되지 않는다. 하지만 라틴어본에 비해 프랑스어본이 대폭 수정된 것은 오직 충돌 규칙들과 관련해서이며, 그 가운데서도 규칙 4에 라틴어본보다 거의 네 배 긴 해설이 추가되고, 이 해설은 암묵적으로 최소변이 원리를 토대로 하며, 다른 몇 가지 규칙들에 대한 보충 역시 이 공리를 토대로 한다. 이렇게 보면 스피노자가 이 원리들을 충돌 규칙 전체를 연역하는 원리로 명시적으로 설정하고 규칙들에 대한 모든 증명의 전제로 활용한 것이 데카르트의 정신에 보다 충실한 해석이라고 할 수 있다. 그렇다면 편지 이후에 출판된 PP의 프랑스어 판본에서 데카르트가 이 두 원리를 명시적으로는 언급하지 않은 까닭은 무엇일까?

우선 최소변이 원리를 보자. 이 원리가 언급되지 않은 이유에 대해 주석가들은 이 원리가 목적론적으로 보일 수 있기 때문이라 짐작한다.[19] 그러나 PPD에서 스피노자가 최소변이 원리를 제시하는 방법은 이 원리가 어떻게 데카르트의 기계론과 일관될 수 있는지 해명해 준다. 그는 최소변이 원리를 제1법칙인 코나투스 원리를 통해 증명하고,[20] 이로써 그것이 코나투스 원리의 한 귀결에 지나지 않음을 분명히 한다. 그런데 PP에 진술된 데카르트의 코나투스 원리는 순전한 관성의 원리로, 목적론적인 것으로 해석될 수 없다. 코나투스 원리의 기술에는 '할 수 있는 한'(*quantum in se est*)[21](PP 2부 37항)이나 '하려 하다'(*tendere*)(PP 2부 38항)[22]처럼 지향적 표현이 쓰인다. 그러나 여기에는 "단순하고 나누어져 있지 않은 한"(*quatenus est simplex & indivisa*)이라는 단서(PP 2부, 37항의 해설)가 붙어 있다. 즉 코나투스의 지향성으로 보이는 것은 단순 상태의 관성적 지속에 불과한 것이다. PP 3부(56항)에서도 데카르트는 원심력이라는 운동의 경향성에 대해 '노력하다'(*conari*)라는 말을 사용하

---

19   Gabbey(1980), p. 265; Garber(1992), p. 253를 참조하라.
20   "이 정리는 2부 정리 14로부터 충분히 명석하게 따라 나온다."(PPD 2부 정리 23의 증명)
21   "각각의 것은 자신에게 달려 있는 한(*qunatum in se est*) 항상 동일한 상태를 유지할 것이다.(*perseveret*)"

되, 이 표현을 '어떤 생각'(*aliqua cogitatio*)을, 즉 의도를 함축하는 것으로 보지 말도록 당부한다. 이처럼 코나투스가 일상 의미와 달리 비목적론적으로 이해되어야 한다면, 그 귀결인 최소변이 원리도 목적론일 수 없다. 물론 최소변이 원리나 상반성 제거 원리는 복합체에 적용되므로 코나투스 원리의 특성이 그대로 관철되지는 않으리라는 반론이 있을 수 있다. 그러나 PPD에서 스피노자는 제1 법칙 증명의 "단순하고 나누어져 있지 않은 한에서"라는 조건을 "어떤 사물을 그 외적 원인들을 고려하지 않고 오직 그 자체로 고찰한다면"(PPD 2부 정리 14의 증명)으로 대체한다. 사물의 단순성이라는 조건을 사태를 고찰하는 준거점의 단일성으로 대체한 것이다. 그 결과 내적 구성이 복합적인 물체도 단순체로 고려될 수 있으며, 이로써 데카르트의 제1 법칙은 복합체에도 적용되는 보편성을 얻는다. 물론 이런 진술은 데카르트의 입장에 대한 보다 명확한 표현이기도 하다. 데카르트에게서 '단순성'이란 사물 자체가 아니라 인식에 상대적인 단순성에 불과하기 때문이다.[23] 다만 최소변이 원리가 하나의 복합체를 이루는 상이한 부분들의 상호 조정 원리로 확장됨을 감안하면, 위의 진술은 부분들의 상호 정지처럼 정태적 통일성을 개체성의 범형으로 삼는 데카르트 자연학의 틀과 정확히 부합하지는 않는다.

다음으로 상반성 제거 원리에 대한 취급 방식은 이런 차이를 보다 명확히 보여 준다. 데카르트는 이 원리를 최소변이 원리보다 더 사소하

---

22 "모든 운동은 그 자체로서는 직선 운동이다. 그 때문에 원운동을 하는 것은 항상 자신이 그리는 원의 중심으로부터 멀어지고자 한다.(*tendere*)"

23 「정신지도를 위한 규칙들」, 규칙 6과 12; Marion(2006)를 참조하라.

게 취급하며, 이 점에서 이 원리가 최소변이 원리에 비해 데카르트 주석가들의 주목을 거의 받지 못한 것도 우연이 아니다. 반면 스피노자는 상반성 제거 원리를 최소변이 원리보다 상위에 있는 하나의 공리처럼 제시한다. 즉 최소변이 원리가 한 물체의 부분으로 간주된 물체들 간 상호 조정 방식으로 이해되는 것이다. 이는 물체 충돌에 대한 인식 전체의 변화와 연루되어 있다.

우선 상반성 제거 원리는 뉴턴 이전까지 물체 충돌에 대한 인식을 지배하던 "대결 모델"[24]에서 벗어난다는 점에서 주목할 만하다. 대결 모델에서 힘은 운동하는 각 물체가 가진 것, 그리하여 마주침을 통해 더 얻거나 잃는 것으로 사고된다.[25] 반면 여기에서 힘은 두 물체의 충돌에서 생겨나 두 물체 모두의 운동을 변화시키는 것으로 사고된다.

먼저 충돌하는 두 물체의 힘이 동등한 경우(규칙 1과 규칙 6)를 생각해 보자.[26] 이는 승자나 패자가 없는 이를테면 무승부의 상황이다. 그럼에도 두 물체 모두 변화를 겪는다. 다음으로 두 물체 모두가 변화를 겪기는 힘의 우열이 명백한 상황도 마찬가지다. 가령 규칙 4에서 정지한 더 큰 물체 C는 충돌해 오는 더 작은 물체 B의 운동력을 받아 정지력이 더 증가되며, B는 속력을 유지하면서 방향을 바꾼다. 규칙 5의 경우 운동하는 더 큰 물체 B는 정지한 더 작은 물체 C를 같은 방향으로 끌

---

24   이는 Gabbey(1980)의 표현("contest view")이다. 뉴턴 이전의 대결 모델과 뉴턴의 혁신에 대해서는 특히 pp. 243~244를, 데카르트 충돌 규칙에 나타나는 대결 모델에 대해서는 Garber(1992), pp. 231~254를 참조하라.

25   이 점은 라이프니츠 역시 공유하는 한계이다.

26   이 상황은 제3 법칙(PP 2부 40항)의 진술 자체에서는 고려되지 않고 그 뒤에 삽입되는 일곱 가지 충돌 규칙(46~52항)에서만 고려된다.

고 가면서 자기 속력의 일부를 전달함으로써 속력을 잃게 되고, C는 운동을 얻는다. 결국 어떤 경우든 더 작은 물체뿐 아니라 더 큰 물체 역시 애초의 상태를 유지하지 못한다.

그런데 이 두 상황에서 충돌하는 물체 둘 다가 변화를 겪는다는 것은 "어떤 사물의 변화는 자신이 가진 것보다 더 큰 힘에서 비롯된다."라는 공리(PPD 2부 공리 20)와 상충하지 않는가? 상반성 제거의 원리는 이 점을 해명해 준다. 운동 양태의 대립보다 더 상위에 있는 것은 운동 자체의 공통성이다. 바로 이 공통성을 바탕으로 두 물체는 운동 양태의 대립을 제거하면서 함께 힘을 형성한다.[27] 이제 충돌을 지배하는 것은 각각 독립된 힘을 지닌 두 물체 간의 대결 모델이 아니라 동일한 운동에 참여하는 두 물체 사이의 비자발적 적응 모델이다.

그러므로 상반성의 제거 원리는 충돌 후 각 물체에 일어나는 변화를 넘어, 충돌로 생겨나는 새로운 개체 형성의 원리로 확장된다. 물체의 통일성이 그 부분들의 상호 정지에 있다는 데카르트적 정식을 따를 때, 물체 B와 C가 방향과 속력 모두에서 일치한다면 두 물체는 동일한 물

---

27   (i) 하나의 운동은 다른 운동과 대립되지 않는다. (ii) 대립은 오로지 운동과 정지나 (빠름이 운동의 본성과 연관되고 느림이 정지의 본성과 연관되는 한에서) 빠름과 느림 사이에, 혹은 운동의 상이한 방향 사이에, 요컨대 운동의 양태들 사이에서 성립한다. (iii) 그러므로, 이 절 서두에 언급된 공리 19에 따라, 충돌하는 두 물체는 각각이 지닌 운동량의 그기기 무엇이든, 산반성이 사라질 때까지, 단 가능한 최소한으로 상태를 바꾼다. 이 중 (i)과 (ii)는 PP에서 데카르트 자신이 충돌 규칙이 제시되기 직전에 진술한 내용이다.(PP 2부 44항) 이것이 (iii)의 상반성의 제거 원리로까지 간주될 수 있게 되는 것은 스피노자의 손을 거쳐서이다. 운동의 공통성이 두 물체에만 해당되는지, 모든 물체에 해당되는지는 불분명하다. 여기에서 말하는 운동의 공통성은 『윤리학』에서 '공통 개념'(notiones communes)으로 개념화(2부 정리 37, 2부 정리 39)되는 듯하며, 만일 그렇다면, 공통성의 범위는 두 물체에 한정될 수도 있고(2부 정리 39) 모든 물체로 확장될 수도 있다.(2부 정리 37)

체를 형성할 것이다. 그런데 만일 두 물체가 방향이나 속력에서 덜 상반된다면, 그리고 빠름과 느림에서처럼 상반성에는 다양한 정도가 있을 수 있는 이상, 상반성이 감소하는 만큼 두 물체는 다양한 정도로 통일되어 간다고 할 수 있지 않을까?

스피노자의 개체화 이론이 가장 상세하게 드러나 있는 편지 32(이는 데카르트 충돌 법칙에 대한 스피노자의 입장이 제시된 유일한 텍스트이기도 하다.)는 이 점을 명시하고 있다. 물체들의 응집 원리에 대한 올덴부르그의 질문에 스피노자는 운동하는 물체들 간의 상반성의 제거라는 소극적 기준을 제시하며, 더 나아가 이 기준을 사유에 그대로 적용한다. 물체든 정신이든 한 개체의 통일성은 여러 개체들이 충돌하여 서로 상반성을 제거해 간다는 사실만으로도 성립하는 것이다. 그리고 이 소극적 기준은 『윤리학』에서 보다 적극적인 것으로 대체된다. 우선 여러 개체가 합작하여("*concurrere*") 서로 함께 어떤 결과를 산출한다는 사실 자체로써 그것들은 "하나의 개별적 사물"로 정의된다.(2부 정의 7) 이는 다시 자연학 소론(2부 정리 13의 주석 이하)에서 서로에 대해 운동하는 부분들 간에 교환되는 운동과 정지의 비율로 구체화된다.(같은 곳, 보조 정리 7) 이제 물체 통일의 범형은 상호 운동이 되며, 상호 정지는 상호 운동의 극한에 불과해진다. 이는 물체의 통일성을 고찰하는 기준이 상호 정지가 아니라 상호 운동이 된다는 것, 따라서 고찰의 모델이 고체가 아니라 유동체라는 것을 의미한다. PPD의 편집자 로더베이크 메이어르가 서문에서 PPD의 본문에 밝히지 않은 PP에 대한 스피노자 자신의 이견으로 자유의지의 문제와 더불어 "유동체의 본성과 특성들"을 언급한 것도 아마 이 때문이었을 것이다.

결론적으로 상반성의 제거라는 소극적 기준으로 보나, 상호 간의 합작이라는 적극적 기준으로 보나, 물체들의 통일은 수많은 정도를 허용하며 무한한 범위로 확장될 수 있고 또한 궁극적으로 유동적이다.

2) 주변 물체들에 의한 외적 충격의 매개

위의 사실은 데카르트 충돌 규칙의 두 번째 문제에 대한 해결책을 담고 있다. 규칙 4에 따를 때 충돌하는 두 물체 중 더 작은 물체는 아무리 빨리 운동하더라도 자신보다 큰 정지 상태의 물체를 움직일 수 없다. 그러나 유동체 속에 있는 물체는 아주 미미한 힘만 가해져도 이리저리 움직일 수 있다. 이 둘은 상충하는 듯 보인다. 충돌 규칙이 절대적으로 단단한 물체를 모델로 삼고,(PP 2부 45~52항) 그런 한에서 유동체의 운동을 다루는 부분(53~63항)과 구획되어 있는 듯 보이지만, 실상 둘은 연속적이라는 점을 고려하면 이 문제는 해결될 수 있다.

첫째, 상반성의 제거나 상호 합작을 물체의 통일성의 기준으로 삼는다면, 이 두 부분은 실상 연속적이다. 스피노자가 강조하듯 단단함이나 유동성 같은 질적 속성은 운동 관계의 차이에 불과하다. 단단함이란 부분들 간의 상호 정지 관계를, 유동성이란 부분들 간의 상호 운동 관계를 표현한다. 따라서 물이나 공기 같은 것만이 유동체가 아니고 사무실에서 이러저리 돌아다니는 사람들 역시 유동체의 입자들과 같다. 반면 같은 공간 안에서 부동의 자세로 있는 사람들은 쇠나 돌맹이 입자들처럼 고체의 입자들이다. 데카르트 역시 단단함이나 유동성 같은 질적 표현들이 단지 편의적인 것에 불과하며, 주변 물체들과 분리된 단단한 물체라는 가정 역시 이론적 추상임을 분명히 한다.(PP 2부 53항)[28] 그러나 유동체에 대한 데카르트의 고려는 충돌 규칙의 확장이라기보다는 다만 절대적으로 단단한 물체들을 모델로 삼아 정식화된 충돌 규칙이 일상적 경험과 양립 가능함을 보여 주기 위해서일 뿐이라는 인상을 준다.[29] 반면 스피노자는 고체 충돌 관련 대목과 유동체 충돌 관련 대목을 연속적으로 제시함으로써 규칙 4에서 제기된 운동의 상대성과 관련된 문제에 대한 적어도 논리적 차원의 해결책이 PP 안에 있음을 발견하게 한다.

우선 유동체 속의 단단한 물체 B가 정지해 있다고 해 보자. B가 정지 상태에 있는 이유는 그것에 튕겨 나가면서 서로 충돌하는 유동체들 상호 간의 평형 덕분이다. 그리고 규칙 4에 따르면, B가 운동에 저항하면서 정지 상태로 머물도록 하는 힘은 각각의 유동체가 B에 부딪히면 부딪힐수록 그 힘만큼 더 커진다. 따라서 정지 상태의 B를 유지시키는 힘의 대부분은 이 유동체들로부터 온다고 할 수 있다. 즉 B는 그것을 미는 유동체들의 운동에도 불구하고 정지 상태에 머무르지만, 유동체들의 이 운동은 정지해 있는 B의 힘을 감소시키는 것이 아니라 그것과 합쳐져 이 힘을 증가시킨다.

이제 다른 데서 어떤 힘(F)이 가해진다고 해 보자.(PP 2부 57항) 그리고 F가 B의 정지력보다 작다고 해보자. 규칙 4에 따르면 F는 결코 B

28　더욱이 프랑스어판 PP에서 규칙 4를 제시할 때 그는 특별히 이 규칙이 유동체를 추상한 조건임을 장황하게 강조하고 있다. "만일 물체 C가 B보다 조금 크고 완전히 정지해 있을 때, 다시 말해 겉으로 드러나는 운동이 없을 뿐만 아니라, (내가 아래에서 논하겠지만) 단단한 물체들을 둘러싸서 그것들을 더 쉽게 운동하게 만드는 공기나 다른 유동체들에 의해 둘러싸여 있지 않다면".(AT XI, 90)

29　"각각의 물체들은 많은 물체들과 동시에 접해 있기 때문에 위의 법칙들(충돌규칙)을 적용하는 데 어려움이 있다."(PP 2부 53항) 라이프니츠 역시 유동체 속의 고체에 대한 데카르트의 논의가 단지 현상과의 모순으로부터 규칙 4를 구제하기 위한 것일 뿐이라고 본다. 그 이유에 대해서는 Leibniz(1969), p. 408을 참조하라.

를 움직일 수 없을 것이다. 그런데 결과는 반대이다. F는 B를 움직인다. F가 유동체들 사이에 이루어진 평형을 깨고 이 유동체들의 힘과 조합되기 때문이다. 이로써 사방이 유동체로 둘러싸인 고체는 "아주 작은 힘만으로도 이리저리 밀릴 수 있으며," 이 사실에 "규칙 4도 위배되지 않는다".(PP 2부 61항)

> 만일 다른 곳에서 오는 어떤 힘(*aliqua vis*)에 의해 B가 C쪽으로 움직인다고 가정한다면, 그 힘은 (그것이 아무리 작다 해도) 혼자서 B를 움직이는 데는 충분치 않지만 유동체 FD의 작은 부분들과 결합하여(*concurrere*) 이것들로 하여금 B를 C 쪽으로 밀도록 하고 또 B에게 자신의 운동 중 일부를 전달하기에는 충분한 것이다.

즉 B가 움직이기 시작할 때, 그런 상태를 낳는 힘 F는 외력 그 자체만도 아니며, B 자신에서 오는 것도 아니며, "대부분(*maxima ex parte*)" 주변 물체들로부터 오는 것이다. B의 정지력을 구성하던 것이 B의 운동력으로 변환되고, 따라서 규칙 4의 상황에서 규칙 5의 상황으로 넘어가는 셈이다. 단, 이는 규칙 5의 상황과 정확히 일치하지는 않는다. F는 B의 주변 물체들의 운동력과 결합하지 않고서는 결코 B를 움직일 수 없기 때문이다.(PP 2부 59항)

그러므로 유동체가 외적 힘에 의해 "모두 함께(*totum simul*)" 어딘가로 이동할 때, "그 유동체 속에 있는 단단한 물체가 그 유동체와 함께 이동한다는 것은 필연적이다".(PP 2부 61항) 그런데 한 물체의 통일성은 부분들 간의 상호 정지나 동시적 이동에 있다. 하기에 B는 유동체들과 더불어 하나의 개체를 형성한다고 할 수 있겠다. 이는 부분들 간의 상호 정지나 동시적 이동이라는 개체성에 대한 정태적 정의가 실은 부분들 간의 무수한 상호 운동을 포함한다는 것을 시사한다.

여기에서 스피노자가 PP에 가한 수정은 데카르트에게서 다소 애매하게 남아 있는 표현들에 대한 교정에 불과하다. 첫째, 그는 "다른 데서 오는 어떤 힘(*aliqua vis, aliunde adveniente*)"이나 "어떤 새로운 힘(*nova aliqua vis*)"을 "외적 충격(*externus impulsus*)"(혹은 "외부 물체")이나 "외적 힘"으로 대체한다.(PPD 2부 정리 35)[30] F는 새로운 힘(N) 자체가 아니라 유동체들, 즉 애당초 B의 정지력에 더해지던 주변 물체들의 힘(E)과 결합된 것이고, 이것이 B에 가해지는 외적 힘 전체를 구성하기 때문이다. 둘째, 데카르트가 B가 얻게 된 운동력 가운데 E가 차지하는 비중을 "또한 부분적으로는(*partim etiam*)"(PP 2부 59항), "대부분"과 같이 다소 애매하게 기술한다면, 스피노자는 "대부분", "주요하게"라는 표현을 통해 E의 인과적 비중을 선명하게 강조한다. 충돌 규칙들에 대한 증명의 근거로 사용했던 구별, 곧 운동 자체와 이 운동의 양태 혹은 규정(속력과 방향) 사이의 구별을 적용하자면 새로운 충격(N)은 B의 상태 변화의 원인, 곧 규정의 원인에 불과하며, 주변 물체들(E)이야말로 B의 운동의 원인, 곧 존재의 원인이라고 말할 수 있을 것이다.[31]

---

30 그리고 "외적 힘"이라는 표현은 부정적인 맥락에서만 사용한다. 정리 35: "물체 B가 이렇게 외적 충격(*ab externo impulsu*: 여기에서 프랑스어판 번역자 아펭은 이를 'force extérieure'로 번역하면서 중요한 차이를 놓치고 있다.(Spinoza(1966), p. 323))에 의해 움직여지며, 자기 운동의 대부분을(*maximam partem*) 그것을 둘러싼 물체들로부터 받지 외부 힘으로부터 받는 것이 아니다." 증명: "그의 운동의 주요 부분을(*praecipuam partem*) 외부 힘으로부터 받는 건 아니다."(G. I, 221~222)

31 "동등한 운동으로 서로를 향해 운동하는 (A 주변의) 물체들은 (……) 규정(즉, 방향)에 의해서만 대립하지 운동에 의해서는 대립하지 않으며, 따라서 서로 저항하면서 자신들의 규정만을 상

이로써 데카르트의 충돌 규칙에 제기되었던 두 가지 문제가 해결된다. 첫째, 규칙 4와 유동체 속의 고체 운동 간 정합성의 문제가 해결된다. 유동체 속의 고체가 아무리 작은 힘에도 이리저리 떠밀릴 수 있는 이유는 유동체들의 힘에 미미한 힘만 더해져도 이것이 고체를 둘러싼 유동체들 간에 수립되어 있던 평형을 깨뜨려 규칙 4에서 규칙 5의 상황으로 바꾸기 때문이다. 유동체에 대한 고려는 둘째, 운동의 상대성으로 인해 제기되는 문제, 즉 동일한 사태가 기준점에 따라 규칙 4와 규칙 5의 상이한 귀결에 이른다는 문제 역시 해결해 준다. 충돌하는 두 물체 B와 C 외에 그것들을 둘러싼 주변 물체들까지 고려하면, 규칙 4와 규칙 5는 동일한 사태에서 단지 기준점만 바뀐 것은 아니기 때문이다.

다른 한편 이 고찰은 애초 스피노자의 변용 개념에 제기되었던 문제에 대한 답변의 단서 역시 제공한다. 첫째, 내 신체가 외부 물체를 지각할 때 이 지각이 내 신체의 본성을 더 많이 지시한다면, 내가 지각하는 외부 물체보다 나를 둘러싼 유동체들의 힘(앞에서의 E)이 내 상태의 변화를 가져오는 힘(앞에서의 F)에서 '더 많은' 비중을 차지하기 때문일 것이다. 둘째, 그럼에도 내가 나 자신이나 유동체들이 아니라 외부 물체만을 상상하는 이유는 이것이 새롭게 더해진 힘(앞에서의 N)이기 때문일 것이다.

그러나 데카르트의 충돌 규칙 상황에서 스피노자의 변용으로 나아가는 데에는 아직 한 가지 결정적 요소가 빠져 있다. 유동체 속의 고

실하지 운동을 상실하진 않는다. 이 때문에 물체 A는 그것을 에워싸고 있는 물체들로부터 어떤 규정도, 따라서 (속력이 운동과 구별되는 한) 어떤 속력도 받아들일 수 없지만 운동을 받아들이며, 추가적 힘이 가해질 때 이 물체들에 의해 더 많이 움직일 수밖에 없다."(PPD 2부 정리 35 해명)

체를 새로운 힘(N)과 구별하여 어떤 통일체로 볼 수 있는 이유는 유동체들 전체가 다시 수조와 같은 어떤 단단한 물체에 의해 둘러싸여 있고 이 덕분에 유동체들이 계속 새로운 요소가 더해짐이 없이 서로 간에 평형을 이루고 있기 때문이다. 만일 수조를 제거하면 유동체는 사방팔방으로 흩어지고 어떤 평형도, 어떤 개체성도 없을 것이다. 그런데 실제로 데카르트는 여기에서 한 물체의 개체성을 부분들 간의 운동을 통해 정의하는 데까지 나아가지는 않는다. 입자들을 하나로 연결시켜 주는 '접착제'인 '상호 정지'를 대신하는 것은 기껏해야 해당 물체들이 "더 멀어지지 않는다."라는 소극적 규정에 불과하다.(PP 2부 62항)[32] 그런데 스피노자 역시 거기까지 나아가지 않으며, 다만 유동체 속에 있는 물체, 가령 공기 중에 있는 우리 손이 왜 아무 저항도 받지 않고 모든 방향으로 움직일 수 있는지 그 이유만을 제시한다. 즉 손이 공기를 휘저을 때 공기 입자들 사이에 생겨나는 차이는 곧바로 상쇄되어 입자들이 손과 동일한 속력으로 움직이기 때문이다. 끊임없이 다양한 방향으로 움직이는 유동체들이 하나로 응집되기 위해서는 (가령 물을 담는 피막과 같이) "그것들을 둘러싸는 물체들에 의해 억제되어야(*cohibetur*)"[33] 하는데, 여기에서는 그 요소가 빠져 있기 때문이다. 이 결여된 요소는 『윤리학』에서 발견된다.

---

32   혹은 "운동의 참되고 절대적인 본성은 자신과 인접한 다른 물체들과 이웃함으로부터의 이전"이므로, 단단한 물체가 유동체에 의해 이끌려 가더라도 "고유한 의미로서의 운동을 하는 것은 아니다."(PP 2부 62항)

33   스피노자가 올덴부르크에게 보내는 편지 6.(G Ⅳ, 31)

4 "무른 부분"의 도입과 내면성의 형성

(1) '무른 부분'과 변용의 메커니즘

PPD에서 충돌 법칙은 우선 두 물체와의 관계에서, 그다음으로는 한 물체와 그 주변의 유동체, 그리고 외부 물체와의 관계에서 다뤄졌다. 『윤리학』의 변용 메커니즘에서 이 관계들은 인간 신체라는 복합체의 내부에서 다양한 부분들이 벌이는 일련의 상호 작용으로 통합된다. 그리고 이 부분들에는 단단한 부분과 유동적 부분 외에, 새로운 부류가 포함되어 있다. 그것은 곧 무른 부분이다.[34] 무른 부분이 수행하는 역할이 가장 상세하게 제시된 『윤리학』 2부 정리 17과 그 따름 정리를 살펴보자.

정리 17은 상상이 연역되는 정리 16에 이어 기억이 연역되는 정리이다. 정리 17의 진술 자체에 따르면, 부재하는 것에 대한 현재적 응시(즉 상상)로서의 기억은 단 한 번의 충격으로 족하다. "인간 정신은, 인

---

34 스피노자는 인간 신체의 단단한 부분, 무른 부분, 그리고 유동적 부분이 가리키는 바를 구체적으로 언급한 적이 없다. 물론 그것들 각각을 뼈, 뇌, 그리고 동물 정기에 대응시킬 수도 있다. 그러나 데카르트나 홉스의 자연학 및 인간학에서 구체적 신체 기관(가령 뇌나 심장, 동물 장기)의 중요성을 고려할 때, 오히려 스피노자가 신체 기관을 하등 언급하지 **않았다**는 사실이 더 중요해 보인다. 실제로 스피노자는 신체 기관을 언급하지 않을 뿐 아니라, PPD와 편지 6에서 '단단함'이나 '유동성'과 같은 질적 용어들의 부적합성을 비판한 바 있으며, 『윤리학』에서도 위의 세 부류는 단지 '요청'에서 언급될 뿐이다.(2부 정리 13 주석 이하 자연학 소론의 요청 2) 실제로 이 세 부류는 단지 운동 양태들에 의해서만 차이가 날 뿐이다. 그렇다면 "운동과 정지의 비율"과 마찬가지로 이 세 가지 부분들 역시 미래의 연구를 통해 채워 나가야 할 '자리 표시자(placeholder)' 프로그램의 성격을 지닌다고 볼 수 있다. 이런 연구의 사례로 무른 부분의 역할을 중심으로 스피노자의 상상 이론을 기호학적으로 해석한 Vinciguerra(2005)를 들 수 있다.

간 신체를 한번(*semel*) 변용시켰던 외부 물체들이 실존하지 않거나 눈앞에 있지 않더라도, 마치 그 물체들이 자기 눈앞에 있는 양 그 물체들을 응시한다."(강조는 인용자) 그런데 정리 17의 따름 정리의 증명에 따르면, 기억은 동일한 변용의 습관적 반복에서 생겨난다. "외부 물체들이 인간 신체의 유동적 부분들로 하여금 가장 무른 부분들을 자주(*saepe*) 때리도록 규정하는 동안 (……) 정신은 외부 물체를 현전하는 것처럼 응시할 것이다."(강조는 인용자) 이런 상충은 이미지들의 연쇄가 이루어지는 기제에 대한 설명에서 다시 나타난다. 가령 이미지들의 연쇄는 습관을 통해 형성되지만(2부 정리 18의 주석) 이런 연쇄를 깨뜨리는 데는 단 한 번의 경험으로 족하다.(2부 정리 44의 주석)

'한번'과 '자주' 사이의 간극을 해명해 주는 것이 바로 무른 부분과 유동적 부분의 상호 작용이다. 정리 17 따름 정리의 증명을 더 자세히 살펴보자.

외부 물체들이 인간 신체의 유동적 부분들로 하여금 가장 무른 부분들을 자주(*saepe*) 때리도록 규정하는 동안, 외부 물체들은 이 무른 부분들의 표면을 변화시키고, 이렇게 하여 유동적 부분들은 그 이전에 습관적으로 그래 왔던 것과는 다른 방식으로 반사되며, 이후에도 역시 그들의 자생적 운동으로 이 새로운 표면과 접촉하면서, 그것들이 외부 물체들에 의해 이 표면 쪽으로 떠밀렸을 때와 동일한 방식으로 반사된다. 그 결과 인간 신체는, 이렇게 반사된 유동적 부분들이 계속해서 운동하는 동안, 그것들에 의해 동일한 방식으로 변용되며, 정신은 또다시 (……) 외부 물체를 현전하는 것처럼 응시할 것이다. 그리고 이는 인간 신체의 유동적 부분들이 그들의 자생적 운동으로 동일한 표면들과 접촉할 때마다 그럴 것이다.

먼저 '자주'라는 말은 우리 신체와 외부 물체 사이가 아니라, 신체 내의 유동적 부분과 무른 부분들 사이의 접촉과 관련되는 부사다. 다음으로 외부 물체들은 이 접촉이 자주 반복되도록 규정할 뿐이며, 이는 단 한 번의 충격으로 충분할 수 있다. 결국 외적 충격의 효과는 무른 부분들에 대한 유동적 부분들의 자생적인 내부 충돌을 매개로 해서만 산출된다. 그 대신 외부 충격은 외부 물체들이 신체 부분들의 운동을 규정하는 동안을 넘어서까지, 곧 "이렇게 반사된 유동적 부분들이 계속해서 운동하는 동안", 또 "그들의 자생적 운동으로 동일한 표면들과 접촉할 때마다" 지속될 수 있다.

외적 충격에서 내부 충돌로 이어지는 이 과정 전체를 스피노자는 '규정'(*determinatio*)이라 부르되, 특별히 내적 부분들의 자생적 운동을 두고 '변용'(*affectio*)이라 부른다. PPD의 충돌 법칙에 비추어 보면 규정은 유동체로 둘러싸인 물체에 가해진 외적 충격을 지칭했던 바로 그 단어이다.

반면 유동체와 하나를 이룬 물체의 운동이 새로이 '변용'으로 칭해지고 있다. 변용이야말로 『윤리학』에서 새로이 등장하는 개념이며, 이 변용 메커니즘의 핵심에는 무른 부분이 있다. 무른 부분들은 유동체들처럼 상호 운동하면서도, 단단한 물체의 부분들처럼 얼마간 상호 정지해 있다는 이중성을 띤다. 따라서 무른 부분들은 규칙 4의 정지한 물체와는 달리 그것들을 때리는 유동적 부분들의 운동에 의해 움직일 수 있고 또 이 운동을 얼마간 간직할 수 있다. 가령 외부 물체가 우리 신체에 어떤 작용을 가한다고 해 보자. 무른 부분들의 표면의 모습은 유동적 부분들의 특정한 반사 각도를 결정하기 때문에 외적 충격은 이미 굴절된 형태로 유동적 부분들의 운동과 결합된다. 그러나 이렇게 결합된 운동은 다시 무른 부분들의 표면의 모습을 얼마간 변화시켜 신체 내부에 간직된다. 무른 부분들에 '한번' 일어난 변화에 힘입어 외적 충격은 외부 물체의 작용 없이도 '자주' 재생될 수 있는 것이다. 각자에게 고유한 체험된 역사, 곧 내면성은 여기에서 생겨난다.

(2) 신체 변용에서 '매우 많은' 물체들의 인과적 비중

이제 처음 제기했던 문제로 되돌아오면, 첫째, 신체 변용의 관념이 우리 신체의 본성과 외부 물체의 본성을 '동시에' 함축한다는 것(2부 정리 16)은 충돌의 결과가 두 물체 모두의 운동 양태에 따라 결정된다는 것을 의미한다. 둘째, 충돌은 두 물체가 관계 맺고 있는 수많은 유동체들에 의해 매개되므로, 정신이 자기 신체 변용을 통해 외부 물체를 지각할 때 그것은 또한 '아주 많은 물체들의 본성'을 지각한다.(2부 정리 16의 따름 정리 1) 셋째, 정신은 자기 신체에 대한 외부 물체의 작용 때문에 이 물체를 지각하지만, 자기 신체에 가해지는 힘의 대부분은 외적 충격 자체가 아니라 신체 내의 유동적 부분들에서 비롯된다. 그러므로 우리 신체 변용의 관념은 외부 물체를 표상하지만 우리 신체의 상태를 '더 많이' 지시한다.(2부 정리 16의 따름 정리 2) 즉 우리 신체 변용은 외부 충격에 의해 규정되지만, 그 가까운 원인은 이렇게 규정된 유동적 부분들의 운동이다. 넷째, 그럼에도 정신은 이 모든 물체들을 전부 지각하는 것은 아니고 주로 새로운 변화를 가져온 외부 물체만을 지각한다. 이는 스피노자에게서 표상 일반이 왜 1종의 인식인 상상에 속하는지 역시 알려 준다. 사람들이 상상하는 '자연의 일반적 질서'는 평형을 깨뜨리기 때문에 늘 새로워 보이는 것들의 이어짐으로 채워지며, 이는 자연의 항구적 운행보다 기적에서 신을 찾는 미신적 사고방식과 본성상 다르지 않다. 결론적으로 변용에서 유동적 부분들의 인과적 비중,(이는 외부 충격 자체보다 더 크다.) 그리고 유동적 부분들의 운동 양태를 얼마간 안정화하는 무른 부분의 존재(그것은 유동체들의 반사 각도를 굴절시키고 또 그것들의 충돌 방식에 대한 흔적을 보유한다.) 바로 이 두 가지 요소를 근거로 변용이 외부 물체의 본성보다 우리 신체의 상태를 더 많이 지시한다고 할 수 있다.

그렇다면 우리는 '유한' 사물인 개체가 자기 실존의 원인이라는 결론에 도달하는 셈이 아닌가? 이는 결국 모든 변용이 자가-변용이며 외부 충격은 단지 그 계기(occasion)에 불과하다는 라이프니츠적 결론과 흡사하지 않은가? 이런 결론은 적어도 세 가지 점에서 합당하지 않다.

우선 신체를 구성하는 부분들의 유동적 본성 때문이다. 유동적인 부분들의 운동은 엄밀히 말해 우리 신체로부터 비롯되지는 않는다. 유동적 부분들의 운동은 우리 신체와 외부 물체 사이에서 둘의 상호 작용을 매개한다. 그러므로 유동적 부분들을 우리에게 속하는 우리 신체의 부분들로만 보기보다, PPD의 표현대로 우리를 둘러싼 주변 물체들로 볼 필요가 있다. 즉 "인간 신체의 합성 부분들은 특정 비율에 따라 그들의 운동을 서로 교환하는 한에서가 아니라면, 신체 자신의 본질에 속하지 않는다".(2부 정리 24) 이 유동성은 무른 부분에도 해당된다. 무른 부분들은 유동적 부분들보다 안정성이 있지만, 단단한 물체처럼 부분들의 상호 정지가 아니라 유동적 부분들처럼 상호 운동으로 정의되기 때문이다. 결국 무른 부분과 유동적 부분의 안정성의 차이는 정도상의 차이에 불과하다.

다음으로 위의 사실은 '지시'(*indicare*)되는 것의 인과적 부적합성을 해명해 준다. 우리 신체 부분들이 전적으로 우리에게 속하지는 않는다는 것은 단지 신체와 무관하다기보다 어떤 외부성을 띤다는 것을 의미한다. 실제로 외적 충격하에 형성된 유동체들의 특정한 흐름, 곧 우리 신체의 특정한 변용은 우리 신체의 변용이면서도 마치 외부 물체의 대리자처럼 우리 본성에 대립되게 작용할 수 있다. 가령 슬픔의 감정(*affectus*)이 그렇다. 그런데 상상에 의해 지시되는 우리 신체의 상태는 우리 신체의 본성만이 아니라 이처럼 우리 신체의 본성에 상반되는 변용까지 포함한 변용들 전체의 관계에 의해 결정된다. 이 때문에 1절에 인용된 정념의 강도와 관련된 정리(5부 정리 5)에서 스피노자는 '역량'(*potentia*)과 구별하여 '힘'(*vis*)이라는 단어를 사용한다. 역량이 독립적으로 고려된 우리 신체와 외부 물체 각각에 관련된다면, 힘은 이 둘이 마주쳐 그들의 합작으로 우리 안에 생겨나는 변화와 관련된다. 그리고 우리가 수동적 상태에 있을 때 이 관계에서 인과적 우위를 차지하는 것은 우리 신체 본성과 상반되는 변용이다. 바로 이 때문에 정념의 힘은 우리 신체의 역량이나 외부 물체의 역량이 아니라 우리 신체의 역량과 비교된 외부 물체의 역량에 의해 정의된다.

마지막으로 『윤리학』의 코나투스 원리에 따라,(3부 정리 4~6) 그리고 PPD의 충돌 규칙에서 본 상반성 제거의 원리에 따라, 우리 신체 본성에 상반되는 변용과 우리 신체 본성에 합치하는 변용은 서로 간의 상반성을 제거하는 경향을 띨 수밖에 없다. 단 그 결과는 미리 결정되어 있지 않다. "한 기체 안에 두 상반된 작용이 촉발되면, 이 작용들이 더 이상 상반되지 않을 때까지 두 작용 모두나 둘 중 어느 하나에 필연적으로 변화가 일어날 수밖에 없을 것"(5부 공리 1)이며, 결과를 결정하는 것은 더 가까이나 더 멀리 있는 주변 물체들과의 관계이다.

5   나오며

이 장에서 나는 라이프니츠의 원초적인 능동적/수동적 힘과 같은 형이상학적 개념을 도입하지 않고 스피노자 철학에서 내부성의 발생이 어떻게 기계론의 틀 내에서 설명될 수 있는지 보여 주고자 했다. 이를 위해 나는 스피노자의 초기 저작인 PPD에 제시된 데카르트 물체의 충돌 법칙에 대한 스피노자의 재정식화가 『윤리학』의 변용 개념으로 어떻게 이어지는지를 추적했다. 그 결과 인간 신체가 단단한 부분, 무른 부분, 유동적 부분으로 구성되어 있고, 외부 물체들에 의해 아주 많은 방식으로 변용될 수 있다는 지극히 단순한 두 사실로부터, 기계론적인 외적 규정의 질서 안에서도 외적 충격을 굴절시키는 개체의 내부성이 어떻게 발생하는지, 그럼에도 왜 개체는 여전히 외적 규정의 질서 안에 머물러 있는지가 드러났다.

스피노자 철학이 실체의 철학 아래 감추어진 개체화의 철학이라 할 수 있다면, 이런 의미에서 개체 산출의 원인이자 결과인 '변용'은 스피노자 철학의 중추 개념이라고 할 수 있다. 라이프니츠에게서 외적 충격이 개체적 실체의 자가-변용의 계기이자 제한에 불과하다면, 스피노자에게서는 외적 충격과 그에 따른 변용 없이는 내면성도 없다. 물론 변용 개념의 전체 면모와 그 인간학적 함의를 드러내기 위해서는 변용 가운데서도 신체 전체에 어떤 의미 있는 변화(신체 활동 역량의 증감)를 가져오는 변용, 즉 '감정'의 법칙을 더 상세하게 다뤄야 할 텐데, 이는 이 책의 범위를 넘어선다. 다만 다음 장에서 변용을 통해 항상 형성, 재형성되는 개체의 코나투스, 자기 보존 경향이라는 보다 역동적 차원과 이번에는 그 내부에서 일어나는 다양한 충돌들이 어떤 식으로 코나투스를 구성하거나 해체하는지를 살펴보기로 하자.

개체론

9장

개체의 복합성과 코나투스

1 자기 보존의 노력(코나투스)과 단순 개체관의 문제

"각 사물은 할 수 있는 한 자기 존재를 유지하고자 노력한다."
(*Unaquaeque res, quantum in se est, in suo esse perseverare conatur*) 『윤리학』 3부 서
두에 등장하는 이 명제(3부 정리 6)는 일반적으로 '코나투스 원리'라 불
린다. '노력'을 의미하는 라틴어 *conatus*는 17세기 철학자들 사이에서 대
체로 순간적인 직선 운동의 경향(데카르트)[1]이나 운동의 무한소적인 시
초(홉스),[2] 방향을 고려한 속도로서의 파생적 힘(라이프니츠)[3]을 가리키
는 자연학적 용어로 쓰였다. 이에 비추어 볼 때 스피노자의 용법이 갖

---

[1] 뒤의 351쪽을 참조하라.

[2] *conatus*에 대한 정의는 *De corpore*, III, caput XV, 2(Hobbes, 1999, p. 155)를, 영어 'en-
deavor'에 대한 정의는 『리바이어던』 1부, 6장(홉스(2008), pp. 76~77)을 참조하라.

[3] 대표적으로 "동역학의 시범"(라이프니츠(2010), 특히 176~179쪽)을 참조하라.

는 가장 큰 특징은 코나투스를 단지 상태 유지가 아닌 '자기 존재 유지'의 노력으로 재정식화하고, 형이상학부터 자연학, 심리학, 정치학, 윤리학을 관통하는 근본 원리로 일관되게 사용한다는 점이다. 특히 코나투스를 인간을 비롯한 모든 개체의 '현행적 본질'로 간주하고, 자기를 파괴하는 것에 저항하고 자기 실존을 정립하는 활동적 성격을 본질에 부여한다.

여기에서 더 나아가 들뢰즈[4]와 마슈레[5] 같은 프랑스 연구가들은 코나투스의 활동성과 긍정성을 능동성(적합한 인과성)과 부지불식간 동일시하고 부분들 간의 자연학적 관계로 환원되지 않는 형이상학적 힘으로 간주하기도 한다. 그러나 자기 보존의 코나투스가 인간 각자의 본질로 간주된다는 바로 이 사실 때문에 스피노자의 코나투스 학설에는 다른 이론에는 제기되지 않은 심각한 반론들이 주로 영미권 주석가들 사이에 제기되어 왔다.[6] 자살과 같은 자기 파괴적 행위를 설명할 수 없

---

4   들뢰즈는 외연량의 자연학(외연적 부분들의 비율)과는 구별되는 내포량의 자연학(변용되는 능력으로서의 본질) 및 힘의 자연학(변용 능력을 채우는 가변적인 변용들)이 있다고 본다.(1968, pp. 173~213; 1981, pp. 58~61) 영미권의 논의로는 개체를 인과적 의미에서 "자기 안에 있는", 곧 자기 자신을 산출하는 준-실체(quasi-substance)로 보고, 코나투스를 암암리에 적합한 인과성과 동일시하는 Garret(2002)의 경우를 들 수 있다.

5   마슈레는 '힘'(vis)을 각각 실재적 대립과 모순의 관점에서 보는 칸트와 헤겔에 대비해 스피노자의 코나투스를 신의 절대적 인과성의 표현으로서 대립에 선행하는 긍정으로 간주한다.(Macherey(2004), pp. 320~324) 다른 곳에서도 코나투스를 무제약적인 자주성(initiative)과 구별하면서도, "자기 자신의 바탕으로부터, 그리고 어떤 외적 개입을 떠난"것, 무한한 실체로부터 그 에너지를 끌어오는 것으로 규정한다.(Macherey(1995), pp. 82~92) 그 외 Macherey(1992), pp. 81~92 역시 참조하라. 이에 대해서는 마슈레와 더불어 들뢰즈를 스피노자 철학에 대한 "역량론적" 해석으로 분류하고 "관계론적" 해석에 맞세운 진태원(2006b)의 비판적 논의를 참조하라.(특히 105~166쪽)

다거나,[7] '노력하다'라는 말의 목적론적 함의가 스피노자가 표방하는 보편적 기계론에 부합하지 않는다거나,[8] 스피노자가 증명에서 논리적 차원의 본질 정립에서 물리적 차원의 보존과 저항으로 부당하게 비약하고 있다는 것[9] 등이다. 이 반론들은 코나투스의 긍정성을 강조하는

---

6   코나투스가 연역되는 『윤리학』 3부의 정리군은 근대 초기 철학에서 가장 짧은 단계 안에 가장 많은 문제를 안고 있는 논증으로 평가되기도 한다. 개럿(Garrett, 2002), p. 128)에 따르면 정리 4~6까지 대체로 여섯 가지 문제가 발견된다.

7   Matson(1977)은 자살은 물론이고 태양이나 초의 연소 등을 스피노자의 코나투스 원리의 반례로 들었다. 비슷한 입장으로는 Bennett(1984), pp. 231~240)과 Della Rocca(1996)가 있다. Bennett은 자기 긍정적인 본성을 우연 속성(accidents)까지 포함하는 포괄적 본성(whole nature)과, 필수적 속성만을 포함하는 고유한 본질(proper essence)로 나누어 본다. 후자의 경우에는 자살이 반드시 반례가 되지는 않는데, 본질적 속성이 아닌 우연적 속성에 의해 죽을 수 있기 때문이다. 그러나 그에 따르면 후자는 스피노자의 의도에 비해 너무 약한 주장이며 본질적 속성과 우연적 속성을 가려내기 힘들다는 문제가 있다. 다른 한편 Della Rocca에 따르면 "자기 안에 있는 한"(quantum in se est)과 "노력하다"(conari)는 중복되는데, 중복을 유의미하게 해석할 경우 자살이라는 반례를 피할 수 있다. 그러나 이 역시 이 정리들이 주는 직관과 맞지 않다. 반대로 Barbone & Rice(2001)는 스피노자가 한 인간 내에 "다수적 인격"의 존재 가능성을 열어 둔다고 봄으로써 자살이 코나투스의 반례가 되지 않는다고 본다. 그 외 스피노자가 이 반박에서 벗어날 수 있다는 입장으로는 Donagan(1988)과 Garret(2002)이 있다.

8   Bennett(1984), pp. 231~251. 베넷에 대항하여, 적어도 인간 행위에 있어서는 스피노자가 목적론을 인정하며, 따라서 코나투스 원리와 상충하지 않는다고 보는 경우는 Curely(1990); Garrett(1999); (2002), pp. 148~194; Lin(2006). 스피노자가 목적론을 일관되게 인정하지 않는다고 보는 이는 드문데, Schrijvers(1999); 박기순(2015)이 있다. 그 밖에 Butler(2006)는 수동적인 인간 행위에 비춰 볼 때 자기 보존 노력이 사실적 원리라기보다는 차라리 열망으로 보이는 점에 주목한 바 있다. LeBuff(2004) 역시 이 문제를 다룬다.

9   Garber(1994); 마트롱(2008), pp. 22~27. 그러나 마트롱은 연장의 능동적 본성(능산적 자연)을 끌어들임으로써 이 논변의 비약을 정당화한다. 가버는 라이프니츠의 반박을 원용하여 데카르트 및 스피노자의 코나투스 원리를 반박하면서도, 데카르트의 단순체 코나투스와 대별되는 스피노자의 복합체 코나투스의 구조적 안정성을 부각시킨 바 있다.

위의 입장과 표면적으로 대립되어 보이지만 한 가지 전제를 공유한다. 그것은 단순 개체관이다.

　스피노자 철학에서 절대적으로 단순한 개체란 없으며 모든 개체가 복합적임은 다들 인정한다. 심지어 그가 정신 역시 합성체로 간주한다는 것 역시 주지의 사실이다. 하지만 개체의 코나투스만은 궁극적으로 단순한 것이라고들 가정한다. 이 해석은 『윤리학』에서 코나투스 연역의 독특한 순서에서 파생되는 결과로 보인다. 마트롱이 스피노자 체계를 코나투스 원리, 그리고 "~한에서의 신"(Deus quatenus)으로서의 개체로부터 시작하면서 주목하듯,[10] 스피노자는 『윤리학』 3부 코나투스 명제를 2부의 기계론적 자연학을 건너뛰어 1부의 신의 역량으로 증명하고 그것을 각 개인의 감정 산출의 원리로 삼는다. 그러나 자연학의 개체론에서 개체는 우리가 흔히 개별자로 인정하는 것들보다 훨씬 더 다양한 수준을 포함한다. 가령 아래로는 우리 정신(인 관념)만이 아니라 정신을 이루는 관념들도, 우리 신체만이 아니라 신체를 이루는 부분들도 관점에 따라 개체로 간주될 수 있으며, 위로는 우리 정신과 신체를 포괄하는 다양한 종류의 사회체, 나아가 자연 전체가 개체로 간주될 수 있다. 그렇다면 이들 역시 개체인 한에서 각자의 코나투스를 갖는다고 보아야 하지 않을까? 그렇다면 물어야 할 것은 각자 상대적으로 독립적인 코나투스를 갖는 개체들이 어떻게 하나의 통일된 개체를 갖는지, 역으로 이들이 하나의 통일된 개체를 이루면서도 어떻게 각자 상대적으로 독립적인 코나투스를 유지하는지이다.

　자연학적 차원에서 이는 앞서 보았듯 유동체들이 각기 다른 방식

10　마트롱(2008), 38~41쪽.

으로 운동하면서도 무릎 부분을 중심으로 서로 간에 특정한 운동과 정지의 비율을 유지한다는 사실을 통해 설명되었다. 박기순은 이 상태를 '평형'이라 부르고 운동의 더 큰 다양성 속에서 부분들 간에 평형이 유지될수록, 그러니까 평형이 더 역동적일수록 그 전체를 더 역량 있는 개체로 보았다. 이는 또한 부분들의 운동이 평형을 위협하거나 깨뜨릴 수도 있다는 뜻이기도 하다. 그렇다면 개체의 평형이 위협받는 상황이란 어떤 것일까? 스피노자가 말하는 '수동'의 상태는 이 상황 자체와 동일하지는 않더라도 적어도 그럴 위험을 더 많이 소지한 상태일 것이다. 수동은 외부 사물들의 인과적 영향력이 특정 비율을 유지하려는 개체 자신의 관성보다 더 큰 상태를 의미하며, 이 외부 사물은 개체의 운동과 정지의 비율에 원리상 무관심하기 때문이다. 그런데 스피노자는 수동을 부적합한 관념을 통해 정의하고, 정신의 본질이 "적합한 관념과 부적합한 관념들로 구성된다."(3부 정리 9의 증명)라고 말한다. 정신의 '본질' 안에 부적합한 관념 역시 포함된다는 것은 외부 사물 자체는 아니라도 그것의 영향력을 매개하는 부분들이 개체 안에 있다는 것을 의미할 것이다. 그러므로 이 경우 개체의 상태를 규정하는 최소한 두 개의 중심이 있는 셈이다. 하나는 개체가 애초에 유지해 온 관성이고, 다른 하나는 이것과 다르거나 심지어 양립 불가능한 운동을 명하는 외부 사물의 영향력이다.

스피노자의 철학에서 모든 개체가 복합적이라면 나는 이 복합성을 단순히 부분들의 다수성이 아니라 이런 의미로, 즉 중심의 복수성으로 이해한다. 그러나 만일 그렇다면 적합한 관념만이 아니라 부적합한 관념들에 의해 구성되는 정신의 본질이 그럼에도 '하나의' 본질을 이룬다고 할 수 있는지, 어떻게인지를 해명해야 할 것이다. 스피노자는 정신의 본질이 적합한 관념만이 아니라 부적합한 관념에 의해서도 구성된다고 보며, 부적합한 관념이 지배적일 때도 정신 자신의 코나투스는 유지된다고 보는 듯하다.[11] 이럴 경우 코나투스는 수동적 상태에 머무르려는 경향이 될 것이며, 그래서 도착적 성격을 띨 수 있을 것이다.[12] "부모의 꾸중을 참지 못해 군복무로 도피하여 전쟁의 불편과 폭군의 권위를 집안의 편의와 부모의 훈계보다 선호하고, 부모에게 복수하기만 한다면 자기에게 지어지는 어떤 부담도 견디는 청소년"(4부 부록 13항)의 경우처럼 말이다. 이 소년은 그를 위해 꾸중하는 부모에게 그 자신을 위해 복수하고 싶어하며, 이를 위해 자기 파괴적인 선택도 서슴지 않는다. "인간이 자기 욕망과 욕구를 의식하되 욕망하고 욕구하도록 하는 원인을 모른다."[13]는 말은 이 경우에 해당되며, 코나투스의 활동성 및 자기에 대한 긍정(이는 수동의 상태에서도 관철된다.)과 코나투스의 인과적 능동성을 구별할 것을 요구한다.

이 장에서 나는 스피노자에게서 모든 개체가 복합체인 만큼 코나투스 역시 복합적이며, 복합적 개체성이란 부분들의 다수성이나 전체

---

11   "정신은 명석하고 판명한 관념들을 갖는 한에서나 혼동된 관념들을 갖는 한에서나 어떤 무한정한 지속에 걸쳐 자기 존재를 유지하고자 노력"한다.(3부 정리 9)

12   Bove(1996)는 코나투스를 반복과 습관의 수동적 종합, 시간의 구성, 쾌락 원칙, 감정 모방 등을 중심으로 하여 현상학적 방식으로 접근하면서 코나투스가 수동적으로, 곧 상상적-정념적으로 세계를 구성하는 방식을 실존의 '전략'(stratégie)이라는 관점에서 분석한 바 있다. 그러면서 그는 대중의 자생적 역량의 적극성(저항)과 도착성(자발적 예속)을 부각시키는 새로운 관점을 제시한다. 그러나 '전략'이라는 말에서 단적으로 드러나듯, 코나투스를 단일한 중심을 가진 단순체의 관점에서 규정한다는 점은 앞의 해석들과 동일하다. 그가 코나투스를 "저항할 수 있는 '더 우월한 힘을 지닌 본성'의 개체를 모순 자체를 통해 구성하는 과정"(p. 13)이라고 말할 때, 모순은 개체 외부와의 관계에 있을 뿐이며, 내적 모순이라는 문제 설정은 존재하지 않는다.

13   1부 부록(G II, 78, l.17~19).

구조의 복잡성[14]보다 더 역동적인 갈등적 개체성임을 보여 준다. 이를 위해 다음 두 가지 사실을 입증할 것이다. 첫째, 흔히 생각하는 것과 달리 스피노자는 한 개체의 코나투스 안에 부정성이 포함될 수 있음을 인정한다.(2절) 이 내적 부정성은 코나투스의 자기 긍정성과 양립할 수 있다. 왜냐하면 둘째, 전체로서의 개체에만 코나투스가 있는 것이 아니라 외적 원인의 영향 아래 생겨난 개체의 변용 혹은 상태들 각각에도 별도의 코나투스가 있고, 이것이 개체 전체의 코나투스를 주어진 본성과 상반되는 방향으로 규정할 수 있기 때문이다.(3절) 덧붙여 개체를 위기에 빠뜨리는 변용들의 이 상대적 독립성이 또한 개체 역량 강화의 조건이도 하다는 점 역시 드러날 것이다. 결과적으로 이 장에서 나는 코나투스 원리를 자연학의 기계론과 다시 결합시키고, 기계론적 차원에서 드러나는 스피노자 윤리학의 고유한 함의를 보여 주고자 한다.

2 한 개체 안의 상반성과 3부 3부 정리 5의 재해석

(1) 상반되는 것들의 공존에 대한 암시

코나투스 원리가 연역되는 『윤리학』 3부의 정리군을 먼저 보도록 하자.

---

14   이것이 Garber(1994)가 데카르트의 코나투스와 대비시켜 부각한 스피노자 코나투스의 특징이다.

3부 정리 4: 어떤 사물도 외적 원인에 의하지 않고서는 파괴될 수 없다.

3부 정리 4의 증명: 이 정리는 그 자체로 자명하다. 왜냐하면 어떤 사물의 정의는 그 사물의 본질을 긍정할 뿐, 부정하지 않으며, 혹은 그 사물의 본질을 정립할 뿐, 제거하지 않기 때문이다. 따라서 우리가 외부 원인들이 아니라 그 사물 자체에만 주의를 기울이는 동안은, 그 사물을 파괴할 수 있을 어떤 것도 발견할 수 없다.

3부 정리 5: 사물들은 하나가 다른 하나를 파괴할 수 있는 한에서, 그런 한에서 서로 본성이 상반된다. 즉 그런 한에서 동일한 기체 안에 있을 수 없다.

3부 정리 6: 각 사물은 할 수 있는 한/그 자체로는, 자기 존재를 유지하고자 노력한다.

3부 정리 6의 증명: 왜냐하면 독특한 사물들은 신의 속성들을 특정하고 규정된 방식으로 표현하는 양태들이기 때문이다. 즉 신의 역량— 이를 통해 신이 존재하고 활동하는 — 을 특정하고 규정된 방식으로 표현하는 양태들이기 때문이다. 그리고 어떤 사물도 스스로를 파괴할 수 있는 것, 즉 자기 실존을 제거하는 것을 자체 내에 가지고 있지 않다.(3부 정리 4에 따라) 오히려 그것은 자기 실존을 제거할 수 있는 모든 것에 대립하며,(3부 정리 5에 따라) 따라서 할 수 있는 한, 그리고 그 자체로는, 자기 존재를 유지하고자 노력한다.(강조는 인용자)

3부 정리 4에서 이미 각 사물의 자기 긍정이 진술되며, 더욱이 이것은 앞선 정리를 참조하지 않고 공리처럼 혹은 정의(definition)의 차원에서 증명된다. 그렇다면 코나투스 명제는 3부 정리 4만으로도 완결될 수도 있었을 것이다. 하지만 그것은 3부 정리 6에 가서야 완결된다. 거기에서 비로소 단순한 자기 긍정이 아니라 자기 유지의 '노력'이 진술되고 이와 더불어 자신에 반대되는 것에 '대립'하는 코나투스, 그리고 신의 역량 역시 처음으로 언급된다. 일견 논리적 혹은 기하학적 구도에서 물리적 구도로의 비약처럼 보이는 이 논리를 정당화하는 것은 무엇인가? 3부 정리 6의 증명에 각각 3부 정리 4와 3부 정리 5가 참조되는 만큼 그것은 3부 정리 4와 3부 정리 5에서 주어져야 할 것이다.

우선 3부 정리 4의 증명은 '정의'를 근거로 삼지만, 이를 다시 "외부 원인들이 아니라 그 사물 자체에만 주의를 기울이는 동안"이라고 상세화한다. 그러므로 3부 정리 4와 3부 정리 6의 차이는 논리적 구도와 물리적 구도의 차이라기보다는, 게루가 즐겨 원용하듯 추상적 차원(다른 사물을 추상하고 한 사물을 고려)과 구체적 차원(다른 사물과의 관계 속에서 한 사물을 고려)의 차이로 보는 것이 더 적절할 것이다.

다음으로 3부 정리 5는 논리적으로 모순되는 것들의 양립 불가능성, 곧 모순율에 대한 진술로 보일 수 있다. 그럴 경우 3부 정리 4의 논리적 긍정에서 3부 정리 6의 '대립'과 '노력'으로의 이행은 정당화되기 어렵다. 그러나 "하나가 다른 하나를 파괴할 수 있음"이 언급되는 이상, 3부 정리 5가 상반되는 속성들 간의 논리적 모순이 아니라 실재하는 사물들 간의 물리적 대립을 다룬다고 볼 수도 있다. 베넷이 지적하듯, 3부 정리 5의 '사물들'이 이처럼 '유기체'와 같은 물리적 개체들('I'라 하자.)이라면, 3부 정리 6의 '대립'으로의 이행은 타당해진다.[15] 그러나 역시 베넷이 지적하듯, 이 경우 3부 정리 5 자체는 거짓이 되는 듯

---

15   Cf. Bennett(1984), pp. 241~242. 그래서 3부 정리 5를 잉여적이라고 보는 Curley(1988, p. 109)나 Della Rocca(1996, p. 206)와 달리 베넷은 3부 정리 5가 결정적 중요성을 갖는다고 본다.

보인다. 서로를 파괴할 수 있는 적수들도 같은 도시에 머무를 수 있는 것처럼, 상반되는 (속성이 아닌) 사물들은 공존할 수 있기 때문이다.

3부 정리 5의 '사물들'이 정확히 무엇을 가리키는지는 다음 절에서 다시 다룰 것이다. 여기에서 염두에 둘 것은 3부 정리 5의 문면과 달리 상반되는 것들의 공존이 『윤리학』도처에서 실질적으로 인정된다는 점이며, 이는 3부 정리 5에 대한 통상적 독해를 의심해 보게 한다.

첫째, 코나투스 연역과 관련된 정리군 바로 다음, 욕망에 대한 연역(3부 정리 9)과 기쁨과 슬픔의 연역(3부 정리 11~12) 사이(3부 정리 10)에 나타나는 상반성이 그렇다. "우리 신체의 실존을 배제하는 관념은 우리 정신 안에 있을 수 없으며(*dari nequit*), 그것에 상반된다." 3부 정리 5에서처럼 이 정리는 우리 신체의 실존을 배제하는 관념과 우리 정신인 관념의 양립 불가능성을 단언한다. 그러나 우리 정신에 의해 생각되지 않는 관념이 어떻게 우리 정신에 상반될 수 있을까? 상반되기 위해서라도 일단 생각되어야 하고 따라서 우리 정신 안에 존재해야 하지 않을까?

둘째, 이처럼 정신 안에 그 본성에 상반되는 관념이 존재할 수 있기 때문에 이로써 정신의 사유 역량은 감소된다. 이렇게 사유(활동) 역량이 감소 중에 있을 때 정신(신체)는 슬픔의 감정으로 변용된다. 슬픔의 감정 자체가 정신의 코나투스에 상반되는 변용이다. "슬픔은 (……) 인간이 자기 존재 안에 존속하고자 노력하는 그 노력을 감소시키거나 제약한다. 따라서 (3부 정리 5에 의해) 슬픔은 이 노력에 상반되며(*contraria*) 슬픔에 의해 변용된 인간이 노력하는 것은 이 슬픔을 멀리하는 것뿐이다."(3부 정리 37의 증명. 강조는 인용자) 슬픔은 정신의 코나투스에 상반되지만,[17] 정신의 코나투스는 파괴되는 것이 아니라 사유 역량의 감소를 겪을 뿐이다. 만일 정신의 본성이 완전히 바뀌어 버린다면 슬픔조차 느낄 수 없을 것이다. 기억상실증으로 어른 아이가 된 사람(4부 정리 39의 주석)이 현재를 과거와 비교하여 슬퍼할 수 없듯이 말이다. 역으로 카프카의 「변신」에서 벌레가 된 그레고리 잠자가 슬픔을 느낀다면, 이는 그의 신체와 달리 정신은 동일하게 남아 있다고 설정되기 때문이다.

상반성은 셋째, "영혼의 동요"(*fluctuatio animi*)(3부 정리 17)로 나타난다. 이는 상반되는 감정이 공존하는 상황을 가리킨다. 양가감정은 물론이고 희망과 공포, 질투 등이 그것이다. 이것은 파생 감정 중의 하나로 연역되지만, 궁극적으로 신체의 복합성에 바탕을 두는 한에서[17] 우리가 겪는 대부분의 감정이 "영혼의 동요"의 일종이라 할 수 있다. 심지어 기초 감정 중 하나이면서 의식이 동반된 코나투스(3부 정리 9의 주석)이자 인간의 본질 자체인 욕망 역시 상반성에 잠식된다. 욕망은 "동일한 인간의 경우에도 상태에 따라 달라지며, 그것들이 서로 간에 너무 대립적인(*oppositi*) 나머지, 인간이 여러 방향으로 찢겨 어디로 향해야 할지 모르는 경우는 드물지 않다."(3부 부록, 정의 1의 해명)

(2) 상반되는 것들 간 공존-불가능에서 정도 문제로(3부 정리 5의 재해석)

이제 3부 정리 5로 돌아와 원문을 자세히 보자. 위의 사실에 부합

---

16   물론 정신은 슬픔을 멀리하고자 노력한다. 그렇다고 실제로 슬픔이 멀어지진 않는다. 오히려 이 노력은 슬픔에 비례하여 커질 뿐이다. "슬픔이나 기쁨에서, 그리고 미움이나 사랑에서 생겨나는 욕망은 감정이 클수록 더욱 크다."(3부 정리 37)

17   "인간 신체가 다양한 본성의 아주 많은 개체들로 합성되어 있어 (……) 이로부터 우리는 단 하나의 동일한 대상이 수많은 상반되는 감정들의 원인이 될 수 있음을 쉽게 인식할 수 있다."(3부 정리 17의 주석)

하는 해석의 실마리로, 각종 번역문에서는 사라지는 라틴어 표현을 발견할 수 있다. *quatenus/eatenus*의 정도 표현이 그것이다. 특히 라틴어와 구조가 비슷한 이탈리아어를 제외하고는, 한글 번역은 물론 대표적인 영문 및 불문 번역에서 공히 상호 파괴 가능성을 한정하는 *quatenus*는 보존되는 반면, 상반성과 양립 불가능성을 한정하는 *eatenus*는 사라진다.(아래 이탤릭은 인용자)

- 라틴어 원문: Res eatenus contrariae sunt naturae, hoc est, *eatenus* in eodem subjecto esse nequeunt, *quatenus* una alteram potest destruere.
- 강영계의 한글 번역: 사물은 하나가 다른 것을 파괴시킬 수 있는 한에서 반대되는 본성을 가진다. 즉 사물은 동일한 주체 안에 있을 수 없다.[18]
- E. Giancotti의 이탈리아어 번역: Le cose *in tanto* sono di natura contraria, *in tanto* cioe non possono essere nello stesso soggetto, *in quanto* l'una puo distrugere l'altra.[19]
- E. Curley의 영어 번역: [eatenus 생략] Things are of a contrary nature, i.e., [eatenus 생략] cannot be in the same subject, insofar as [*quatenus*] one can destroy the other.[20]
- B. Pautrat의 프랑스어 번역: [*eatenus* 생략] Des choses sont de

---

18   스피노자(1991), p. 139.
19   Spinoza(1988), p. 178.
20   Spinoza(1984), p. 498.

nature contraire, c'est-à-dire [*eatenus* 생략] ne peuvent être dans le même sujet, en tant que [*quatenus*] l'une peut détruire l'autre.[21]

이제 *eatenus*를 살리고, 여기에 문장 순서를 맞추어 3부 정리 5를 직역해 보면 다음과 같다.

- 한글 번역: 사물들은 하나가 다른 하나를 파괴할 수 있는 한에서/정도만큼[*quatenus*], 그런 한에서/그런 정도만큼[*eatenus*] 본성이 상반된다. 즉 그런 한에서/그런 정도만큼[*eatenus*] 동일한 기체 안에 있을 수 없다.
- 영어 번역: *To the extent that* one can destroy another, *to that extent* the things are of a contrary nature, i.e., to that extent cannot be in the same subject,
- 프랑스어 번역: *Dans la mesure où* l'une peut détruire l'autre, *dans cette mesure* les choses sont de nature contraire, c'est-à-dire *dans cette mesure* ne peuvent être dans le même sujet.

현행 번역문들에서는 사라지는 *eatenus*는 라틴어 원문에서는 두 번에 걸쳐 사용되면서 '상반되다'와 '동일한 기체 안에 있을 수 없다'를 제한하며 상반성에도, 양립 불가능성에도 정도가 있음을 나타낸다. 즉 사물들의 본성은 전적으로 상반되는 것이 아니라 특정 측면하에

---

21 Spinoza(1988), p. 215.

서 특정 정도만큼 상반되며, 그런 측면하에서 그런 정도만큼 같은 기체 안에 있을 수 없다. 상반성 및 양립 불가능성의 이런 제한은 스피노자의 존재론에 비추어 볼 때 근거가 있다. 동일 속성하의 모든 양태들에는 반드시 공통 특성들이 있으며, 그렇지 않다면 그것들은 서로 아예 무관해서 대립될 수조차 없다. 그리고 후자의 경우를 스피노자는 '상반됨'(*contraria*)와 구별하여 '상이함'(*diversa*)으로 규정한다.(4부 정리 29, 4부 정리 31의 따름 정리)

3부 정리 5에서 주목해야 할 또 하나의 사항은 주절과 종속절의 순서이다. 상반성과 양립 불가능성을 제한하는 '*eatenus*'는 상호 파괴 가능성을 제한하는 '*quatenus*' 다음에 온다. 즉 상반성이나 양립 불가능성은 상호 파괴 가능성의 원인이 아니라 결과이다. 사물들은 하나가 다른 하나를 파괴할 수 있는 한에서(*quatenus*), 그리고 그런 한에서(*eatenus*) 상반되는 본성을 갖거나 양립할 수 없는 것이지, 본래부터 상반되거나 양립 불가능한 것은 아니다. 다시 말해 서로 파괴할 수 있음은 두 사물의 본성보다는 두 사물이 처한 상황의 함수일 수 있고, 상반성 혹은 양립 불가능성은 이 상황에서 이루어지는 두 사물 간 상호 작용의 결과일 수 있다. 반면 컬리의 영역과 포트라의 불역에서는 *eatenus*가 생략됨으로써 애초부터 본성상 상반되는 것들이 있을 수 있는 여지가 생긴다.

마지막으로 이 차이가 중요한 이유는 양립 불가능성이 단순한 논리적 불가능성이 아닐 경우, 상호 배제 외에 다른 결과에 귀착될 수도 있기 때문이다. 가령 A와 B가 서로 파괴할 수 있기 때문에 같은 곳에 거주할 수 없는데, 둘 다 딱히 다른 곳에 갈 수도 없다고 해 보자. 그러면 하나가 다른 하나를 파괴할 수도 있지만, 어쩔 수 없이 둘 다 자기 삶의 방식을 바꾸어 같이 살 수도 있다. "그런 한에서 상반되다"(형용사)에 이어 곧바로 "그런 한에서 같은 기체 안에 있을 수 없다"(동사)를 등가어로 놓으면서 스피노자가 의도하는 바가 이것으로 보인다. '상반되다' 그리고 '동일한 기체에 있을 수 없다'까지만 기술하는 3부 정리 5에 이어, 그 결과를 담고 있는 5부 공리 1은 이를 직접적으로 뒷받침한다.

하나의 동일한 기체/주체 안에 두 상반된 작용이 촉발되면 두 작용이 서로 상반되지 않을 때까지(*donec*), 양쪽 모두에나(*vel*) 둘 중 하나에나(*vel*) 필연적으로 변화가 일어날 수밖에 없을 것이다.

상반되는 것들은 동일한 기체에 실제로 일어나며, 그 귀결은 어느 하나의 파괴일 수도 있지만 비자발적인 상호 조정을 통한 공존일 수도 있다. 실제로 앞 절에서 나는 스피노자가 PPD에서 데카르트의 물체 충돌 규칙을 물체들의 비자발적 상호 적응을 통한 개체화 과정으로 조명하고 이것을 『윤리학』에서 신체 변용의 메커니즘으로 발전시킨다고 해석했다. 이를 고려할 때 3부 정리 5에 따라 서로 파괴할 수 있는 것들은 서로 상반되기에, 혹은 동일한 기체에 함께 있을 수 없기에 상반되는 것들이 동일 기체에 촉발되면, 그것들은 상반성을 제거하거나 중화시킬 수밖에 없다. 아울러 '할 때까지'(*donec*)라는 표현이 지시하듯 중화는 단번에 일어나지 않고 점차적으로 일어난다. 이는 상반성에도 여러 정도가 있음을 다시 한번 지지해 준다. 아울러 선언지의 형식(*vel-vel*)은 두 사물의 마주침의 결과가 두 사물의 본성에 의해 미리 결정되어 있는 것은 아님을 함축한다. 이 결과는 두 본성 각각이 연루되어 있는 외적 상황의 함수이기도 할 것이다.

나아가 사물들의 응집 원리가 무엇이냐는 올덴부르크의 질문(「편지 31」)에 대한 답변에서 스피노자는 '상반성의 제거' 혹은 '상호 적응'을 개체화의 원리로까지 제시한 바 있다.(「편지 32」) 곧 한 물체는 그것이 다른 것들에 맞추고 그들과의 상반성을 제거하는 한에서(quatenus) 그들과 하나의 동일한 사물을 이룬다. 반면 이 동일한 물체가 다른 것들과 관련해서가 아니라 그 자체 판명한 관념의 대상이 되는 한에서〔quatenus〕 하나의 구별되는 전체가 된다. 더욱이 스피노자의 자연학에 따르면 단순체는 외적 충격에 곧바로 해체되며 복합체만이 변화에도 불구하고 동일성을 유지한다. 곧 단순체는 이론적 구성물에 불과하며 복합체만이 현실적으로 실존한다. 그러므로 3부 정리 6은 모든 현실적 개체는 복합적이며, 복합체만이 코나투스를 가짐을 의미한다고 할 수 있다.

이렇게 해서 우리는 코나투스 연역이 왜 3부 정리 4(본질 혹은 정의에 의한 실존 정립)에서 끝나지 않고 3부 정리 5를 거쳐 3부 정리 6(신의 역량 표현으로서 자기 존재 유지의 노력)에서야 완수되는지, 이와 동시에 3부 정리 4에서 3부 정리 6으로의 이행이 어떻게 정당화되는지 알 수 있다. 그 자체로 고려된 하나의 본성(3부 정리 4)은 자신과 이질적인 것과 마주쳐 그 결과를 내면화하고 자기 안에 차이를 포함함으로써(3부 정리 5) 비로소 자기 보존의 역량을 갖는 물리적 실재가 된다.(3부 정리 6) 이에 상응하여 3부 정리 4의 논리적 단수 주어('nulla res')는 3부 정리 5의 복수 주어('res')를 거쳐서야 비로소 3부 정리 6의 독특한 사물('unaquaeque res')로 대체된다.

이제 이런 복합체 안에서 코나투스가 어떤 식으로 작용하는지를 살펴보자. 그러려면 복합체의 부분들이 무엇인지를 알아야 하고, 이를 위해서는 앞에서 불분명한 채로 내버려 둔 문제, 곧 3부 정리 5에서 말하는 사물들이 무엇인지에 답해야 한다. 3부 정리 5의 '사물들'은 속성(F)인가, 유기체와 같은 개체(I)인가?

3 개체의 코나투스와 변용의 코나투스

(1) 상태 유지와 존재 유지

스피노자 자연학에서 신체는 부분들 사이의 운동과 정지의 비율로 정의된다. 이 부분들은 무엇일까? 스피노자는 초기 저술인 『소론』에서 팔의 움직임을 동물 정기로 설명한 경우[22]를 제외하고는, 내가 아는 한 어디서도 신체 부분을 구체적으로 지칭한 적이 없다. 『윤리학』에서 가장 상세한 생리학적 설명이 제시되는 대목에서도 신체 부분들은 단지 '단단한 부분', '무른 부분', '유동적 부분'으로 지칭될 뿐이다.(2부 정리 17 따름 정리의 증명과 주석) 심장이나 뇌, 혈관 등을 중심으로 한 데카르트와 홉스의 생리학적 설명과 대조해 보면, 그는 신체 부분을 신체 기관으로 지시하기를 의도적으로 피하는 인상마저 준다. 실상 신체가 살로 뒤덮인 물질 덩어리가 아니라 운동과 정지의 비율로 정의된다면, 부분들 역시 사지나 신체 기관과 같은 물질적 부분이 아니라 상이한 속도나 방향을 가진 특정 운동들을 가리켜야 할 것이다. 곧 신체 부분이란, 외부 물체와의 관계하에 신체에 일어나는 사건이자 신체 '본질의 상태'(*essentiae constitutio*: 3부 부록, 정의 1의 해명. G II, 190, l.24)인 변용

---

22   2부, 19장, §9.

(*affectio*) 혹은 감정(*affectus*)라 할 수 있다. 거기에는 내 신체의 본성과 외부 물체의 본성 둘 다가 함축되어 있기 때문에(2부 정리 16) 서로 상반될 수 있다. 이 두 지점은 5부 공리 1에서 말하는 상반되는 것들이 '상반되는 작용들'이라는 점과도 부합한다. 그렇다면 3부 정리 5의 '사물들'은 변용들일 수 있고, 따라서 유기체(I)가 아니면서도 형용사적 속성(F)과 달리 물리적 실재성을 갖는다.

이제 이 변용이나 상태에도 코나투스가 있다고 할 수 있을까? 부분 역시 하나의 사물, 심지어 하나의 개체로 간주될 수 있고(2부 정의 7, 2부 정리 24의 증명) 3부 정리 6은 모든 사물에 적용되므로 앞의 해석이 옳다면 그렇다고 해야 할 것이다. 스피노자가 I와 같은 사물(유일 실체의 변용 혹은 양태)이나 I에 일어나는 사건(변용의 변용 혹은 양태의 양태)에 동일한 용어(변용*affectio* 혹은 양태*modus*)를 무차별적으로 사용한다는 점[23] 역시 이를 간접적으로 뒷받침한다. 그런데 과연 무생물에서부터 미생물, 자연 전체에 이르기까지 모든 사물을 각각 하나의 개체로 간주할 수 있다 해도, 이 개체들에 일어나는 사건이나 상태 역시 개체로 간주하는 것이 타당할 수 있을까?[24]

우선 이는 코나투스가 복합체에만 적용된다는 앞의 해석과 상충되지 않는가? 그렇지는 않다. 스피노자에게서 모든 사물은 무한 분할

---

23   그 외에 '영혼'이 '사유 양태'이면서 신체의 '관념'으로 규정되고, 역으로 영혼(영혼인 관념)이 갖는 일상적 의미의 관념 역시 '사유 양태'로 규정된다는 것도 마찬가지 근거가 된다.

24   실체의 변용의 변용 역시 코나투스를 갖는다는 것을 명시적이고 주제적으로 내세운 연구가는 드물며 Steinberg(2005)를 들 수 있다. 그는 믿음을 관념들의 역관계의 견지에서 설명하기 위해 관념의 코나투스에 호소한다. 그래서 가령 Della Rocca(2003)가 관념의 활동성을 오직 주체의 코나투스의 표현으로 간주한다면, 그는 관념 자체의 코나투스로 간주한다. 그 결과 각 관념이 함축하는 긍정과 한 정신의 관념들의 전체 체계의 함수로서의 믿음을 구별할 수 있게 된다.

가능하고, 신체의 각 부분 역시 '아주 많이 합성된 개체'(2부, 정리 24의 증명)이며, 변용이나 감정 역시 실질적으로는 그 안에 또 다른 변용이나 감정을 포함하기 때문이다. 좀 더 진지하게 고려할 문제는 스피노자가 데카르트의 코나투스 정식에서 형식은 물론 증명 방식까지 계승하면서도, '상태 유지'(*perseverare in suo statu*)를 '존재 유지'(*persevrare in suo esse*)로 대체했다는 사실이다.[25] 이는 변용과 같은 상태가 아니라 I와 같은 사물만이 코나투스를 갖는다는 뜻이 아닐까? 이 문제를 검토하기 위해 코나투스를 상태 유지로 정식화한 데카르트의 문제의식이 무엇이었고 스피노자가 이를 어떻게 비판적으로 계승했는지를 간단하게나마 살펴볼 필요가 있다.

『철학의 원리』에서 데카르트는 오늘날 관성의 원리로 알려진 상태 유지의 원리("각 사물은 할 수 있는 한 자기 상태를 유지하고자 노력한다.")와 직선 운동의 원리를 각각 자연의 제1 법칙과 제2 법칙으로 설정한다.[26] 또한 그는 이 두 법칙을 포함한 세 가지 자연법칙 및 운동량 보존을 모두 신의 특성(불변성)을 통해 뒷받침하면서도, 제1 법칙인 코나투스만은 신의 특성에 앞서 우선 공리로 내세운다. 이후 스피노자가 코나투스를 신의 역량을 통해 뒷받침하기(3부 정리 6의 증명) 이전에 우선 공리적인 것으로 설정하듯이(3부 정리 4) 말이다. 그리고 이런 공리적 설정에는 전략적 의미가 있다. 스콜라적 운동관에 따르면 운동이나 정지에는 고유한 실재성이 없다. 운동은 자기 반대물(정지)을 향해 가는 이행

---

25   『윤리학』 이전 글들에서는 스피노자 역시 코나투스를 '상태'의 유지로 간주했다. 『형이상학적 사유』 1부, 6장(G I, 248); 『신학-정치론』 16장.(G III, 189, 196)

26   『철학의 원리』, 2부, 37~38항.

적인 존재에 불과하며, 정지는 또한 자기 반대물(운동)의 결여태로 정의되기 때문이다. 이를 효과적으로 비판하기 위해 데카르트는 공리처럼 받아들여지는 각 '사물'의 자기 보존 경향을 운동과 정지에, 즉 실체의 '양태들'에 적용한다. 정지를 지향해 가는 운동이란 본성상 자기 파괴적인 것이 되고, 이 부조리를 근거로 스콜라적 운동관은 손쉽게 반박된다. 물론 데카르트는 여전히 운동과 정지라는 양태를 아리스토텔레스적 의미에서 '다른 것 안에 있는' 우연류(accidents)로 취급한다. 하지만 또한 '그 자체로'는, 곧 다른 장애물이 없을 경우에는 보존되는 것으로 보아 존재론적 지위를 상승시킨다.

이제 스피노자가 '상태'를 '존재'로 대체한 이유는 데카르트가 확보한 상태나 양태의 존재론적 적극성을 박탈하기 위해서가 아니라 그 반대이다. 실상 데카르트의 코나투스는 순간에 한정되며, 그런 한에서 상태를 '유지하다'(perseverare)(제1 법칙)는 별 의미가 없다. 또한 진공 없이 물체들로 가득 찬 물질 속에서 각 운동은 끊임없이 다른 것들에 의해 가로막히므로, 어떤 현실적 운동도 직선(제2 법칙)일 수 없다. 반면 스피노자에게서 코나투스는 순간을 넘어 지속으로 확장됨으로써 '유지하다'는 실질적 의미를 갖게 된다. 따라서 코나투스 원리의 적용 범위는 지속적인 상태로서의 존재로 확대되는 것이지 상태를 배제하는 것은 아니다. 오히려 존재는 단지 상대적으로 안정된 상태에 불과하며,[27] 역으로 상태나 변용 역시 별도의 코나투스를 가질 수 있다. 이에

---

27 「형이상학적 사유」에서 이미 스피노자는 힘이나 노력 자체와 구별되는 '기체' 개념을 "형이상학적 선"이라 비판하면서, 관찰자 자신의 존속 욕망을 다른 사물에 투사한 것에 불과하다고 말한 바 있다.(1부 6장: G I, 248)

대한 명시적 증거를 『윤리학』에서 발견할 수 있다.

(2) 변용의 자기 긍정과 개체의 파괴

과잉된 욕망에 대한 증명에서 스피노자는 인간 신체의 한 부분의 코나투스가 있고 이것이 다른 부분들의 코나투스보다 우세할 수 있음을 보여 준다.

> 4부 정리 60: 신체의 모든 부분이 아니라 한 부분 혹은 몇몇 부분에 관련되는 기쁨이나 슬픔에서 생겨나는 욕망은 인간 전체의 이익을 고려하지 않는다.
>
> 4부 정리 60의 증명: 신체(I)의 한 부분 A가 나머지 부분들을 압도할 만큼 외적 원인(E)의 힘에 의해 강화된다고 해 보자. 그 결과 이 부분은 자기 힘을 잃으면서 신체의 나머지 부분들(B, C, D……)이 자신의 직분을 수행할 수 있게 하려고 노력하지는 않을 것이다. 왜냐하면 (그러려면) 이 부분은 자기 힘들을 빼앗길 힘이나 역량을 가지고 있어야 할 것인데, (i) 이는 (3부 정리 6에 의해) 부조리하기 때문이다. 그러므로 (ii) 이 부분은, 따라서 (3부 정리 7, 3부 정리 12) 정신 역시(*consequenter Mens etiam*), 이 상태에 머무르고자 노력할 것이다. 따라서 그러한 기쁨의 감정에서 생겨나는 욕망은 전체를 고려하지 않는다."(강조는 인용자)

(i)에서 우리는 3부 정리 6이 우리 신체 전체(I)만이 아니라 그 부분(A)의 자기 유지 노력에 적용되고 있음을 알 수 있다. 다시 말해 전체의 포괄적 코나투스 외에도 부분이 갖는 다소 독자적인 코나투스가 있

는 것이다. 그리고 이 부분적 코나투스들(A, B, C, D……)의 합산의 결과 전체(I)의 상태가 규정된다. 다음으로 (ii)에서는 한 부분의 코나투스가 정신의 코나투스를 결정한다는 것을 알 수 있다. '따라서'(*consequenter*) 전후의 주어 전환에서 드러나듯, 한 부분이 자기 존재를 유지하고자 노력하기 때문에, 이로부터 전체의 상태(한 정념)가 규정되고 정신 전체는 이 상태를 유지하고자 노력한다. 더 정확히 말해 외부 원인(E)은 한 부분(A)을 특별히 강화시키고, E는 이 부분을 매개로 하여 I 안에 수립되어 있던 관계를 위협하면서 I 전체의 코나투스를 규정한다. 곧 I는 E에 의해 강화되는 한 부분(A)의 노력을 자신의 노력으로 받아들이고, 이 상태를 유지하고자 노력한다. 이 인과 구조는 주석에서도 반복된다. "기쁨이 대개 신체의 단 한 부분만 관련되듯이, 따라서 우리는(*cupimus ergo*) 대개 우리의 전체적 건강을 고려하지 않고 우리 존재를 보존하고자 욕망한다."(강조는 인용자) 이렇게 해서 우리는 어떻게 "한 정념 혹은 감정의 힘이 인간의 나머지 활동 혹은 역량을 초과하여 그에게 끈질기게 달라붙을 수 있는지"(4부 정리 6) 알 수 있다.

한 부분의 과잉은 더 나아가 개체의 파괴로까지 이어질 수 있을까? 이에 대한 간접적인 답변을 자살에 대한 스피노자의 언급에서 찾을 수 있다. 여기에서 그는 각 사물이 자기 긍정적이라고 단언하는 동시에 자살이 일어난다는 것을 인정하는데, 자살은 개체의 본성에 이질적인 변용을 통해 설명된다.

말하건대, 어떤 자도 자기 본성의 필연성으로부터, 그리고 외적 원인들에 의해 강제되지 않고서는 먹기를 거부한다든지, 스스로를 죽인다든지 하지는 않는다. 이것(스스로를 죽이는 일)은 다양한 방식으로 일어날 수 있다. 어떤 자는 〔A〕 다른 자에 의해(*ab alio*), 우연히 칼을 든 그의 손을 비틀어 그 칼이 그의 심장을 향하도록 강제하는 다른 자에 의해 강요되어 스스로를 죽인다. 〔B〕 혹은 세네카처럼, 폭군의 명령 때문에(*ex mandato*) 자기 동맥을 열도록 강요되어서, 다시 말해, 더 작은 악으로 더 큰 악을 피하기를 욕망해서 스스로를 죽인다. 〔C〕 혹은 마지막으로, 잠복한(*latentes*) 외적 원인들이 신체가 처음의 본성과는 상반되는 다른 본성을 쓰도록, 그리고 처음의 본성에 대한 관념이 정신 안에 주어질 수 없도록, 상상을 배치하고 신체를 변용시킴으로써(*ita-ut*) 스스로를 죽인다.(4부 정리 20의 주석)

사물이 오직 외적 원인에 의해서만 파괴된다는 사실과 자살이 양립 가능한 이유는 외적 원인이 타인(A, B)이나 외적 환경(B)일 수도 있지만, 가령 우울증과 같이 개체 안의 어떤 특수한 변용(C)일 수도 있기 때문이다. 그러니까 외적 원인을 꼭 공간적 의미의 외부로 생각할 필요는 없다. 사례 A에서처럼 누군가의 손을 자기 몸으로 향하게 비트는 타인의 손도 외적 원인이지만, 사례 C에서처럼 개인 안에서 활동하는 숨은 원인, 곧 본성에 이질적인 변용들 역시 외적 원인이다. 사례 B에서 세네카에게 죽음을 명하는 네로도 외적 원인이고, 삶의 욕망에 대립되는 세네카 자신의 명예욕 역시 외적 원인일 수 있다. 물론 삶의 욕망과 명예욕은 본성상으로가 아니라 네로의 명령이라는 외적 상황에 의해서만 대립된다. 외적 원인은 다른 상황에서는 양립 가능한 것을 양립 불가능하게 만들며, 바로 이 점에서 자살에 결정적이다.

이제 코나투스의 자기 긍정과 개체의 자살이 어떻게 양립할 수 있는지 결론을 내려 보자. 한 개체의 코나투스는 외적 원인에 의해 변용되는 한에서의 개체 자신에 대한 긍정이며, 외적 원인의 영향하에 생겨난 변용들의 자기 긍정이 개체 전체의 본성에 대립할 수 있다. 이처럼 개체와 변용의 관계를 기체와 우연류의 관계가 아니라 n 수준과 n-1 수준의 개체들 간의 관계로 고찰함으로써, 코나투스 원리를 위반하지 않음은 물론 의지(박약)를 가정하지 않고서도 자기 파괴적 행위를 설명할 수 있다.[28] 한편으로 n 수준 개체의 자살로 보이는 것은 n-1 수준 개체의 과도한 자기 존재 긍정에 기인하며, 이 과잉은 다시 n 수준의 다른 개체들과의 연대에 의해 지탱된다. 다른 한편 n 수준의 개체 역시 자기 존재를 유지하고자 한다. 특히 5부 공리 1에서 보았듯 그것은 상반되는 것들 사이의 갈등이 어느 쪽으로든 해소되는 방향으로 작용한다. 단 이 방향은 정해져 있지 않고 n-1 수준 개체들 간의 역관계에 따라, 그리고 이 개체 각각이 환경과 맺는 관계에 따라 결정될 뿐이다.

(3) 변용의 상대적 독립성과 개체의 역량 강화

마지막으로 부분들의 상대적 독립성은 자체적 힘보다는 이렇게 다른 개체들과의 복합적 연관을 토대로 하는 한에서,[29] 한 개체가 외적

---

28   이로써 Della Rocca(1996)가 지적했던 스피노자 코나투스 정식의 표현상의 중복성 역시 해명된다. 데카르트는 "*quantum in se est*" 또는 "*conari*" 둘 중의 하나만을 사용하며, 둘 다 "다른 것에 의해 가로막히지 않는 한"을 뜻한다. 반면 스피노자는 "*quantum in se est*"와 "*conari*"를 동시에 사용한다. 이는 개체가 상대적 독립성을 지닌 부분들을 포함하므로, 외부 사물에 의해 직접 가로막히지 않는 경우에도("*quantum in se est*"), 단지 경향적으로만("*conari*") "자기 존재를 유지한다."라고 보면 납득될 수 있다. 그가 정리의 "*quantum in se est*"를 증명에서 다시 "*quantum potest et in se est*"로 나누는 것도 이 때문일 것이다.

29   이탤릭으로 강조한 다음 두 부분을 함께 주목해 보라. "인간 신체의 부분들은 그것들이 어떤 특정한 관계에 따라 그들의 운동을 교환하는 한에서만(*quatenus*) 신체 자체의 본질에 속하

관계를 통해 더 강력해질 수 있는 조건이기도 하다. 실제로 스피노자는 정념의 힘에 코나투스와 유사한 표현을 부여한 후("그것의 실존에서의 유지"*eius in existendo perseverantia*: 4부 정리 5) 그 힘이 인간의 모든 능동을 능가하여 인간을 끈질기게 사로잡을 수도 있지만(4부 정리 6), 또한 이 정서와 "상반되면서 더 강력한 감정에 의해서만" 억제되거나 제거될 수 있다고 말한다.(4부 정리 7)

> 증명: 신체의 이 변용은 자기 존재를 유지하는 힘을 자신의 원인으로부터 수용하며, 따라서 이 변용과는 상반되며(3부 정리 5) 더 강력한 변용으로 신체를 변용시키는 물체적 원인에 의해서가 아니고서는 제한되거나 제거될 수 없다.(강조는 인용자)

이 증명에서 눈여겨볼 것은 우리의 두 논점, 곧 변용의 독자적 코나투스가 있다는 점, 그리고 변용들이 개체의 본성에 혹은 서로 간에 상반될 수도 있다는 점을 감정 제압의 실질적 조건으로 든다는 것이다. 사실 과잉된 정념에 종속된 개체는 자기 파괴를 향해 가지만, 전체를 고려하지 않는 부분이나 부분의 과잉된 힘에 종속된 개체나 어느 쪽에도 '잘못'은 없다. 문제는 다만 과잉된 정념과 상반되면서 더 강력한 감정 곧 n-1 수준의 다른 개체, 그리고 그것을 지지해 줄 원군이 없다는 점이다. 그러므로 해로운 정념의 통제를 위해서는 무력한 의지에

며, 인간 신체와의 관계 없이 개체들로서 고려될 수 있는 한에서는(*quatenus*) 신체의 본질에 속하지 않는다. 사실 인간 신체의 부분들은 아주 복합적인 개체들로, 그 부분들은 본성이나 형상을 전혀 변화시키지 않고서도 인간 신체로부터 분리될 수 있고, 다른 관계에 따라 다른 물체들과 그들의 운동을 교환할 수 있다."(2부 정리 24의 증명)

호소하거나, 근거 없는 코나투스의 '도약'과 같은 것에 기대하는 대신 개체를 새로운 환경에 노출하여 그것을 이루는 변용들이 외부 환경과 새롭게 연결되고 그 결과 새로운 내적 관계가 수립되도록 하는 것이 필요할 것이다. 즉 개체들 간 연관을 이용한 역량 강화의 윤리가 필요한 것이다.

그렇다면 과잉된 감정 역시 코나투스를 갖는데, 그것이 상반되는 다른 감정에 의해 중화될 수 있는 이유는 무엇일까? 그것은 관념이나 감정, 곧 변용의 변용(n-1 수준의 개체) 역시 그 안에 완전히 통합되지 않는 부분(n-2 수준의 개체)을 포함하기 때문이다. 앞서 인용한 4부 정리 60의 증명에서 '자기 존재'를 유지하려는 부분 A의 코나투스 역시 자기 안에 상반되는 것들(a, b, c……)의 상호 작용을 포함할 것이고 그렇게 계속 이어진다. 이처럼 각 감정이 인간 개체와 동일한 존재론적 조건에 종속된다는 것, 곧 그것이 상대적으로 독립적인 힘을 가지며 또 그 안에 상대적으로 독립적인 부분을 포함한다는 것은 지금까지 오로지 인간의 예속 조건으로만 고찰되어 온 정리들을 새롭게 조명하게 해 준다. 대표적으로 4부의 공리가 그렇다. "[어떤 독특한 사물이 주어지면] 사물들의 자연 안에서 그것보다 더 역량 있고 더 강력한 것이 주어지지 않은 것은 없다. 오히려 어떤 사물이 주어지면 그것보다 더 역량 있는 다른 것, 그것에 의해 이 사물이 파괴될 수 있는 다른 것이 있다." 이 '사물'은 우리 자신뿐만 아니라 정념이기도 하다. 따라서 이 공리는 우리 자신이 자연 안에서 늘 더 강력한 것에 의해 파괴될 수 있음을 뜻할 뿐만 아니라, 우리를 사로잡는 강력한 정념도 늘 더 강력한 다른 정념에 의해 파괴될 수 있다는 것 역시 함축한다.

이렇게 볼 때 스피노자가 2부 자연학 소론에서 언급한 개체들의 층첩(l'emboîtement des individus/nesting of individuals) 구조[30]는 코나투스에도 적용된다. 여기에서 개체들은 다양한 층위에 걸쳐 존재할 뿐 아니라, 라이프니츠에서와는 달리 하위 개체가 상위 개체에 대해 상대적으로 독립적이어서 상황에 따라 다양한 방식으로 분리되거나 결합될 수 있다. 그리고 개체들 간의 이런 복합적 연관의 구조 때문에 부분들의 상대적 독립성은 인간의 역량 강화의 실질적 조건일 수 있다. 상반성이 갖는 유의미성에도 불구하고, 이런 의미에서 헤겔의 모순이나 프로이트의 본능 이원론에서와 달리 적극적 역할을 하는 것은 부정성이 아니라 여전히 긍정성이다. 덧붙여 실체와 우연류 사이의 범주적 구별이 존재하지 않는다면 실체 범주에 해당하는 변화인 생성 및 파괴와, 우연류에 해당하는 변화인 증가와 감소, 변질, 이동 사이의 결정적 문턱 역시 없을 것이다. 따라서 죽음은 물론 급격하긴 하지만 개인에게 일어날 수 있는 숱한 변화들 가운데 하나에 불과할 수 있다. 스피노자가 언급하는 자살이나 정신병[31], 기억상실[32] 같은 사례가 상상하게 하는 것보다 빈번하고 사소한 사건일 수 있는 것이다. 요컨대 존재 유지가 어떤 실체적인 존재의 유지가 아니라 단지 상대적으로 안정적인 상태의 유지이듯, 파괴 역시 실체적인 소멸이 아니라 양태적인 변화에 불과할 것이다.

30 "우리가 이제 본성이 다른 여러 개체로 합성된 또 다른 개체를 생각한다면 (……) 이렇게 다시 무한하게 나아간다면, 자연 전체가 단 하나의 개체로서, 이 개체 전체의 변화 없이 그 부분들, 즉 모든 물체가 무한하게 많은 방식으로 변이된다는 것을 쉽게 생각할 수 있다."(2부 정리 13의 주석 이하, 보조 정리 7의 주석) 더 자세한 묘사는 「편지 32」, 피 속의 기생충 비유를 참조하라.
31 앞의 4부 정리 20 주석의 마지막 사례(C)와 「편지 23」은 간접적으로 이를 시사한다.
32 4부 정리 39의 주석.

4 나오며

이 장에서 나는 코나투스에 대한 일상적 이해에서와 달리 개체 전체만이 아니라 부분이 되는 변용에도 독자적인 코나투스가 있음을 보여 주었다. 이처럼 전체에 상대적으로 독립적인 부분의 코나투스가 있기 때문에 스피노자의 개체는 '복합체'이다. 그리고 변용의 이런 상대적 독립성이 자기 파괴적 행위의 원인이다. 그러나 개체들 간의 복합적 연관에 바탕을 두는 한에서, 그것은 또한 자살적 경향을 막고 개체의 역량을 강화할 수 있는 조건이기도 하다. 코나투스를 단일체로 보는 해석은 실체의 변용과 변용의 변용 사이에 넘을 수 없는 범주적 문턱을 설정하고 변용의 변용이 갖는 존재론적 위상, 자연학적 힘, 윤리적 함의를 놓치게 한다.

그렇다면 스피노자적 개체가 복합적임을 인정하면서도 사람들이 유달리 코나투스에 대해서만은 그렇지 못한 이유는 무엇일까? 이는 정념이 어쨌든 '정신의 정념'이며 그런 한에서 정념의 코나투스와 정신 자체의 코나투스는 적어도 우리 의식상으로는 잘 구별되지 않기 때문인 것 같다. 이 점은 스피노자 정념론을 데카르트의 것과 비교해 보면 더 잘 납득될 수 있다. 데카르트가 스피노자보다 정념들에 대해 훨씬 낙관적인 입장을 가졌다는 것은 주지의 사실이다.『정념론』에서 데카르트는 심지어 모든 정념이 본성상 좋을 뿐 아니라[33] 정념에서 현생의 가장 큰 달콤함과 행복을 맛볼 수 있다고 말한다.[34] 이는 그가 자유의 기관

---

33   Descartes(1994), 3부, 211항, p. 215 (AT XI, 485): 데카르트(2013), 184쪽.
34   Descartes(1994), 3부, 212항, p. 218. (AT XI, 488): 데카르트(2013), 186쪽.

인 의지의 존재를 믿었기 때문만이 아니다. 정신이 정념들의 놀이를 연극처럼 지켜보는 관객의 입장에 설 수 있고, 이는 다시 정념이 결국 정신의 타자인 신체의 대리자들이기 때문이다. 그래서 아내의 죽음을 진정으로 슬퍼하면서도 은밀한 기쁨을 느끼는 유명한 홀아비의 사례처럼[35] 슬픔이 신체에서 연원하는 이상 슬픔이 깊을수록 기쁨은 그것과 싸워 이긴 정신의 힘을 입증한다.

반면 스피노자에게서는 감정과 구별되는 의지가 없다. 능동이든 수동이든 모든 감정의 원인은 사유 안에 있고 우리 것으로 체험된다. 바로 그렇기 때문에 의식적 체험이 아니라 원인에 대한 인식을 통해서만 감정은 우리에게 이질적인 것과 우리 자신의 것으로 분간될 수 있다. 감정의 토대이자 그 자체 하나의 감정인 코나투스 역시 마찬가지이다. 우리 안에서 일어나는 긍정과 도약의 느낌을 우리 코나투스의 능동성으로 착각해서는 안 되며, 이 느낌 역시 원인을 통해 인식되어야 한다.

---

35 Descartes(1994), 2부, 147항, p. 173. (AT XI, 441): 데카르트(2013), 136~138쪽.

10장

"우리는 어떤 물체가 많은 방식으로
변용됨을 느낀다"

1 왜 '내 신체'가 아니라 '어떤 신체'인가?

스피노자는 홉스와 더불어 각 개인이 자기 보존(코나투스)을 최상
의 목적으로 삼는 근대적 개인주의 윤리를 표방하는 것으로 여겨지곤
한다. 그러나 앞 장에서 보았듯 스피노자가 말하는 코나투스란 각자의
삶의 목적이라기보다는 '현실적 본질'이며, 자기 보존이라기보다는 '자
기 존재 안에 머무르려는 경향'이다. 그리고 무엇보다도 각자 자기 존
재 안에 머무르려는, 상대적으로 독립적인 경향을 지닌 다양한 부분의
복합체이다.

이를 고려할 때 "우리는 어떤 신체(*quoddam corpus*)가 많은 방식으로
변용됨을 느낀다."(2부 공리 4)라는 『윤리학』에 담긴 한 생경한 단어가
예사롭지 않게 눈에 띌 수밖에 없다. 스피노자는 여기에서 우리 느낌
의 대상을 '우리 신체'나 '내 신체'가 아니라 '어떤 신체'라고 표현한다.

그리고 실제로 이 공리를 출발하여 이 "어떤 신체"가 우리가 우리 자신의 것으로 느끼는 바로 이 신체임을 증명의 대상으로 삼고, 무려 13개의 정리를 거쳐 증명을 완수한다. 스피노자는 이 공리의 왜 스피노자는 애초부터 '내 신체'나 '우리 신체'라고 표현하지 않았을까?[1] 왜 그는 이를 증명의 대상으로 삼으면서 우리가 우리 신체를 느낀다는 익숙한 사실을 제쳐 두고 어떤 물체를 느낀다는 막연한 표현을 공리에 사용했을까? 앞서 살펴본 코나투스의 복합성에 미루어 보면, 우리가 각자의 것으로 느끼는 고유한 신체(body proper)에 대해 스피노자는 아마도 이 각자성의 자명성을 깨뜨리고 있다고 볼 수 있을 것이다.

이 생경한 공리에서 우선 데카르트를 떠올리지 않을 수 없다. 광기 가설을 통해 내 신체를 직관적으로 자명한 것이 아니라 증명의 대상으로 삼은 자가 바로 데카르트이기 때문이다. 그러므로 이 공리는 적어도 스피노자의 출발점이 데카르트적 사유의 반경 안에 있음을 시사한다. 그런데 데카르트는 이 '어떤 물체/신체'를 결국은 '내 것' 곧 수적으로 구별되는 고유한 신체임을 인정하고, 이것을 '내 신체'라 부를 권리를 이성이 아닌 '자연의 가르침'에 귀속시킨다. 그렇다면 스피노자는 이 데카르트적 출발점, 곧 어떤 물체에서 출발하여 과연 어디에 도달할까? 광인의 신체가 아니라 그 역시 '인간 신체'에 도달한다. 그 역시 신체에 대한 우리 느낌을 근거로 이를 도출하며, '인간 신체는 우리가 느끼는 대로(*prout*) 실존한다.'(2부 정리 13의 따름 정리)라고 결론 내린다.

---

1   물론 '어떤 신체'는 『윤리학』의 네덜란드어 번역본(*Nagelate Schriften*)에서는 '우리 신체'로 되어 있다.(Spinoza(1985), p. 448, note 5) 그러나 이는 번역자들이 이 표현에 대해 느꼈을 생경함을 보여 줄 뿐이다.

그런데 2부 정리 13에서 느낌을 근거로 도출된 인간 신체와 이후 자연학 소론에 제시된 자연학적 물체 사이에는 충돌이 있는 것 같다. 후자에 따르면 물체들은 실체적으로가 아니라 양태적으로만 구별되며 다른 것들과의 교섭 관계, 심지어 준거점에 따라 정체성이 달라진다. 하지만 우리는 우리 신체를 다른 신체와 수적으로 구별되는 것으로 느끼며, 또한 우리와 교섭하는 다른 신체를 우리 것으로 느끼지는 않는다. 물론 정신이 신체의 관념에 불과하다는 것 혹은 정신(인 관념)의 대상은 다름 아닌 신체라는 것은 익히 알려진 스피노자 평행론의 골자이다. 그런데 인간 정신의 대상인 이 신체가 우리가 내 것이라고 느끼는 고유한 신체인지, 아니면 그보다 더 넓은 범위의 어떤 물체/신체인지는 정확히 알 수 없다. 인간 신체 연역이 완수되는 정리 13에서도 명시적 답변은 찾을 수 없다. 정리 13은 분명 "신체, 혹은 현행적으로 실존하는 연장의 특정한 양태"(2부 정리 13)에 도달하지만, 어디에도 '우리 신체'나 '내 신체'라는 표현은 없다. 그 따름 정리에서도 다만 "인간 신체는 우리가 느끼는 대로(*prout*) 실존한다."(2부 정리 13 따름 정리)고 진술될 뿐이다.

그러므로 우리에게는 다음의 양자택일이 있는 듯하다. (i) 데카르트에서처럼 다른 사물들과의 교섭 관계에 따라 범위가 탄력적으로 규정되는 자연학적 물체와 우리 느낌을 근거로 도출된 고유한 신체 사이의 질적 구별을 인정하거나, (ii) 데카르트에서와 달리 자연학적 신체와 인간 신체 사이의 질적 차이를 인정하지 않지만, '느낌'을 무시하면서 경험과의 괴리를 감수하거나.

아래에서 우리는 먼저 데카르트와 스피노자의 신체 증명을 비교하고, 둘의 도달점이 어떻게 달라지는지를 살펴보는 가운데 후자를 옹호할 것이다. 즉 데카르트는 고유한 신체에 도달하지만 단지 "자연의 가르침"이라는 자격으로 도달한다.(2절) 반면 스피노자는 이성적인 증명을 통해 신체를 연역하지만 이것은 고유한 신체가 아니라 끝까지 어떤 신체로 남는다. 다만 이 표현은 증명 이전의 막연함이나 감각의 모호함을 의미하는 것이 아니라, 자연학적 신체와 일치하는 "인간 신체"의 실정적 유동성을 의미한다.(3절) 끝으로 느낌이나 감각에 해당되는 스피노자의 용어인 "신체 변용(*affectio*)의 관념" 혹은 감정(*affectus*)의 특수한 의미로부터, 스피노자가 말하는 인간 신체에 대한 우리 느낌과 일상 경험과의 괴리를 좁혀 볼 것이다.(4절)

2 "어떤 특수한 권리로 내 것이라 부른 이 신체"

주지하듯 데카르트는 외부 세계, 나아가 내 신체의 존재마저 괄호친 후 사유하는 나의 존재에서 출발하여 신의 관념을 거친 후에야 비로소 물체들의 실존에 대한 확실성에 도달한다. 그런데 자기 신체에 대해 그가 보여 준 것은 "우리는 어떤 물체가 많은 방식으로 변용됨을 느낀다."라는 앞서 인용한 스피노자의 공리 이상이 아닌 것 같다.

「6성찰」에서 데카르트는 자기 신체를 "내가 어떤 특수한 권리로 (*speciali quodam jure*) 내 것이라고 부른 이 신체"[2]라 부른다. 물론 이 신체가 '다른 물체보다 더 밀접하게 나에게 속해 있다'는 믿음에는 근거가 없지 않을 뿐 아니라[3] 「1성찰」에서부터 "도저히(*plane*) 의심할 수 없는

2   AT VII, 75~76: 데카르트(2021), 107쪽.

것"[4]으로 인정되었던 것이다.[5] 그러나 데카르트는 자기 신체의 실존에 의심의 여지가 없지는 않음 역시 인정한다. 광인들이 증거이다. 그들은 "알거지이면서도 왕이라고, 벌거벗고 있으면서도 붉은 비단 옷을 입고 있다고, 머리가 진흙으로 만들어졌다고, 몸이 호박이나 유리로 되어 있다고" 우긴다. 따라서 자기 신체를 의심할 수 없는 이유는 "그것을 부인하는 것이 미치광이의 짓과 다름없을 것"[6]이고, 미치지 않음은 사유의 기본 조건이기 때문이다.[7] 결국 내 신체 실존에 대한 의심 가능성은 그 자체로는 광기 가설과 더불어 축출되고 오직 꿈의 가정과 결합해서만 남게 된다. 그러므로 『성찰』의 의심 대상 가운데 내 신체의 실존만큼은 이성의 시험을 철저하게 거치지 않은 채 감각적 직관의 상태로 존속한다고 할 수 있다. 그런데 철저한 의심에서 면제된다는 것은 강한 의미의 확실성("형이상학적 확실성")에서도 배제된다는 것을 의미

3   나는 이 신체와 분리될 수 없고, 욕구나 정념을 "신체 안에서(*in*), 그리고 신체를 위해 (*pro*)" 느끼며, 고통과 쾌감을 신체 밖의 다른 물체가 아니라 "신체의 부분들에서" 감지하기 때문이다.(AT VII, 76: 데카르트(2021), 107쪽)

4   AT VII, 18: 데카르트(2021), 35쪽.

5   "지금 내가 여기에 있다는 것, 겨울 외투를 입고 난로 가에 앉아 있다는 것, 이 종이를 손에 쥐고 있다는 것 …… 이 두 손이 그리고 이 몸통이 내 것이라는 것"(AT VII, 18: 데카르트(2021), 35쪽)을 어떻게 의심할 수 있겠는가?

6   AT VII, 18: 데카르트(2021), 35쪽.

7   "그래서 내가 이들(미치광이)의 언행 가운데 몇 가지만이라도 흉내 낸다면 나 역시도 미치광이로 보일 것이다."(AT VII, 35: 데카르트(2021), 35쪽) 푸코는 이를 다음과 같이 지적하고 있다. "진리의 영속성 덕분으로 사유가 오류에서 벗어나거나 꿈에서 빠져나올 수 있었던 것과는 달리, 광기로부터 사유를 보호하는 것은 진리의 영속성이 아니라, 미칠 가능성의 부정(미칠 수 없음 impossibilité d'être fou)이다. 광기의 불가능성은 사유의 대상이 아니라 생각하는 주체에 본질적인 것이다."(푸코(2003), pp. 114~115: 불 68)

한다. 실제로 「6성찰」은 외부 물체들의 실존과 심신의 합일을 증명할 뿐이며, 두 증명 중 어느 쪽도 이 신체를 '내 것'이라 부를 권리의 증명은 포함하고 있지 않다.

(1) 외부 물체들의 실존 증명에서 내 신체

코기토나 신, 물질적 본성으로서의 연장과는 달리 물질적 사물들의 실존 증명에서 관건은 지성이 아니라 감각이다. 그러나 이 역시 엄연한 증명이다. 순전히 감각이라는 결과에 머무르는 것이 아니라, 신의 진실성과 이를 바탕으로 한 심신 구별을 전제로 하여, 물질적 사물들이 그 원인으로 추론되는 것이다.[8]

〔전제 A〕신의 진실성

〔전제 B〕사유와 연장의 상호 독립적 인식 가능성에 근거한 심신의 실재적 구별

〔1〕감각적 관념은 수동적 감각 능력을 통해 수용되며, 이는 능동적 능력을 전제로 한다.

〔2〕이 능동적 능력은 내 안에 있거나 다른 것 안에 있다.

〔3〕감각은 나의 자의에 따르지 않으므로, 내 안이 아니라, 나와는 다른 실체 안에 있어야 한다.

8 　정신과 신체의 상이성은 「2성찰」의 코기토 발견 과정에 이미 함축되어 있었지만, 이런 이유로 데카르트는 자신이 '순서'가 요구하는 바에 따라 심신 구별을 「2성찰」이 아니라 「6성찰」에 가서야 증명했다고 말한다.(「두 번째 답변」, AT VII, 155: 데카르트(2012), 103쪽) 이 점은 "여섯 성찰의 요약"에서도 강조된다.(AT VII, 13: 데카르트(2021), 29쪽)

〔4〕이 다른 실체는 (i) "물체 혹은 물질적 본성"(*corpus sive natura corporea*) (AT VII, 79)이거나 (ii) 신이거나 (iii) 그 밖에 이 관념의 표상적 실재성 이상의 형상적 실재성을 지닌 제3의 실체이다.

〔5〕그런데 (ii) 신은 기만자가 아니며 (iii) 제 3의 실체에 대한 관념 역시 우리 안에 없고, (i) 오히려 우리에겐 감각적 관념이 "물질적 사물들"(*res corporeae*)(AT VII, 80)에서 유래한다고 믿는 경향성이 있다.

〔6〕그러므로 A와 B에 의해, 감각의 원인은 신이나 제3의 실체가 아니라 물질적 사물들이라고, 따라서 물질적 사물들은 실존한다고 결론 내릴 수 있다.

이 논증의 첫 번째 문제는 〔4〕의 "물체 혹은 물질적 본성(단수)"에서 〔5〕의 "물질적 사물들(복수)"로의 이행이다. 이 "물질적 사물들"이 (연장 속성과 사고상으로만 구별되는) 물질 전체가 아니라 개별적인 물체들을 가리키는지는 분명치 않다. 데카르트에게서 사유 실체는 분명 개별 정신이지만, 물질적 '실체'가 개별 물체들인지 물질 전체인지는 분명치 않기 때문이다.[9]

---

9 『철학의 원리』, 2부, 1항에서도 데카르트는 실존 증명의 대상이 되는 것을 "물질적 사물들"(*res materiales*), "연장된 어떤 물질"(*materia quandam extensa*), "연장된, 그리고 우리가 연장 실체에 속한다고 명석하게 지각하는 모든 특성들을 가진 사물", "우리가 물체 혹은 물질이라고 부르는 연장된 사물"(*res extensa, quam corpus sive materiam appellamus*)로 지칭한다.(AT VIII-1, 40~41) 사실 물체들에 개체성이 아예 없다고 할 수는 없어도, 어쨌든 강한 의미의 개체성은 영혼과 결합된 '인간' 신체에만 있다. 즉 게루가 말하듯, "영혼, 곧 '신체의 형상'이 부재한 곳에서는 연장 실체와 구별되는 실체, 명실상부한 개체성은 부재하며, 모든 것은 물질적 요소들의 끊임없는 순환으로 귀착된다."(Gueroult(1975), p. 177) 데카르트적 연장의 통일성 및 구

다음으로 이 물질적 사물들에서 '내 신체'는 미리 배제되어 있다. 〔3〕에서 말하는 '나'는 순수 정신이고[10] (전제 B에 따라) 정신과 물체/신체는 상이한 실체이므로, 〔4〕에서 감각의 원인이 될 "나와는 다른 실체"의 후보 가운데는 '내 신체'도 포함되어야 할 것이다. 그러나 데카르트는 이를 미리 배제해 둔다. 물질적 사물들의 실존은 그것들이 '나'와는 '다른 것'이라는 자격으로 증명되고, 이 다른 것에 내 신체는 포함되지 않는다. 그렇다면 내 신체의 실존은 외부 물체의 실존과는 다른 근거로 증명되어야 할 것이다. 뒤따르는 심신 합일 논변에서 이를 기대해 볼 수 있을 것이다.

(2) 정신과 합일된 신체

외부 물체들의 실존이 감각 일반을 통해 증명된다면, 정신과 합일된 '내 신체'의 실존은 더 특수하게 내감을 근거로 입증되는 듯 보인다. 통증이나 목마름에서 나는 나와 구별되는 어떤 대상을 지각하기보다 나 자신을 느낀다는 것이다. 이는 신체와 정신이 각각 배와 배를 이끄는 조종사처럼 별개의 두 실체로 결합되어 있는 것이 아니라 그 이상으로 밀접하게, 이를테면 "실체적으로"[11] 결합되어 있다는 증거이다.

별에 관한 이 애매성 일반에 대해서는 Gueroult(1968b), Appendice X, "La conception cartésienne des corps," pp. 529~556을 참조하라.

10 "이 능동적인 능력은 사실 내 안에 있을 수 없다. 그것은 지성을 전혀 전제로 하지 않으며, 또 감각 관념은 내 협력 없이도, 아니 오히려 내 의지에 반해서조차 산출되기 때문이다."(AT VII, 79: 데카르트(2021), 110쪽) 여기에서 '나'는 '지성'및 '의지'와 동일시되는 한에서 순수 정신이라 볼 수 있다.

그러나 내감을 근거로 한 이 증명은 불충분해 보인다. 실체적 합일의 근거는 "갈증, 허기, 고통 등과 같은 감각이 정신과 신체의 합일 및 혼합에 의해 생기는(*ab unione & quasi permixtione exorti*) 어떤 혼동된 사유 양태와 다름 아님이 확실하기 때문"[12]인데, 합일로 생기는 혼동된 사유 양태는 내감만이 아니라 외감에도 해당되기 때문이다.[13] 이 점은 『철학의 원리』에서 심신 합일(2부, 2항)을 물질적인 것들의 실존(2부, 1항)과 "동일한 방식으로" 즉 감각의 수동성을 통해 증명하려는 대목에서[14] 더 분명히 드러난다. 우리는 "통증이나 여타의 감각들이 우리에게 예기치 않게 일어난다는 것을 분명히 알고 있고,""정신은 자기가 그러한 감각들을 일으키는 것이 아니며, 그 감각들이 자신에게 속할 수 있는 이유는 단지 자신이 사유 실체로서가 아니라 육체라고 불리는 연장되고 움직일 수 있는 어떤 물체와 결합되어 있기 때문이라는 것"이다. 이와 같은 감각의 수동성 논변은 앞서 외부 물체의 실존을 증명한 논변과 동일하며, 따라서 이 감각이 외부 물체가 아니라 내 신체와 관련된다는 것을 입증하지는 못한다. 더구나 앞서 물질적 사물들의 실존을 증명할 때

---

11   「네 번째 반박에 대한 답변」, AT VII, 228: 데카르트(2012), 196쪽.

12   AT VII, 81: 데카르트(2021), 112쪽.

13   이 점에서 심신 합일에 대한 데카르트의 '자연의 설립 이론'은 외감(가령 색깔을 장미에 귀속시키는 것)과 내감(고통을 발에 귀속시키는 것)의 구별 근거를 제공하지 못한다는 윌슨의 지적은 타당하다. cf. Wilson(1978), pp. 188~191. 라포르트는 '지각하다'(percevoir)와 '느끼다'(sentir)의 차이를 현전하는 것이 각각 대상과 주체(내 신체의 상태)이며, 후자는 코기토에서처럼 직관적으로 '의식된다'는 점에서 찾는다.(Laporte(1988), pp. 232~234를 참조하라.) 그러나 이는 현상적 차이에 대한 기술이며 원인의 설명은 아니다.

14   "〔§1과〕 같은 방식으로 우리는 다음의 사실로부터 우리의 정신에 어떤 물체가 다른 물체들보다 더 밀접하게 결합되어 있다는 결론을 내릴 수 있다."(AT VII-1, 41: 데카르트(2021), 68쪽.)

끌어들였던 기만하지 않는 신 논변은 물질적 사물들의 실존 증명에만 쓰일 뿐 우리가 신체를 가지고 있음을 증명하는 것과는 아무 관련이 없다.[15] 오히려 데카르트는 이어지는 논의의 대부분을 특히 내감이 일으키는 착오와 신의 선함을 화해시키는 데 할애하고 있다. 이후 『철학의 원리』 4부의 감각에 대한 논의 및 『정념론』을 보면 내감과 외감 구별의 근거가 부재할 수밖에 없는 이유를 알 수 있다. 내감이든 외감이든 모든 감각(sensus)의 근접인은 뇌로부터 나머지 모든 지체들에 퍼져 있는 신경의 다양한 운동들이므로, 이것만으로는 내감과 외감을 구별할 수 없다. 결국 『정념론』에서 데카르트는 외적 지각과 내적 감각, 영혼의 정념을 각각 외부 물체와 우리 신체, 영혼에 "우리가 관련시키다(rapporter à)"[16]라는 표현을 사용하여 현상적으로 기술하는 데 만족한다.[17]

그럼에도 「6성찰」의 이 논증을 오류로 볼 수는 없다. 데카르트는 심신 합일에 대해서만큼은 (코기토에서와 같은) 지성적 직관이나 (물질적 사물의 실존 증명에 쓰였던) 추론을 통한 확실한 인식이 아니라 "자연의 가르침"에 만족하기 때문이다. 곧 나에게 신체가 있고, 내가 신체와 일체를

15 동일한 지적을 윌슨에게서도 발견할 수 있다. Wilson(1978), p. 191을 참조하라.

16 "우리가 우리 바깥에 있는 대상들에 관련시키는 지각들에 대하여"(1부 23항); "우리가 우리 신체에 관련시키는 지각들에 대하여"(1부 24항); "우리가 우리 영혼에 관련시키는 지각들에 대하여"(1부 25항).

17 "이렇게 하여 우리는 동시에, 그리고 동일한 신경들을 매개로, 우리 손의 냉기와 우리 손이 접근해가는 불꽃의 열기를, 혹은 반대로 손의 열기와 손이 노출되어 있는 대기의 냉기를 느낄 수 있다. 다음과 같은 점 외에는 우리 손 안에 있는 열기나 냉기(A)를 우리에게 느끼게 만드는 작용들과 우리 바깥에 있는 열기나 냉기(B)를 우리에게 느끼게 하는 작용들 사이에 어떤 차이가 없이도 말이다. 즉 이 작용들의 일부는 다른 것에서 오기에, 우리가 전자(A)를 이미 우리 안에 있다고 판단하고, (우리에게) 일어나는 것은 아직 우리 안에 없고 그것을 야기하는 대상 안에 있다고 판단하는 것 말이다."(I, 24항)

이루며, 합성체로서의 내 전체는 다양한 방식으로 이롭거나 이롭지 않게 변용될 수 있다는 것, 이 모두는 "아주 확실"하지만(*plane certum esse*)[18] 단지 자연의 가르침으로서이다.[19] 그리고 이 가르침의 확실성을 형이상학적으로 뒷받침하는 것은 "신의 선성"이다.[20] 이는 심신 합일, 그리고 그 귀결인 특정 관념과 신체 운동의 상응이 "자연의 설립(L'institution de la Nature)"에 의한 것, 즉 우연적인 것이라는 형이상학적 테제에 부합한다. 그것은 본질이 아닌 사실의 진리, 이성을 통해 증명될 수 없는 자연의 가르침에 속한다. 이렇게 볼 때 데카르트가 도달한 지점은 "우리가 어떤 물체의 변용을 느낀다."라는 스피노자의 공리 이상이 아니며, 스피노자는 데카르트의 도달점에서 시작한다고 볼 수 있다.

18   AT VII, 81: 데카르트(2021), 113쪽.

19   이 가르침의 확실성에 대한 데카르트의 평가는 일의적이지 않다. 한편으로 "세계가 실제로 존재한다든가, 인간이 신체를 갖고 있다든가〔등등을 증명하는 「6성찰」의〕 근거들은 우리 정신과 신의 인식에 이르게 해 주는 근거들보다 그렇게 견고하거나 명석하지 않다."(『성찰』의 개요, AT VII, 16: 데카르트(2021), 32~33쪽). 다른 한편 "심신 합일에 대해 나는〕 더 강력한 것들을 어디에선건 한 번도 본 적이 없는 근거들을 사용했다."「네 번째 답변」, AT VII, 228: 데카르트(2012), 196쪽); "그것〔심신 합일〕보다 설명하기 어려운 것은 없네. 그러나 경험만으로 충분한데, 여기에서 경험은 그 반대를 확신할 어떤 수단도 없을 정도로 명석하다네."(『뷔르망과의 대화』: AT V, 163: Descartes(1981), 88)

20   AT VII, 85: 데카르트(2021), 118쪽. 알키에 역시 내가 내 신체를 물체들처럼 객관적으로 응시할 수 없고 내 정신과 합일되어 있음을 단지 체험할 수밖에 없으며, 따라서 자연의 가르침과 관련하여 신의 진실성(véracité)의 문제가 다시 제기되어야 한다고 본다.(Descartes(1983), p. 491, note 2) 게루는 신의 진실성을 영원진리와 감각의 진리로 나누어, 전자는 "인과성, 즉 신의 전능성"에 토대를 두며, 후자는 "그 성향의 유용성"으로 지지되고 "목적성, 즉 신의 선성"에 토대를 둔다고 하면서, 전능성과 선성을 신의 진실성의 두 가지 최종 토대로 본다.(Gueroult(1978), p. 213)

3 "우리는 어떤 신체가 많은 방식으로 변용됨을 느낀다"

『윤리학』 2부의 인간 신체 연역을 살펴보기 전에, 젊은 시절의 스피노자가 쓴 『데카르트의 '철학의 원리'』(이하 'PPD')를 잠깐 살펴볼 필요가 있다. 거기에서 스피노자는 우선 「6성찰」의 요지 혹은 『철학의 원리』의 해당 부분(2부, 1~2항)을 "길이, 너비, 깊이를 가진 연장된 실체는 실제로 존재하며, 우리는 이 실체의 부분들중 하나에 결합되어 있다."(PPD 1부 정리 21)라고 요약한다. 주목할 것은 진술 대상이 「6성찰」과 달리 "물질적 사물들"의 실존과 "심신" 합일이 아니라 (i) (단수로서의) 연장의 실존, 그리고 (ii) 연장의 일부에 우리가 결합되어 있다는 것이다. 다음으로 각각에 대한 증명에서 스피노자는 데카르트처럼 (i) 감각이 내 의도와 무관하게 주어진다는 논변을 이용하면서도,[21] 감각을 통해 증명하는 것은 개별 물체들의 실존이 아니라 연장의 실존이다.[22] 또한 (ii) 내감을 통해 심신 합일을 증명하면서도, 내감과 외감의 구별이 이미 심신 합일에 대한 앎을 전제한다고 말한다.[23] 그렇다면 심신 합일 자체의 본성은 무엇이며 그 앎은 어디로부터 오는가? 이에 대한

---

21   "우리 안에서, 그러나 우리 뜻과 무관하게(*invitis*) 산출된다."(PPD 1부 정리 21의 증명)

22   "우리가 감각의 원인으로 연장 실체 외의 다른 것, 이를테면 신이나 천사 같은 것을 꾸며내고자 한다면, 우리는 곧장 우리가 지닌 명석판명한 관념을 파괴하는 셈이다. 그러므로 우리가 우리 지각에 올바르게 주의를 기울이고 명석판명하게 지각하는 것 외에는 아무것도 받아들이지 않는다면, 우리는 연장된 실체만이 우리 감각의 원인이라고 이렇게 긍정할 수밖에 없을 것이다."(PPD 1부 정리 21의 증명)

23   "만일 내가 물질의 다른 부분들과 마찬가지로가 아니라 한 부분에 밀접하게 결합되어 있다는 것을 먼저 알지(*intelligam*) 못한다면, 이런〔외적 지각과 내적 감각 사이의〕 차이의 원인을 명석하게 지각할 수 없을 것이라는 것을 나는 안다."(PPD 1부 정리 21의 증명)

데카르트적 답변의 한계는『지성교정론』에서 다음과 같이 시사된다.

> 어떤 다른 신체가 아니라 바로 이 신체를 느낀다는 것을 명석하게 지
> 각한(*clare percipimus*) 이후, 이로부터 우리는, 말하자면, 영혼이 신체와 합
> 일(주석)되어 있음을 ─ 이런 합일이 그런 감각의 원인이므로 ─ 명석하게
> 결론 내린다(*clare concludimus*). 단, 이로부터 우리가 이 감각 및 합일이 무
> 엇인지를 절대적으로 이해하지는 못한다. 주석: 사실 이 합일을 우리는 감
> 각 자체, 즉 결과만으로 이해할 뿐이며, 우리가 이 결과로부터 결론 내리는
> 원인에 대해서는 아무 것도 이해하지 못한다.(§21: G I, 11: 강조는 인용자)

'명석하게 지각하다'나 '명석하게 결론 내리다'라는 표현에서 알
수 있듯 스피노자는 심신 합일이라는 결론을 참되지만 적합하지는
(*adaequatum*) 않다고 평가한다. 내감의 원인은 합일이지만 합일의 원인
은 모르기 때문이다. 그런데 어떻게 감각을 근거로 참된 결론에 이를
수 있는가? 더 근본적으로 인간이 심신 합일의 원인 혹은 본성을 알 수
있는가?『윤리학』에서 우리가 살펴볼 것은 이 두 물음이다.

질송에 따르면, 사유나 신이 아니라 "오직 연장 실체만이 우리 감
각의 원인이며, 따라서 연장 실체가 실존한다는 것"이다.[24] 그런데 데
카르트 자신에게서도 "진짜 문제는 외부 세계가 실존한다는 것을 증명
하는 것이 아니라 외부 세계 안에 실존하는 것이 연장과 운동 …… 에
속한다는 것이다."[25] 그러면서 그는 스피노자의 이 주석서에 대해 "관

---

24 Gilson(1930), p. 309
25 Gilson(1930), p. 311. note 1.

넘들의 연쇄가 이처럼 엄밀하고 명확하게 나타난 적은 어디에도 없으며, 심지어 데카르트의 텍스트 자체도 늘 그렇진 않다."[26]라고 칭찬을 아끼지 않는다. 그러나 우리가 보기에 스피노자는 여기에서 이미 연장을 질송이 생각하는 것(물체들의 본질적 속성)보다 강한 의미의 실재로 보면서 감각의 원인이 연장인가, 물체들인가의 문제에 대한 데카르트의 애매성을 해소하고 있는 듯하다.

(1) 인간 신체의 연역

이미 말했듯『윤리학』에서 스피노자는 앞서 인용한 2부 공리 4 이후 13개의 정리를 거쳐 정신과 합일된 신체에 도달한다. 이 과정은 데카르트가 말한 (내 신체를 내 것이라 부르게 하는) '어떤 특수한 권리'를 인과적으로 증명하는 것이라 할 수 있다. 증명은 다음과 같다.

〔1〕〔신의 속성〕사유와 연장은 신의 속성이다.(2부 정리 1~2)

〔2〕〔신의 관념〕신의 본질 및 이로부터 따라 나오는 모든 것에 대한 관념이 있으며 이 관념(신의 관념)은 유일하다.(2부 정리 3~4)

〔3〕〔관념들의 연쇄〕관념들을 비롯한 각 속성의 양태들은 오직 그것들끼리만 상호 작용하며〔속성 내적 인과성〕(2부 정리 5~6), 관념들의 질서 및 연관은 사물들의 질서 및 연관과 동일하다.〔평행론〕(2부 정리 7)

〔4〕〔개별 관념〕신의 관념에는 현행적으로 실존하지 않는 독특한

---

26   Gilson(1930), pp. 299~300.

사물들의 관념들도 포함되어 있고,(2부 정리 8) 현행적으로 실존하는 독특한 사물들의 관념들도 포함되어 있으며 후자는 다른 관념들을 원인으로 한다.(2부 정리 9)

[5] [인간] 인간의 본질은 실체가 아니라 실체의 변용들이다.(2부 정리 10)

[6] [인간 정신과 그 대상] 인간 정신을 구성하는 관념의 대상은 인간 신체이다.(2부 정리 11~13)

[1]~[6]은 코기토(정신)에서 신의 관념으로, 신의 관념에서 신으로, 신에서 다시 인간(심신 합일)으로 나아가는 데카르트의 행보를 염두에 둔 대안적 형태의 연역이다. 신의 속성[1]으로부터 신의 관념[2] 및 관념들의 연쇄[3]로, 그런 다음 각각의 개별 관념[4]에서 인간 정신[5, 6]으로, 즉 신적 속성으로부터 양태적 합일로 나아감으로써, 발견의 순서가 아닌 존재 혹은 산출의 순서를 따르는 것이다.

이런 순서에서는 PPD에서와 달리 연장의 실존을 증명할 필요가 없어진다. 『윤리학』1부에서 속성들은 신의 본성에 속한다고 인정되었고, 속성들의 실존은 각 속성의 유적 무한성을 통해서나(P8) 신 존재 증명(P11)을 통해 거기에서 이미 증명되었기 때문이다. 2부에서 증명되는 것은 사유와 연장의 실존이 아니라 그것들이 신의 속성이라는 것(2부 정리 1, 2), 즉 사유와 연장은 신의 무한하게 많은 속성들 가운데 인간이 지각하는 단 두 가지 속성이라는 것이다.

그렇다면 그 양태들의 실존은 어떨까? 속성이 분할 불가능한 이상 앞서 4장에서 2부 정리 8의 따름 정리에 대한 분석에서 보았듯 한 속성의 양태들은 서로 분리될 수 없을 것이고 따라서 어떤 의미에서는 모두 실존한다고 할 수 있다. 곧 "신의 속성들 안에 포함된 한에서" 실존하거나, 혹은 그것들의 관념들이 "신의 무한한 관념이 실존하는 한에서" 실존하는 것이다. 하지만 이보다 좀 더 현실적인 의미의 실존을 영유하는 양태들이 있다. 곧 "신의 속성들 안에 포함된 한에서만이 아니라, 또한 지속한다고 말해지는 한에서" 실존하는 것들 말이다.

이런 신체에 대한 증명은 데카르트에게서처럼 심신 합일 논증을 통해 이루어지는데, 데카르트와 달리 심신 합일의 본성으로부터 연역된다. 즉 심신 합일은 사유와 연장의 존재론적 동등성 및 동일성, 그리고 관념들의 연쇄와 사물들의 연쇄의 동일성((1)-(3)), 마지막으로 관념과 대상의 동일성((4)-(6))의 개별 경우에 불과하다.

(2) 합일되는 두 항의 정체

그런데 합일의 본성이 이렇게 규정되면 합일되는 항들이 무엇인지는 불분명해진다. 합일되는 것은 연장의 한 양태와 사유의 한 양태인가, 아니면 연장의 양태들과 사유의 양태들인가? 사실 앞서 말한 삼중의 동일성 가운데 적어도 처음 둘, 곧 속성들의 동일성 그리고 관념들과 사물들의 질서 및 연관의 동일성으로부터는 우리가 느끼는 수적으로 구별되는 고유한 신체가 도출되지는 않는다.

우선 각 속성은 절대적으로 분할 불가능하며, 또한 그 양태인 사물들은 질서와 연관 안에서만 존재하기 때문이다. 그러므로 고유한 신체와의 일 대 일 합일의 유일한 가능성은 인간 정신(인 관념)의 대상을 인간 신체로 확정하게 하는 세 번째 동일성, 곧 관념과 대상의 동일성(6)에 있다. 그러나 여기에서도 그런 결론은 도출되지 않는다.

먼저 2부 공리 4의 '어떤 물체'는 이후 "현행적으로 실존하는 사물"(2부 정리 11), "인간 정신을 구성하는 관념의 대상"(2부 정리 12)으로 지칭되다가 다음의 두 결론에 이른다.

인간 정신을 구성하는 관념의 대상은 신체, 혹은 현행적으로 실존하는, 연장의 특정한 양태 외에 다른 것이 아니다.(2부 정리 13: 강조는 인용자)
인간은 정신과 신체로 이루어져 있으며, 인간 신체는 우리가 느끼는 대로 실존한다.(2부 정리 13의 따름정리: 강조는 인용자)

"연장의 특정 양태" 혹은 "인간 신체"는 데카르트의 말대로 "내가 어떤 특수한 권리로 내 것이라 부른" 신체, 그래서 내 신체나 우리 신체로 대체해도 무방한 신체일 수도 있다. 하지만 스피노자는 그렇게 말하는 대신 "인간 신체는 우리가 느끼는 대로 실존한다."라고 말할 뿐이다.

더 결정적인 것은 위 2부 정리 13의 증명이다. 감각을 통한 다음 두 단계의 불합리에 의한 논증을 면밀히 살펴보면, 역시 수적으로 구별되는 하나의 신체에 이르지는 않는다.

(a) 연장 양태인 신체가 인간 정신[정신인 관념]의 대상이 아니라고 가정해 보자. 그런데 우리가 어떤 신체의 변용들을 느낀다는 2부 공리 4에 따라, 우리는 정신 안에 신체의 변용들이 현전함을 느낀다. 그러므로 이 가정은 반박된다.

(b) 인간 정신[정신인 관념]의 대상으로, 연장 양태 외에 제3의 것이 있다고 가정해 보자. 이는 '그 본성으로부터 어떤 결과도 따라 나오지 않는다.'(1부 정리 36)는 것을 전제로 하여, 그런 대상의 효과가 정신 안에 부재하다는 점을 통해, 즉 인간 정신이 신체들/물체들 및 사유 양

태들 외에 다른 독특한 사물은 느끼지도 지각하지도 못한다는 2부 공리 5를 통해 반박된다.

이 논변은 데카르트가 외부 물체의 실존을 증명할 때 사용했던 것과 유사하다. 느낌이라는 내적 경험을 증명의 관건으로 삼아서 (a)에서는 신체 변용에 대한 느낌이 정신 안에 있다는 점이, 그리고 (b)에서는 제3의 사물에 대한 느낌이 정신 안에 없다는 점이 증명의 논거가 된다. 그러나 관찰과 같은 외적 경험은 물론이고 자유의지의 경우처럼 내적 경험조차 증명의 결정적 수단으로 인정하는 데카르트와 달리, 스피노자는 경험을 단지 주석과 같은 주변부 정리들에서 추론의 의미를 확인하거나 그로부터 '교훈'을 끌어내는 매개로만 사용한다.[27] 그런 이상 느낌을 결정적 논거로 삼는 이 증명의 타당성을 인정할 수 있는가의 문제가 제기된다. 스피노자는 데카르트와 달리 신의 선성과 삶에 대한 감각의 유용성을 인식론적 맥락에 조금도 개입시키지 않기 때문에 더욱 그렇다.

그러나 여기에서 스피노자가 감각에 호소하는 방식이나 그 함의는 데카르트와 다르다. 물론 감각 경험을 근거로 할 수밖에 없는 이유는 인간 인식의 한계라는 현사실성(facticité) 때문이다.[28] 그런데 이 한계는 인간이 신의 무한하게 많은 속성 가운데 단 두 속성만을 알 수 있다는 점에 있고, 속성들은 모두 동일한 것이기에 엄밀히 말해 인간 인식의 범위나 가치를 제한하지 않는다. 적어도 지성을 통해 접근할 수

---

27   이 점에서 모로는 스피노자의 철학을 경험주의도, 연역주의도 아닌 "경험의 합리주의"라 간주한다.(Moreau(1994), p. 261)

28   이 표현은 Macherey(1997), p. 118에서 가져왔다.

없는 감각의 지대 같은 것은 없다. 다음으로 스피노자는 감각이 알려 주는 무언가의 현전에 호소할 뿐[29] 감각을 근거로 한 구별, 즉 데카르트의 표현대로 감각 안에서 "우리가 〔외부 대상이나 우리 신체, 혹은 정신에〕 관련시키는 것"은 전혀 참조하고 있지 않다. 더구나, 심신 합일의 증명을 위해 PPD에서 근거로 삼았던 외감과 내감의 차이는 『윤리학』에서는 더 이상 사용되지 않는다. 대신 이 증명 이후 모든 감각들은 "신체 변용의 관념들"로 동질화될 것이며(2부 정리 16 이하) 정신은 오직 신체 변용의 관념들을 매개로 해서만 외부 물체들(2부 정리 25~26), 나아가 신체 자체(2부 정리 27)와 정신 자신(2부 정리 29)을 의식한다. 그러니까 구별되는 존재자로서의 내 신체나 정신, 외부 물체를 지각하는 일은 적어도 논리적 순서상 변용의 관념들이 일단 주어지고 난 뒤 다른 공정을 거쳐 이루어진다고 보아야 한다. 마지막으로 감각한다는 것은 신체에 어떤 사건(변용)이 일어나고 그 사건에 대한 관념(변용의 관념)이 (신체의 관념인) 정신 안에 있다는 존재론적 사태의 표현이다. 신체 안에 일어나는 사건들 '모두'가 정신에 지각된다는(2부 정리 12) 스피노자의 일견 부조리한 진술도 이런 견지에서 납득될 수 있다. 다시 말해 '지각하다'는 의식된다는 경험적 사실 이전에 '관념이 있다'라는 사태의 표현이다. 단어 의미의 이 급진적 변경의 문제점은 차치한다면, 이처럼 감각이 존재론적인 사태로 간주되기 때문에 감각적 경험이 근거가 된다는 사실은 증명의 타당성을 훼손하지는 않는다.

문제는 증명의 수단이 아니라 결론이다. 이 증명은 인간 정신인 관

29　모로에 따르면, 2부 공저 4는 '필연적 진리'보다는 단지 어떤 신체의 '현전'(présence)만을 기입해 두고 있을 뿐이다. (같은 책, p. 519)

념의 대상이 되는 특정한 연장 양태의 정체에 대해 우리가 기대하는 만큼의 답을 주고 있지 않다. 우선 (b)부터 보면 그것은 정신(인 관념)의 대상이 연장이 아닌 다른 속성의 양태일 가능성을 물리치는 내용이므로, 우리의 관심사인 연장의 어떤 개념 양태인지의 문제와는 무관하다. 다음으로 (a)의 경우 신체 변용들이 현전한다는 사실은 공리 4를 근거로 하므로 정신이 '어떤 신체'와 합일되어 있음을 증명할 뿐이다. 결국 스피노자는 감각에 호소하면서도 증명의 타당성을 확보하는 반면 감각에 호소하는데도 합일되는 주체의 수적 구별을 확보하지는 못하는 것이다.

물론 게루처럼 정신의 대상이 되는 신체가 '하나'인 이상 스피노자의 논증에 아무 문제가 없다고 볼 수도 있다. 게루도 "정신을 정의하는 관념의 대상인 신체 외에 다른 물체들의 변용들을 내가 지각하므로, 이 다른 물체들의 관념들 역시 정신의 정의에 들어와야 하지 않을까?"[30]라고 동일한 문제를 제기한다. 하지만 그는 결국 이것이 문제가 되지 않는다고 결론 내린다. 정신은 오직 '한' 대상의 관념'이며' 공리 4에 따르면 우리는 오직 '한' 신체의 변용만을 느끼기 때문이라는 것이다. 그래서 "우리가 다른 독특한 물체들 역시 느낀다고 말할 때, 우리는 실제로 외부 물체의 본성을 함축하는 우리 자신의 신체의 변양들을 느낄 뿐이며, 이 외부 물체 자체의 변용들은 결코 느끼지 못한다."[31] 결국 정신의 대상이 되는 신체가 '하나'이므로 문제가 없다는 것이다.

그런데 문제는 '한' 신체의 범위다. 특히 스피노자는 자연학에서

---

30   Gueroult(1974), p. 132.
31   Gueroult(1974), p. 132.

신체의 정체성을 상대적이고 유동적인 것으로 보게 하는 개념적 장치들을 도입한다.[32] 우선 신체들(그리고 정신들)이 서로 간에 실재적으로 구별되지는 않는다는 양태적 구별의 원리, 다음으로 부분들 사이의 상호 정지만이 아니라 상호 운동까지 포함하는 (즉 유동체를 모델로 한) 신체의 정의(2부 정리 13주석 이하 자연학 소론, 보조정리 1-7)가 있다. 나아가 신체(따라서 정신)가 수많은 부분을 포함하며[33] 이 부분들은 전체에 대해 상대적으로 독립적일 뿐 아니라[34] 신체 역시 또 다른 개체의 일부로 포함된다는 개체 층첩(emboîtement des individus 혹은 nesting individuals)의 원리(2부 정리 13의 주석 이하, 보조 정리 7의 주석), 그리고 다른 사물과 마주치면서 그 사물의 본성을 자기 본성 안으로 내면화하거나 자기 본성 자체가 변화를 겪는 신체 변용의 원리가 있다. 그러므로 우리 신체가 관계 맺는 주변 사물들과의 관계 역시 우리 신체의 범위에 포괄된다.[35] 우리가 처음 인용했던 공리나 정리 13에 언급되는 신체 범위의 막연함은 스피노자 존재론 및 자연학과 일관적이라고 할 수 있다.

남은 문제는 위의 설명이 우리 경험과 너무 동떨어져 보인다는 것

32　이에 대한 더 상세한 논의는 다음을 참조하라. 들뢰즈(1999), 6장 "스피노자와 우리," 181~193쪽; (2001), 10장 "1730년-강렬하게 되기, 동물-되기, 지각 불가능하게-되기" 중 481~503쪽; (2019), 12~14장, 228~282쪽; 마트롱(2008), 2~4장, 42~115쪽; 발리바르(2005), "스피노자에서 개체성과 관개체성," 209~229쪽.

33　인간 신체는 아주 많은 수의 개체들로 합성되어 있고(2부 정리 13 이후 요청 1), 따라서 인간 정신 역시 마찬가지이다.(2부 정리 15)

34　"인간 신체를 구성하는 부분들은, 인간 신체와 무관하게 개체들로 간주될 수 있는 한에서가 아니라 서로 간에 운동을 특정한 비율에 따라 교환하는 한에서가 아니라면, 인간 신체의 본질에 속하지 않는다."(2부 정리 24의 증명)

35　"만일 여러 개체가 협력하여 하나의 동일한 활동에 참여함으로써 그들 모두가 하나의 동일한 결과의 원인이 된다면, 나는 그 개체들 모두를 하나의 독특한 사물로 간주한다."(2부 정의 7)

이다. 만일 인간 신체가 '우리가 느끼는 대로' 실존한다면, 이 신체는 자연학에서처럼 유동적이고 상대적인 신체는 아니지 않은가? 가령 내가 친구와 특정한 방식으로 운동을 주고받을 때, 자연학적 정의에 따르면 내 신체는 그의 신체와 하나의 동일한 신체를 이루지만, 나는 그의 신체를 내 신체로 느끼지는 않는다. 그런데도 스피노자는 어떻게 우리 신체의 실존에 대해서만은 감각의 진실성을 인정하는 것일까? 스피노자의 감각 이론은 별도로 다뤄져야 할 문제이기에, 느낌이나 감각과 외연이 일치하는 스피노자의 변용(*affectio*) 혹은 감정(*affectus*) 개념이 어떤 존재론적 의미를 띠는지를 간단히 언급하면서 답변의 실마리만 제시하기로 한다.

4 "인간 신체는 우리가 느끼는 대로 실존한다"

심신동일성론 혹은 "평행론"에 부합하게, 스피노자는 감정을 신체 역량의 변화를 수반하는 변용이자 그 관념(3부 정의 3)으로 정의한다. 그런데 관념으로서의 감정이란 결국 신체 변용의 관념이므로, 신체와 정신 중 신체가 설명적 우위에 있는 듯 보인다. 하지만 안토니오 다마지오 같은 신경생리학자들이 원용하는 스피노자와는 다르게,[36] 감정에

---

36 다마지오는 스피노자의 심신 동일성론과 정신을 "신체의 관념"으로 환원하는 스피노자의 관점을 지지한다. 나아가 이런 정의가 사실상 정신에 대한 신체의 존재론적 우위를 인정했다고 보고 이 또한 높이 평가한다. 그러나 정작 신체 자체에 관해 그는 "피부라는 경계로 적절하게 둘러싸인 한 덩어리의 자연"(다마지오(2007), p. 243: 영 210)이라는 통념으로 돌아간다. 다마지오의 스피노자 해석에 대한 비판으로는 Jaquet(2009)를, 데카르트 해석에 대한 비판으로는 Kam-

대한 연역에서 스피노자는 데카르트가 보여 준 것과 같은 생리학적 방법은 거의 배제하고 대개 정신의 측면에서 관념을 통해 접근한다. 왜일까? 이는 변용의 현실적 내용을 구성하는 것이 타인과의 관계라는 사실과 관련되어 있을 것 같다. 사실 피의 순환 방식이나 심장 박동 같은 생리학적 특질은 스피노자가 말하는 신체 변용의 극히 일면적인 표현에 불과하다. 스피노자가 말하는 신체 변용 메커니즘의 핵심은 생명 유지를 위한 신체 부위들의 기능적인 작동이라기보다는 외적 충격을 통한 내부 관계의 재조정이다. 즉 다른 물체와의 마주침을 계기로 신체의 다양한 구성 요소(가령 단단한 물체, 무른 물체, 유동적 물체들) 간에 새로운 조정이 일어나고 이를 통해 신체가 외적 충격을 수용하고 거기에 반응한다는 것이다.(2부 정리 17 따름 정리의 증명)[37] 그리고 이러한 재조정의 과정은 관념의 질서를 통해 더 잘 드러난다. 특히 복합 감정은 이를 잘 보여 준다.

'영혼의 동요,' 곧 상반되는 감정들의 결합의 하나인 질투를 예로 들어 보자. 내가 사랑하는 대상을 A로, 이 대상과 결합된(혹은 그렇다고 상상된) 타인을 B라고 하자. 질투는 다음이 모두 결합된 매우 복합적인 감정이다. 1) A에 대한 사랑과 A에 대한 미움, 2) A와 밀접하게 결합된 B에 대한 미움. 3) 그 외의 신체 치부들의 결합에 대한 상상이나[38] 결여된 것에 대한 아쉬움의 감정[39] 등이 그것이다. 질투의 복잡성은 한

---

bouchner(2009)를, 둘 다에 대한 비판으로 김은주(2019)를 참조하라.

37   이에 대한 자세한 논의는 김은주(2013)를 참조하라.

38   "단지 그 자신의 욕구가 구속되었다는 것 때문에 슬플 뿐만 아니라 사랑하는 것의 이미지를 타인의 수치스러운 부분 및 배설물에 결합시키도록 강제되기 때문에 역시 슬프다."(3부 정리 35 주석)

편으로 과거에서 현재까지 지속적으로 맺어 온 대상 관계의 변이에, 다른 한편, 한 대상만이 아니라 그 대상과 타인, 다시 이 타인과 주체, 그 밖의 다른 사람들까지 관련된 인물의 다수성에 기인한다. 그 결과 내가 A에 대해 과거에 느꼈던 사랑이나 이 사랑을 통해 A나 주변 사람들로부터 길어 올렸을 명예심이 컸을수록 미움은 더 커진다. 미움은 이 기쁨의 감정들이 전복된 것이기 때문이다.

그런데 감정은 개체에 일어나는 사건, 우연류만은 아니다. 그것은 개체성 자체의 변양이다. 우선 코나투스는 욕망 자체이고(3부 정리 6), 욕망은 인간의 본질에 다름 아니며(3부 정리 9의 주석), 다른 감정들은 이 욕망의 변양 혹은 상태들이다.(3부 정리 57의 증명) 그러므로 감정이 내 본질의 변양 혹은 상태(3부 부록, 정의 1의 해명)이다. 따라서 내 본질의 상태로서의 질투에는 앞서 말한 복잡한 관계들이 모두 함축된다. 다만 이 관계들은 '나'를 중심으로 한다는 점에서 부적합하게 인식되고 표현될 뿐이다. 가령 A와 B의 관계는 나에게는 해체되어야 할 '나쁜' 관계인 것이다. 덧붙여 질투와 같은 감정은 우리가 우리 자신과 유사하다고 상상하는 것(대개 인간)의 감정을 상상하거나 모방함으로써 생겨나는 감정이다.(3부 정리 27) 우리는 타인의 신체 변용까지 어떤 의미에서는 '느끼는' 셈이다.

요컨대 감정을 포함한 신체 변용의 관념은 내 상태에 대한 (대개는 혼동된) 관념이지만, 그것은 내 본질의 변양이자 내가 다른 것들과 맺는 특정한 관계들의 표현이기도 하다. '내 신체'는 대개 공간적으로 구획

---

39 "마지막으로 …… 같은 얼굴로 받아들여지지 못한다는 것 역시 사랑하는 자를 슬프게 한다."(2부 정리 35 주석)

된 실체인 듯 경험되지만, 바로 이런 의미에서 그것은 자연학적 물체처럼 다른 것들과의 관계 속에서 "우리가 느끼는 대로 실존한다."

5 나오며

이제 자연학적 신체와 인간 신체의 관계에 대한 우리 논의를 보다 넓은 맥락 속에 놓으면서 결론을 제시하도록 하자.

데카르트의 심신 이원론에 따르면 모든 물체는 동질적이다. 모든 물체는 무한 분할 가능하며, 정체성 자체가 기준 좌표나 이웃 관계에 따라 달라진다. 그럼에도 명실상부한 통일성을 지닌 물체, 분할 불가능한 원자와 같은 물체도 있다. 생명을 가진 물체가 아니라 역설적으로 생명과는 무관한 정신과 결합된 물체가 그렇다. 자연학적 대상인 물체와 인간 각자의 고유한 신체 사이에는 환원 불가능한 차이가 있는 것이다. 앞서 보았듯 이처럼 정신과 합일된 신체를 데카르트는 "어떤 특별한 권리로 내 것이라 부른 신체"라 표현한다. 이처럼 신체에 통일성을 부여하는 정신을 데카르트는 다소 전략적으로 전통 스콜라의 용어를 따라 '실체적 형상'이라 부르지만, 이산적 단위로서의 이 신체는 근대의 학문적, 정치적, 사회적 장을 구성하는 본질적 단위가 된다. 피부로 둘러싸여 있고, 생체 역학의 단위가 되며, 권리를 배태하고, 불가침의 자유나 책임의 최소 단위이며, 인구 통계의 단위가 되고, 생활 세계의 지평을 구성하는 등등의 고유한 신체 말이다. 앞서 보았듯 데카르트는 심신 합일을 합리성의 영역 바깥으로 밀어내지만, 바로 이런 의미에서 그것은 근대적 사유 및 제도의 초석이 된다.

반대로 스피노자에서는 인간 신체 역시 다른 물체들이나 타인과의 관계, 제도, 관행 등에 정체성 자체가 연동되어 있고 나아가 우주 전체와 연관되어 있다. 그것은 상대적이고 유동적이다. 안토니오 다마지오 같은 신경 생리학자를 논외로 한다면 들뢰즈, 네그리, 발리바르 같은 현대 형이상학자와 정치 철학자에게 스피노자가 오늘날 환영받는 핵심 이유 중의 하나는 바로 이런 신체 때문이다. 스피노자를 참조하지는 않지만, 푸코의 광기론은 물론 라캉의 상상계 이론의 출발점도 바로 '내 신체' 관념의 타자 의존성이다.[40] 이에 대비해서 내가 특별히 보여 준 것이 있다면, 그것은 자연학적 물체들에 대한 인식에서 인간 신체에 대한 느낌까지 관통하는 스피노자의 합리주의이다.

우리는 2부 정리 13의 '인간 신체' 연역에서 흔히 생각하듯 '내 신체'가 도출되지 않음을 논증하고, 다음 두 가지를 보여 주었다. 한편으로 인간 신체는 다른 사물들과의 교섭 관계에 따라 정체성이 규정되는 자연학적 신체와 일치한다. 다른 한편 신체에 대한 우리 느낌 역시 이에 위배되지 않는다. 그것은 다른 사물들과의 관계를 함축하는 신체 본질의 변양에 상응하는 관념이기 때문이다. 이 관념은 명확하게 규정된 관계들을 함축하기에 원리상 모호하고 혼동된 것이 아니라 분석 가능하다.

스피노자에게서 자연학적 신체와 인간 신체의 동질성이 더 완결적으로 입론되려면, 인간 신체가 분할 불가능한 원자적 단위가 아니라 자연학적 물체처럼 수준에 따라 다르게 생각될 수 있는 상대성을 띤다는 것 역시 밝혀야 할 것이다. 이를 위해서는 한편으로 사회나 국가라

---

40   Lacan(1999).

는 신체와 개인 신체의 관계를, 다른 한편 인간이 상상을 통해 동류들과 유사한 신체 변용을 겪는다는 스피노자의 감정 모방론을 존재론적 관점에서 탐구할 필요가 있다. 스피노자에게서 신체를 '느낀다'는 것이 무엇인가에 대한 보다 완결적 해명 역시 이렇게 수립되는 존재론을 바탕으로 이루어져야 할 것이다.

참고 문헌

원전

데카르트, 르네. 원석영 옮김. 『철학의 원리』. 아카넷, 2002.

_____. 원석영 옮김. 『'성찰'에 대한 학자들의 반론과 데카르트의 답변』. 나남, 2012.

_____. 김선영 옮김. 『정념론』. 문예출판사, 2013.

_____. 이현복 옮김. 『제일철학에 관한 성찰, 자연의 빛에 의한 진리 탐구, 프로그램에 관한 주석』. 2021, 문예출판사.

_____. 이현복 옮김. 『방법 서설, 정신 지도 규칙』. 문예출판사, 2022.

라이프니츠, 고트프리트 빌헬름. 이근세 옮김. 『변신론』. 아카넷, 2014.

라이프니츠 & 아르노, 앙투안. 이상명 옮김. 『라이프니츠와 아르노의 서신』. 아카넷, 2015.

로크, 존. 정병훈·이재영·양선숙 옮김. 『인간 지성론』 2. 한길사, 2014.

쇼펜하우어, 아르투어. 김미영 옮김. 『충족 이유율의 네 겹의 뿌리에 관하여』. 나남, 2010.

스피노자, 베네딕투스 데. 양진호 옮김. 『데카르트 철학의 원리』. 책세상, (2010)2020.

_____. 이근세 옮김. 『스피노자 서간집』. 아카넷, 2018.

_____. 김은주 옮김. 『지성교정론』. 도서출판 길, 2020.

아리스토텔레스. 조대호 옮김. 『형이상학』 1, 2. 나남, 2012.

_____. 조대호 외 옮김. 『아리스토텔레스 선집』. 길, 2023.

아퀴나스, 토마스. 정의채 옮김. 『신학 대전 1, 하느님의 존재』. 바오로딸, 1985.

홉스, 토머스. 진석용 옮김. 『리바이어던』 1권. 나남, 2008.

칸트, 이마누엘. 백종현 옮김. 『순수이성비판 2』. 아카넷, 2006.

Aristotle. *The Complete Works of Aristotle*. I. ed. by J. Barnes. Princeton University Press, 1984.

Bayle, Pierre. *Dictionnaire historique et critique de Pierre Bayle*. Tome XIII, S. Elibron Classics, (1820)2006.

Descartes, René. *L'entretien avec Burman*. trad. J.-M. Beyssade. Paris: PUF, 1981.

_____. *Œuveres philosophique*. t. II, ed. F. Alquié. Paris: Garnier, 1983.

_____. *Œuveres de Desartes*. ed. par Adam & Tannery. Paris: J. Vrin, 1996.

_____. *Descartes. Méditations métaphysiques*. ed. par Michelle et Jean-Marie Beyssade. Paris: GF Flammarion, 1992.

_____. *Œuveres complètes VIII, Correspondance*. 2. ed. par Jean-Robert Armogathe. Paris: Gallimard, 2013.

Hobbes, Thomas. *De corpore*. ed. par Karl Schuhmann. Paris: J. Vrin, 1999.

Hume, David. *A Treatise of Human Nature*. L. A. Selby-Bigge. Oxford University Press, 1978.

Huygens, Christian. "De motu corporum ex percussione", trans. by R. J. Blackwell in "Christian Huygens' The Motion of Colliding Bodies." *Isis* 68(4), 1977.

Leibniz, Gottfried Wilhelm. "On the Ethics of Benedict de Spinoza."(1678). In *Philosophical Papers and Letters*, ed. by Leroy E. Loemker. Kluwer Academic Publishers, 1989.

Spinoza, Baruch. *Spinoza Opera*, 4 vols, ed. by Carl Gebhardt. Heidelberg: Carl Winter, 1925.

_____. Spinoza. *Œuvres I*. ed. & trans. by Charles Appuhn. Paris: GF Flammarion, 1964.

_____. *The Collected Works of Spinoza*. ed. & trans. by E. Curley. Princeton: Princeton University Press, 1985.

_____. *Traité théologico-politique*. établit par Fokke Akkerman, trad. par J. Lagrée & P.-F. Moreau. Paris: PUF, 1996.

_____. *L'Ethique*. trad par B. Pautrat. Paris: Seuil, 1998.

_____. *Ethica. Dimonstrata con Methodo Geometrico*. a cura di Emilia Giancotti. Roma:

Editori Riuniti, 1998.

_____. *Spinoza Œuvres. I. Premiers Ecrits.* texte établi par Filippo Mignini, trad. par Michelle Beyssade ("Traité de la réforme de l'Entendement") & par Joël Ganault ("Court traité"). Paris: PUF, 2009.

2차 문헌

김성환. 『17세기 자연 철학』. 그린비, 2008.

김은주. 「데카르트 『성찰』의 신 존재 증명과 새로운 관념 이론: '선험성'과 '후험성'의 의미에 대한 재고」. 《철학연구》 104집. 2014.

_____. 「"우리는 어떤 물체가 많은 방식으로 변용됨을 느낀다": 데카르트의 심신 합일 논증에 대한 스피노자의 대안」. 《철학》 122집. 2015.

_____. 「스피노자 철학에서 개체의 복합성과 코나투스(conatus)」. 《철학》 127집. 2016.

_____. 「안토니오 다마지오의 스피노자 해석과 숨은 데카르트주의」. 《철학》 141집. 2019.

_____. 서동욱 엮음. 「운동과 정지, 빠름과 느림으로 이해된 개체: 스피노자의 『윤리학』」(5장). 『철학의 욕조를 떠도는 과학의 오리 인형』. 사이언스북스, 2021.

_____. 「데카르트 신 존재 증명에 대한 게루의 분석과 '순서'의 형이상학적 의미」. 《철학》 151집. 2022a.

_____. 「신에 대한 데카르트의 선험적 증명과 자기 원인」. 《근대철학》 20집. 2022b.

내들러, 스티븐. 이혁주 옮김. 『에티카를 읽는다』. 그린비, 2013; Nadler, Steven. *Spinoza's Ethics: An Introduction.* Cambridge University Press, 2006.

들뢰즈, 질. 박기순 옮김. 『스피노자의 철학』. 민음사, 1999; Deleuze, Gilles. *Spinoza: Philosophie pratique.* Paris: Editions de Minuit, 1981.

_____. 김재인 옮김. 『천개의 고원』. 새물결. 2001.

_____. 현영종 · 권순모 옮김. 『스피노자와 표현 문제』. 그린비, 2019; Deleuze, Gilles. *Spinoza et le problème de l'expression.* Paris: Editions de Minuit, 1968.

마슈레, 피에르. 진태원 옮김. 『헤겔 또는 스피노자』, 이제이북스, 2004.

마트롱, 알렉상드르. 김문수 · 김은주 옮김. 『스피노자 철학에서 개인과 공동체』. 그린비, 2008.

모로, 피에르 프랑수아. 김은주 · 김문수 옮김. 『스피노자 매뉴얼』, 에디토리얼, 2019.

박기순. 「스피노자의 역량의 존재론과 균형 개념」. 《철학사상》 22집. 2006.

_____. 「스피노자에서 potentia와 potestas 개념」. 《사회와 철학》 25집. 2013.

_____. 「스피노자의 코나투스 개념과 목적론의 문제」.《철학사상》57집. 2015.

박삼열.『스피노자의 '윤리학' 연구』. 선학사, 2002.

_____.『스피노자의 심리 철학』. 한국학술정보, 2020.

박제철.『라이프니츠의 형이상학』. 서강대학교 출판부, 2013.

발리바르, 에티엔.「스피노자에게서 개체성과 관개체성」.『스피노자와 정치』. 그린비,
    (2005)2014.

서동욱·진태원 엮음.『스피노자의 귀환』. 민음사, 2017.

이근세.「스피노자 철학에서 신적 산출과 무한양태」.《철학논집》제35집. 2013.

이혁주,「스피노자의 두 평행론 문제에 대한 연구: 그 해법과 한계를 중심으로」.〈철학연구〉
    112집.

이현복.「스피노자와 목적성:『에티카』4부 서문을 중심으로」.《범한철학》67집. 2012.

조현진.「우연성의 뿌리?: 스피노자의 양상 개념을 둘러싼 쟁점들에 대한 고찰」.《근대철학》
    6. 2011.

진태원.「스피노자 철학에 대한 관계론적 해석」. 서울대학교 대학원 철학과 박사 학위 논문.
    2006a.

_____.「스피노자의 자기 원인 개념」. 서울대 철학사상연구소,《철학사상》22집. 2006b.

_____.「변용과 연관의 인과론: 스피노자 인과 이론에 대한 한 가지 해석」.《헤겔연구》27집.
    2010a.

_____.「변용의 질서와 연관: 스피노자의 상상계 이론」, 서강대학교 철학연구소 논문집,《철
    학논집》22집. 2010b.

최원.「스피노자와 발리바르」. 서동욱·진태원 엮음.『스피노자의 귀환』. 2017.

Adams, R. M. *Leibniz: Determinist, Theist, Idealist*. New York: Oxford University Press, 1994.

Adelmann, Frederik J. (ed.). *The Quest for the Absolute*. Chesnut Hill: Boston College, 1966.

Allison, Henry E. *Benedict de Spinoza: An Introduction*(Revised edition). New Haven &
    London: Yale University Press, 1987.

Balibar, Etienne. "Individualité, Causalité, Substance. Réflexions sur l'ontologie de Spinoza."
    In Curley & Moreau (eds.), 1990.

Barbone, Steven & Rice, Lee. "Spinoza and Necessary Existence." *Philosophia* 27(1-2), 1999.

_____. "Spinoza and the problem of suicide." In G. Lloyd(2001).

Bennett, J. *A Study of Spinoza's Ethics*. Cambridge: Cambridge University Press, 1984.

_____. *Learning from Six Philosophers: Descartes, Spinoza, Leibniz, Locke, Berkeley, Hume*, 2 vols., Oxford: Oxford University Press, 2001.

Beyssade, Jean-Marie. Sur le mode infini médiat dans l'attribut de la pensée: du problème (lettre 64) à une solution («Ethique» V, 36). *Revue Philosophique de la France et de l'Étranger* 184(1). 1994.

_____. "Sur l'idée de Dieu: Incompréhensibilié ou incompatibilité." In *Descartes au fil de l'ordre*. Paris: PUF, 2001.

_____. "The Idea of God and the Proofs of God's Existence." In Cottingham(2006).

Biard, J. & Rashed, R. (éds.), *Descartes et le moyen âge*. Paris: Vrin, 1997.

Blackwell, Richard J. "Descartes' Laws of Motion." *Isis*. 57(2). 1966.

Bove, Laurent. *La stratégie du conatus. Affirmation et résistance chez Spinoza*. Paris: J. Vrin, 1996.

Butler, Judith. "The desire to live, Spinoza's Ethics under pressure." In Kahn et al. 2006.

Carriero, John Peter. "Spinoza's Views on Necessity in Historical Perspective." *Philosophical Topics* 19. 1991.

_____. "On the Relationship Between Mode and Substance in Spinoza's Metaphysics." *Journal of the History of Philosophy* 33. 1995.

_____. "Conatus and Perfection in Spinoza." *Midwest Studies in Philosophy* 35. 2011.

Carraud, Vincent. *Causa sive ratio. La raison de la cause de Suarez à Leibniz*. Paris: PUF, 2002.

Clarke, Desmond M. "The Impact Rules of Descartes' Physics." Isis 68(1). 1977.

Costable, Pierre. "Esssai critique sur quelques concepts de la mécanique cartésienne," *Démarches orginales de Descartes savant*, Paris: J. Vrin, 1972.

Cottingham, John (ed.). *The Cambridge Companion to Descartes*. Cambrdige University Press, 2006.

Cunning, David (ed.). *The Cambridge Companion to Descartes' Meditations*. Cambridge: Cambridge University Press, 2014.

Curley, Edwin. *Spinoza's Metaphysics: an essay in interpretation*. Harvard University Press, 1969.

_____. *Behind the Geometrical Method*. Princeton: Princeton University Press, 1988.

_____. "On Bennett's Interpretation of Spinoza's Monism." In Yovel(ed.)(1991).

_____. "Donagan's Spinoza." *Ethics* 104. 1993.

_____. "Spinoza's metaphysics revisited." In Jack Stetter & Charles Ramond (eds.). *Spinoza* in *Twenty-First-Century American and French Philosophy: Metaphysics, Philosophy of Mind, Moral and Political Philosophy*. Bloomsbury Academic. 2019.

Curley, E. and Moreau P.-F. *Spinoza. Issues and Directions*, (eds.) Leiden: E. J. Brill, 1990.

Curley, Edwin & Walski, Gregory. "Spinoza's Necessitarianism Reconsidered." In Germaro R. J. & Huenemann, Charles (eds.), 1999.

Della Rocca, Michael. *Representation and the Mind-Body Problem in Spinoza*, Oxford: Oxford University Press, 1996a.

_____. "Spinoza's metaphysical psychology." In Garrett(1996), 1996b.

_____. "Spinoza's Substance Monism." In *Spinoza: Metaphysical Themes*, O. Koistinen & J. Biro (eds.). Oxford: Oxford University Press, 2002.

_____. "Explaining Explanation and the Multiplicity of Attributes," *Ethik in geometrischer Ordnung dargestellt*, Michael Hampe and Robert Schnepf(eds.), Akademie Verlag, 2006.

_____. *Spinoza*. London & New York: Routledge, 2008.

_____. *The Oxford Handbook of Spinoza*. Oxford University Press, 2013.

Donagan, Alan. "Essence and the Distinction of Attributes in Spinoza's Metaphysics." In Grene (ed.). New York: Doubleday /Anchor, 1973.

_____. *Spinoza*. New York, London, Toronto, Sydney, Tokyo: Harvester ·Wheatsheaf, 1988.

_____. "Substance, Essence and Attribute in Spinoza, Ethics I." In Yovel (ed.), 1991.

Doney, Willis. "Causation in the seventeenth century." In Wiener (ed.) I, 1973.

_____. "Spinoza's Ontological Proof." In R. Kennington (ed.). The Philosophy of Baruch Spinoza. Washington: Catholic University Press, 1980.

_____. "L'argument de Descartes à partir de la toute-puissance." *Recherches sur le XVIIe siècle* VII, 1984.

_____. "Gueroult on Spinoza's Proof of God's Existence." In E. Curley and P.-F. Moreau(1990).

Doz, André. 1976. "Remarques Sur les Onze Premières Propositions de l'Éthique de Spinoza: A propos du Spinoza de M. Martial Gueroult." *Revue de Métaphysique et de Morale* 81(2).

_____. "Réponse à Mlle. Dreyfus à propos du Spinoza de Martial Gueroult." *Cahiers Spinoza* 3. 1980.

Driggers, Kyle. "The Unity of Substance and Attribute in Spinoza." *British Journal for the History of Philosophy* 29(1). 2021.

Earle, William A. "The Ontological Argument in Spinoza." In Green(ed.)(1973).

_____. "The Ontological Argument in Spinoza: Twenty Years Later." In Grene(ed.)(1973).

Edelberg, Walter. "The Fifth Meditation." *The Philosophical Review* 99(4). 1990.

Eisenberg, Paul. "On the Attributes and Their Alledged Independence of One Another. A Commentary on Spinoza's *Ethics* 1P10." In E. Curley & P.-F. Moreau (eds.) (1990).

Foiseneau, Luc (éd.). *La découverte du principe de raison: Descartes, Hobbes, Spinoza, Leibniz*, Paris, PUF, 2001.

Friedman, J. "Was Spinoza Fooled by the Ontological Argument?" *Philosophia* 11. 1982.

Garber, Daniel & Ayers, Michael. *The Cambridge History of Seventeenth-Century Philosophy*. Vol II. Cambridge. (1998)2003.

Garber, Daniel. *Descartes' Metaphysical Physics*. Chicago and London: The University of Chicago Press, 1992.

_____. "Descartes and Occasionalism." In Nadler(ed.)(1993).

_____. "Descartes and Spinoza on persistence and conatus." *Studia Spinozana* 10. 1994.

_____. "Superheroes in the History of Philosophy: Spinoza, Super-Rationalist." *Journal of the History of Philosophy* 53(3). 2015.

Garrett, Don. "Spinoza's Ontological Argument." In *Nature and Necessity in Spinoza's Philosophy*. Oxford University Press, (1979)2018a(original: *Philosophical Review* 88).

_____. "Ethics 1p5: Shared Attributes and the Basis of Spinoza's Monism." In *Nature and Necessity in Spinoza's Philosophy*. Oxford University Press, (1990)2018b.(original: *Central Themes in Early Modern Philosophy*, J. A. Cover and M. Kulstad (eds.). Indianapolis: Hackett).

_____. "Spinoza's Necessitarianism." In *Nature and Necessity in Spinoza's Philosophy*. Oxford University Press(1991) 2018c(original in Yovel(ed.)(1991).

Gaukroger, Stephan, (ed.) *Blackwell Guide to Descartes' Meditations*. Blackwell Publishing, 2006.

Gewirth, Alan. "The Cartesian Circle Reconsidered." *The Journal of Philosophy* 67(19). 1970.

Germaro, Rocco J. and Huenemann, Charles. *New Essays on the Rationalists*. New York Oxford: Oxford University Press, 1999.

Gilson, Étienne. *Etudes sur le rôle de la pensée médiévale dans la formation du système cartésien.*

Paris: Vrin, 1930,

_____. *L'être et l'essence*. Paris: Vrin, 1948.

_____. "La preuve de Dieu par la causalité." *In Études sur le rôle de la pensée médiévale dans la formation du système cartésienne*. Paris: Vrin, 1951.

_____. "Avicenne et les origines de la notion de cause efficiente." In *Actes du XIIe Congrès international de philosophie*, Sansoni Editore, 1960.

_____. "Notes pour l'histoire de la cause efficiente," *Archives d'histoire doctrinale et littéature du Moyen Age* XXIX, 1962, repris dans *Etudes Médiévales*, Vrin, 1986.

Gontier, Tierre. "La déficience de l'efficience. Cause, principe et raison chez Descartes." In Foisneau(ed.), 2001.

Gouhier, Henri. "La preuve ontologique de Descaertes (à propos d'un livre recent)." *Revue internationale de philosophie* 8 (29), 1954.

_____. "La véracité divine dans la Méditation V." *Les études philosophiques* 11(2), 1956.

Griffin, Michael V. "Necessitarianism in Spinoza and Leibniz." In Huenemann(ed.)(2009).

Grene, Marjorie (ed.). *Spinoza: A Collection of Critical Essays*. Garden City: Doubleday/ Anchor Press, 1973.

Gueroult, Martial. *Nouvelles Réflexions sur la preuve ontologique de Descartes*. Paris: Vrin, 1955.

_____. *Descartes selon l'ordre des raisons I, L'âme et Dieu*, Paris: Aubier, (1953)1968.

_____. "Note sur la première preuve 'a posteriori' chez Descartes". *Revue Philosophique de la France et de l'Étranger* 156, 1968.

_____. *Spinoza I- Dieu*. Paris: Aubier-Montaigne, 1968.

_____. "Métaphysique et physique de la force chez Descartes et chez Malebranche: 1e partie, Descartes." *Etudes sur Descartes, Spinoza, Malebranche et Leibniz*. New York: Georg Olims Verlag Hildesheim, 1970.

_____. *Spinoza II- L'âme*. Paris: Aubier-Montaigne, 1974.

Haserot, Francis S. "Spinoza's Definition of Attribute." *The Philosophical Review* 62(4), 1953.

Hoffman, Paul. "Descates's Theory of Distinction." *Philosophy and Phenomenological Research*, 64(1), 2002.

Hübner, Karolina. "On the significance of formal causes in Spinoza's metaphysics." *Archiv für Geschichte der Philosophie* 97(1), 2015.

_____. "Representation and Mind-Body Identity in Spinoza's Philosophy." *Journal of the*

History of Philosophy 60(1). 2022.

Huenemann, Charlie. "The Necessity of Finite Modes and Geometrical Containment in Spinoza's Metaphysics." In Germaro R. J. & Huenemann, Charles (eds.), 1999. (ed.). *Interpreting Spinoza. Critical Essays*, Cambridge University Press, 2009.

_____. "But Why Was Spinoza a Necessitarian?" In M. Della Rocca(ed.), 2013.

Ishiguro, Hidé. "Contingent Truths and Possible Worlds." In Woolhouse (ed.). 1981.

Jarrett, C. "The Concepts of Substance and Mode in Spinoza," *Philosophia* 7. 1977a.

_____. "Some Remarks on the 'Objective' and 'Subjective' Interpretations of the Attributes." *Inquiry* 20. 1977b.

Joachim, Harold H. *A Study of the Ethics of Spinoza*. Oxford: Clarendon Press, 1901.

Kahn, Victoria, Neil Saccamano, Neil, & Coli, Daniela., (eds.). *Politics and the Passions 1500~1850*. Princeton: Princeton University Press, 2006.

Keizer, Henk. "Spinoza's Definition of Attribute: An Interpretation." *British Journal for the History of Philosophy* 20(3):. 2012.

Kennington, R. (ed.). *The Philosophy of Baruch Spinoza*. Washington: Catholic University Press, 1980.

Kenny, Anthony. Descartes: *A Study of his Philosophy*, New York: Random House, 1968; 김성호 옮김. 『데카르트의 철학』. 서광사, 1991.

_____. "The Cartesian Circle and the Eternal Truths." *The Journal of Philosophy* 67(19). 1970.

Klever, W. N. A. "Moles in Motu, Principles of Spinoza's Physics." *Studia Spinozana* 4. 1988.

Koistinen, Olli. "On the consistency of Spinoza's modal theory." *The Southern Journal of Philosophy* 36. 1998.

_____. "Causation in Spinoza." In Koinisten & Biro (eds.). 2002.

_____. & Biro, John (eds.). *Spinoza. Metaphysical Themes*. Oxford University Press, 2002.

_____. "Spinoza's proof of necessitarianism," *Philosophy and Phenomenological Research* 67(2), 2003.

Koyré, Alexandre. *Etudes galiléennes*. Paris: Hermann, 1966.

Kulstad, Mark A. "Spinoza's Demonstration of Monism: A New Line of Defense." *History of Philosophy Quarterly* 13(3). 1996.

Lachiéze-Rey, Pierre. *Les origines cartésieenes du Dieu de Spinoza*. Paris: J. Vrin, 1950.

Lærke, Mogens. "Immanence et extériorité absolue. Sur la théorie de la causalité et l'ontologie de la puissance de Spinoza." *Revue philosophique de la France et de l'étranger* 134. 2009.

_____. "Spinoza's Cosmological argument in the Ethics." *Journal of the History of Philosophy* 49(4). 2011.

Laporte, Jean. *Le rationalism de Descartes*. Paris: PUF, (1945)1988.

Lecrivain, André. "Spinoza et la physique cartésienne," *Cahiers Spinoza* 1. 1977.

_____. "Spinoza et la physique cartésienne (2), La partie II des Principia." *Cahiers Spinoza* 2. 1978.

Lennon, Thomas M. 2005. "The Rationalist Conception of Substance." In Alan Nelson (ed.) (2005).

Lin, Martin. "Spinoza's Arguments for the Existence of God." *Philosophy and Phenomenological Research* 75. 2007.

Lloyd, G. Spinoza. *Critical assessments of leading philosophers*. vol. II. London; New York: Routledge.

Macherey, Pierre. "Action et opération : sur la signification éthique du De Deo," *Avec Spinoza, études sur la doctrine et l'histoire du spinozisme*. Paris: PUF, 1992.

_____. *Introduction à l'Ethique de Spinoza. La première partie. la nature des choses*. Paris: PUF, 1998.

Mackie, J. L. *The Ciment of the Universe-A Study of Causation*. Oxford at the Clarendon Press, 2008.

Marion, Jean-Luc. *Sur l'ontologie blanche*. Paris: PUF, (1981)1991.

_____. *Sur le prisme métaphysique de Descartes*. Paris: PU, 1986.

_____. "Spinoza et les trois noms de Dieu." In *Herméneutique et Ontologie: Hommage à P. Aubenque*. Paris: PUF, 1990.

_____. "L'argument relève-t-il de l'ontologie? La preuve anselmienne et les deux démonstrations de l'existence de Dieu dans les Méditations." *Questions cartésiennes. Méthode et métaphysique*, Paris: PUF, 1991.

_____. "Cartesian metaphysics and the role of the simple natures," in John Cottingham (ed.), *Cambridge Companion to Descartes*, Cambridge University Press, 2006.

Martin, Christopher. "The Substantial Essence in Spinoza's Ontological Argument." *Journal of the History of Philosophy* 58(4):. 2020.

Mason, Richard. "Spinoza on Modality." *The Philosophical Quarterly* 36(144). 1986.

_____. "Spinoza on the Causality of Individuals." *Journal of the History of Philosophy* 24(2). 1986.

_____. *The God of Spinoza*. Cambridge: Cambridge University Press, 1997.

Matheron, Alexandre. "Essence, Existence and Power in *Ethics* I: The Foundations of Proposition 16." In Yovel (ed.). 1991.

_____. "Physique et ontologie chez Spinoza: l'énigmatique réponse à Tschirnhaus." *Cahiers Spinoza* 6:. 1991.

Matson, Wallace I.. "Death and destruction in Spinoza's Ethics." *Inquiry* 20:. (1977)2001.

Melamed, Yitzhak Y. "Spinoza's Deification of Existence." *Oxford Studies in Early Modern Philosophy* Vol. VI. Daniel Garber & Donald Rutherford (eds.). 2012.

_____. (ed.) *A companion to Spinoza*. John Wiley & Sons Ltd. 2021.

_____. "Spinoza on Causa Sui". In Y. Melamed(ed), 2021.

_____. "Spinoza's Metaphysics of Substance: The Substance–Mode Relation as a Relation of Inherence and Predication." *Philosophy and Phenomenological Research* 78(1). 2009.

_____. "Spinoza's Metaphysics of Thought: Parallelisms and the Multifaceted Structure of Ideas," *Philosophy and Phenomenological Research* 86(3). 2013.

Milton, J. R. "Laws of Nature." In Garber & Ayers (eds.), vol. 1. 1998.

Moreau, Joseph. "L'argument ontologique chez Spinoza." *Les Études philosophiques* 3. 1972.

Moreau, Pierre–François. *Spinoza. L'expérience et l'éternité*. Paris: PUF, 1994.

_____. "Spinoza et la question de l'athéisme." In Vinciguerra(ed.). 2001.

Nadler, Steven (ed.) *Causation in Early Modern Philosophy: Cartesianism, Occasionalism, and Preesablished Harmony*. The Pensylvania State University Press, 1993.

_____. "'Whatever is, is in God': substance and things in Spinoza's metaphysics." In Charlie Huenemann. (ed.) 2008.

Nelson, Alan (ed.) *A Companion to Rationalism*. Blackwell Publishing Ltd, 2005.

Newlands, Samuel. "Another Kind of Spinozistic Monism." *Noûs* 44(3). 2010a.

_____. "The Harmony of Spinoza and Leibniz." *Philosophy and Phenomenological Research* 81(1). 2010b.

_____. "Spinoza's Modal Metaphysics." *Stanford Encyclopedia of Philosophy*, ed. by Edward N. Zalta.(http://plato.stanford.edu/entries/spinoza–modal)

_____. "Thinking, Conceiving, and Idealism in Spinoza." *Archiv für Geschichte der Philosophie* 94(1). 2012.

_____. *Reconceiving Spinoza*. Oxford: Oxford University Press, 2018.

Nolan, Lawrence. "The Ontological Status of Cartesian Natures." *Pacific Philosophical Quarterly* 78. 1997a.

_____. "Reductionism and Nominalism in Descartes's Theory of Attributes." *Topoi* 16. 1997b.

_____. "Descartes' Theory of Universals," *Philosophical Studies* 89. 1998.

_____. (ed.). *The Cambridge Descartes Lexicon*. Cambridge University Press, 2016.

Normore, Calvin G. "Meaning and Objective Being: Descartes and His Sources." In A. O. Rorty (ed.). 1986.

_____. "Accidents and Modes." In Pasnau (ed.). 2010. vol.2.

Olivo, G., "L'efficience en cause : Suarez, Descartes et la question de la causalité." In J. Biard et R. Rashed (éds.), 1997.

Pasnau, Robert ed. *The Cambridge History of Medieval Philosophy*, 2 vols. Cambridge: Cambridge University Press, 2010.

_____. *Metaphysical Themes 1274~1671*. Oxford: Clarendon Press. Oxford, 2011.

Primus, Kristin. "Spinoza's 'Infinite Modes' Reconsidered." *Journal of Modern Philosophy*, 1(1). 2019, 11.

Ramond, Charles. "Le noeud gordien. Pouvoir, puissance et possibilité dans les philosophies de l'âge classique." In *Spinoza et la pensée moderne. Constitutions de l'Objectivité*. Paris: L'Harmattan, 1998.

Rice, Lee. "La causalité adéquate chez Spinoza." *Philosophiques* 19(1). 1992.

Rodis-Lewis, Geneviève, "On the Complementarity of Meditations III and V: From the 'General Rule' of Evidence to 'Certain Science'." In Roty (ed.). 1986.

Roty, Amélie Oksenberg, (ed.) *Essays on Descartes' Meditaions*, Berkeley and Los Angeles, California: University of California Press, 1986.

Schmaltz, Tad M. "Spinoza's Mediate Infinite Mode." *Journal of the History of Philosophy* 35(2). 1997.

_____. "Platonism and Descartes' View of Immutable Essences." *Archiv für Geschichte der Philosophie*, 73(2). 2009.

_____. "The Fifth Meditation: Descartes' doctrine of true and immutable natures." In Cunning. 2014.

_____. "Efficient Causation from Suarez to Descartes." In Schmalz(2014).

_____. (ed.) *Oxford Philosophical Concepts. Efficient Causation.* Oxford University Press, 2014.

Schrijvers, Michael. "The conatus and the mutual relationship between active and passive affects in Spinoza", in Yovel (ed.) 1999. Scribano, Emanuela. *L'existence de Dieu.* Paris: Seui, 2002.

_____. "Hume and Spinoza on the Relation of Cause and Effect." *Oxford Studies in Early Modern Philosophy* VI. D.Garber & S. Nadler (eds.). 2008.

Seccada, Jorge. *Cartesian Metaphysics. The Late Scholastic Origins of Modern Philosophy.* Cambridge: Cambridge University Press, 2000.

Seligman, Paul. "Some Aspects of Spinozism." *Proceedings of the Aristotelian Society* 61. 1961.

Shein, Noa. "The false dichotomy between objective and subjective interpretations of Spinoza's theory of attributes." *British Journal for the History of Philosophy* 17(3), 2009.

Silverman, Alex. "Two meanings of 'attribute' in Spinoza", *Archiv für Geschichte der Philosophie*, 98(1). 2016.

Siwek, P. "La preuve ontologique dans la philosophie de Spinoza." *Gregorianum* 33. 1952.

Smith, A. D. "Spinoza, Gueroult, and Substance." *Philosophy and Phenomenological Research* 88(3). 2014.

Stetter, Jack & Ramond, Charles (eds.). *Spinoza in Twenty-First-Century American and French Philosophy: Metaphysics, Philosophy of Mind, Moral and Political Philosophy.* Bloomsbury Academic.

Steinberg, Diane. "Belief, Affirmation, and the Doctrine of Conatus in Spinoza." *The Southern Journal of Philosophy* 4. 2005.

Tuozzo, Thomas M., "Aristotle and the Discovery of Efficient Causation." (chap. 1) In Schmalt(2014).

Vermeiren, Florian. "A Perspectival Reading of Spinoza's Essence–Existence Distinction." *Dialogue* 62(1). 2022.

Viljanen, Valtteri. "Spinoza's essentialist model of causation", *Inquiry* 51 4(2008).

_____. *Spinoza's Geometry of Power.* Cambridge University Press, 2011.

Vinciguerra, R. (ed.). *Quel avenir pour Spinoza? Enquête sur les spinozismes à venir.* Paris:

Editions Kimé, 2001.

Wells, Norman. "Descartes on Distinction." In F. J. Adelmann (ed.) (1966).

_____. " Objective Reality of Ideas in Descartes, Caterus and Suarez," *Journal of the History of Philosophy* 28. 1990.

Wilson, Margaret Dauer. *Ideas and Mechanism. Essays on Early Modern Philosophy.* Princeton University Press, 1999a.

_____. "Spinoza's Causal Axiom (Ethics I, Axiom 4)." In Wilson(1999b.).

_____. "Infinite Understanding, *Scientia Intuitiva*, and Ethics I. 16." In Wilson(1999c).

Wolfson, Harry. T*he Philosophy of Spinoza,* vols 2. Cambridge, Massachusetts, Harvard University Press, 1934.

Woolhouse, R. S. (ed.) *Leibniz: Metaphysics and Philosophy of Science.* Oxford University Press, 1981.

_____. *Descartes, Spinoza, Leibniz. The concept of substance in seventeenth-century metaphysics.* London & New York: Routledge, 993.

Yakira, Elhanan, *La causalité de Galilée à Kant.* PUF, 1994.

Yovel, Yirmiyahu (ed.). *God and Nature. Spinoza's Metaphysics* Leiden, New York, København, Köln: E.J. Brill, 1991.

_____. "The Infinite Mode and Natural Laws in Spinoza." In Yovel(1991).

_____. (ed.) Desire and Affect, Spinoza as psychologist, New York: Little Room Press, 1999.

Zilsel, Edgar. "The Genesis of the Concept of Physical Law." *The Philosophical Review* 51(3). 1942.

찾아보기

개념

ㄱ

가까운 원인, 근접인 → '원인' 항목으로

가능세계 18, 96, 131, 211~224, 231, 234, 238, 245

감정(affectus) 10, 151, 298, 336, 378~383

개별 사물(res singularis) 13, 19~20 81 90 126~137, 156, 164, 193, 195, 225, 242, 255, 277

개체(individual) 6, 83, 90, 141, 151, 159, 163~167, 173, 177, 182, 196, 202, 232, 239, 301

결정론(determinism) 15, 19, 209~245, 260

공통 개념(common notion) 11, 17, 168, 175, 216, 228, 313

관념 7~14, 33~40, 49, 63, 71, 74, 77, 79, 107, 129, 133, 141, 145, 151~160, 164, 173, 180~203, 247, 253, 260, 263, 267, 284, 288~290, 320, 330, 342, 349, 352, 359

관성의 법칙 176, 253

구별
  사고상의 구별(distinctio rationis) 29~37, 45, 59, 61, 72~73, 77, 125, 139, 144, 161
  실재적 구별(distinctio realis)

29~33, 63, 66, 70~78, 85~86, 91, 125, 141~145, 154, 167, 362
양태적 구별(distinctio modalis) 31~34, 121, 139~144, 154, 167, 377
권능(potestas) 217
귀류법 109~120, 188, 204
기하학적 본질주의 → '본질주의' 항목으로
기회원인론 18, 129, 251, 259

ㄴ ─────────

내속 9, 16~19, 22, 119, 125~141, 150~157, 164, 168, 191, 231
내재적 원인 → '원인' 항목으로
내포량(intensive quantity) 12, 158~161, 328
능동(actio) 11~15, 21, 141, 160, 197, 249, 259, 268, 280, 285, 295, 323, 328, 351, 362

ㄷ ─────────

단순 43, 65, 67, 70, 87, 97, 182, 303, 306, 323, 325, 330, 342
『데카르트의 '철학의 원리'』 115~117, 285, 368

ㅁ ─────────

먼 원인, 원격인 → '원인' 항목으로

목적론 15, 253, 301, 306, 329, 388
목적인 235, 248~253
무른 부분 317~323, 331, 343
무세계론(acosmism) 15, 171~175
무한
 유적 무한 97, 175, 200, 371
 절대적 무한 84, 87, 94, 97, 109, 115, 118, 175, 191, 200
무한 양태
 직접 무한 양태 172
 매개된 무한 양태 198
무한정 79, 129, 170, 176, 191, 196, 200, 203, 212, 226, 242, 249, 257, 261, 275~282, 332
무한 지성 42, 45, 52, 65, 68, 112, 177, 180, 185, 195, 217, 221, 254
물질 11, 39, 46~48, 125, 139, 146, 154, 184, 197, 213, 248, 253, 268, 280, 343, 346, 362~368
물체 21, 31, 46, 51, 90, 125, 146, 165, 196, 257, 270, 275, 280, 283, 341~346, 350~387

ㅂ ─────────

법칙 5, 71, 76, 134, 153, 159, 177~186, 200, 209, 210, 231, 242, 257, 260, 286, 291, 303~324, 345
변양(modificatio) 33, 137~144, 164, 185, 123, 226, 275, 376, 340

변용(affectio) 13, 20, 44~53, 67, 82,
　　95, 126, 150, 160, 202, 226, 241,
　　261, 280, 283, 315, 341, 357~383
복합 23, 65, 70, 87, 94, 97, 161, 174,
　　181, 303, 315, 325, 330, 342, 350,
　　358, 378, 387
본질
　　표상적 본질(essentia objectiva) 158,
　　186
　　형상적 본질(essentia formalis) 71,
　　154, 174, 185
본질주의
　　기하학적 본질주의 280
　　역동적 본질주의 251, 271

분할
　　분할 가능 86, 171, 174, 344, 381
　　분할 불가능 47, 70, 86, 99, 154,
　　196, 371

ㅅ ─────────────
사고상의 구별 → '구별' 항목으로
사유 속성 9, 32, 46, 56, 71, 79, 83,
　　151, 173, 185, 189, 201, 230, 263,
　　284
산출하는 자연(Natura naturans) 10, 45,
　　133, 137, 180, 183
산출되는 자연(Natura naturata) 10, 45,
　　112, 131, 137, 183

상반성 307~311, 323, 333~353
『성찰』(제1철학에 관한 성찰) 86, 139,
　　259, 278, 361, 367, 387
성체 변화 141, 146
『소론』(신, 인간, 행복에 관한 소론) 40,
　　59, 95, 172, 180, 194, 201, 227,
　　254, 270, 343
속성 공유 불가 8, 18, 47, 53, 71, 108,
　　192, 213
수동(passio) 10, 197, 268, 281, 290,
　　303, 322, 329, 355, 362, 365
숙명론 209, 231
수직적 인과 18, 161, 249, 268, 276,
　　284
수평적 인과 18, 161, 249, 268
신 존재 증명 17, 99, 120, 145, 154,
　　251, 258, 265, 279, 371
　　선험적 증명 103, 113
　　후험적 증명 103, 145
신체 11, 21, 32, 60, 81, 152, 163, 178,
　　186, 205, 246, 281, 284, 307, 322,
　　328
『신학-정치론』 40, 131, 209, 224,
　　287, 345
실재적 구별 → '구별' 항목으로
실재성 9, 14, 19, 22, 28, 34, 39, 43,
　　59, 60, 68, 75, 87, 92, 110, 125,
　　137, 144, 167, 189, 206, 212, 223,
　　236, 240, 248, 260, 344, 363

실재적 성질 18, 128, 138, 154, 164, 167

실체 일원론 20, 99

실체적 형상 140, 381

심신 합일 20, 364~381

ㅇ ───────────

~안에 있음(in~ esse) 8, 37

양태적 구별 → '구별' 항목으로

역량(potentia) 6, 50, 59, 71, 82, 109, 115, 131, 137, 149, 152, 155, 168, 179, 187, 194, 197, 202, 212, 214, 229, 236, 244, 250, 260, 277, 283, 290, 322, 328, 342, 378

연장 9, 29, 42, 59, 74, 94, 100, 125, 139, 142, 173, 196, 232, 253, 263, 329, 359

영원 8, 13, 16, 20, 41, 45, 51, 64, 82, 93, 112, 129, 139, 158, 170, 190, 195, 218, 225, 242, 245, 262, 272, 277, 367

~에 의해 인식됨(per~ concipi) 37

예정 조화 95, 264

욕망 34, 49, 68, 151, 185, 253, 261, 332, 346, 380

완전 개념(complete concept) 239, 245

완전성 35, 42, 60, 87, 96, 107, 116, 192, 212, 218, 223, 234, 253

외연량 12, 158, 328

우연(contingence) 36, 69, 119, 125, 147, 167, 178, 210, 236, 267, 308, 329, 346, 348, 367, 380, 389

우연류(accidents) 17, 125, 133, 167, 346, 349, 380

운동 33, 52, 90, 125, 140, 160, 167, 196, 202, 242, 248, 252, 256, 280, 286, 291, 343, 366, 370, 377, 387

운동과 정지 52, 90, 149, 160, 167, 196, 202, 242, 293, 309, 315, 331, 343

원인

　목적인 236, 248, 256, 260

　작용인(causa efficiens) 18, 218, 235, 241, 248~280

　형상인 248, 270~277

　가까운 원인(근접인) 174, 180, 200, 366

　먼 원인(원격인) 200

　유출인(causa emanativa) 265

　활동인(causa activa) 265

　　내재적 원인(causa immanens) 18, 161, 214, 253, 263

　　이행적 원인(causa transiens) 18, 250, 263, 266

　자기 원인(causa sui) 12, 16, 53,

106~113, 250, 263~275

적합한 원인(causa adaequata), 전체적
원인　233, 251, 264, 268, 273,
277
부적합한 원인(causa inadaequata), 부
분적 원인　233, 264, 273, 277

외적 원인　54, 117, 203, 212, 218,
250, 269, 290, 307, 333, 347
'원인 또는 근거'(causa sive ratio)　6, 23,
154, 247, 259, 266
유동체　295, 299

ㅈ ─────────────────

자기 원인　→ '원인' 항목으로
작용인　　→ '원인' 항목으로
정신　7, 31, 46, 67, 77, 81, 86, 106,
125, 133, 148, 180, 193, 203, 243,
261, 268, 280, 288, 306, 318, 330,
344, 347~355, 359, 362~384
정의(definition)
발생적 정의　10, 276
주변 물체　311~315, 322
지성
무한 지성　42, 45, 52, 65, 68, 113,
177, 180, 185, 195, 213, 217, 250
『지성교정론』　10, 104, 270, 276
지속　18, 34, 76, 140, 149, 156, 174,

177, 190, 307, 319, 332, 346, 372,
380

ㅊ ─────────────────

『철학의 원리』　30~36, 47, 60, 67,
139, 144~149, 164, 196, 252, 284,
345, 363~368, 384
최소변이 원리　296~300
충돌 규칙　19, 233, 257, 263,
301~316, 323, 341
충만성의 원리(principle of plenitude)　91,
221, 237, 240
충만체(plenum)　170, 271
충분 이유율(principle of sufficient reason)
7, 56~61, 89, 112, 188, 195, 213,
260

ㅋ ─────────────────

코나투스　10, 15, 20, 149, 152, 187,
202~291, 323~337, 342~358,
380

ㅍ ─────────────────

평행론　8, 16, 71, 74, 77, 79, 92, 97,
180~183, 259, 359, 370, 378
표상적 본질　→ '본질' 항목으로
표상적 실재성　→ '실재성' 항목으로
필연론(necessitarianism)　18, 23, 131,
209~231, 235~244, 256

ㅎ ─────────────

합리론 6, 11, 13, 16, 28, 33, 61, 213,
    215, 247, 260
    설명적 합리주의 8, 257
형상인   → '원인' 항목으로
표상적 본질   → '본질' 항목으로
형상적 실재성   → '실재성' 항목으로
활동인   → '원인' 항목으로
후험적 증명   → '신 존재 증명' 항목으
    로

인명

ㄱ ─────────────

가버, 다니엘(Garber, Daniel) 321
개럿, 돈(Garrett, Don) 52, 109, 111,
    113, 158, 174, 234~241, 329
게루, 마르시알(Gueroult, Martial) 5, 10,
    37, 44, 46, 55, 63, 100, 129, 153,
    158, 174, 213, 250, 265, 289, 335,
    363

ㄴ ─────────────

내들러, 스티븐(Nadler, Steven) 136,
    173, 176, 181
노모어, 캘빈(Normore, Calvin G.) 140
놀런, 로렌스(Nolan, Lawrence) 34

뉴랜즈, 사무엘(Newlands, Samuel) 77,
    90, 229

ㄷ ─────────────

데카르트, 르네(Descartes, René) 6,
    29~61, 67~88, 107~120,
    125~168, 169~205, 213~236,
    248~278, 327~355, 358~381
델라 로카, 마이클(Della Rocca, Michael)
    8 54~62, 76, 82, 89, 177
도너건, 앨런(Donagan, Alan) 57, 71,
    76, 86, 94, 174
들뢰즈, 질(Deleuze, Gilles) 6, 11, 43,
    72, 76, 158~161, 328, 377, 382

ㄹ ─────────────

라이스, 리(Rice, Lee) 20
레크리뱅, 앙드레(Lecrivain, André)
    293, 302
라이프니츠, 고트프리트 빌헬름(Leibniz,
    Gottfried Wilhelm) 6, 13, 38, 47,
    95, 113, 212, 219, 224, 231, 237,
    249~281, 303, 308, 321, 327, 353
라에르케, 모겐스(Laerke, Mogens) 119,
    161, 275
로크, 존(Locke, John) 34
린, 마틴(Lin, Martin) 9

ㅁ ─────────────────

마리옹, 장뤽(Marion, Jean-Luc) 270

마슈레, 피에르(Macherey, Pierre) 88,
194, 246, 328

마트롱, 알렉상드르(Matheron, Alexandre)
9, 109, 166, 329, 377

말브랑슈, 니콜라(Malebranche, Nicolas)
244, 263, 272

메이슨, 리처드(Mason, Richard) 112,
179, 211

멜라메드, 이츠하크(Melamed, Yitzhak Y.)
71, 76, 131, 135, 170, 174, 181,
188, 195, 251, 268

모로, 피에르프랑수아(Moreau, Pierre-
François) 10, 127, 161, 374

ㅂ ─────────────────

박기순 15, 260, 264, 276, 329

박삼열 68

박제철 239

발리바르, 에티엔 12, 271, 377, 382

베넷, 제인(Bennett, Jane) 12

베넷, 조나단(Bennett, Jonathan) 8, 48,
60, 63, 73, 80, 87, 235, 241, 257,
329, 335

베사드, 장마리(Beyssade, Jean-Marie)
36, 173

베이컨, 프랜시스(Bacon, Francis) 253

벨, 피에르(Balye, Pierre) 126, 131, 137,
141, 224, 231

보일, 로버트(Boyle, Robert) 253, 286

빌야넨, 발테리(Viljanen, Valtteri) 12,
267

ㅅ ─────────────────

셰인, 노아(Shein, Noa) 76~80

쇼펜하우어, 아르투어(Schopenhauer,
Arthur) 260

수아레스, 프란시스코(Suarez, Francisco)
255, 267

슈말츠, 테드(Schmaltz, Tad M.) 174,
182, 187, 196, 253

스코투스, 존 둔스(Scotus, John Duns)
31, 72, 160

스크리바노, 엠마누엘라(Scribano,
Emanuela) 248

ㅇ ─────────────────

아르노, 앙투안(Arnauld, Antoine) 33,
139, 235, 269

아퀴나스, 토마스(Aquinas, Thomas) 219

아리스토텔레스(Aristotle) 13, 27, 30,
104, 125, 132, 205, 232, 252, 284

요아킴, 해롤드(Joachim, Harold H.) 9
111, 158

요펠, 이름야후(Yovel, Yirmiyahu) 174

울프슨, 해리(Wolfson, Harry) 8, 67, 75,
154

월슨, 마거릿(Wilson, Margaret Dauer)
　365
이근세　173
이혁주　76
이현복　260

ㅈ ────────────────

조현진　228
진태원　12, 69, 83, 274, 289, 328
질송, 에티엔(Gilson, Étienne)　100, 254,
　369

ㅋ ────────────────

컬리, 에드윈(Curley, Edwin)　8, 36, 51,
　74, 94, 108, 127~137, 155, 170,
　176, 226, 231, 264, 340
캐리어로, 존 피터(Carriero, John Peter)
　37, 132, 220, 231

ㅊ ────────────────

최원　12, 271

ㅋ ────────────────

카로, 뱅상(Carraud, Vincent)　113
카테루스, 요하네스 (Caterus, Johannes)
　31, 72, 145, 252, 269

ㅍ ────────────────

패스나우, 로버트(Pasnau, Robert)

140~148
푸코, 미셸(Foucault, Michel)　4, 361,
　382

ㅎ ────────────────

해저롯, 프랜시스(Haserot, Francis S.)　68
헤겔, 게오르그 빌헬름 프리드리히
　(Hegel, Georg Wilhelm Friedrich)　8,
　88, 328, 353
홉스, 토마스(Hobbes, Thomas)　145,
　148, 253, 261, 317, 327, 343, 354
휴너만, 찰리(Huenemann, Charlie)　223,
　238
휘브너, 캐롤리나(Hübner, Karolina)　12,
　77, 267

스피노자의 형이상학

역량과 합리성

1판 1쇄 찍음   2024년 4월 19일
1판 1쇄 펴냄   2024년 5월 3일

지은이   김은주
발행인   박근섭, 박상준
펴낸곳   (주)민음사

출판등록   1966. 5. 19. (제16-490호)
주소   서울시 강남구 도산대로1길 62
           강남출판문화센터 5층 (06027)
대표전화   02-515-2000 팩시밀리 02-515-2007
www.minumsa.com

이 저서는 연세대학교 학술연구비의 지원으로 이루어진 것임. (2022-22-0210)

ISBN   978-89-374-4600-9 (93160)

잘못 만들어진 책은 구입처에서 교환해 드립니다.